譯註 禮記集說大全
間傳

編 　陳澔(元)

附 　正義・訓纂・集解

譯註 禮記集說大全

間傳

編　陳澔〔元〕

附　正義・訓纂・集解

鄭秉燮 譯

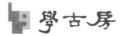

역자서문

　『예기』「간전(閒傳)」편은 상복제도를 기술한 문헌이다. 상복에 따른 슬픔의 수위와 슬픔을 드러내는 각종 규정들을 기술하고 있다. 내용에 있어서 정규 제도와 변례(變禮)에 따른 규정들을 기술하였는데, 그 내용은 『의례』「상복(喪服)」편 및 『예기』 중 상복 및 상례 제도를 기술한 다른 편들과 관련이 깊고, 중복된 내용들도 다수 나타난다. 따라서 「간전」편 또한 상례와 관련된 각종 기문(記文)들 중 하나라고 할 수 있는데, 전반부 내용은 오복(五服)과 외모・곡・대화・음식・숙소의 관련성을 체계적으로 기술하고 있고, 후반부 내용은 수질(首絰)과 요대(要帶) 및 상이 겹쳤을 때의 복식 제도의 변화를 기술하고 있어서 다른 편들에 비해 짜임새가 높다.

　다시 한권의 책을 내놓는다. 부끄러운 실력에 번역의 완성도를 자부할 수 없지만, 이 책을 발판으로 더 좋은 역서와 연구가 진행되었으면 하는 바람이다. 이 책에 나오는 오역은 전적으로 역자의 실력이 부족해서이다. 본 역서에 나온 오역과 역자의 부족함에 대해 일갈을 해주실 분들이 있다면, bbaja@nate.com으로 연락을 주시거나 출판사에 제 연락처를 문의하셔서 가르침을 주신다면, 부족한 실력이지만 가르침을 받도록 최선을 다할 것이다.

　역자는 성균관 대학교에서 유교철학(儒敎哲學)을 전공했으며, 예악학(禮樂學) 전공으로 박사논문을 작성했다. 역자가 처음 『예기』를 접한 것은 경서연구회(經書硏究會)의 오경강독을 통해서이다. 이 모임을 만들어 후배들에게 경전에 대한 이해를 넓혀주신 임옥균 선생님, 경서연구회 역대 회장님인 김동민, 원용준, 김종석, 길훈섭 선배님께도 감사를 드리고, 끝으로 「간전」편을 출판할 수 있도록 허락해주신 학고방의 하운근 사장님께도 감사를 전한다.

일러두기≫

1. 본 책은 역주서(譯註書)로써, 『예기집설대전(禮記集說大全)』의 「간전(間傳)」편을 완역하고, 자세한 주석을 첨부했다. 송대(宋代) 이전의 주석을 포함하고자 하여, 『예기정의(禮記正義)』를 함께 수록하였다. 그리고 송대 이후의 주석인 청대(淸代)의 주석을 포함하고자 하여 『예기훈찬(禮記訓纂)』과 『예기집해(禮記集解)』를 함께 수록하였다.

2. 『예기』 경문(經文)의 경우, 의역으로만 번역하면 문장을 번역한 방식을 확인하기 어렵고, 보충 설명 없이 직역으로만 번역하면 내용을 이해하기 힘들다. 따라서 경문에 한하여 직역과 의역을 함께 수록하였다. 나머지 주석들에 대해서는 의역을 위주로 번역하였다.

3. 『예기』 경문에 대한 해석은 진호의 『예기집설』 주석에 근거하였다. 경문 해석에 있어서, 『예기정의』, 『예기훈찬』, 『예기집해』 마다 이견(異見)이 많다. 『예기집섭대전』의 소주(小註) 또한 진호의 주장과 이견을 보이는 곳이 있고, 소주 사이에도 이견이 많다. 따라서 『예기』 경문 해석의 표준은 진호의 『예기집설』 주석에 근거했으며, 진호가 설명하지 않은 부분들은 『대전』의 소주를 참고하였다. 또한 경문 해석에 있어서 『예기정의』, 『예기훈찬』, 『예기집해』에 나타나는 이견들은 특별한 경우를 제외하고는 각각의 문장을 읽어보면, 경문에 대한 이견을 알 수 있기 때문에, 이러한 경우에는 주석처리를 하지 않았다.

4. 본 역서가 저본으로 삼은 책은 다음과 같다.
　- 『禮記』, 서울 : 保景文化社, 초판 1984 (5판 1995)
　- 『禮記正義』1~4(전4권, 『十三經注疏 整理本』12~15), 北京 : 北京大學出版社, 초판 2000
　- 朱彬 撰, 『禮記訓纂』上・下(전2권), 北京 : 中華書局, 초판 1996 (2쇄 1998)
　- 孫希旦 撰, 『禮記集解』上・中・下(전3권), 北京 : 中華書局, 초판 1989 (4쇄 2007)

5. 본 책은 『예기』의 경문, 진호의 『집설』, 호광 등이 찬정한 『대전』의 세주, 정현의 주, 육덕명의 『경전석문』, 공영달의 소, 주빈(朱彬)의 『훈찬』, 손희단(孫希旦)의 『집해』 순으로 번역하였다.

6. 본래 『예기』「간전」편은 목차가 없으며, 내용 구분에 있어서도 학자들마다 의견차이가 있다. 또한 내용의 연관성으로 인하여, 장과 절을 나누기가 애매한 부분이 많다. 본 책의 목차는 역자가 임의대로 나눈 것이며, 세세하게 분절하여, 독자들이 관련내용들을 찾아보기 쉽게 하였다.

7. 본 책의 뒷부분에는 《間傳 人名 및 用語 辭典》을 수록하였다. 본문에 처음으로 등장하는 용어 및 인명에 대해서는 주석처리를 하였다. 이후에 같은 용어가 등장할 때마다 동일한 주석처리를 할 수 없어서, 뒷부분에 사전으로 수록한 것이다. 가나다순으로 기록하여, 번역문을 읽는 도중 앞부분에서 설명했던 고유명사나 인명 등에 대해서 쉽게 찾아볼 수 있도록 하였다.

【665a~b】

斬衰何以服苴? 苴, 惡貌也, 所以首其內而見諸外也.

【665a~b】등과 같이 【 】 안에 숫자가 기입되어 있는 것은 『예기』의 '경문'을 뜻한다. '665'는 보경문화사(保景文化社)판본의 페이지를 말한다. 'a'는 a단에 기록되어 있다는 표시이다. 밑의 그림은 보경문화사판본의 한 페이지 단락을 구분한 표시이다.

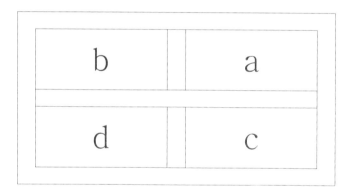

◆ 集說 斬衰服苴, 苴絰與苴杖也.

"集說"로 표시된 것은 진호(陳澔)의 『예기집설(禮記集說)』 주석을 뜻한다.

◆ 大全 臨川吳氏曰: 斬衰服苴, 謂衰裳絰杖, 並苴色也.

"大全"으로 표시된 것은 호광(胡廣) 등이 찬정(撰定)한 『예기집설대전』의 세주(細註)를 뜻한다.

◆ 鄭注 有大憂者, 面必深黑.

"**鄭注**"로 표시된 것은 『예기정의(禮記正義)』에 수록된 정현(鄭玄)의 주(注)를 뜻한다.

◆ **釋文** 苴, 七余反. 見, 賢遍反.

"**釋文**"으로 표시된 것은 『예기정의』에 수록된 육덕명(陸德明)의 『경전석문(經典釋文)』을 뜻한다. 『경전석문』의 내용은 글자들의 음을 설명하고, 간략한 풀이를 한 것인데, 육덕명 당시의 음가로 기록이 되었기 때문에, 현재의 음과는 맞지 않는 부분이 많다. 단순히 참고만 하기 바란다.

◆ **孔疏** ●"斬衰"至"者也". ○正義曰: 此一節明居喪外貌輕重之異.

"**孔疏**"로 표시된 것은 『예기정의』에 수록된 공영달(孔穎達)의 소(疏)를 뜻한다. 공영달의 주석은 경문과 정현의 주에 대해서 세분화하여 기록되어 있다. 따라서 '●'으로 표시된 부분은 공영달이 경문에 대해 주석을 한 부분이고, '◎'으로 표시된 부분은 정현의 주에 대해 주석을 한 부분이다. 한편 '○'으로 표시된 부분은 공영달의 주석 부분이다.

◆ **訓纂** 王氏懋竑曰: 爲父斬衰, 爲母齊衰, 然以斬衰齊衰對言.

"**訓纂**"으로 표시된 것은 『예기훈찬(禮記訓纂)』에 수록된 주석이다. 『예기훈찬』 또한 기존 주석들을 종합한 책이므로, 『예기집설대전』 및 『예기정의』와 중복되는 부분은 생략하였다.

◆ **集解** 愚謂: 哀容者, 言雖致哀而稍爲容飾, 喪彌輕也.

"**集解**"로 표시된 것은 『예기집해(禮記集解)』에 수록된 주석이다. 『예기집해』 또한 기존 주석들을 종합한 책이므로, 『예기집설대전』 및 『예기정의』와 중복되는 부분은 생략하였다.

◆ 원문 및 번역문 중 '▼'로 표시된 부분은 한글로 표기할 수 없는 한자를 기록한 부분이다. 예를 들어 '▼(呫/皿)'의 경우 맹(盟)자의 이체자인데, '明'자 대신 '呫'자가 들어간 한자를 프로그램상 삽입할 수가 없어서, '▼(呫/皿)'으로 표시한 것이다. 즉 '▼(A/B)'의 형식으로 기록된 경우, A에 해당하는 글자가 한 글자의 상단 부분에 해당하고, B에 해당하는 글자가 한 글자의 하단 부분에 해당한다는 표시이다. 또한 '▼(A+B)'의 형식으로 기록된 경우, A에 해당하는 글자가 한 글자의 좌측 부분에 해당하고, B에 해당하는 글자가 한 글자의 우측 부분에 해당한다는 표시이다. 또한 '▼((A–B)/C)'의 형식으로 기록된 경우, A에 해당하는 글자에서 B 부분을 뺀 글자가 한 글자의 상단 부분에 해당하고, C에 해당하는 글자가 한 글자의 하단 부분에 해당한다는 표시이다.

목차

그림목차

경문목차

【665a】

間傳 第三十七 / 「간전」 제37편

集說 鄭氏曰: 名間傳者, 以其記喪服之間輕重所宜.

번역 정현[1]이 말하길, 편명을 '간전(間傳)'으로 정한 것은 상복 중 경중의 차이에 따른 마땅함을 기록하고 있기 때문이다.

孔疏 陸曰: 鄭云, "名間傳者, 以其記喪服之間輕重所宜也."

번역 육덕명[2]이 말하길, 정현은 "편명을 '간전(間傳)'으로 정한 것은 상복 중 경중의 차이에 따른 마땅함을 기록하고 있기 때문이다."라고 했다.

孔疏 正義曰: 按鄭目錄云: "名曰間傳者, 以其記喪服之間輕重所宜. 此於別錄屬喪服."

번역 『정의』[3]에서 말하길, 정현의 『목록』[4]을 살펴보면, "편명을 '간전

---

1) 정현(鄭玄, A.D.127~A.D.200) : =정강성(鄭康成)·정씨(鄭氏). 한대(漢代)의 유학자이다. 자(字)는 강성(康成)이다. 『주역(周易)』, 『상서(尚書)』, 『모시(毛詩)』, 『주례(周禮)』, 『의례(儀禮)』, 『예기(禮記)』, 『논어(論語)』, 『효경(孝經)』 등에 주석을 하였다.
2) 육덕명(陸德明, A.D.550~A.D.630) : =육원랑(陸元朗). 당대(唐代)의 경학자이다. 이름은 원랑(元朗)이고, 자(字)는 덕명(德明)이다. 훈고학에 뛰어났으며, 『경전석문(經典釋文)』 등을 남겼다.
3) 『정의(正義)』는 『예기정의(禮記正義)』 또는 『예기주소(禮記注疏)』를 뜻한다. 당(唐)나라 때에는 태종(太宗)이 공영달(孔穎達) 등을 시켜서 『오경정의(五經正義)』를 편찬하였는데, 이때 『예기정의』에는 정현(鄭玄)의 주(注)와 공영달의 소(疏)가 수록되었다. 송대(宋代)에는 『오경정의』와 다른 경전(經典)에 대한 주석서를 포함한 『십삼경주소(十三經注疏)』가 편찬되어, 『예기주소』라는 명칭이 되었다.
4) 『목록(目錄)』은 정현이 찬술했다고 전해지는 『삼례목록(三禮目錄)』을 가리킨다. 『십삼경주소(十三經注疏)』에서 인용되고 있지만, 이 책은 『수서(隋書)』가

(間傳)'으로 정한 것은 상복 중 경중의 차이에 따른 마땅함을 기록하고 있기 때문이다. 「간전」편을『별록』5)에서는 '상복(喪服)' 항목에 포함시켰다."라고 했다.

集解 吳氏澄曰: 間當讀爲間廁之間. 此篇總論喪禮哀情之發, 非釋經之正傳, 而廁於喪服之正傳者也.

번역 오징6)이 말하길, '間'자는 마땅히 '간측(間廁)'이라고 할 때의 '間'자로 읽어야 한다. 「간전」편에서는 상례에서 애통한 정감이 나타나는 것을 총괄적으로 논의했는데,『의례』의 경문을 풀이한 전문이 아니지만, 상복에 대한 전문에 끼어들어간 것이다.

集解 愚謂: 名篇之義未詳, 吳氏之說稍爲近是.

번역 내가 생각하기에, 편명의 뜻에 대해서는 정확히 알 수 없는데, 오징의 주장이 그나마 정답에 가깝다.

　편찬될 당시에 이미 일실되어 존재하지 않았다.『수서』「경적지(經籍志)」편에는 "三禮目錄一卷, 鄭玄撰, 梁有陶弘景注一卷, 亡."이라는 기록이 있다.
5)『별록(別錄)』은 후한(後漢) 때 유향(劉向)이 찬(撰)했다고 전해지는 책이다. 현재는 일실되어 존재하지 않으며,『한서(漢書)』「예문지(藝文志)」편을 통해서 대략적인 내용만을 추측해볼 수 있다.
6) 오징(吳澄, A.D.1249~A.D.1333) : =임천오씨(臨川吳氏)・오유청(吳幼淸)・초려오씨(草廬吳氏). 송원대(宋元代)의 유학자이다. 이름은 징(澄)이다. 자(字)는 유청(幼淸)이다. 저서로『예기해(禮記解)』가 있다.

• 제 1 절 •

상복과 외모(外貌)

【665a~b】

斬衰何以服苴? 苴, 惡貌也, 所以首其內而見諸外也. 斬衰貌
若苴, 齊衰貌若枲, 大功貌若止, 小功緦麻容貌可也. 此哀之
發於容體者也

직역 斬衰는 何히 苴로 服이오? 苴는 惡貌이니, 그 內를 首하여 外에 見하는
所以이다. 斬衰의 貌는 苴와 若하고, 齊衰의 貌는 枲와 若하며, 大功의 貌는 止와
若하고, 小功과 緦麻는 容貌라도 可하다. 此는 哀가 容體로 發한 者이다.

의역 참최복(斬衰服)은 어찌하여 암컷 마를 이용해서 만드는가? 암컷 마는 추
한 모습을 하고 있기 때문이니, 내면에 있는 슬픔을 겉으로 드러내기 위해서이다.
참최복의 모습은 암컷 마처럼 생겨서 검게 그을린 것처럼 보이고, 자최복(齊衰服)
의 모습은 수컷 마처럼 생겨서 초췌하면서도 어두워 보이며, 대공복(大功服)의 모
습은 억누르고 그치는 것이 있는 것처럼 보이고, 소공복(小功服)과 시마복(緦麻服)
을 착용했을 때에는 평상시의 모습처럼 보여도 괜찮다. 이것은 애통함이 용모를
통해 드러나는 것이다.

集說 斬衰服苴, 苴絰與苴杖也. 麻之有子者, 以爲苴絰. 竹杖亦曰苴杖. 惡
貌者, 疏云, "苴是黎墨色." 又小記疏云, "至痛內結, 必形色外章, 所以衰裳絰
杖, 俱備苴色也." 首者, 標表之義, 蓋顯示其內心之哀痛於外也. 枲, 牡麻也,
枯黯之色似之. 大功之喪, 雖不如齊斬之痛, 然其容貌亦若有所拘止而不得肆
者, 蓋亦變其常度也.

[번역] 참최복(斬衰服)1)은 암컷 마[苴]라는 풀을 이용해서 만들고 저질(苴絰)2)과 저장(苴杖)3)을 사용한다. 마(麻) 중에서도 씨가 있는 것으로 저질을 만든다. 대나무로 만든 지팡이를 또한 '저장(苴杖)'이라고도 부른다. '추한 모습[惡貌]'이라고 했는데, 공영달4)의 소에서는 "저(苴)는 검게 그을린 색깔이다."라고 했다. 또 『예기』「상복소기(喪服小記)」편에 대한 공영달의 소에서는 "지극한 아픔이 내적으로 뭉쳐지면, 반드시 형색을 통해 겉으로 나타나니, 상복・질(絰)・지팡이를 모두 검푸른 색으로 갖추는 이유이다."5)라고 했다. '수(首)'는 상징한다는 뜻으로, 내면의 마음에 나타난 애통함을 겉으로 드러내는 것이다. '시(枲)'는 수컷 마[牡麻]를 뜻하니, 초췌하면서도 어두워 보이는 색깔이 그와 유사하다. 대공복(大功服)6)의 상에서는 비록 자최복(齊衰服)7)의 상만큼 애통한 것은 아니지만, 그 모습에 있어서

1) 참최복(斬衰服)은 상복(喪服) 중 하나로, 오복(五服)에 속한다. 상복 중에서도 가장 수위가 높은 상복이다. 거친 삼베를 사용해서 만들며, 자른 부위를 꿰매지 않기 때문에 참최(斬衰)라고 부른다. 이 복장을 입게 되는 기간은 일반적으로 3년에 해당하며, 죽은 부모를 위해 입거나, 처 또는 첩이 죽은 남편을 위해 입는다.
2) 저질(苴絰)은 상(喪)을 치를 때 차는 것으로, 암삼[苴麻]으로 만든 수질(首絰)과 요대(要帶)를 뜻한다. 대(帶)와 함께 기록될 때에는 수질만 뜻하기도 한다.
3) 저장(苴杖)은 부친의 상(喪)을 치를 때 사용하는 지팡이로, 대나무로 만든 지팡이를 뜻한다.
4) 공영달(孔穎達, A.D.574~A.D.648) : =공씨(孔氏). 당대(唐代)의 경학자이다. 자(字)는 중달(仲達)이고, 시호(諡號)는 헌공(憲公)이다. 『오경정의(五經正義)』를 찬정(撰定)하는데 중심적인 역할을 했다.
5) 이 문장은 『예기』「상복소기(喪服小記)」【407d】의 "苴杖, 竹也. 削杖, 桐也."이라는 기록에 대한 공영달(孔穎達)의 소(疏)이다.
6) 대공복(大功服)은 상복(喪服) 중 하나로, 오복(五服)에 속한다. 조밀한 삼베를 사용해서 만들지만, 소공복(小功服)에 비해서는 삼베의 재질이 거칠기 때문에, '대공복'이라고 부른다. 이 복장을 입게 되는 기간은 상황에 따라 차이가 생기지만, 일반적으로 9개월이다. 당형제(堂兄弟) 및 미혼인 당자매(堂姉妹), 또는 혼인을 한 자매(姉妹) 등을 위해서 입는다.
7) 자최복(齊衰服)은 상복(喪服) 중 하나로, 오복(五服)에 속한다. 거친 삼베를 사용해서 만들며, 자른 부위를 꿰매어 가지런하게 정리하기 때문에, '자최복'이라고 부른다. 이 복장을 입게 되는 기간에도 여러 종류가 있는데, 3년 동안 입는 경우는 죽은 계모(繼母)나 자모(慈母)를 위한 경우이고, 1년 동안 입는

는 또한 마치 억누르고 그쳐서 제멋대로 할 수 없는 것과 같으니, 이 또한 일반적인 기준에서 변형을 주는 것이다.

大全 臨川吳氏曰: 斬衰服苴, 謂衰裳経杖, 並苴色也. 苴者, 有子麻, 色蒼黑, 貌之惡似之. 首其內而見諸外, 謂內有哀情, 則外有此惡貌, 如物有頭首在內, 則其尾末見諸外也. 齊衰稍輕於斬衰, 経不用苴而用枲. 枲者, 有子麻, 色亦蒼而黑淺. 若苴若枲貌, 各如其経之色也. 止, 謂止而不動. 貌活動者, 象春之生, 貌靜止者, 象秋之殺. 若止, 謂有慘戚而無歡欣也. 容貌, 謂貌如平常之容. 小功緦麻之服雖輕, 然情之厚者, 貌亦略變於常, 其或不能然, 而但如平常之容, 則情不爲厚, 而亦未至於甚薄. 喪與其哀不足而禮有餘, 不若禮不足而哀有餘. 可也云者, 微不滿之意. 容體, 謂儀容身體形之可見於外者也.

번역 임천오씨가 말하길, "참최복(斬衰服)은 저(苴)를 착용한다."라고 했는데, 상복의 상의·하의 및 질(経)과 지팡이가 모두 저(苴)의 색깔이라는 의미이다. '저(苴)'는 씨를 가지고 있는 마(麻)인데, 검푸른 색깔이며, 추한 모습이 그와 유사하다. "그 내면을 수(首)하여 겉으로 드러낸다."라고 했는데, 내면에 애통한 정감이 있다면, 외적으로 이처럼 추한 모습을 띠게 된다는 뜻이니, 마치 사물 중 머리에 해당하는 것이 안에 있어서 꼬리에 해당하는 것이 밖으로 드러나는 것과 같다. 자최복(齊衰服)은 참최복보다 수위가 조금 가벼워서 질(経)은 저(苴)를 이용해서 만들지 않고 시(枲)를 이용해서 만든다. '시(枲)'는 씨를 가지고 있는 마(麻)인데, 그 색깔이 또한 검푸르지만 검은색이 보다 연하다. 저(苴)와 같고 시(枲)와 같은 모습은 각각 그것의 질(経) 색깔과 같다는 뜻이다. '지(止)'자는 멈춰서 움직이지 않는다는 뜻이다. 활동하는 모습은 봄의 생장하는 것을 상징하며, 정지한 모습은 가을의 숙살하는 것을 상징한다. '약지(若止)'는 우울하고 슬프며 기뻐

────────────────

경우는 손자가 죽은 조부모를 위해 입는 경우와 남편이 죽은 아내를 입는 경우 등이다. 그리고 1년 동안 '자최복'을 입는 경우, 그 기간을 자최기(齊衰期)라고도 부른다. 또 5개월 동안 입는 경우는 죽은 증조부나 증조모를 위한 경우이며, 3개월 동안 입는 경우는 죽은 고조부나 고조모를 위한 경우 등이다.

함이 없다는 뜻이다. '용모(容貌)'는 그 모습이 평상시의 모습과 같다는 뜻이다. 소공복(小功服)[8]과 시마복(緦麻服)[9]은 비록 수위가 낮지만 정감이 두터운 경우에는 그 모습에 있어서도 평상시와는 간략하게나마 변화가 일어나고, 간혹 그렇게 할 수 없어서 단지 평상시의 모습처럼만 한다면, 정감이 두텁지 않은 것이지만 또한 너무 박하게 대하는 지경에는 이르지 않는다. "상을 치를 때에는 슬퍼하는 마음이 부족하고, 예(禮)에 대해서는 풍족하게 치르는 것보다는 차라리 예에 대해서 부족한 면이 있더라도, 슬퍼하는 마음을 지극히 하는 것이 더 낫다."[10]라고 했다. '가야(可也)'라고 한 말은 미묘하게 차지 않았다는 뜻이다. '용체(容體)'는 겉으로 드러날 수 있는 격식을 갖춘 행동거지와 모습을 뜻한다.

鄭注 有大憂者, 面必深黑. 止, 謂不動於喜樂之事. 枲, 或爲"似".

번역 큰 근심이 있을 때 얼굴은 반드시 짙은 검은색을 띤다. '지(止)'자는 기쁘고 즐거운 일을 하지 않는다는 뜻이다. '시(枲)'자를 다른 판본에서는 '사(似)'자로 기록하기도 한다.

釋文 苴, 七余反. 見, 賢遍反. 齊音咨, 下同. 枲, 思里反. 樂音洛.

---

8) 소공복(小功服)은 상복(喪服) 중 하나로, 오복(五服)에 속한다. 조밀한 삼베를 사용해서 만들며, 대공복(大功服)에 비해서 삼베의 재질이 조밀하기 때문에, '소공복'이라고 부른다. 이 복장을 입게 되는 기간은 상황에 따라 차이가 생기지만, 일반적으로 5개월이 된다. 백숙(伯叔)의 조부모나 당백숙(堂伯叔)의 조부모, 혼인하지 않은 당(堂)의 자매(姊妹), 형제(兄弟)의 처 등을 위해서 입는다.

9) 시마복(緦麻服)은 상복(喪服) 중 하나로, 오복(五服)에 속한다. 가장 조밀한 삼베를 사용해서 만든다. 이 복장을 입게 되는 기간은 상황에 따라서 차이가 있지만, 일반적으로 3개월이 된다. 친족의 백숙부모(伯叔父母)나 친족의 형제(兄弟)들 및 혼인하지 않은 친족의 자매(姊妹) 등을 위해서 입는다.

10) 『예기』「단궁상(檀弓上)」【87b】: 子路曰, "吾聞諸夫子, 喪禮, 與其哀不足而禮有餘也, 不若禮不足而哀有餘也. 祭禮, 與其敬不足而禮有餘也, 不若禮不足而敬有餘也."

번역 ‘苴’자는 ‘七(칠)’자와 ‘余(여)’자의 반절음이다. ‘見’자는 ‘賢(현)’자와 ‘遍(편)’자의 반절음이다. ‘齊’자의 음은 ‘咨(자)’이며, 아래문장에 나오는 글자도 그 음이 이와 같다. ‘枲’자는 ‘思(사)’자와 ‘里(리)’자의 반절음이다. ‘樂’자의 음은 ‘洛(낙)’이다.

孔疏 ●“斬衰”至“者也”. ○正義曰: 此一節明居喪外貌輕重之異.

번역 ●經文: “斬衰”~“者也”. ○이곳 문단은 상을 치를 때 외적인 모습에 나타나는 경중의 차이를 설명하고 있다.

孔疏 ●“苴, 惡貌也”者, 苴是黎黑色, 故爲惡貌也.

번역 ●經文: “苴, 惡貌也”. ○‘저(苴)’는 검게 그을린 색깔이다. 그렇기 때문에 추한 모습이 된다.

孔疏 ●“大功貌若止”者, 止, 平停不動也. 大功轉輕, 心無斬刺, 故貌不爲之變, 又不爲之傾, 故貌若止於二者之間. 衰內鍛布, 帶腰亦輕. 其絰色用枲同者, 自別哀義耳.

번역 ●經文: “大功貌若止”. ○‘지(止)’자는 가만히 있으며 움직이지 않는다는 뜻이다. 대공복(大功服)은 한층 더 수위가 낮아서, 마음에 잘려나가거나 베인 것 같은 슬픔이 없다. 그렇기 때문에 모습에 있어서도 그를 위해 바꾸지 않고, 또한 그를 위해서도 마음을 지나치게 기울이지 않는다. 그렇기 때문에 그 모습은 마치 두 사이에 멈춘 것과 같다. 상복은 누인 포(布)를 사용하고, 대(帶)와 신발 또한 가벼운 것을 사용한다. 질(絰)에 있어서는 그 색깔이 시(枲)를 사용한 것과 같은데, 이를 통해 애통한 뜻을 구별할 따름이다.

集解 吳氏澄曰: 儀禮經“斬衰苴絰杖”, “齊衰牡麻絰”, 傳曰“苴, 麻有蕡者”, “牡, 麻枲也.”

번역 오징이 말하길, 『의례』의 경문에서는 "참최복(斬衰服)에는 저질(苴絰)과 지팡이를 한다."[11]라고 했고, "자최복(齊衰服)에는 모마(牡麻)의 질(絰)을 한다."[12]라고 했으며, 전문에서는 "저(苴)는 마(麻) 중에서도 씨가 있는 것이다."[13]라고 했고, "모(牡)라는 것은 수컷 마[麻枲]이다."[14]라고 했다.

참고 『예기』「상복소기(喪服小記)」기록

경문-407d 苴杖, 竹也. 削杖, 桐也.

번역 저장(苴杖)은 대나무로 만든다. 삭장(削杖)은 오동나무로 만든다.

孔疏 ●"苴杖"至"桐也". ○正義曰: 此一經解喪服苴杖削杖也. 然杖有苴·削異者. 苴者, 黯也. 夫至痛內結, 必形色外章, 心如斬斫, 故貌必蒼苴, 所以衰裳絰杖, 俱備苴色也. 必用竹者, 以其體圓性貞, 履四時不改, 明子爲父禮中痛極, 自然圓足, 有終身之痛故也. 故斷而用之, 無所厭殺也.

번역 ●經文: "苴杖"~"桐也". ○이곳 경문은 상복을 착용하며 잡게 되는 저장(苴杖)과 삭장(削杖)을 풀이하였다. 그런데 경우에 따라서 사용되는 지팡이에는 저장과 삭장이라는 차이점이 있다. '저(苴)'자는 "검다[黯]."는 뜻이다. 지극한 아픔이 내적으로 뭉쳐지면, 반드시 형색을 통해 겉으로 나타나며, 마음은 베인 것과 같기 때문에, 모습은 반드시 검푸르게 변하니, 상복·질(絰)·지팡이를 모두 검푸른 색으로 갖추는 이유이다. 반드시 대나무를 이용하는 이유는 대나무의 몸체는 원형으로 되어 있고, 성질이 곧으며, 사계절을 거치더라도 변하지 않으니, 자식이 부친을 위해 상례를 치르는 도중에는 애통함을 극심히 표현하여, 자연스럽게 충족이 되지만, 종신

---

11) 『의례』「상복(喪服)」: 喪服. <u>斬衰裳, 苴絰·杖</u>·絞帶, 冠繩纓, 菅屨者.
12) 『의례』「상복(喪服)」: 疏衰裳, <u>齊, 牡麻絰</u>, 冠布纓, 削杖, 布帶, 疏屨, 三年者.
13) 『의례』「상복(喪服)」: 傳曰, 斬者何? 不緝也. <u>苴絰者, 麻之有蕡者也</u>.
14) 『의례』「상복(喪服)」: 傳曰, 齊者何? 緝也. <u>牡麻者, 枲麻也</u>. 牡麻絰右本在上.

토록 간직하는 아픔이 있기 때문이다. 그래서 대나무를 잘라서 지팡이로 사용하며, 깎아내는 공정이 없다.

孔疏 ●"削杖"者, 削, 殺也, 削奪其貌, 不使苴也. 必用桐者, 明其外雖被削, 而心本同也, 且桐隨時凋落. 此謂母喪, 示外被削殺, 服從時除, 而終身之心當與父同也.

번역 ●經文: "削杖". ○'삭(削)'자는 "깎다[殺]."는 뜻이니, 그 외형을 깎고 줄여서, 검푸른 색을 내지 않도록 한다. 반드시 오동나무를 사용하는 이유는 외적으로 비록 줄어드는 점이 있지만, 마음만은 본래 동일하다는 뜻을 나타내며, 또 오동나무는 계절에 따라서 잎이 시들어 떨어짐을 나타낸다. 이 말은 모친의 상에서, 외적으로 줄어드는 점이 있어서, 상복에 있어서도 계절에 따라 제거되는 점이 있지만, 종신토록 품게 되는 마음은 부친에 대한 경우와 같음을 나타낸다는 뜻이다.

集解 杜氏預曰: 削杖, 圓削之象竹.

번역 두예[15]가 말하길, '삭장(削杖)'은 둥글게 깎아서 대나무처럼 만든 지팡이이다.

集解 愚謂: 此明齊·斬之杖之所用也. 苴, 麻之有蕢者, 其色黲黑, 斬衰之喪用爲衰裳及経. 苴杖, 斬衰之杖也. 斬衰用竹爲杖, 以配苴衰, 而其色亦相似, 故謂爲苴杖. 削杖, 齊衰之杖也, 用桐而削治之, 故謂之削杖. 杖大如経, 経圓則杖亦圓. 竹小而體本圓, 故斬而用之; 桐木大, 又不必皆圓, 故必削治之也. 苴杖黲黑, 削杖稍澤而晳, 故以爲齊·斬輕重之別.

---

15) 두예(杜預, A.D.222~A.D.284): =두원개(杜元凱). 서진(西晉) 때의 유학자이다. 경조(京兆) 두릉(杜陵) 출신이다. 자(字)는 원개(元凱)이다. 『춘추경전집해(春秋經典集解)』를 저술하였는데, 이 책은 현존하는 『춘추(春秋)』의 주석서 중 가장 오래된 것이며, 『십삼경주소(十三經注疏)』의 『춘추좌씨전정의(春秋左氏傳正義)』에도 채택되어 수록되었다.

번역 내가 생각하기에, 이 내용은 자최복(齊衰服)과 참최복(斬衰服)에 사용되는 지팡이의 재질을 나타낸다. '저(苴)'는 마(麻) 중에서도 씨가 있는 것으로, 그 색깔은 검은데, 참최복을 입고 치르는 상에서는 이것을 이용해서 상복과 질(絰)을 만든다. '저장(苴杖)'은 참최복에 사용하는 지팡이이다. 참최복에는 대나무를 이용해서 지팡이를 만들어, 저(苴)로 만든 상복과 짝을 이루도록 하니, 그 색깔 또한 서로 유사하기 때문에, '저장(苴杖)'이라고 부른 것이다. '삭장(削杖)'은 자최복에 사용하는 지팡이이며, 오동나무를 사용하되 그것을 깎아서 다듬기 때문에, '삭장(削杖)'이라고 부른다. 지팡이의 크기는 질(絰)과 같으니, 질(絰)이 원형으로 되어 있다면, 지팡이 또한 원형으로 만든다. 대나무는 크기가 작고, 몸체가 본래부터 원형이기 때문에, 그것을 잘라서 지팡이로 사용한다. 오동나무는 크고, 또 모두 둥글게만 되어 있지 않기 때문에, 반드시 깎아서 다듬어야 한다. 저장은 검은색으로 되어 있고, 삭장은 좀 더 윤택이 나기 때문에, 이 둘의 차이점을 이용해서 자최복과 참최복에 따른 상복 수위의 구별로 삼았다.

참고 『의례』「상복(喪服)」기록

경문 喪服. 斬衰裳, 苴絰·杖·絞帶, 冠繩纓, 菅屨者.

번역 「상복」편. 깔끔하게 재단하지 않은 참최복(斬衰服)의 상의와 하의를 입고, 저(苴)로 만든 질(絰)을 두르며, 지팡이를 짚고, 교대(絞帶)를 차며, 관에는 끈을 엮어 만든 갓끈을 달며, 관(菅)이라는 풀로 엮은 짚신을 신는다.

鄭注 者者, 明爲下出也. 凡服, 上曰衰, 下曰裳, 麻在首·在要皆曰絰. 絰之言實也, 明孝子有忠實之心, 故爲制此服焉. 首絰象緇布冠之缺項, 要絰象大帶, 又有絞帶, 象革帶. 齊衰以下用布.

번역 '자(者)'자는 그 뒤에 열거되는 사람들을 위해 기록한 말이다. 상복에 있어서 상의는 '최(衰)'라 부르고 하의는 '상(裳)'이라 부르는데, 마(麻)로 엮은 것 중 머리에 쓰거나 허리에 두르는 것은 모두 '질(絰)'이라고 부른다. '질(絰)'자는 "진실됨이 가득하다[實]."는 뜻으로, 자식에게는 진실됨이 가득한 마음이 있음을 나타낸다. 그렇기 때문에 이러한 상복을 제작하는 것이다. 수질(首絰)은 치포관(緇布冠)의 규항(缺項)을 상징하고, 요질(要絰)은 대대(大帶)를 상징하며, 또한 교대(絞帶)라는 것을 두어 혁대(革帶)를 상징한다. 자최복(齊衰服) 이하의 상복에서는 포(布)를 이용해서 만든다.

賈疏 ●"喪服"至"履者". ○釋曰: 題此二字於上者, 與此一篇爲總目. 言"斬衰裳"者, 謂斬三升布以爲衰裳. 不言裁割而言"斬"者, 取痛甚之意. 知者, 按三年問云: "創鉅者, 其日久; 痛甚者, 其愈遲." 雜記: "縣子云: 三年之喪如斬, 期之喪如剡." 謂哀有深淺, 是斬者痛深之義, 故云斬也. 若然, 斬衰先言斬, 下疏衰後言齊者, 以斬衰先斬布, 後作之, 故先言斬; 疏衰, 先作之, 後齊之, 故後云齊. 斬齊旣有先後, 是以作文有異也. 云"苴絰·杖·絞帶"者, 以一苴目此三事, 謂苴麻爲首絰·要絰, 又以苴竹爲杖, 又以苴麻爲絞帶. 知此三物皆同苴者, 以其冠繩纓不得用苴, 明此三者皆用苴. 又喪服小記云"苴杖, 竹也", 記人解此杖是苴竹也. 又絞帶與要絰象大帶與革帶, 二者同在要. 要絰旣苴, 明絞帶與要絰同用苴可知. 又喪服四制"苴衰不補", 則衰裳亦同苴矣. 云"冠繩纓"者, 以六升布爲冠, 又屈一條繩爲武, 垂下爲纓. 冠在首, 退在帶下者, 以其衰用布三升, 冠六升. 冠旣加飾, 故退在帶下. 又齊衰冠纓用布, 則知此繩纓不用苴麻, 用枲麻, 故退冠在下, 更見斬義也. 云"菅屨"者, 謂以菅草爲屨, 詩: "云白華菅兮, 白茅束兮." 鄭云: "白華已漚名之爲菅, 濡刃中用." 則此菅亦是已漚者也. 已下諸章並見年月, 唯此斬章不言三年者, 以其喪之痛極, 莫甚於斬, 故不言年月, 表創鉅而已. 是以衰設人功之疏, 經又言麻之形體, 至於齊衰已下, 非直見人功之疏, 又見經去麻之狀貌. 擧齊衰云三年, 明上斬衰三年可知. 然此一經爲次若此者, 以先喪而後服, 故服在喪下. 又先斬, 後乃爲衰裳, 故斬文在衰裳之上. 絰·杖·絞帶俱蒙於苴, 故苴又在前. 經中絰有二事,

仍以首経爲主, 故経文在上. 杖者各齊其心, 故在絞帶之前. 冠纓雖加於首, 以
其不蒙於苴, 故退文在下. 屨乃服中之賤, 最後爲宜, 聖人作文倫次然.

번역　●經文: "喪服"~"屨者". ○'상복(喪服)'이라는 두 글자를 맨 앞에
표제로 제시하였는데, 이 편의 총괄적인 제목이 된다. '참최상(斬衰裳)'이라
고 했는데, 3승(升)의 포를 잘라서 상의와 하의를 만든다는 뜻이다. 재단하
여 잘라낸다고 말하지 않고 "끊다[斬]."라고 말한 것은 애통함이 매우 심하
다는 뜻을 취했기 때문이다. 이러한 사실을 알 수 있는 이유는『예기』「삼년
문(三年問)」편에서 "상처가 큰 자는 고통의 기간이 오래가고 아픔이 심한
자는 낫는 것이 더디다."16)라고 했고,『예기』「잡기(雜記)」편에서는 "현자
는 삼년상의 애통함은 몸을 베는 것 같고, 기년상의 애통함은 몸을 깎는
것 같다고 했다."17)라고 했으니, 애통함에는 깊고 얕은 차이가 있는데, 여
기에서 말한 '참(斬)'이라는 말은 애통함이 극심하다는 의미가 되기 때문에
'참(斬)'자를 덧붙인 것이다. 만약 그렇다면 '참최상(斬衰裳)'이라고 했을 때
에는 '참(斬)'자를 앞에 기록했는데 뒤에서는 '소최(疏衰)'라고 말한 뒤에
'자(齊)'자를 기록18)한 이유는 참최상에 있어서는 우선 포를 끊어낸 이후에
제작을 하기 때문에 먼저 '참(斬)'자를 먼저 말한 것이고, 소최에 있어서는
먼저 제작을 한 이후에 꿰매기 때문에 이후에 '자(齊)'자를 기록한 것이다.
끊거나 꿰매는 것에 있어서 이미 선후의 차이가 있기 때문에 문장을 기록
함에 있어서도 차이가 생긴 것이다. "저(苴)로 만든 질(絰)을 두르며, 지팡
이를 짚고, 교대(絞帶)를 찬다."라고 했는데, 한 개의 '저(苴)'자는 이러한
세 가지 사안에 관련되니, 저마로 수질과 요질을 만들고 또 저죽(苴竹)으로
지팡이를 만들며 또 저마로 교대를 만드는 것이다. 이러한 세 사물이 모두

---

16)『예기』「삼년문(三年問)」【669d】: 三年之喪, 何也? 曰, "稱情而立文, 因以飾
群, 別親疎貴賤之節, 而弗可損益也. 故曰, '無易之道也.' 創鉅者其日久, 痛甚者
其愈遲. 三年者, 稱情而立文, 所以爲至痛極也. 斬衰, 苴杖, 居倚廬, 食粥, 寢苫,
枕塊, 所以爲至痛飾也. 三年之喪, 二十五月而畢, 哀痛未盡, 思慕未忘, 然而服
以是斷之者, 豈不送死有已·復生有節也哉?"

17)『예기』「잡기하(雜記下)」【513b】: 縣子曰, "三年之喪如斬, 期之喪如剡."

18)『의례』「상복(喪服)」: 疏衰裳齊·牡麻絰·冠布纓·削杖·布帶·疏屨三年者.

저(苴)라는 것을 동일하게 사용한다는 사실을 알 수 있는 이유는 관에 끈을
엮어 만든 갓끈에는 저(苴)를 쓸 수 없으니, 이 세 가지 것들에 모두 저(苴)
를 사용한다는 사실을 나타낸다. 또 『예기』「상복소기(喪服小記)」편에서는
"저장(苴杖)은 대나무로 만든다."라고 했는데, 『예기』를 기록한 자는 여기
에서 말한 지팡이가 저죽을 가리킨다는 사실을 풀이한 것이다. 또 교대는
요질과 함께 대대 및 혁대를 상징하는데, 두 사물은 모두 허리에 차게 된다.
요질에 대해서 이미 저로 만들었다면, 교대와 요질 모두 저를 이용해서 만
든다는 사실을 알 수 있다. 또 『예기』「상복사제(喪服四制)」편에서는 "저최
(苴衰)와 같은 상복 부류들은 해지더라도 깁지 않는다."[19]라고 했으니, 상
의와 하의 또한 동일하게 저를 이용해서 만드는 것이다. "관에는 끈을 엮어
만든 갓끈을 단다."라고 했는데, 6승의 포로 관을 만들고, 또 한 가닥의 끈
을 엮어서 관의 테두리를 만들며, 그 끝을 밑으로 내려서 갓끈으로 삼는다.
관은 머리에 쓰게 되는데 요대에 대한 내용 뒤에 기술한 것은 상복은 3승의
포를 이용해서 만들고 관은 6승으로 만든다. 또 관에는 이미 장식이 가미되
기 때문에 요대 뒤에 기술한 것이다. 또 자최복에 쓰는 관의 갓끈 또한 포를
이용해서 만드니, 여기에서 말한 끈을 엮어 만든 갓끈은 저마를 사용하지
않고 시마(枲麻)를 사용하게 됨을 알 수 있다. 그렇기 때문에 관에 대한
내용을 뒤에 기술하여 다시금 참(斬)자의 의미를 드러낸 것이다. '관구(菅
屨)'라고 했는데, 관(菅)이라는 풀로 짚신을 엮은 것을 뜻하니, 『시』에서는
"백화가 관이 되었거든 백모로 묶느니라."[20]라고 했고, 정현은 "야생에서
자라는 관풀인 백화가 향기를 내기 시작하면 '관(菅)'이라고 부르는데 부드
러우면서도 질겨서 사용하기에 적합하다."라고 했으니, 여기에서 말한 관
풀 또한 이미 향기를 내기 시작한 것이다. 뒤의 여러 기록들에서는 모두
그 기간을 명시하였는데, 이곳 참최장에서는 삼년이라는 기간을 언급하지
않았다. 그 이유는 상을 치르며 느끼는 극심한 고통은 참최상보다 심한 것

---

19) 『예기』「상복사제(喪服四制)」【721b】: 三日而食, 三月而沐, 期而練, 毁不滅
性, 不以死傷生也. 喪不過三年, 苴衰不補, 墳墓不培, 祥之日鼓素琴, 告民有終
也, 以節制者也.
20) 『시』「소아(小雅)·백화(白華)」: 白華菅兮, 白茅束兮. 之子之遠, 俾我獨兮.

이 없다. 그렇기 때문에 기간을 언급하지 않고, 그 고통만을 드러낼 따름이다. 이러한 까닭으로 상복에는 사람의 공정이 적게 들어가는데, 질(絰)은 또한 마의 형체를 뜻하는 것이지만, 자최복 이하의 상복에 있어서는 사람의 공정이 적게 드러나는 것을 직접적으로 드러내지 않고 또한 질이 마의 형태에서 탈피함을 드러낸다. 자최복의 상에서 삼년이라는 기간을 언급했으니, 그보다 수위가 높은 참최복의 상에서 삼년상을 지낸다는 사실을 알 수 있다. 그런데 이곳 경문의 순서가 이와 같아서, 먼저 상을 언급하고 이후에 상과 관련된 상복을 기술하였기 때문에, 상복에 대한 기술이 상에 대한 기술 뒤에 나오는 것이다. 또 먼저 포를 끊은 뒤에야 상복의 상의와 하의를 만들기 때문에 '참(斬)'이라는 글자가 '최상(衰裳)'이라는 글자 앞에 나오는 것이다. 질(絰)・지팡이・교대(絞帶)는 모두 저(苴)자의 뜻과 관련이 된다. 그렇기 때문에 '저(苴)'자가 그 앞에 기술된 것이다. 경문에 나오는 질(絰)자에는 두 가지 사례가 있는데, 머리에 쓰는 수질(首絰)이 위주가 되기 때문에, 질(絰)자가 앞에 나온 것이다. 지팡이는 각각 자신의 가슴 높이에 맞춰 자르게 된다. 그렇기 때문에 교대 앞에 기술된 것이다. 관의 갓끈은 비록 머리 부분에 있는 것이지만, 이것은 저(苴)자와는 관련이 없기 때문에 그 뒤에 문장을 기술한 것이다. 신발은 상복의 복식 중에서도 미천한 것이므로 가장 뒤에 기술하는 것이 마땅하니, 성인이 문장을 기술한 순서가 이와 같은 것이다.

賈疏 ◎注"者者"至"用布". ○釋曰: 云"者者, 明爲下出也"者, 周公設經, 上陳其服, 下列其人. 此經所陳服者, 明爲下人所出, 故服下出者, 明臣子爲君父等所出也. 按下諸章皆言"者", 鄭止一解, 餘皆不釋, 義皆如此也. 云"凡服, 上曰衰, 下曰裳"者, 言"凡"者, 鄭欲兼解五服. 按下記云: 衰廣四寸, 長六寸. 綴之於心, 總號爲衰. 非正當心而已, 故諸言衰皆與裳相對. 至於弔服三者, 亦謂之爲衰也. 云"麻在首, 在要皆曰絰", 知一絰而兼二者, 以子夏傳要・首二絰俱解, 禮記諸文亦首・要並陳, 故士喪禮云"要絰小焉", 故知一絰而兼二文也. 云"絰之言實也, 明孝子有忠實之心, 故爲制此服焉", 檀弓云"絰也者實也", 明孝子有忠實之心, 故爲制此服焉. 按問喪云"斬衰貌若苴, 齊衰貌若枲"之等, 皆是心內苴惡, 貌亦苴惡, 服亦苴惡, 是服以象貌, 貌以象心, 是孝子有忠實之心. 若服苴而貌美, 心不苴惡者, 是中外不相稱, 無忠實之心者也. 云"首絰象緇布冠之缺項"者, 按士冠禮: 緇布冠, "靑組纓, 屬於缺", 鄭注云: "缺, 讀如'有頍者弁'之頍, 緇布冠之無笄者, 著頍圍髮際, 結項中隅爲四綴, 以固冠也." 此所象無正文, 但喪服法吉服而爲之, 吉時有二帶, 凶時有二絰, 以要絰象大帶, 明首絰象頍項可知. 以彼頍項爲吉時, 緇布冠無笄, 故用頍項以固之. 今喪之首絰與冠繩纓, 別材而不相綴, 今言象之者, 直取絰法象頍項而爲之. 至於喪冠, 亦無笄, 直用六升布爲冠, 一條繩爲纓, 與此全異也. 云"要絰象大帶"者, 按玉藻云, 大夫以下大帶用素, 天子朱裏, 終裨以玄黃, 士則練帶, 裨下末三赤, 用緇, 是大帶之制. 今此要絰, 下傳名爲帶, 明象吉時大帶也. 云"又有絞帶, 象革帶"者, 按玉藻鞸之形制, 云"肩革帶博二寸", 吉備二帶, 大帶申束衣, 革帶以佩玉佩及事佩之等. 今於要絰之外, 別有絞帶, 明絞帶象革帶可知. 按上喪禮云: "苴絰大鬲, 要絰小焉." 又云: "婦人之帶牡麻, 結本." 注云: "婦人亦有首絰, 但言帶者, 記其異. 此齊衰婦人, 斬衰婦人亦有苴絰." 以此而言, 則婦人吉時, 雖云女鞶絲, 以絲爲帶, 而無頍項. 今於喪禮哀痛甚, 亦有二絰與絞帶, 以備喪禮. 故此經其陳於上, 男女俱言於下, 明男女共有此服也. 云"齊衰已下用布"者, 卽下齊衰章云"削杖布帶"是也. 若然, 按此經, 凶服皆依舊名, 唯衰與絰特制別名者, 按禮記·檀弓云"有以故興物者", 鄭云: "衰絰之制." 以絰表孝子忠實之心, 衰明孝子有哀摧之義, 故制此二者而異名, 見其哀痛之甚故也.

번역 ◎鄭注: "者者"~"用布". ○정현이 "'자(者)'자는 그 뒤에 열거되는 사람들을 위해 기록한 말이다."라고 했는데, 주공은 경문을 기술할 때, 먼저 해당하는 상복을 기술하고, 그 이후에 상복을 착용하게 되는 대상을 차례대로 나열하였다. 이곳 경문에서 기술한 상복은 곧 그 뒤에 나오는 사람들을 위해서 기술된 것이다. 그렇기 때문에 상복에 대한 기술 뒤에 나오는 '자(者)'자는 신하와 자식 등이 군주와 부친을 위해 착용한다는 사실로 인해 나타난 것이다. 아래 여러 기술들을 살펴보면 모두 '자(者)'자가 나오는

데, 정현은 단지 이곳에서 한 차례 설명만 하였고, 나머지 기록에 대해서는
해석을 하지 않았으니, 그 의미가 모두 이와 같기 때문이다. 정현이 "상복에
있어서 상의는 '최(衰)'라 부르고 하의는 '상(裳)'이라 부른다."라고 했는데,
'범(凡)'이라고 말한 것은 정현이 오복(五服)에 대해서 함께 풀이하고자 해
서이다. 아래 기문을 살펴보면, 최(衰)의 너비는 4촌이고 길이는 6촌이라고
했다. 이것을 가슴 부분에서 연결하며 총괄적으로 '최(衰)'라고 부른다. 그
러나 이것은 가슴 부분에 오는 것은 아니기 때문에, 여러 기록들에서 말하
는 최(衰)자는 모두 하의를 뜻하는 상(裳)자와 상대적으로 기술된다. 그런
데 조복(弔服)의 세 종류에 대해서도 또한 '최(衰)'라고 부른다. 정현이 "마
(麻)로 엮은 것 중 머리에 쓰거나 허리에 두르는 것은 모두 '질(絰)'이라고
부른다."라고 했는데, 하나의 질(絰)자에 이러한 두 종류의 기물이 포함되
어 있음을 알 수 있는 이유는 자하의 전문에서는 요질과 수질에 대해 모두
풀이를 했고, 『예기』의 여러 기록들에서도 수질과 요질을 모두 기술하였다.
그렇기 때문에 『의례』「사상례(士喪禮)」편에서는 "요질은 수질보다 작다
."[21]라고 했으므로, 하나의 질자가 두 가지 의미를 겸한다는 사실을 알 수
있다. 정현이 "'질(絰)'자는 진실됨이 가득하다는 뜻으로, 자식에게는 진실
됨이 가득한 마음이 있음을 나타낸다."라고 했는데, 『예기』「단궁(檀弓)」편
에서는 "'질(絰)'이라는 것은 자식의 충실한 마음을 뜻한다."[22]라고 했으니,
자식에게 충실한 마음이 있음을 드러낸다. 그렇기 때문에 이러한 상복을
만든 것이다. 『예기』「문상(問喪)」편에서 "참최복의 모습은 암컷 마처럼 생
겨서 검게 그을린 것처럼 보이고, 자최복의 모습은 수컷 마처럼 생겨서 초
췌하면서도 어두워 보인다."라고 한 기록 등을 살펴보면, 이 모두는 속마음
이 그을리고 추하게 된다면 모습 또한 그을리고 추하게 되며 복장 또한
그을리고 추하게 되니, 이것은 복장이 모습을 상징하고 모습이 마음을 상
징하는 것이며, 자식에게 충실한 마음이 있음을 드러낸다. 만약 그을리고
추한 복장을 입었음에도 모습이 아름답다면 마음이 그을리고 추한 것이

---

21) 『의례』「사상례(士喪禮)」: 苴絰, 大鬲, 下本在左, <u>要絰小焉</u>. 散帶垂, 長三尺.
  牡麻絰, 右本在上, 亦散帶垂. 皆饌于東方.
22) 『예기』「단궁상(檀弓上)」【90d】: 絰也者, 實也.

아니니, 이것은 속마음과 외형이 서로 어울리지 못한 것이며 충실한 마음
이 없는 자이다. 정현이 "수질(首絰)은 치포관(緇布冠)의 규항(缺項)을 상
징한다."라고 했는데, 『의례』「사관례(士冠禮)」편을 살펴보면, 치포관에 대
해 "청색의 끈으로 만든 갓끈을 규항에 연결한다."23)라고 했고, 정현의 주
에서는 "'缺'자는 '우뚝 솟아있는 변(弁)이여'24)라고 했을 때의 '규(頍)'자로
읽으며, 치포관을 쓸 때에는 비녀가 포함되지 않아서 규를 이용해 머리카
락이 나는 지점을 두르고, 목이 있는 곳에 묶고 네 모퉁이에는 네 개의 연결
끈을 만들어서 관과 연결시킨다."라고 했다. 이것이 상징하는 것에 대해서
는 경문에 기록이 없지만, 상복은 길복을 따라 만들고, 길한 시기에는 두
가지 허리띠를 차게 되고 흉한 시기에는 두 가지 질을 차게 되며, 요질로
대대를 상징한다면, 수질이 규항을 상징한다는 사실을 알 수 있다. 규항이
라는 것이 길한 시기에 착용하는 것이고, 치포관을 쓸 때 비녀가 포함되지
않기 때문에 규항을 이용해 고정시키는 것이다. 현재 상복에 있어서 수질
과 관에 다는 갓끈은 별도의 재질로 만들어서 서로 연결시키지 않는데, 현
재 그것이 상징하는 것을 말하게 되어, 수질이 규항을 따라 만든 것이라는
의미를 취한 것이다. 상사에 쓰는 관에 있어서도 비녀가 포함되지 않고 단
지 6승의 포를 이용해서 관을 만들며, 한 가닥의 끈으로 갓끈을 만들게 되
어, 이것과는 판이하게 차이를 보인다. 정현이 "요질(要絰)은 대대(大帶)를
상징한다."라고 했는데, 『예기』「옥조(玉藻)」편을 살펴보면, 대부 이하의 계
층은 대대를 흰색의 비단으로 만들게 되고,25) 천자는 안감을 적색으로 대
며 현색과 황색의 가선을 댄다.26) 사의 경우 누인 명주로 허리띠를 만들고
가선의 끝부분에는 세 가지 적색을 사용하며 치포를 이용하니,27) 이것은

---

23) 『의례』「사관례(士冠禮)」 : 緇布冠缺項, 靑組纓屬于缺; 緇纚, 廣終幅, 長六尺;
    皮弁笄; 爵弁笄; 緇組紘, 纁邊; 同篋.
24) 『시』「소아(小雅)·규변(頍弁)」 : 有頍者弁, 實維伊何. 爾酒旣旨, 爾殽旣嘉. 豈
    伊異人, 兄弟匪他. 蔦與女蘿, 施于松柏. 未見君子, 憂心奕奕. 旣見君子, 庶幾
    說懌.
25) 『예기』「옥조(玉藻)」【384c】 : 大夫素帶, 辟垂.
26) 『예기』「옥조(玉藻)」【384b】 : 天子素帶, 朱裏, 終辟.
27) 『예기』「옥조(玉藻)」【384c】 : 士練帶, 率下辟.

대대의 제도가 된다. 현재 이곳에서 말한 요질을 아래 전문에서는 '대(帶)'라고 불렀으니, 길한 시기에 차는 대대를 상징한다는 사실을 나타낸다. 정현이 "또한 교대(絞帶)라는 것을 두어 혁대(革帶)를 상징한다."라고 했는데, 「옥조」편을 살펴보면 슬갑의 형태에 대해서 "양쪽 모서리와 혁대의 너비는 2촌이다."[28]라고 했는데, 길복을 착용할 때에는 두 가지의 허리띠를 갖추고, 대대로 의복을 결속하고 혁대로 패옥 및 일상생활에 필요한 물건 등을 차게 된다. 현재 요질 곁에는 별도로 교대라는 것을 두었으니, 교대가 혁대를 상징하게 됨을 알 수 있다. 「사상례」편을 살펴보면, "저질의 크기는 9촌이며, 요질은 그보다 작다."[29]라고 했고, 또 "부인이 차는 요질은 수컷 마를 이용해서 만드는데 뿌리부분을 묶는다."[30]라고 했고, 정현의 주에서는 "부인 또한 수질을 두르게 되는데 단지 요대만을 말한 것은 차이점을 언급하기 위해서이다. 여기에서 말한 대상은 자최복을 착용하는 부인인데, 참최복을 착용하는 부인 또한 저질을 착용한다."라고 했다. 이를 통해 말해보자면, 부인은 길한 시기 비록 여자아이에게는 비단으로 만든 작은 주머니를 채운다고 말하지만,[31] 비단으로 허리띠를 만들고 규항에 해당하는 것이 없게 된다. 현재의 상황은 상례 중에서도 애통함이 극심한 경우임에도 또한 두 가지 질과 교대를 갖추어 상례의 격식을 갖춘다. 그렇기 때문에 여기에서 질을 비롯한 기물들을 앞에 기술하고 남자와 여자에 대해서는 모두 그 뒤에 기술하였으니, 남녀 모두 이러한 복장을 착용하게 됨을 나타낸다. 정현이 "자최복(齊衰服) 이하의 상복에서는 포(布)를 이용해서 만든다."라고 했는데, 뒤의 '자최장'에서 "삭장(削杖)을 짚고 포로 만든 대를 찬다."[32]라고 한 말이 이러한 사실을 나타낸다. 만약 그렇다면 이곳 경문을

---

28) 『예기』「옥조(玉藻)」【385c~d】: 韠, 君朱, 大夫素, 士爵韋. 圜殺直, 天子直, 諸侯前後方, 大夫前方後挫角, 士前後正. 韠下廣二尺, 上廣一尺, 長三尺, 其頸五寸, <u>肩革帶博二寸</u>.

29) 『의례』「사상례(士喪禮)」: <u>苴絰</u>, <u>大鬲</u>, 下本在左, <u>要絰小焉</u>. 散帶垂, 長三尺. 牡麻絰, 右本在上, 亦散帶垂. 皆饌于東方.

30) 『의례』「사상례(士喪禮)」: <u>婦人之帶</u>, <u>牡麻結本</u>, 在房.

31) 『예기』「내칙(內則)」【367d】: 子能食食, 敎以右手; 能言, 男唯女兪. 男鞶革, <u>女鞶絲</u>.

살펴봤을 때, 흉복에 있어서는 모두 이전의 명칭에 따르지만 오직 상복과 질에 있어서는 특별히 별도의 명칭을 만들었다. 그 이유는 『예기』「단궁(檀弓)」편을 살펴보면, "일부러 어떤 사물들을 만들어서, 이것을 통해 감정을 북돋는 경우도 있다."[33]라고 했고, 정현의 주에서는 "상복이나 질 등의 제도를 뜻한다."라고 했다. 질이 자식이 가지고 있는 충실한 마음을 드러내는 것이라면 상복에는 자식이 애통해 하는 뜻이 포함되어 있는 것이다. 그러므로 이러한 두 가지 제도를 만들며 명칭을 달리해서, 애통함이 극심함을 드러낸 것이다.

참고 『의례』「상복(喪服)」 기록

전문 傳曰: 斬者何? 不緝也. 苴経者, 麻之有蕢者也.

번역 전문에서 말하였다. '참(斬)'자란 무슨 뜻인가? 꿰매지 않았다는 뜻이다. '저질(苴経)'이라는 것은 마(麻) 중에서도 씨가 있는 것으로 만든 것이다.

賈疏 ○釋曰: 云"斬者何", 問辭, 以執所不知, 故云者何. 云"不緝也"者, 答辭, 此對下疏衰裳齊, 齊是緝, 此則不緝也. 云"苴経者, 麻之有蕢者也", 按爾雅・釋草云"蕢, 枲實", 孫氏注云: "蕢, 麻子也." 以色言之謂之苴, 以實言之謂之蕢. 下言牡者, 對蕢爲名; 言枲者, 對苴生稱也, 是以云"斬衰貌若苴, 齊衰貌若枲"也. 若然, 枲是雄麻, 蕢是子麻, 爾雅云"蕢, 枲實"者, 擧類而言, 若圓曰箪, 方曰笥. 鄭注論語云: "箪・笥, 亦擧其類也." 下傳云: "牡麻者, 枲麻也." 不連言経, 此苴連言経者, 欲見苴経別於苴杖. 故下傳別云苴杖, 後傳牡麻不連言経, 此苴連言経者, 彼無他物之嫌, 獨有経, 故不須連言経也.

---

32) 『의례』「상복(喪服)」: 疏衰裳齊・牡麻経・冠布纓・削杖・布帶・疏屨三年者.
33) 『예기』「단궁하(檀弓下)」【120c】: 子游曰: "禮有微情者, <u>有以故興物者</u>, 有直情而徑行者, 戎狄之道也. 禮道則不然."

번역 "'참(斬)'자란 무슨 뜻인가?"라고 했는데, 이것은 질문을 던지는 말로, 모르는 부분을 제시했기 때문에 "무슨 뜻인가?"라고 말한 것이다. "꿰매지 않았다는 뜻이다."라는 말은 답변하는 말인데, 이것은 아래문장에 나오는 '소최상자(疏衰裳齊)'라는 말과 대비가 되고, '자(齊)'자는 "꿰맨다[緝]."는 뜻이 되므로, 이 글자는 꿰매지 않았다는 뜻이 된다. "'저질(苴絰)'이라는 것은 마(麻) 중에서도 씨가 있는 것으로 만든 것이다."라고 했는데, 『이아』「석초(釋草)」편을 살펴보면, "'분(蕡)'은 삼의 씨이다."[34]라고 했고, 손씨의 주에서는 "'분(蕡)'은 마의 씨이다."라고 했다. 색을 기준으로 말하면 '저(苴)'라고 부르는 것이고, 씨를 기준으로 말하면 '분(蕡)'이라고 부른다. 아래문장에 나오는 '모(牡)'라는 글자는 분(蕡)자와 대비해서 쓴 명칭이고, '시(枲)'라고 말한 것은 '저(苴)'자와 대비하기 위해 만들어낸 칭호이다. 이러한 까닭으로 "참최복의 모습은 암컷 마처럼 생겨서 검게 그을린 것처럼 보이고, 자최복의 모습은 수컷 마처럼 생겨서 초췌하면서도 어두워 보인다."라고 말한 것이다. 만약 그렇다면 '시(枲)'는 마 중에서도 수컷에 해당하고, '분(蕡)'은 씨가 있는 마가 되는데, 『이아』에서 "분(蕡)은 시(枲)의 씨이다."라고 말한 것은 그 부류를 제시한 것이니, 마치 소쿠리 중 원형인 것을 '단(簞)'이라 부르고 사각형인 것을 '사(笥)'라 부르는 것과 같다. 『논어』에 대한 정현의 주에서는 "단(簞)과 사(笥) 또한 그 부류를 제시한 것이다."라고 했다. 아래 전문에서 "'모마(牡麻)'라는 것은 시마(枲麻)이다."라고 하여 질(絰)자를 함께 언급하지 않았는데, 이곳에서는 저(苴)자에 질(絰)자를 붙여서 기록했다. 그 이유는 저질이라는 것이 저장과는 구별됨을 드러내고자 해서이다. 그렇기 때문에 아래 전문에서는 별도로 저장을 말했던 것이고, 뒤의 전문에서 모마를 말하며 질자를 함께 언급하지 않고 이곳에서 저자에 질자를 붙여서 말한 것은 뒤의 기록에서는 다른 사물로 오인할 염려가 없고 해당하는 것은 질만이 있을 뿐이기 때문에 질자를 함께 기록하지 않은 것이다.

---

34) 『이아』「석초(釋草)」 : <u>蕡, 枲實</u>. 枲, 麻.

참고 『의례』「상복(喪服)」기록

경문 疏衰裳齊, 牡麻絰·冠布纓·削杖·布帶·疏屨, 三年者.

번역 거친 상복의 상의와 하의는 아랫단을 꿰맨 것으로 입고, 수컷 마로 만든 질(絰)을 두르며, 관은 포로 만든 갓끈을 달고, 삭장(削杖)을 짚으며, 포로 만든 대(帶)를 차고, 거친 짚신을 신고서 삼년상을 치른다.

鄭注 疏猶麤也.

번역 '소(疏)'자는 "거칠다[麤]."는 뜻이다.

賈疏 ●"疏衰"至"年者". ◎注"疏猶麤也". ○釋曰: 此齊衰三年章, 以輕於斬, 故次斬後. 疏猶麤也, 麤衰者, 按上斬衰章中爲君三升半麤衰, 鄭注雜記云微細焉, 則屬於麤, 則三升正服斬不得麤名, 三升半成布三升微細則得麤稱. 麤衰爲在三升斬內, 以斬爲正, 故沒義服之麤. 至此四升, 始見麤也. 若然, 爲父哀極, 直見深痛之斬, 不沒人功之麤. 至於義服斬衰之等, 乃見麤稱, 至於大功·小功, 更見人功之顯, 緦麻極輕, 又表細密之事, 皆爲衰有深淺, 故作文不同也. 斬衰先言斬者, 一則見先斬其布, 乃作衰裳; 二則見爲父極哀, 先表斬之深重. 此齊衰稍輕, 直見造衣之法. 衰裳旣就, 乃始緝之, 是以斬衰, 斬在上, 齊衰, 齊在下. "牡麻絰"者, 斬衰絰不言麻, 此齊衰絰見麻者, 彼有杖, 杖亦苴, 故不得言麻. 此経文孤不兼杖, 故得言麻也. 云"冠布纓"者, 按斬衰冠繩纓, 退在絞帶下, 使不蒙苴齊, 冠布纓, 無此義, 故進之使與絰同處. 此布纓亦如上繩纓, 以一條爲武, 垂下爲纓也. 云"削杖布帶"者, 並不取蒙苴之義, 故在常處. 但杖實是桐, 不言桐者, 以斬衰杖不言竹, 使蒙苴, 故闕竹字. 此旣不取蒙苴, 亦不言桐者, 欲見母比父削殺之義, 故亦沒桐文也. 布帶者, 亦象革帶, 以七升布爲之, 此卽下章帶緣各視其冠是也. 齊斬不言布, 此纓帶言布者, 以對斬衰纓帶用繩, 故此須言用布之事也. "疏屨"者, 疏取用草之義, 卽爾雅云"疏不熟"之疏. 若然, 注云疏猶麤者, 直釋經疏衰而已, 不釋疏屨之疏. 若然, 斬衰章言"菅屨", 見草體者, 以其重, 故見草體, 擧其惡貌. 此言疏以其稍輕, 故擧草之總稱. 自此以下, 各擧差降之宜, 故不杖章言"麻屨", 齊衰三月與大功同"繩屨", 小功緦麻輕, 又沒其屨號. 言"三年"者, 以其爲母稍輕, 故表其年月. 若然, 父在爲厭降至期, 今旣父卒, 直申三年之衰, 猶不申斬者, 以天無二日, 家無二尊也. 是以父雖卒後, 仍以餘尊所厭, 直申三年, 不得申斬也. 云"者"者, 亦如斬衰章文, 明者爲下出也.

번역 ●經文: "疏衰"至"年者". ◎鄭注: "疏猶麤也". ○이것은 '자최삼년장'에 해당하는데, 참최복(斬衰服)보다 수위가 가볍기 때문에 참최복 뒤에 기술된 것이다. '소(疏)'자는 "거칠다[麤]."는 뜻이니, '추최(麤衰)'에 대해 앞에 나온 '참최장'을 살펴보면, 그 내용 중에 군주를 위해 착용할 때에는 3승 반으로 하여 추최로 한다고 했고,『예기』「잡기(雜記)」편에 대한 정현의 주에서는 보다 가늘게 만든 경우는 추(麤)에 속한다고 했으니, 3승으로 만든 정규 상복의 참최복에 대해서는 '추(麤)'라는 말을 붙여서 부를 수 없고, 3승 반의 성포(成布)[35]나 3승 중에서도 보다 가는 것이라면 추(麤)라는 말을 붙여서 부를 수 있다. 추최는 3승으로 만든 참최복의 범위 내에 있지만 참최복을 정규 복장으로 삼기 때문에 의복(義服)의 추라는 개념은 없다. 4승이 되어야만 비로소 추라는 용어가 나타나게 된다. 만약 그렇다면 부친의 상을 치르며 애통함이 극심하게 되면, 단지 애통함이 극심하다는 의미에서 상복의 천을 자른다고만 말하더라도 사람의 공정은 조금이나마 들어가게 된다. 그런데 의복에 해당하는 참최복 등에 있어서는 추라는 용어가 나타나고, 대공복이나 소공복에 있어서는 사람의 공정이 들어갔다는 것이 현격하게 드러나게 되며, 시마복은 매우 수위가 낮고 또 세밀하다는 뜻을 표시하니, 이 모두에는 애통함에 차이가 있기 때문에 글을 기록하는 방식이 다른 것이다. 참최복에 있어서 먼저 '참(斬)'자를 기록한 이유는 첫 번째는 먼저 그 포를 잘라야만 상복의 상의와 하의를 만들게 된다는 뜻을 드러

---

35) 성포(成布)는 비교적 가늘고 부드러운 포(布)를 뜻한다. 상복의 경우 6승(升) 이하의 포는 길복(吉服)에 사용되는 포와 유사하기 때문에, 이러한 상복에 사용되는 포를 '성포'라고 부른다.

낸 것이고, 두 번째는 부친에 대한 애통함이 극심함을 드러내니 참최복의
수위가 매우 무거움을 우선적으로 표시하기 위해서이다. 이곳에서 말한
자최복은 수위가 조금 낮아서 단지 옷을 가공하는 방법만 드러냈다. 옷감
을 잘라 상의와 하의를 만들게 되면 자최복에 와서야 비로소 꿰매게 되니,
이러한 이유로 참최복에 대해서는 참자가 앞에 기록된 것이고 자최복에
있어서는 자자가 뒤에 기록된 것이다. '모마질(牡麻絰)'이라고 했는데, 참
최복의 질에 대해서는 마(麻)를 덧붙여서 말하지 않았는데, 자최복의 질
에 대해서는 마(麻)자를 덧붙여서 기록했다. 그 이유는 참최복에 있어서
지팡이가 포함되는데, 지팡이 또한 저(苴)자를 붙이기 때문에 마를 언급
할 수 없었던 것이다. 반면 이곳에서 말하는 질에 대한 기록은 독립되어
있고 지팡이와 관련이 없기 때문에 마자를 덧붙일 수 있는 것이다. '관포
영(冠布纓)'이라고 했는데, 참최복에 대해서는 관승영(冠繩纓)이라고 했
고, 그 기록은 교대(絞帶) 뒤에 나와서 저자의 뜻과는 관련이 없도록 만들
었는데, 관포영에는 이러한 의미가 없기 때문에 앞으로 옮겨 질과 같은
구문에 기록한 것이다. 여기에서 말한 '포영(布纓)'이라는 것 또한 앞에
나온 '승영(繩纓)'이라는 것과 같으니, 한 가닥의 끈으로 테두리를 만들고
그 끝을 밑으로 늘어트려서 갓끈으로 삼는다. '삭장포대(削杖布帶)'라고
했는데, 이 모두 저자의 의미와는 관련이 없기 때문에, 일반적으로 기록되
는 구문에 기록되어 있는 것이다. 다만 지팡이는 실제로는 오동나무로 만
들게 되는데, 오동나무라고 말하지 않은 것은 참최복에 짚게 되는 지팡이
에 대해서 대나무라는 말을 붙이지 않은 것은 앞에 나온 저자의 의미와
관련이 있기 때문에 대나무라는 말을 생략한 것이다. 이곳의 경우 이미 앞
에 나온 저자와는 관련이 없는데도 오동나무라는 표기를 하지 않았는데,
그 이유는 모친에 대한 경우는 부친에 비해서 조금 줄어든다는 뜻을 드러
내고자 했기 때문에, 오동나무라는 글자를 없앤 것이다. 포대(布帶)라는 것
또한 혁대(革帶)를 상징하는데, 7승의 포로 만들게 되니, 뒷장에서 대의 가
선을 그 관에 들어가는 승(升) 수에 견주어서 한다고 한 말이 이러한 사실
을 나타낸다. 자최복에 대해서는 포(布)를 언급하지 않았는데, 갓끈과 대에

대해서는 포를 언급하였다. 이것은 참최복에서 갓끈과 대에 꼰 줄을 사용하는 것과 대비를 시켜야 했기 때문에 포를 사용한다는 것을 언급해야만 했기 때문이다. '소구(疏屨)'라고 했는데, '소(疏)'자는 풀을 이용했다는 의미에서 붙인 글자이니, 『이아』에서 "나물이 여물지 않았다."[36]라고 했을 때의 '소(疏)'자에 해당한다. 만약 그렇다면 정현의 주에서는 소자는 거칠다는 뜻이라고 했는데, 그 이유는 경문에서 소최라고 한 뜻을 풀이만 하고, 소구의 소자를 해석하지 않았기 때문이다. 만약 그렇다면 '참최장'에서는 '관구(菅屨)'라는 것이 나와서 풀이라는 뜻을 드러낸 이유는 그것이 상대적으로 중요하기 때문에 풀이 된다는 뜻을 드러낸 것으로, 추악한 모습을 나타내고자 한 것이다. 여기에서 말하는 소구의 소는 비교적 수위가 낮기 때문에 풀에 대한 총칭을 제시한 것이다. 이 기록으로부터 그 이하의 기록들에서는 각각 합당한 차등에 따라 기록했기 때문에 '부장장'에서는 '마구(麻屨)'라고 했고, '자최삼월장'과 '대공장'에서는 모두 '승구(繩屨)'라고 했으며, 소공복과 시마복은 수위가 낮기 때문에 또한 신발에 대한 호칭을 생략하였다. '삼년(三年)'이라고 말한 것은 모친의 상은 상대적으로 수위가 낮기 때문에 그 기한을 제시한 것이다. 만약 그렇다면 부친이 생존해 계실 때에는 모친에 대해서는 염강(厭降)을 하여 기년상을 치르게 되는데, 현재의 상황은 부친이 이미 돌아가신 상태이므로 직접적으로 삼년상의 상복을 착용할 수 있지만, 여전히 참최복을 착용할 수 없으니, 하늘에 두 개의 태양이 없듯이 집에도 두 명의 존귀한 자가 있을 수 없기 때문이다. 이러한 까닭으로 부친이 비록 돌아가신 이후라 하더라도 나머지 존귀한 자들에 대해서는 염강을 하여 삼년상을 치를 수 있지만 참최복을 착용할 수 없다. '자(者)'자를 말한 것 또한 '참최장'의 경우와 같으니, 뒤에 기술된 자들을 위해 표시한 글자이다.

참고 『의례』「상복(喪服)」기록

---

36) 『이아』「석천(釋天)」: 穀不熟爲饑, <u>蔬不熟爲饉</u>, 果不熟爲荒, 仍饑爲荐.

전문 傳曰: 齊者何? 緝也. 牡麻者, 枲麻也. 牡麻絰, 右本在上, 冠者沽功也. 疏屨者, 藨蒯之菲也.

번역 전문에서 말하였다. '자(齊)'자란 무슨 뜻인가? 꿰맸다는 뜻이다. '모마(牡麻)'라는 것은 수컷 마를 뜻한다. 모마로 만든 질(絰)은 뿌리를 우측으로 하여 위로 가도록 하고 관은 공정이 거칠게라도 들어간다. '소구(疏屨)'는 표괴(藨蒯)라는 풀로 엮은 짚신이다.

鄭注 沽猶麤也. 冠尊, 加其麤. 麤功, 大功也. 齊衰不書受月者, 亦天子諸侯卿大夫士虞卒哭異數.

번역 '고(沽)'자는 "거칠다[麤]."는 뜻이다. 관은 존귀한 복식이므로, 거칠게라도 공정을 더한다. 거친 공정을 가했다는 것은 대공복의 포로 만들었다는 뜻이다. 자최복에 대해서 상복을 받게 되는 기한을 기록하지 않은 이유 또한 천자·제후·경·대부·사에게 있어서 우제(虞祭)와 졸곡(卒哭)을 치르는 기한과 횟수가 다르기 때문이다.

賈疏 ●"傳曰"至"菲也". ◎注"沽猶"至"異數". ○釋曰: 緝則今人謂之爲緶也. 上章傳先云"斬者何不緝也", 此章言齊對斬, 故亦先言"齊者何緝也". 云牡麻者枲麻也者, 此枲對上章苴, 苴是惡色, 則枲是好色. 故間傳云"斬衰貌若苴, 齊衰貌若枲"也. 云"牡麻絰右本在上"者, 上章爲父, 左本在下者, 陽統於內; 則此爲母, 陰統於外, 故右本在上也. 云"疏屨者藨蒯之菲也"者, 藨是草名, 按玉藻云"屨蒯席", 則蒯亦草類. 云"冠尊加其麤, 麤功大功也"者, 此鄭雖據齊衰三年而言, 冠尊加服皆同, 是以衰裳升數恒少, 冠之升數恒多. 冠在首尊, 既冠從首尊, 故加飾而升數恒多也. 斬冠六升, 不言功者, 六升雖是齊之末, 未得沽稱, 故不見人功. 此三年齊冠七升, 初入大功之境, 故言沽功, 始見人功. 沽, 麤之義, 故云麤功, 見人功麤大不精者也. 云"齊衰不書受月者, 亦天子諸侯卿大夫士虞卒哭異數"者, 其義說與斬章同, 故云"亦"也.

번역 ●傳文: "傳曰"~"非也". ◎鄭注: "沽猶"~"異數". ○'즙(緝)'자를 오늘날의 사람들은 꿰맨다는 뜻으로 편(緶)이라고 부른다. 앞의 전문에서는 우선적으로 "참(斬)이란 무엇인가? 꿰매지 않았다는 뜻이다."라고 했는데, 이곳에서는 자최복을 참최복과 대비했기 때문에, 여기에서도 먼저 "자자란 무슨 뜻인가? 꿰맨다는 뜻이다."라고 말한 것이다. "'모마(牡麻)'라는 것은 수컷 마를 뜻한다."라고 했는데, 여기에서 말한 '시(枲)'자는 앞에 나오는 저(苴)자와 대비가 되며, 저자가 추악한 색깔을 뜻하는 것이라면, 시자는 상대적으로 좋은 색깔을 뜻하게 된다. 그렇기 때문에 『예기』「간전」편에서는 "참최복의 모습은 암컷 마처럼 생겨서 검게 그을린 것처럼 보이고, 자최복의 모습은 수컷 마처럼 생겨서 초췌하면서도 어두워 보인다."라고 말한 것이다. "모마로 만든 질(絰)은 뿌리를 우측으로 하여 위로 가도록 한다."라고 했는데, 앞에서 부친의 상을 치를 때에는 뿌리를 좌측으로 하여 아래로 내리는 것이 양기가 내적으로 통괄하기 때문이라면, 이곳에 모친의 상을 치른다고 했을 때 음기는 외적으로 통괄하기 때문에 뿌리를 우측으로 하여 위로 가도록 하는 것이다. "'소구(疏屨)'는 표괴(藨蒯)라는 풀로 엮은 짚신이다."라고 했는데, '표(藨)'자는 풀의 이름이다. 『예기』「옥조(玉藻)」편을 살펴보면, "괴석(蒯席)을 밟고 선다."37)라고 했으니, '괴(蒯)'자 또한 풀의 종류가 된다. 정현이 "관은 존귀한 복식이므로, 거칠게라도 공정을 더한다. 거친 공정을 가했다는 것은 대공복의 포로 만들었다는 뜻이다."라고 했는데, 여기에서 정현은 비록 자최복으로 삼년상을 치르는 경우에 기준을 두어 말했지만, 관이 존귀한 복식이여서 장식을 더하게 된다는 것은 모든 경우에 동일하다. 이러한 까닭으로 상복에 들어가는 승(升)의 수는 항상 적지만 관에 들어가는 승의 수는 항상 많다. 관은 머리에 쓰게 되어 존귀한데, 관을 머리에 쓰게 되어 존귀하기 때문에, 장식을 더하고 승의 수를 항상 많이 하는 것이다. 참최복에 쓰는 관은 6승의 것으로 하는데, 공정을 더한다는 말을 하지 않았다. 6승은 비록 자최복 중에서도 말단에 해당하지만,

---

37) 『예기』「옥조(玉藻)」【375a】: 浴用二巾, 上絺下綌. 出杅履蒯席, 連用湯, 履蒲席, 衣布晞身, 乃屨進飮.

거칠다는 말을 쓸 수 없다. 그렇기 때문에 사람의 공정이 더해졌다는 말을 기록하지 않은 것이다. 이곳의 경우는 삼년동안 자최복의 상을 치르는데 그때의 관은 7승으로 만들며 처음으로 대공복에 들어가는 포의 승 수에 해당하게 된다. 그렇기 때문에 거친 공정이 들어갔다고 말하여, 처음으로 공정이 들어간 것을 나타낸 것이다. '고(沽)'자는 거칠다는 뜻이기 때문에 '추공(麤功)'이라고 했으니, 사람의 공정이 더해졌지만 매우 거칠다는 뜻을 드러낸 것이다. 정현이 "자최복에 대해서 상복을 받게 되는 기한을 기록하지 않은 이유 또한 천자·제후·경·대부·사에게 있어서 우제(虞祭)와 졸곡(卒哭)을 치르는 기한과 횟수가 다르기 때문이다."라고 했는데, 그 의미에 대한 설명은 '참최장'에서 설명한 것과 동일하다. 그렇기 때문에 '또한[亦]'이라고 말한 것이다.

참고 『예기』「잡기하(雜記下)」 기록

경문-513b 縣子曰, "三年之喪如斬, 期之喪如剡."

번역 현자가 말하길, "삼년상의 애통함은 몸을 베는 것 같고, 기년상의 애통함은 몸을 깎는 것 같다."라고 했다.

鄭注 言其痛之惻怛有淺深也.

번역 애통함과 슬퍼함에는 깊이의 차이가 있음을 뜻한다.

訓纂 釋名: 三年之縗曰斬, 不緝其末, 直翦斬而已. 期曰▼(齊/衣), ▼(齊/衣), 齊也.

번역 『석명』[38]에서 말하길, 삼년상을 치를 때 착용하는 상복을 '참(斬)'

---

38) 『석명(釋名)』은 후한(後漢) 때의 학자인 유희(劉熙)가 지은 서적이다. 오래된

이라고 부르니, 끝단을 재봉하지 않고, 단지 천을 자른 상태로 놔둘 뿐이기 때문이다. 기년상(期年喪)에 착용하는 상복을 '▼(齊/衣)'라고 부르니, '▼(齊/衣)'자는 "꿰매다[齊]."는 뜻이다.

訓纂 方氏苞曰: 父歿爲母, 齊衰三年, 故不曰"斬齊", 而曰"三年之喪".

번역 방포가 말하길, 부친이 이미 돌아가신 상태에서 모친에 대한 상례를 치르게 되면, 자최복(齊衰服)을 착용하고 삼년상을 치른다. 그렇기 때문에 '참최복과 자최복'이라고 말하지 않고, '삼년상'이라고 말한 것이다.

集解 愚謂: 剡, 削也. 斬之痛深, 剡之痛淺.

번역 내가 생각하기에, '섬(剡)'자는 "깎는다[削]."는 뜻이다. 베는 듯 한 아픔은 극심하고, 깎는 듯 한 아픔은 상대적으로 덜하다.

훈고학 서적의 하나로 꼽힌다.

그림 1-1 ◼ 참최복(斬衰服) 착용 모습

※ 출처: 『삼재도회(三才圖會)』「의복(衣服)」 3권

그림 1-2 ▣ 참최복(斬衰服) 각부 명칭

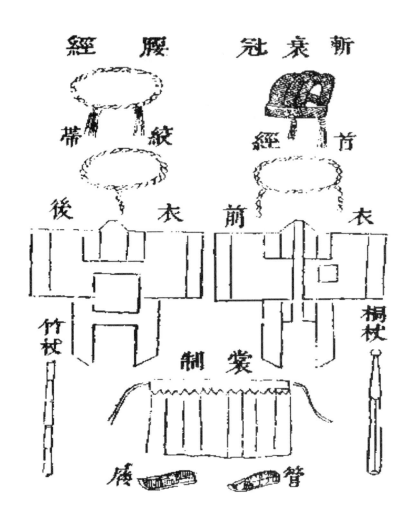

※ 출처: 『삼재도회(三才圖會)』「의복(衣服)」 3권

그림 1-3 ◼ 자최복(齊衰服) 착용 모습

圖 衰 齊

※ **출처**: 『삼재도회(三才圖會)』 「의복(衣服)」 3권

그림 1-4 ◼ 자최복(齊衰服) 각부 명칭

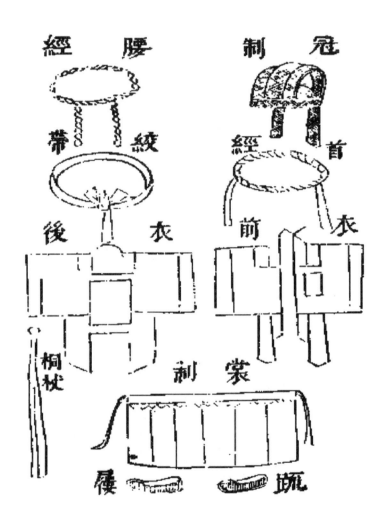

※ 출처: 『삼재도회(三才圖會)』「의복(衣服)」 3권

그림 1-5 ▣ 대공복(大功服) 착용 모습

※ **출처**: 『삼재도회(三才圖會)』「의복(衣服)」 3권

그림 1-6 ◉ 대공복(大功服) 각부 명칭

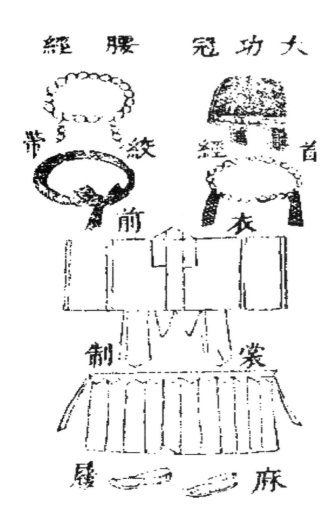

※ 출처: 『삼재도회(三才圖會)』「의복(衣服)」 3권

그림 1-7 ◼ 소공복(小功服) 착용 모습

※ 출처: 『삼재도회(三才圖會)』「의복(衣服)」3권

● 그림 1-8   ▣ 소공복(小功服) 각부 명칭

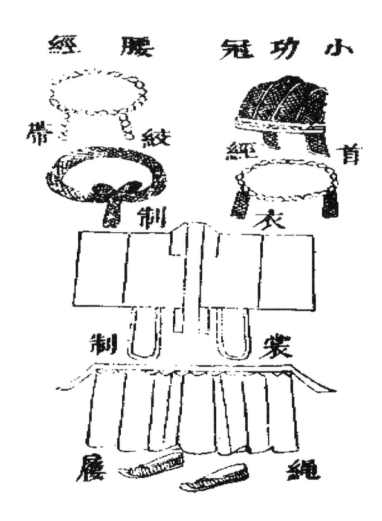

※ 출처: 『삼재도회(三才圖會)』「의복(衣服)」3권

그림 1-9 ■ 시마복(緦麻服) 착용 모습

※ 출처: 『삼재도회(三才圖會)』「의복(衣服)」 3권

그림 1-10   ▣ 시마복(緦麻服) 각부 명칭

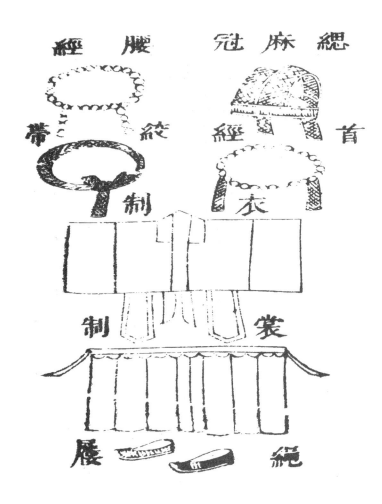

※ 출처:『삼재도회(三才圖會)』「의복(衣服)」3권

그림 1-11 ▣ 저장(苴杖: =竹杖)과 삭장(削杖: =桐杖)

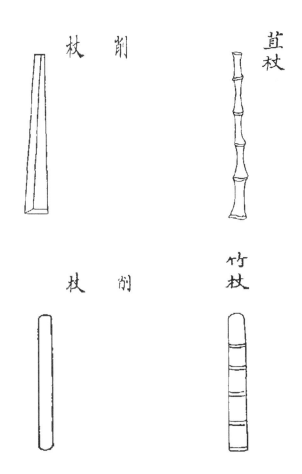

※ **출처**: 상단-『삼례도집주(三禮圖集注)』 15권

　　　　　하단-『삼례도(三禮圖)』 3권

● 그림 1-12 ◼ 치포관(緇布冠)

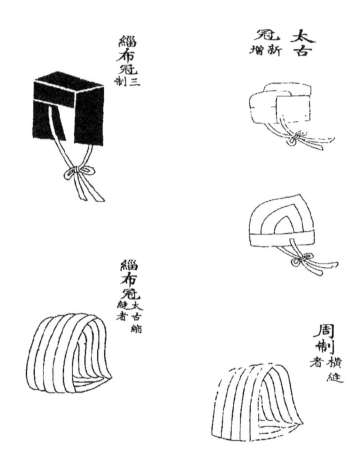

※ 출처:『삼례도집주(三禮圖集注)』3권

그림 1-13 ▣ 치포관(緇布冠)

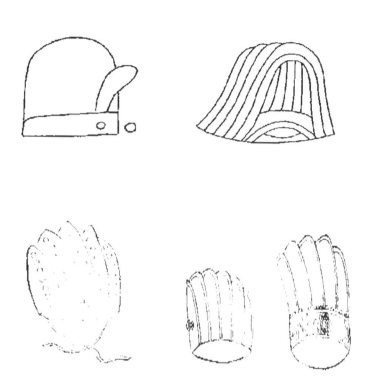

※ **출처:** 상좌-『삼례도(三禮圖)』 2권 ; 상우-『육경도(六經圖)』 8권
　　　하단-『삼재도회(三才圖會)』「의복(衣服)」 1권

그림 1-14 ▣ 규항(缺項: =頯項)과 영(緌)

青組緌

頯項委切 上丘

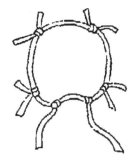

※ 출처: 『삼례도집주(三禮圖集注)』 3권

그림 1-15 ▣ 허리띠 : 대(帶)·혁대(革帶)·대대(大帶)

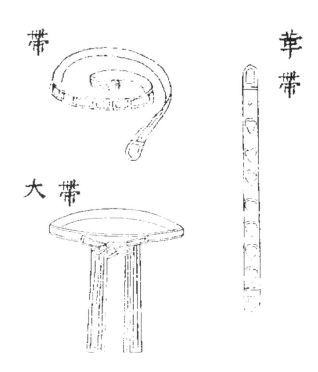

◎ 혁대(革帶): 가죽으로 만든 허리띠로, 대(帶)와 혁대는 옷과 연결하여 결속함
　　대대(大帶): 주로 예복(禮服)에 착용하는 것으로, 혁대에 결속함
※ 출처: 『삼재도회(三才圖會)』「의복(衣服)」 2권

그림 1-16 ■ 단(簞)과 사(笥)

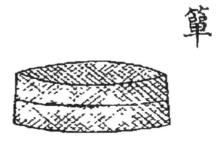

※ 출처: 『삼재단-『삼례도집주(三禮圖集注)』 3권
　　　　사-『가산도서(家山圖書)』 「금반협사휘이도(衿鬖篋笥楎椸圖)」

• 제 2 절 •

상복과 곡(哭)

【665c】

斬衰之哭, 若往而不反. 齊衰之哭, 若往而反. 大功之喪, 三曲
而偯. 小功緦麻, 哀容可也. 此哀之發於聲音者也

직역 斬衰의 哭은 往하여 不反함과 若하다. 齊衰의 哭은 往하여 反함과 若하다. 大功의 喪에서는 三曲하고 偯한다. 小功과 緦麻에서는 哀容이라도 可하다. 此는 哀가 聲音으로 發한 者이다.

의역 참최복(斬衰服)의 상에서 곡을 할 때에는 마치 가서 되돌아오지 않는 것처럼 한 차례 소리를 지름에 다시는 소리를 내지 못할 것처럼 한다. 자최복(齊衰服)의 상에서 곡을 할 때에는 마치 가서 되돌아오는 것처럼 한 차례 소리를 지르지만 참최복의 상만큼 간절하지 않다. 대공복(大功服)의 상에서 곡을 할 때에는 한 차례 소리를 지르며 세 마디를 꺾어 미미한 소리가 계속 맴돌게 한다. 소공복(小功服)과 시마복(緦麻服)의 상에서 곡을 할 때에는 침착하게 애통한 소리만 내도 괜찮다. 이것은 애통함이 소리를 통해 드러나는 것이다.

集說 若, 如也. 往而不反, 一擧而至氣絶, 似不回聲也. 三曲, 一擧聲而三折也. 偯, 餘聲之委曲也. 小功緦麻情輕, 雖哀聲之從容亦可也.

번역 '약(若)'자는 "~와 같다[如]."는 뜻이다. "가서 돌아오지 않는다."는 말은 한 번 소리를 지름에 숨이 끊어질 정도로 하여 다시 소리를 내지 못하는 것과 유사하다. '삼곡(三曲)'은 한 번 소리를 지름에 세 마디를 꺾는다는 뜻이다. '의(偯)'는 미미한 소리가 계속 남아있다는 뜻이다. 소공복(小功服)과 시마복(緦麻服)의 관계에서는 상대에 대한 정감이 가볍기 때문에 비록 침착하게 애통한 소리만 내도 괜찮다.

大全 臨川吳氏曰: 往而不反, 謂氣絶而不續. 往而反, 謂氣絶而微續. 三曲而偯, 謂聲不質直而稍文也. 哀容, 則聲彌文矣. 可也之意, 同上.

번역 임천오씨가 말하길, "가서 되돌아오지 않는다."는 말은 숨이 끊어져서 다시 숨을 쉬지 못한다는 뜻이다. "가서 되돌아온다."는 말은 숨이 끊어지지만 미세하게 숨을 쉰다는 뜻이다. "세 번 꺾어서 소리가 맴돈다."는 말은 소리를 낼 때 감정 그대로 나타내지 않고 조금 격식을 갖춘다는 뜻이다. '애용(哀容)'은 소리를 낼 때 보다 격식을 갖춘 것이다. '가야(可也)'의 의미는 앞의 문장과 동일하다.

鄭注 三曲, 一擧聲而三折也. 偯, 聲餘從容也.

번역 '삼곡(三曲)'은 한 번 소리를 지름에 세 마디를 꺾는다는 뜻이다. '의(偯)'는 미미한 소리가 계속 남아있다는 뜻이다.

釋文 偯, 於起反, 說文作"悠", 云"痛聲". 折, 之設反. 從, 七容反.

번역 '偯'자는 '於(어)'자와 '起(기)'자의 반절음이며,『설문』[1]에서는 '悠'자로 기록했고, "애통한 소리이다."라고 했다. '折'자는 '之(지)'자와 '設(설)'자의 반절음이다. '從'자는 '七(칠)'자와 '容(용)'자의 반절음이다.

孔疏 ●"斬衰之哭, 若往而不反"者, 若, 如也. 言斬衰之哭, 一擧而乃氣絶,

---

1)『설문해자(說文解字)』는 후한(後漢) 때의 학자인 허신(許愼)이 찬(撰)했다고 전해지는 자서(字書)이다.『설문(說文)』이라고도 칭해진다. A.D.100년경에 완성되었다고 전해진다. 글자의 형태, 뜻, 음운(音韻)을 수록하고 있다.

如似氣往而不却反聲也.

번역 ●經文: "斬衰之哭, 若往而不反". ○'약(若)'자는 "~와 같다[如]."
는 뜻이다. 즉 참최복(斬衰服)의 상에서 곡을 할 때에는 한 번 소리를 지름
에 곧 숨이 끊어지는 것과 같아서, 마치 기운이 한 번 나가서 다시 되돌아
소리를 내지 못하는 것과 같다는 뜻이다.

孔疏 ●"哀容可也"者, 言小功・緦麻, 其情旣輕, 哀聲從容, 於理可也.

번역 ●經文: "哀容可也". ○소공복(小功服)과 시마복(緦麻服)의 상에
서는 상대에 대한 정감이 가벼운 상태이니, 침착하게 애통한 소리만 내도
이치상 괜찮다는 뜻이다.

訓纂 王氏懋竑曰: 爲父斬衰, 爲母齊衰, 然以斬衰齊衰對言, 則爲母亦通
言斬衰, 而齊衰則指世叔父母耳. 故下文云父母之喪, 齊衰之喪, 其不以齊衰
爲母喪可知也.

번역 왕무횡2)이 말하길, 부친을 위해서 참최복(斬衰服)을 착용하고, 모
친을 위해서 자최복(齊衰服)을 착용하는데, '참최(斬衰)'와 '자최(齊衰)'를
대비해서 말한다면, 모친을 위해서도 또한 통괄적으로 참최복의 상이라고
말한 것이고, 자최복의 상은 세숙부모의 상을 가리킬 따름이다. 그렇기 때
문에 아래문장에서는 "부모의 상이다."라고 말하고, 또 "자최복의 상이다."
라고 말한 것이니, 여기에서 '자최(齊衰)'라고 한 말이 모친의 상을 뜻하지
않는다는 사실을 알 수 있다.

集解 愚謂: 哀容者, 言雖致哀而稍爲容飾, 喪彌輕也.

번역 내가 생각하기에, '애용(哀容)'은 비록 지극히 애통하지만 용모는

---

2) 왕무횡(王懋竑, A.D.1668~A.D.1741) : 청(淸)나라 때의 경학자이다. 자(字)
는 여중(予中)・여중(與中)이며, 호(號)는 백전(白田)이다.

조금 꾸미게 되니, 상 자체의 수위가 더욱 낮기 때문이다.

참고 『예기』「단궁상(檀弓上)」 기록

경문-92b 弁人有其母死而孺子泣者, 孔子曰: "哀則哀矣, 而難爲繼也. 夫禮, 爲可傳也, 爲可繼也, 故哭踊有節."

번역 변(弁) 땅의 사람들 중 그 모친이 돌아가시자 마치 어린아이가 우는 것처럼 마구 눈물을 흘리는 자가 있었다. 공자가 그 모습을 보고, "슬퍼하는 측면에서, 그의 모습은 슬픔을 드러내는 것이라고 할 수 있다. 그러나 남들이 따라 하기가 어렵구나. 무릇 예라는 것은 전수할 수 있어야 하며, 남들이 따라할 수 있어야 한다. 그렇기 때문에 곡을 하고 용을 함에도 절도가 있는 것이다."라고 했다.

鄭注 言聲無節. 此誠哀. 失禮中.

번역 울음소리에 절도가 없다는 뜻이다. 그의 울음소리에는 진실로 슬퍼함이 나타난다는 뜻이다. 그러나 예의 중도에는 맞지 않는다는 뜻이다.

孔疏 ●"而難爲繼也"者, 此哀之深, 後人無能繼學之者也.

번역 ●經文: "而難爲繼也". ○슬픔이 지나쳐서, 후세 사람들이 따라하며 배울 수가 없다는 뜻이다.

孔疏 ●"夫禮, 爲可傳也, 爲可繼也, 故器踊有節"者, 又廣述其難繼爲失也. 夫聖人禮制, 使後人可傳可繼, 故制爲哭踊之節, 以中爲度耳, 豈可過甚, 皆使後人不可傳繼乎? 然雜記: "曾申問於曾子曰: '哭父母有常聲乎?' 曰: '中路嬰兒失其母, 何常聲之有?'" 則與此違者, 云曾子所言, 是始死之時, 悲哀志瀡, 未可爲節. 此之所言, 在襲斂之後, 可以制禮, 故哭踊有節也. 所以知然者, 曾申之問, 泛問於哭時, 故知擧重時答也. 此之所言哭踊有節, 節哭之時, 在於後也.

번역 ●經文: “夫禮, 爲可傳也, 爲可繼也, 故器踊有節”. ○또한 따라서 하기가 어려운 것은 실례(失禮)가 된다는 사실을 폭넓게 설명한 것이다. 무릇 성인이 예제를 만든 것은 후세 사람들로 하여금 전승할 수 있고 따라 할 수 있도록 하기 위해서였다. 그렇기 때문에 예제를 제정하며 곡과 용의 절도를 만들어서, 그 합당함을 법도로 삼은 것일 따름인데, 어찌 심하게 하거나 지나치게 해서, 후세 사람들로 하여금 전승할 수도 없고 따라할 수도 없게 할 수 있겠는가? 그런데 『예기』「잡기(雜記)」편에서는 “증신이 증자에게 묻기를 ‘부모의 상에 곡을 할 때에도 규칙적인 소리가 있습니까?’라고 하자, 증자가 대답하길, ‘길에서 어미를 잃은 아이가 울부짖는데, 어떤 규칙적인 소리가 있겠는가?’”3)라고 하였으니, 이곳의 기록과 그 내용이 위배된다. 그러나 증자가 언급한 내용은 부모가 이제 막 돌아가셨을 때, 비통함과 애통함이 넘쳐서 아직까지는 절제할 수 없는 것을 뜻한다. 그리고 이곳에서 언급한 내용은 습(襲)4)과 염(斂)을 한 이후의 시기가 되므로, 예에 따라서 절제를 할 수 있다. 그렇기 때문에 곡과 용에도 절도가 있게 되는 것이다. 이와 같다는 사실을 알 수 있는 이유는 증신이 질문한 것은 곡을 하는 시기에 대해서 범범하게 질문을 한 것이다. 그렇기 때문에 그 중에서도 중요한 시기에 기준을 두고 답해주었다는 사실을 알 수 있다. 그리고 이곳에서 언급한 내용은 곡과 용을 함에도 절도가 있다는 뜻인데, 곡을 하며 절도에 맞춰서 하는 시기는 그 이후의 시기에 해당한다.

---

3) 『예기』「잡기하(雜記下)」【515b~c】: 曾申問於曾子曰, “哭父母有常聲乎?” 曰, “中路嬰兒失其母焉, 何常聲之有?”
4) 습(襲)은 시신에 옷을 입히는 의식 절차이다. 한편 시신에 입히는 옷 자체도 ‘습’이라고 불렀다.

참고 『예기』「단궁상(檀弓上)」 기록

경문-98c 子蒲卒, 哭者呼滅. 子皐曰: "若是野哉!" 哭者改之.

번역 자포가 죽자, 곡을 하는 자가 자포의 이름인 멸(滅)을 부르며 울부짖었다. 그 소리를 들은 자고는 "어찌 이처럼 야만스럽단 말인가!"라고 했다. 그 소리를 들은 자는 곡하던 방법을 고쳤다.

鄭注 滅, 蓋子蒲名. 非之也. 唯復呼名. 子皐, 孔子弟子高柴.

번역 '멸(滅)'은 아마도 자포의 이름인 것 같다. 자고가 그를 비난한 것이다. 오직 초혼을 할 때에만 이름을 부르게 된다. '자고(子皐)'는 공자의 제자인 고시(高柴)이다.

孔疏 ●"子蒲"至"改之". ○正義曰: 此一節論哭者呼名非禮之事. 滅, 子蒲名. 子蒲卒, 哭者呼其名, 故子皐曰: "若是野哉!" 野, 不達禮也. 唯復呼名, 冀其聞名而反, 哭則敬鬼神, 不復呼其名, 而此家哭獨呼滅, 子皐深譏之, 故云 "野哉"也. 非之乃改也.

번역 ●經文: "子蒲"~"改之". ○이곳 문단에서는 곡을 하는 자가 죽은 자의 이름을 부르는 것이 비례가 된다는 사안에 대해서 논의하고 있다. '멸(滅)'은 자포의 이름이다. 자포가 죽자, 곡을 하는 자가 그의 이름을 불렀다. 그렇기 때문에 자고가 "이처럼 야만스러운가!"라고 말한 것이다. '야(野)'라는 말은 예를 알지 못한다는 뜻이다. 오직 초혼을 할 때에만 이름을 부르니, 그가 자신의 이름을 부르는 것을 듣고, 되돌아오기를 기원하는 것이다. 그런데 곡을 하게 된다면, 귀신을 공경하게 되어, 다시는 그의 이름을 부르지 않는다. 하지만 그 집에서는 곡을 하며 유독 멸(滅)이라는 이름을 불렀으므로, 자고가 그를 매우 기롱했던 것이다. 그렇기 때문에 "야만스럽구나."라고 말한 것이다. 그를 비난하자 곧 방법을 고친 것이다.

集解 愚謂: 此哭者蓋子蒲之尊屬, 非子蒲之子哭其父呼滅也.

번역 내가 생각하기에, 이곳에서 곡을 했던 자는 아마도 자포에게 있어서는 대수가 높은 친족인 것 같으니, 자포의 아들이 그 부친에 대해 곡을 하며, 멸(滅)이라고 이름을 불렀던 것이 아니다.

참고 『예기』「단궁상(檀弓上)」 기록

경문-103c 父母之喪, 哭無時; 使必知其反也.

번역 부모의 상을 치를 때에는 곡을 할 때 특별히 정해진 시기가 없어서, 시도 때도 없이 곡을 하는 것이고, 만약 군주의 명령이 내려져서 사신의 임무를 맡게 되었다면, 되돌아왔을 때에는 반드시 제사를 지내어, 자신이 되돌아온 사실을 알게끔 해야 한다.

鄭注 謂旣練, 或時爲君服金革之事, 反必有祭.

번역 이미 소상(小祥)을 끝냈을 때, 간혹 군주가 전쟁 등의 일들을 맡기게 되어, 그 일에 복무하게 된다면, 되돌아와서는 반드시 제사를 지내야 한다는 뜻이다.

孔疏 ●"父母"至"反也". ○正義曰: 禮哭無時有三種, 一是初喪未殯之前, 哭不絶聲. 二是殯後, 除朝夕之外, 廬中思憶則哭. 三是小祥之後, 哀至而哭. 或一日二日, 而無復朝夕之時也. 此云"哭無時", 謂小祥之後也. 何以知然? 下云"使必知其反", 是其可使之時也.

번역 ●經文: "父母"~"反也". ○예법에 따르면, 곡을 할 때 시도 때도 없이 하는 경우에는 3가지 종류가 있다. 첫 번째는 어떤 자가 이제 막 죽었을 때, 아직 빈소를 차리기 이전에는 곡을 하는 소리가 끊이질 않는 것이다.

두 번째는 빈소를 차린 이후, 아침저녁으로 곡을 하는 일정한 시간 외에도, 움막에 있으면서 부모에 대한 생각을 하게 되면 곡을 한다. 세 번째는 소상(小祥)을 치른 이후에 애통함이 지극해져서 곡을 한다. 혹은 하루나 이틀정도는 아침저녁으로 곡을 하도록 정해진 시기를 지키지 않는 것이다. 이곳에서 "곡을 함에 정해진 시기가 없다."라고 한 말은 소상을 치른 이후의 시기를 뜻한다. 어째서 이러한 사실을 알 수 있는가? 그 뒤의 문장에서 "사신의 임무를 맡았을 때에는 반드시 자신이 되돌아온 사실을 알게끔 한다."라고 했기 때문이니, 소상을 치른 이후는 곧 사신의 임무를 맡을 수 있는 시기가 된다.

孔疏 ●"使必知其反也"者, "使", 謂君使之也. 旣小祥無哭時, 其時可爲君所使服金革之事也. 反, 還也. 若爲使還家, 當必設祭告親之神, 令知其反, 亦出必告・反必面之義也.

번역 ●經文: "使必知其反也". ○'사(使)'자는 군주가 그를 부린다는 뜻이다. 이미 소상(小祥)을 끝냈을 때에는 곡을 하는 시기가 없게 되어, 그 시기에는 군주를 위해서 전쟁 등의 일들에 복무를 할 수 있다. '반(反)'자는 "되돌아오다[還]."는 뜻이다. 만약 임무를 맡았다가 자신의 집으로 되돌아오게 된다면, 반드시 제사를 지내서 부모의 신령에게 아뢰어 자신이 되돌아온 사실을 알게끔 하니, 이것은 또한 집을 나설 때 반드시 아뢰고, 되돌아와서는 부모를 뵈어야 한다는 뜻에 해당한다.

孔疏 ◎注"謂旣練, 或時爲君服金革之事, 反必有祭"者, 禮運云"三年之喪, 期不使", 公羊傳亦期不使, 是知期內不使, 則期外可使也. 而曾子問云: "卒哭, 服金革之事, 無辟." 此魯侯有爲爲之也. 喪大記云卒哭而服金革之事. 鄭云: "權禮也." 是知卒哭而使非正禮也.

번역 ◎鄭注: "謂旣練, 或時爲君服金革之事, 反必有祭". ○『예기』「예운(禮運)」편에서는 "삼년상을 치르는 자에 대해서는 1년 동안 임무를 맡기지

않는다.”5)라고 했고, 『공양전』에서도 또한 1년 동안 임무를 맡기지 않는다
고 했으니, 이 기록을 통해서 1년 이내에는 임무를 맡기지 않지만, 1년이
넘게 되면 임무를 맡길 수도 있다는 사실을 알 수 있다. 그런데 『예기』「증
자문(曾子問)」편에서는 “졸곡(卒哭)을 끝내면, 전쟁 등의 사안에 복무하며,
군주의 명령을 피함이 없다.”6)라고 하였는데, 이것은 노나라 후작인 백금
(伯禽)에게 그럴만한 사정이 있어서 이처럼 했던 것이다.7) 『예기』「상대기
(喪大記)」편에서는 졸곡을 끝내면, 전쟁 등의 사안에 복무한다고 했고,8)
이 문장에 대한 정현의 주에서는 “권도(權道)에 따른 예이다.”라고 했으니,
이 기록을 통해서 졸곡을 끝내고 난 뒤에 임무를 맡기는 것은 본래의 정규
예법이 아니라는 사실을 알 수 있다.

참고 『예기』「상복소기(喪服小記)」기록

경문-414c 無事不辟廟門, 哭皆於其次.

번역 특별한 일이 없으면 빈궁의 문은 열지 않으며, 수시로 곡을 할 때
에는 상중에 머무는 임시 숙소에서 한다.

鄭注 鬼神尙幽闇也. 廟, 殯宮. 無時哭也, 有事則入卽位.

---

5) 『예기』「예운(禮運)」【274b】: 故仕於公曰臣, 仕於家曰僕. 三年之喪與新有昏
者, 期不使. 以衰裳入朝, 與家僕雜居齊齒, 非禮也, 是謂君與臣同國.
6) 『예기』「증자문(曾子問)」【245b~c】: 子夏問曰: 三年之喪, 卒哭, 金革之事, 無
辟也者, 禮與. 初有司與. 孔子曰: 夏后氏, 三年之喪, 旣殯而致事, 殷人, 旣葬而
致事, 記曰, 君子, 不奪人之親, 亦不可奪親也, 此之謂乎.
7) 『예기』「증자문(曾子問)」【245d】: 子夏曰: 金革之事, 無辟也者, 非與. 孔子曰:
吾聞諸老聃曰, 昔者, 魯公伯禽, 有爲爲之也, 今以三年之喪, 從其利者, 吾弗知也.
8) 『예기』「상대기(喪大記)」【538d】: 旣葬, 與人立. 君言王事, 不言國事. 大夫士
言公事, 不言家事. 君旣葬, 王政入於國, 旣卒哭而服王事. 大夫士旣葬, 公政入
於家, 旣卒哭, 弁絰帶, 金革之事無辟也.

번역 귀신은 그윽하고 조용함을 숭상하기 때문이다. '묘(廟)'는 빈궁을 뜻한다. 수시로 곡하는 경우를 뜻하니, 특별한 일이 있다면, 문으로 들어가서 자신의 자리로 나아간다.

孔疏 ●"無事不辟廟門"者, 辟, 開也; 廟門, 殯宮門也. 鬼神尙幽闇, 若朝夕入卽位哭, 則暫開之, 若無事則不開也.

번역 ●經文: "無事不辟廟門". ○'벽(辟)'자는 "연다[開]."는 뜻이다. '묘문(廟門)'은 빈궁의 문을 뜻한다. 귀신은 그윽하고 조용한 장소를 숭상하는데, 만약 아침저녁으로 들어와서 자신의 자리로 나아가 곡(哭)을 하는 경우라면 잠시 열어두고, 만약 특별한 일이 없다면 열지 않는다.

孔疏 ●"哭皆於其次"者, "次"謂倚廬, 唯朝夕哭, 入門內卽位耳; 若晝夜無時之哭, 則皆於廬次之中也. 凡葬前哭, 晝夜無時. 若有事, 謂賓來弔之時, 則入卽位. 若朝夕哭, 及適子受弔之事, 並入門卽位而哭.

번역 ●經文: "哭皆於其次". ○'차(次)'는 의려(倚廬)인데, 아침저녁으로 곡을 할 때에만, 문 안쪽으로 들어가서 자신의 자리로 나아갈 따름이며, 만약 밤낮으로 수시로 곡을 하는 경우라면, 모두 상중에 머무는 임시 숙소 안에서 한다. 무릇 장례를 치르기 이전에는 밤낮으로 수시로 곡을 한다. 특별한 일이 있는 경우는 빈객이 찾아와 조문을 하는 경우를 뜻하니, 그때에는 들어가서 자신의 자리로 나아간다. 만약 아침저녁으로 곡을 하거나 적자가 조문을 받는 사안이라면, 모두 문으로 들어가서 자신의 자리로 나아가 곡을 한다.

참고 『예기』「잡기하(雜記下)」 기록

경문-515b~c 曾申問於曾子曰, "哭父母有常聲乎?" 曰, "中路嬰兒失其母焉, 何常聲之有?"

번역 증신이 아버지 증자에게 질문하길, "부모의 상에 곡을 할 때에도 규칙적인 소리가 있습니까?"라고 했다. 그러자 증자는 "길에서 어미를 잃은 아이가 울부짖는데, 어떤 규칙적인 소리가 있겠는가?"라고 대답했다.

鄭注 嬰, 猶鷖彌也, 言其若小兒亡母啼號, 安得常聲乎? 所謂哭不偯.

번역 '영(嬰)'자는 어린아이[鷖彌]라는 뜻이다. 즉 어린아이가 모친을 잃어버리고 울부짖는 것처럼 해야 하는데, 어떻게 규칙적인 소리가 있겠느냐는 의미이다. 이른바 "곡을 할 때에는 격식에 맞춰 울지 않는다."는 뜻이다.

大全 廬陵胡氏曰: 孔子不取弁人孺子泣, 而此取嬰兒哭者, 此泛問哭時, 故擧重, 謂始死時也, 彼在襲斂, 當哭踊有節, 故異.

번역 여릉호씨[9]가 말하길, 공자는 변(弁)땅의 사람이 어린아이처럼 울부짖는 것에 대해서 따르기 어렵다고 했는데, 이곳에서는 어린아이처럼 울어야 한다고 했다. 그 이유는 이곳의 내용은 곡을 하는 때에 대해서 범범하게 물어보았기 때문에, 수위가 높은 것을 제시했으니, 부모가 이제 막 돌아가셨을 때를 의미하며, 공자의 경우는 습(襲)과 염(斂)을 하는 시기에 해당하여, 마땅히 곡과 용을 할 때에도 절도에 맞춰야 하는 경우이다. 그렇기 때문에 차이를 보인다.

참고 『예기』「잡기하(雜記下)」 기록

경문-517b 國禁哭則止, 朝夕之奠, 卽位自因也.

번역 나라에 큰 제사가 있어서 나라 안에 곡(哭)하는 것을 금지하면, 상

---

9) 호전(胡銓, A.D.1102~A.D.1180) : =여릉호씨(廬陵胡氏)・호방형(胡邦衡). 남송(南宋) 때의 정치가이자 문학가이다. 자(字)는 방형(邦衡)이고, 호(號)는 담암(澹庵)이다. 충신으로 명성이 높았다.

을 당한 자는 곡을 멈추지만, 아침과 저녁에 올리는 전(奠)제사10)라면, 자신의 자리로 나아가서 해당 의례를 시행한다.

鄭注 禁哭, 謂大祭祀時, 雖不哭, 猶朝夕奠. 自因, 自用故事.

번역 곡을 금한다는 말은 큰 제사를 지내게 될 때를 뜻하는데, 비록 곡을 하지 않지만, 아침저녁으로 시행하는 전제사는 그대로 지낸다. '자인(自因)'은 스스로 옛 사안대로 따른다는 뜻이다.

孔疏 ●"國禁哭則止"者, 謂有大祭祀, 禁哭之時, 則止而不哭.

번역 ●經文: "國禁哭則止". ○큰 제사를 치러야 해서 곡(哭)하는 것을 금지하는 때라면, 멈추어 곡을 하지 않는다는 뜻이다.

孔疏 ●"朝夕之奠, 卽位, 自因也"者, 謂孝子於殯宮朝夕兩奠之時, 卽阼階下位, 自因其故事而設奠也.

번역 ●經文: "朝夕之奠, 卽位, 自因也". ○자식은 빈소에서 올리는 아침과 저녁의 전제사 때, 동쪽 계단 아래의 자리로 나아가서, 스스로 옛 사안에 따라서 전제사를 진설한다는 뜻이다.

참고 『예기』「잡기하(雜記下)」 기록

경문-517c 童子哭不偯, 不踊, 不杖, 不菲, 不廬.

번역 어린아이는 곡을 할 때 격식에 맞춰 울지 않고, 용을 하지 않으며,

─────────────

10) 전제(奠祭)는 죽은 자 및 귀신들에게 음식을 헌상하는 제사이다. 상례(喪禮)를 치를 때, 빈소를 차리고 나면, 매일 아침과 저녁에 음식을 바치며 제사를 지내게 되는데, '전제'는 주로 이러한 제사를 뜻한다.

지팡이를 짚지 않고, 짚신을 신지 않으며, 상중의 임시숙소에 머물지 않는다.

鄭注 未成人者, 不能備禮也. 當室則杖.

번역 아직 성인(成人)이 되지 못한 자는 예법대로 갖출 수 없기 때문이다. 당실(當室)[11]이라면 지팡이를 짚는다.

孔疏 ◎注"當室則杖". ○正義曰: 按間喪云童子"當室, 則免而杖矣", 戴德云"童子當室, 謂十五以上. 若世子, 生則杖". 故曾子問云"子衰·杖, 成子禮", 是也. 皇氏云: "童子當室, 則備此經中五事. 特云杖者, 擧重言也".

번역 ◎鄭注: "當室則杖". ○『예기』「문상(問喪)」편을 살펴보면, 어린아이에 대해서 "당실(當室)이라면 문(免)을 하고 지팡이를 짚는다."[12]라고 했는데, 대덕은 "어린아이 중 당실인 경우는 15세 이상인 자들을 뜻한다. 만약 세자의 경우라면, 얼마 전에 태어났더라도 지팡이를 짚는다."라고 했다. 그렇기 때문에 『예기』「증자문(曾子問)」편에서는 "세자를 안고 있는 자가 상복을 입으며, 지팡이를 잡는 것은 자식으로 인정받는 예법을 완성시키는 절차이다."[13]라고 했다. 황간은 "어린아이 중 당실인 경우에 대해서 이곳 경문에서 말한 다섯 가지 사안을 모두 갖춰야 한다. 그런데 특별히 '지팡이[杖]'를 언급한 것은 중대한 것을 제시해서 말했기 때문이다."라고 했다.

---

11) 당실(當室)은 부친을 대신하여, 가사(家事)일을 돌본다는 뜻이다. 고대에는 대부분 장자(長子)가 이 일을 담당해서, 적장자(嫡長子)를 가리키기는 용어로도 사용하였다.
12) 『예기』「문상(問喪)」【659c】: 或問曰, "免者以何爲也?" 曰, "不冠者之所服也, 禮曰, "童子不緦, 唯當室緦." 緦者其免也, 當室則免而杖矣."
13) 이 문장은 『예기』「증자문(曾子問)」【226c~d】의 "三日, 衆主人·卿·大夫·士, 如初位, 北面, 大宰·大宗·大祝, 皆裨冕, 少師奉子以衰. 祝先, 子從, 宰·宗人從, 入門, 哭者止. 子升自西階, 殯前, 北面, 祝立于殯東南隅. 祝聲三, 曰: '某之子某, 從執事, 敢見.' 子拜稽顙, 哭, 祝·宰·宗人·衆主人·卿·大夫·士, 哭踊三者三, 降東反位, 皆袒. 子踊, 房中亦踊, 三者三. 襲衰杖, 奠出, 大宰命祝·史, 以名徧告于五祀·山川."이라는 기록에 대한 정현의 주이다.

訓纂 俟, 於豈反, 說文作"㣋".

번역 '俟'자는 '於(어)'자와 '豈(기)'자의 반절음이며, 『설문』에서는 '㣋'자로 기록했다.

集解 愚謂: 俟, 哭之餘聲也. 間傳曰, "大功之哭, 三折而俟", 則父母之喪, 雖成人哭亦不俟矣. 而此云"童子哭不俟"者, 彼謂始死之時, 雖成人哭父母亦不俟, 所謂"嬰兒中路失其母", 是也. 若既葬以後, 則成人哭有曲折餘聲, 惟童子不俟也. 童子當室則杖, 以其爲喪主也. 喪服傳曰"杖者", 所以"擔主也". 喪大記曰"喪有無後, 無無主", 主幼則使人抱之. 既使人抱之, 則必當爲之執杖, 是爲喪主始生卽杖, 不獨世子也. 至於踊與居廬, 則非孩提所能, 雖世子亦必待稍長矣. 皇氏謂"杖則備此五事"者, 亦未必然. 大約十五以上, 則五者備有, 而天性淳至者, 或亦非年之所能限也.

번역 내가 생각하기에, '의(俟)'자는 곡을 하며 여운을 내는 소리이다. 「간전」편에서는 "대공복(大功服)의 상에서 곡을 할 때에는 세 차례 꺾고 의(俟)를 한다."라고 했으니, 부모의 상이라면 비록 성인이라도 곡을 할 때에는 또한 의(俟)를 하지 않는다. 그런데 이곳에서는 "어린아이는 곡을 할 때 의(俟)를 하지 않는다."라고 했다. 그 이유는 「간전」편의 내용은 어떤 자가 이제 막 죽었을 때, 비록 성인이라 할지라도 부모에 대해 곡을 할 때라면 의(俟)하게 하지 않는다는 뜻이니, 이른바 "길에서 아이가 어미를 잃었다."[14]고 한 경우에 해당한다. 만약 이미 장례를 치른 이후라면 성인이 곡을 할 때에는 마디를 꺾어서 여운을 내며, 오직 어린아이만 의(俟)를 하지 않는다. 어린아이 중 당실(當室)이라면 지팡이를 잡으니, 그를 상주로 여기기 때문이다. 『의례』「상복(喪服)」편의 전문(傳文)에서 "지팡이를 잡는다."라고 말한 것은 "상주를 안고 있다."는 뜻이 된다.[15] 『예기』「상대기(喪大

---

14) 『예기』「잡기하」【515b~c】: 曾申問於曾子曰, "哭父母有常聲乎?" 曰, "中路嬰兒失其母焉, 何常聲之有?"
15) 『의례』「상복(喪服)」: 杖者何? 爵也. 無爵而杖者何? 擔主也.

記)」편에서는 "상에는 후계자가 없는 경우는 있어도 상주가 없는 경우는
없다."16)라고 했으니, 상주가 너무 어리다면, 다른 사람을 시켜서 그를 안
고 있게 한다. 이미 다른 사람을 시켜서 상주를 안고 있게 했다면, 반드시
안고 있는 자로 하여금 지팡이를 잡도록 해야 하니, 이것은 상주가 이제
막 태어난 자일지라도 곧 지팡이를 짚게 된다는 사실을 뜻하므로, 세자에
만 국한되지 않는다. 용을 하거나 여(廬)에 머무는 것에 있어서는 어린아이
가 할 수 있는 일이 아니니, 비록 세자일지라도 또한 반드시 조금 더 장성할
때까지 기다린 뒤에 시행하도록 한다. 황간은 "지팡이를 짚는다고 했다면,
여기에서 말한 다섯 가지 사안들을 모두 시행한다."라고 했는데, 이 또한
반드시 그렇지만은 않다. 대체적으로 15세 이상이 된다면, 다섯 가지 사안
을 모두 시행하지만, 천성적으로 지극히 순일한 자라면 간혹 나이에 따른
제한에 따르지 않고 모두 시행할 수 있다.

참고 『예기』「상대기(喪大記)」 기록

경문-528a 始卒, 主人啼, 兄弟哭, 婦人哭踊.

번역 어떤 자가 이제 막 죽었을 때, 상주는 울부짖고, 형제들은 곡을 하
며, 부인은 곡과 용을 한다.

鄭注 悲哀有深淺也. 若嬰兒中路失母, 能勿啼乎?

번역 비통함과 애통함에 차이가 있기 때문이다. 마치 어린아이가 길가
에서 어미를 잃은 것과 같은데 울부짖지 않을 수 있겠는가?

---

16) 『예기』「상대기(喪大記)」【531a】: 其無女主, 則男主拜女賓于寢門內. 其無男
主, 則女主拜男賓于阼階下. 子幼, 則以衰抱之, 人爲之拜. 爲後者不在, 則有爵
者辭, 無爵者人爲之拜. 在竟內則俟之, 在竟外則殯葬可也. 喪有無後, 無無主.

孔疏　●“始卒”至“人哭踊”. ○正義曰: 主人, 孝子男子女子也. 親始死, 孝子哀痛嗚咽不能哭, 如嬰兒失母, 故啼也.

번역　●經文: “始卒”~“人哭踊”. ○‘주인(主人)’은 자식인 아들과 딸들을 뜻한다. 부모가 이제 막 돌아가시게 되면 자식은 애통함으로 인해 목이 메어 곡을 할 수 없으니, 마치 어린아이가 어미를 잃은 것과 같다. 그렇기 때문에 울부짖는다.

孔疏　●“兄弟哭”者, 有聲曰哭, 兄弟情比主人爲輕, 故哭有聲也.

번역　●經文: “兄弟哭”. ○소리를 내어 우는 것을 ‘곡(哭)’이라고 부르는데, 형제들의 정감은 상주에 비해 낮기 때문에 곡을 하여 소리를 낼 수 있다.

孔疏　●“婦人哭踊”者, 婦人, 衆婦也. 宗婦亦啼, 衆婦人輕, 則哭也. 然婦人雀踊, 而此云踊者, 通自上諸侯並踊也.

번역　●經文: “婦人哭踊”. ○‘부인(婦人)’은 그 집안의 부인들을 뜻한다. 종부는 또한 울부짖는데, 여러 부인들은 그녀보다 정감의 수위가 낮으니, 곡을 한다. 그런데 부인들은 참새가 뛰는 것처럼 용을 하는데 이곳에서 ‘용(踊)’이라고 부른 이유는 그 위로 제후까지도 모두 용을 한다는 것을 통괄적으로 나타냈기 때문이다.

大全　山陰陸氏曰: 主人啼而不哭, 兄弟哭而不踊, 婦人哭踊, 殺於上矣. 蓋踊所以動體安心下氣也.

번역　산음육씨가 말하길, 주인은 울부짖지만 곡을 하지 않고, 형제는 곡을 하지만 용을 하지 않으며, 부인은 곡과 용을 하니, 위로부터 줄이기 때문이다. 무릇 ‘용(踊)’이라는 것은 몸을 움직이고 마음을 안심시키며 기운을 가라앉히는 것이다.

集解 愚謂: 始卒, 謂復前氣絶時也. 問喪曰, "親始死, 笄纚, 徒跣, 扱上衽, 交手哭", 謂此時也. 主人, 適子及衆子也. 兄弟, 期喪以下之親也. 婦人, 亦謂期喪以下者. 若死者之妻亦啼踊者, 主人兄弟婦人皆踊也.

번역 내가 생각하기에, '시졸(始卒)'은 초혼을 하기 이전 숨이 끊어졌을 때를 뜻한다. 『예기』「문상(問喪)」편에서는 "부모가 돌아가시게 되면 비녀를 꼽고 머리싸개를 하며, 맨발을 하고, 상의의 옷섶을 꼽고, 두 손을 교차한 뒤에 곡을 한다."[17]라고 했는데, 바로 이 시점을 뜻한다. '주인(主人)'은 적자와 나머지 아들들을 뜻한다. '형제(兄弟)'는 기년상(期年喪)으로부터 그 이하의 상을 치르는 친족을 뜻한다. '부인(婦人)' 또한 기년상으로부터 그 이하의 상을 치르는 여자들을 뜻한다. 만약 죽은 자의 아내인 경우라면 또한 울부짖으며 용을 하고, 주인과 그 형제의 부인들은 모두 용을 한다.

참고 『예기』「분상(奔喪)」 기록

경문-656c 哭, 天子九, 諸侯七, 卿大夫五, 士三. 大夫哭諸侯, 不敢拜賓. 諸臣在他國, 爲位而哭, 不敢拜賓. 與諸侯爲兄弟, 亦爲位而哭. 凡爲位者壹袒.

번역 곡을 할 때 천자에 대해서는 9일 동안 9번 하고, 제후에 대해서는 7일 동안 7번 하며, 경과 대부에 대해서는 5일 동안 5번 하고, 사에 대해서는 3일 동안 3번 한다. 대부가 옛 군주를 위해 곡을 할 때에는 감히 빈객에게 절을 하지 않는다. 신하들 중 명령에 따라 다른 나라에 나가 있는 자들은 자신의 군주를 위해 자리를 마련하여 곡을 하지만, 감히 빈객에게 절을 하지 않는다. 제후와 형제가 되는데 다른 나라에 거주하는 자들 또한 자리를 마련하여 제후에 대해 곡을 한다. 무릇 자리를 마련하는 경우에는 한 차례

---

17) 『예기』「문상(問喪)」【657d】: 親始死, 雞斯, 徒跣, 扱上衽, 交手哭. 惻怛之心, 痛疾之意, 復腎, 乾肝, 焦肺, 水漿不入口, 三日不擧火, 故鄰里爲之麋粥以飮食之. 夫悲哀在中, 故形變於外也. 痛疾在心, 故口不甘味, 身不安美也.

단(袒)[18]을 한다.

鄭注 此臣聞君喪而未奔, 爲位而哭, 尊卑日數之差也. 士亦有屬吏, 賤, 不得君臣之名. 謂哭其舊君, 不敢拜賓, 辟爲主. 謂大夫・士使於列國. 族親昏姻在異國者. 謂於禮正, 可爲位而哭也. 始聞喪, 哭而袒, 其明日則否. 父母之喪, 自若三袒也.

번역 이 내용은 신하가 군주의 상 소식을 접하였지만 아직 분상을 하지 못하여, 자리를 마련해서 곡을 함에 신분의 차이에 따라 날수에 차등이 있다는 뜻이다. 사에게도 또한 그에게 소속된 말단 관리들이 있는데, 사는 신분이 미천하므로 군주와 신하라는 명칭을 쓸 수 없다. 대부가 제후에게 곡을 한다는 것은 옛 군주에게 곡을 한다는 뜻인데, 감히 빈객에게 절을 하지 않는 것은 상주의 예법을 피하기 위해서이다. 타국에 있다는 말은 대부와 사가 다른 나라에 사신으로 갔다는 뜻이다. 제후의 형제가 된다는 말은 친족이나 혼인으로 맺어진 친족 중 다른 나라에 거주하는 자들을 뜻한다. 한 차례 단(袒)을 한다는 것은 예법의 바른 규정에 따라 자리를 마련하여 곡을 할 수 있다는 뜻이다. 처음 상의 소식을 접했을 때 곡을 하고 단(袒)을 하는데, 그 다음날에는 이처럼 하지 않는다. 부모의 상이라면 세 차례 단(袒)을 한다.

孔疏 ◎注"謂哭其舊君, 不敢拜賓, 辟爲主". ○正義曰: 知"哭舊君"者, 以下文云"諸臣在他國, 爲位而哭", 是於他國爲位而哭見事之君, 則知此是哭諸舊君也.

번역 ◎鄭注: "謂哭其舊君, 不敢拜賓, 辟爲主". ○정현이 "옛 군주에게 곡을 한다."라고 했는데, 이 말이 사실임을 알 수 있는 이유는 아래문장에서 "신하들 중 다른 나라에 있는 자들은 자리를 마련하여 곡을 한다."라고 했

---

18) 단(袒)은 상중(喪中)에 남자들이 취하는 복장 방식이다. 상의 중 좌측 어깨 쪽을 드러내는 방법이다. 한편 일반적인 의례절차에서도 단(袒)의 복장 방식을 취하는 경우가 있다.

으니, 이것은 다른 나라에서 자리를 마련하여 현재 섬기고 있는 군주에게 곡을 한다는 뜻이므로, 이 내용이 옛 군주에게 곡을 한다는 뜻에 해당함을 알 수 있다.

孔疏 ◎注"族親婚姻在異國者". ○正義曰: 此謂與諸侯異姓之昏姻, 又在他國, 不與諸侯爲臣, 身又無服, 故暫爲位而哭. 若與諸侯同姓, 是五服之內, 皆服斬也. 故小記云"與諸侯爲兄弟者, 服斬", 是也. 若君之姑姊妹之女, 來嫁於國中者, 則有服. 故雜記云: "諸侯之外宗猶內宗", 是有服也.

번역 ◎鄭注: "族親婚姻在異國者". ○이것은 제후와 이성(異姓)인 자로 혼인으로 맺어진 친족이며, 또 다른 나라에 거주하고 있어서 제후와 군신관계를 맺지 않으며, 또 본인은 제후와 상복관계가 형성되지 않는 자들을 뜻한다. 그렇기 때문에 잠시 자리를 마련하여 곡을 한다. 만약 제후와 동성(同姓)인 자라면, 오복(五服)의 친족 범위에 속하게 되므로, 모두 참최복(斬衰服)을 착용한다. 그렇기 때문에 『예기』「상복소기(喪服小記)」편에서는 "다른 나라에 거주하고 있지만, 본국의 제후와 형제인 자는 제후의 상이 발생하면, 본국으로 되돌아와서 참최복을 착용한다."[19]라고 한 것이다. 만약 군주의 고모·자매의 딸자식 중 같은 나라 안에서 시집을 간 경우라면 상복관계가 형성된다. 그렇기 때문에 『예기』「잡기(雜記)」편에서는 "제후의 외종(外宗)[20]은 제후와 그의 부인을 위해 상복을 착용하는 것을 내종(內宗)[21]의 경우와 같게 한다."[22]라고 한 것이니, 이것은 상복관계가 있음을 나타낸다.

孔疏 ◎注"謂於"至"袒也". ○正義曰: 此謂斬衰以下之喪, 初聞喪應爲位者. 初哭一袒而已, 又哭·三哭則不袒. 爲父母之喪, 則又哭·三哭皆袒, 前文所云者是也.

---

19) 『예기』「상복소기(喪服小記)」【420c】: 與諸侯爲兄弟者, 服斬.
20) 외종(外宗)은 군주의 고모·자매가 낳은 딸자식, 외숙의 딸자식, 종모(從母) 등을 뜻한다.
21) 내종(內宗)은 군주의 오속(五屬)에 속한 친족의 딸자식을 뜻한다.
22) 『예기』「잡기하(雜記下)」【521b】: 外宗爲君夫人, 猶內宗也.

번역 ◎鄭注: "謂於"~"祖也". ○이곳 내용은 참최복(斬衰服) 이하의 상에서 최초 상의 소식을 접하여 마땅히 자리를 마련해야 하는 경우를 뜻한다. 최초 곡을 할 때 한 차례 단(袒)을 할 따름이며, 두 번째 곡을 하고 세 번째 곡을 할 때라면 단(袒)을 하지 않는다. 부모의 상을 치르게 된다면, 두 번째 곡을 하고 세 번째 곡을 할 때에도 모두 단(袒)을 하니, 앞 문장에서 언급한 말들이 이러한 뜻을 나타낸다.

참고 『예기』「문상(問喪)」 기록

경문-657d 親始死, 雞斯徒跣, 扱上衽, 交手哭. 惻怛之心, 痛疾之意, 傷腎乾肝焦肺, 水漿不入口. 三日不擧火, 故鄰里爲之糜粥以飮食之. 夫悲哀在中, 故形變於外也. 痛疾在心, 故口不甘味, 身不安美也.

번역 부모님이 이제 막 돌아가시게 되면, 자식은 관을 제거하고 비녀와 머리싸개만 남기며 신발을 벗어 맨발을 만들며, 심의(深衣)의 앞섶을 허리띠에 꼽고, 두 손을 교차하여 가슴을 두들기며 곡을 한다. 슬픈 마음과 애통한 생각은 콩팥을 상하게 하고 간을 마르게 하며 폐를 태우니, 물이나 음료도 마실 수 없다. 3일 동안 밥 짓는 불을 때지 않기 때문에 이웃 사람들이 그를 위해 된죽과 묽은 죽을 만들어서 그에게 마시고 먹게끔 한다. 슬픔이 마음에 있기 때문에 모습이 겉으로 드러남에 초췌하게 변한다. 애통함이 마음에 있기 때문에 입은 맛을 느끼지 못하고, 몸은 좋은 것을 편안히 여기지 못한다.

鄭注 親, 父母也. "雞斯", 當爲"笄纚", 聲之誤也. 親始死去冠, 二日乃去笄纚, 括髮也. 今時始喪者邪巾貊頭, 笄纚之存象也. 徒, 猶空也. 上衽, 深衣之裳前. 五藏者, 腎在下, 肝在中, 肺在上, 擧三者之焦傷, 而心脾在其中矣. 五家爲鄰, 五鄰爲里. 言人情之中外相應.

번역 '친(親)'자는 부모를 뜻한다. '계사(雞斯)'는 마땅히 계리(笄纚)가 되어야 하니, 소리가 비슷해서 생긴 오류이다. 부모가 이제 막 돌아가셨을 때에는 관을 제거하고, 2일째에는 비녀와 머리싸개를 제거하며, 머리를 묶게 된다. 현재는 부모가 이제 막 돌아가셨을 때 사건(邪巾)[23]을 하고 맥두(貊頭)[24]를 하는데, 이것은 비녀를 꼽고 머리싸개를 했던 잔상이 남아있는 것이다. '도(紪)'자는 "비다[空]."는 뜻이다. '상임(上衽)'은 심의(深衣) 중에서도 치마에 해당하는 앞자락이다. 다섯 가지 장기 중 콩팥은 밑에 있고 간은 중간에 있으며 폐는 위에 있으니, 이 세 가지가 타거나 상한다고 제시했다면, 심장과 비장은 그 안에 포함된다. 5개의 가(家)는 1개의 인(鄰)이 되고, 5개의 인(鄰)은 1개의 리(里)가 된다. 사람의 정감은 안과 겉이 서로 호응하게 된다는 뜻이다.

孔疏 ●"親始"至"實也". ○正義曰: 此一節明初死三日以來, 居喪哭踊, 悲哀疾痛之意也.

번역 ●經文: "親始"~"實也". ○이곳 문단은 부모가 이제 막 돌아가셨을 때로부터 3일 이전까지 상중에 곡하고 용하며, 슬프고 애통한 뜻을 나타내고 있다.

孔疏 ●"雞斯"者, 笄, 謂骨笄. 纚, 謂縚髮之繒. 言親始死, 孝子先去冠, 唯留笄纚也.

번역 ●經文: "雞斯". ○'계(笄)'는 골계(骨笄)를 뜻한다. 이(纚)는 머리카락을 감싸는 비단이다. 즉 부모가 이제 막 돌아가셨을 때, 자식은 우선 관을 제거하는데, 오직 비녀와 머리싸개만은 남겨둔다는 뜻이다.

---

23) 사건(邪巾)은 부모가 이제 막 돌아가셨을 때 자식이 머리에 쓰게 되는 천을 뜻한다.
24) 맥두(貊頭)는 고대에 남자들이 머리를 묶을 때 사용하던 두건이다.

孔疏 ●“徒跣”者, 徒, 空也, 無屨而空跣也.

번역 ●經文: “徒跣”. ○‘도(徒)’자는 “비다[空].”는 뜻이니, 신발이 없어서 맨발로 있다는 의미이다.

孔疏 ●“扱上衽”者, 上衽, 謂深衣前衽, 扱之於帶, 以號踊履踐爲妨, 故扱之.

번역 ●經文: “扱上衽”. ○‘상임(上衽)’은 심의(深衣)의 앞섶이며, 이것을 허리띠에 꼽으니, 울부짖으며 발을 구르는데 방해가 되기 때문에 허리띠에 꼽는 것이다.

孔疏 ●“交手哭”者, 謂交手拊心而爲哭也.

번역 ●經文: “交手哭”. ○두 손을 교차하여 가슴을 두들기며 곡을 한다는 뜻이다.

孔疏 ●“傷腎・乾肝・焦肺”者, 言肺在上, 性近於燥, 故云“焦”. 肝近肺, 故云“乾”. 腎近下, 故云“傷”. 言近下, 性多潤而爲傷矣. 舉此三者, 五藏俱傷可知也.

번역 ●經文: “傷腎・乾肝・焦肺”. ○장기 중 폐는 가장 위에 있고, 그 성질은 마르는 것에 가깝다. 그렇기 때문에 “태운다.”라고 했다. 간은 폐와 가까이 있기 때문에 “마른다.”라고 했다. 콩팥은 가장 아래에 있다. 그렇기 때문에 “상한다.”라고 했다. 아래와 가까운 것은 성질이 대체로 축축하여 상하게 된다. 이 세 가지를 제시했으니, 오장이 모두 손상된다는 사실을 알 수 있다.

孔疏 ●“不擧火”者, 哀痛之甚, 情不在食, 故不擧火也. 言旁親以下, 食不可廢, 故“鄰里爲之糜粥以飮食之”. 糜厚而粥薄, 薄者以飮之, 厚者以食之.

번역 ●經文: "不擧火". ○애통함이 심하여, 그 정감은 음식에 관심을 두지 않는다. 그렇기 때문에 불을 때지 않는다. 즉 방계 친족으로부터 그 이하의 관계에 있는 자들도 음식을 먹을 수 없다는 뜻이다. 그렇기 때문에 "이웃에서 그를 위해 된죽과 묽은 죽을 만들어서 마시고 먹게 한다."라고 했다. 미(糜)는 된죽이고 죽(粥)은 묽은 죽인데, 묽은 죽은 마시고 된죽은 먹는다.

孔疏 ◎注"親父"至"爲里". ○正義曰: 凡云"親"者, 包之五服也. 以此經悲哀之甚, 故知"父母也". 云"雞斯當爲笄纚"者, 以經"雞斯"二字不當始死者之義, 聲與"笄纚"相涉, 故云"笄纚"也. 云"親始死去冠"者, 檀弓云: "始死, 羔裘玄冠者易之", 是去冠也. 云"二日乃去笄纚"者, 以上喪禮云"小斂髺髮", 是死二日, 故云"乃去笄纚"也. 云"上衽, 深衣之裳前"者, 言旣始死, 朝服易之, 故知著深衣. 按深衣篇云"續衽鉤邊", 故知此衽, 深衣之衽. 按深衣衽當旁, 此云"深衣之裳前"者, 旣"扱之", 恐履踐爲妨, 故解爲"裳前"也. 其實衽象小要屬裳處皆狹, 旁與在前俱得衽名, 但所扱之處當衽也. 按公羊傳云, 昭公以衽受於齊之唁禮, 亦謂裳當前者也.

번역 ◎鄭注: "親父"~"爲里". ○무릇 '친(親)'이라고 한 말은 오복(五服)의 친족들을 모두 포괄한다. 이곳 경문의 내용은 슬픔과 애통함이 매우 심하다고 했기 때문에 정현이 "부모를 뜻한다."라고 한 말이 사실임을 알 수 있다. 정현이 "'계사(雞斯)'는 마땅히 계리(笄纚)가 되어야 한다."라고 했는데, 경문에 기록된 '계사(雞斯)'라는 두 글자는 부모가 이제 막 돌아가셨을 때와는 관련된 의미가 없으며, 그 소리는 '계리(笄纚)'와 서로 유사하다. 그렇기 때문에 정현이 '계리(笄纚)'라고 말한 것이다. 정현이 "부모가 이제 막 돌아가셨을 때에는 관을 제거한다."라고 했는데, 『예기』「단궁(檀弓)」편에서는 "어떤 자가 이제 막 죽게 되면, 새끼양의 가죽으로 만든 갓옷과 현관(玄冠)의 복식은 바꾼다."²⁵⁾라고 했는데, 이것은 관을 제거한다는 사실을

---

25) 『예기』「단궁상(檀弓上)」 【98d】 : 夫子曰, "始死, 羔裘·玄冠者, 易之而已." 羔裘·玄冠, 夫子不以弔.

나타낸다. 정현이 "2일째에는 비녀와 머리싸개를 제거한다."라고 했는데, 『의례』「사상례(士喪禮)」편에서는 "소렴(小斂)26)을 하고 머리를 묶는다."27)라고 했으며, 이것은 죽은 후 2일째에 해당한다. 그렇기 때문에 "비녀와 머리싸개를 제거한다."라고 했다. 정현이 "'상임(上衽)'은 심의(深衣) 중에서도 치마에 해당하는 앞자락이다."라고 했는데, 이제 막 돌아가셨다고 말했으므로, 조복(朝服)은 바꾸게 된다. 그렇기 때문에 심의를 착용한다는 사실을 알 수 있다. 『예기』「심의(深衣)」편을 살펴보면, "하의의 옷자락을 봉합하고, 봉합된 부분을 덮어서 재차 봉합한다."28)라고 했다. 그렇기 때문에 이곳의 '임(衽)'자가 심의의 옷섶에 해당함을 알 수 있다. 살펴보면 심의의 옷섶은 측면에 있는데, 이곳에서는 "심의 중에서도 치마에 해당하는 앞자락이다."라고 했고, 이미 "꼽는다."라고 했다면, 발을 구르는데 방해가 될 것을 염려한 것이다. 그렇기 때문에 "치마에 해당하는 앞자락이다."라고 풀이한 것이다. 실제로 옷섶은 나무를 연결시킬 때 사용하는 소요(小要)를 본뜬 것이니 치마부분에 연결되며 모두 좁게 되어 있고, 측면과 앞에 있는 것을 모두 '임(衽)'이라고 부를 수 있는데, 허리띠에 꼽게 되는 부분은 임(衽)에 해당한다. 『공양전』을 살펴보면, 소공은 임(衽)을 통해 제(齊)나라의 위문하는 예물을 받아들였다고 했으니,29) 여기에서 말하는 임(衽)도 치마의 앞부분에 해당하는 것을 뜻한다.

集解 陳氏祥道曰: 檀弓"始死, 羔裘玄冠者易之而已", 則始死有易冠, 無去冠. 又云, "主人旣小斂, 祖括髮." 又云, "祖括髮, 變也", "祖括髮, 去飾之甚也." 又"叔孫武叔之母死, 旣小斂, 擧者出, 尸出戶祖, 且投其冠", 則小斂乃投

---

26) 소렴(小斂)은 상례(喪禮) 절차 중 하나이다. 죽은 자의 시신을 목욕시키고, 의복을 착용시키며, 그 위에 이불 등으로 감싸는 절차를 뜻한다.

27) 『의례』「사상례(士喪禮)」: 卒斂, 徹帷. 主人西面馮尸, 踊無筭. 主婦東面馮, 亦如之. 主人髺髮祖, 衆主人免于房.

28) 『예기』「심의(深衣)」【672b】: 古者深衣, 蓋有制度, 以應規矩繩權衡. 短毋見膚, 長毋被土, 續衽鉤邊, 要縫半下.

29) 『춘추공양전(春秋公羊傳)』「소공(昭公) 25년」: 昭公曰, 君不忘吾先君, 延及喪人, 錫之以大禮, 再拜稽首, 以衽受.

冠, 但投冠在尸未出戶之前耳.

번역 진상도30)가 말하길, 『예기』「단궁(檀弓)」편에서는 "어떤 자가 이제 막 죽게 되면, 새끼양의 가죽으로 만든 갓옷과 현관(玄冠)의 복식은 바꿀 따름이다."라고 했으니, 이제 막 죽었을 때에는 관을 바꾸는 경우는 있어도 관을 제거하는 일은 없다. 또 "상주가 소렴(小斂)을 끝내고, 단(袒)을 하고 괄발(括髮)31)을 했다."32)라고 했고, 또 "단(袒)을 하고 머리를 묶는 것은 모습을 변화시키는 것이다."라고 했고, "단(袒)과 머리를 묶는 것은 치장을 제거하는 것 중에서도 수위가 가장 높은 것이다."라고 했으며,33) 또 "숙손무숙의 모친이 돌아가셨다. 소렴(小斂)을 끝내고, 시신을 들고서 밖으로 나왔는데, 시신이 호(戶)를 빠져나오자 숙손무숙은 서둘러 단(袒)을 했고, 또 그 관을 내던졌다."34)라고 했으니, 소렴을 끝내게 되면 관을 벗게 되는 것인데, 다만 관을 벗는 것은 시신이 아직 방문을 빠져나오지 않은 직전에 할 따름이다.

集解 愚謂: 雖斯之義未詳, 鄭氏讀爲笄纚, 此雖別無考據, 然古人於吉凶之變, 皆有其漸. 始死而去冠, 至小斂而去笄纚, 自吉而變凶, 其漸固當如此. 且冠緌相配, 始死徒跣, 則首宜去冠. 此鄭氏之說所以雖他無明據, 而可以遵

---

30) 진상도(陳祥道, A.D.1159~A.D.1223) : =장락진씨(長樂陳氏)·진씨(陳氏)·진용지(陳用之). 북송대(北宋代)의 유학자이다. 자(字)는 용지(用之)이다. 장락(長樂) 지역 출신으로, 1067년에 과거에 급제하여 태상박사(太常博士) 등을 지냈다. 왕안석(王安石)의 제자로, 그의 학문을 전파하는데 공헌하였다. 저서에는 『예서(禮書)』, 『논어전해(論語全解)』 등이 있다.

31) 괄발(括髮)은 상(喪)을 치를 때, 관(冠)을 벗고 머리를 마(麻)로 된 천으로 싸매는 것을 뜻한다.

32) 『예기』「단궁상(檀弓上)」【88c】: 曾子襲裘而弔, 子游裼裘而弔. 曾子指子游而示人曰, "夫大也, 爲習於禮者, 如之何其裼裘而弔也?" 主人旣小斂, 袒·括髮, 子游趨而出, 襲裘·帶·絰而入. 曾子曰, "我過矣! 我過矣! 夫大是也."

33) 『예기』「단궁하(檀弓下)」【114b】: 袒·括髮, 變也. 慍, 哀之變也. 去飾, 去美也. 袒·括髮, 去飾之甚也. 有所袒, 有所襲, 哀之節也.

34) 『예기』「단궁상(檀弓上)」【92c】: 叔孫武叔之母死, 旣小斂, 擧者出, 尸出戶, 袒, 且投其冠, 括髮. 子游曰: "知禮."

信者也. 然檀弓言叔孫武叔去冠, 則知大夫士小斂之有冠; 喪大記“君將大斂,
子弁絰卽位于序端”, 則知人君大斂之有弁. 蓋大小斂, 喪之大事也, 故不敢以
不冠臨之. 笄纚者, 所以爲變; 冠且弁者, 所以爲敬. 喪之有冠, 蓋自小斂始與.
又喪大記“主人之出也, 徒跣扱衽”, 則非出時不必徒跣扱衽矣. 笄纚與徒跣扱
衽爲類, 非出時不徒跣扱衽, 則亦不必笄纚. 蓋自始死踰日始小斂, 而時有寒
暑, 體有強弱, 故小斂以前, 雖出時必笄纚, 而室中亦或有深衣素冠之時, 此孔
子所以言“始死, 羔裘玄冠者易之”也.

번역 　내가 생각하기에, ‘계사(雞斯)’의 뜻에 대해서는 자세히 알 수 없는
데, 정현이 비녀와 머리싸개로 풀이한 것은 비록 별다른 근거가 없는 것이
지만, 고대 사람들은 길흉의 변화에 대해서 모두 점진적으로 시행했다. 이
제 막 돌아가셨을 때 관을 제거하고, 소렴(小斂) 때가 되면 비녀와 머리싸
개를 제거하니, 길한 상태로부터 흉한 상태로 변한 것으로, 점진적인 시행
은 마땅히 이처럼 해야 한다. 또 관과 신발은 상호 짝이 되니, 이제 막 돌아
가셨을 때 맨발로 있었다면, 머리에 있어서도 마땅히 관을 제거해야 한다.
이것이 정현의 주장은 비록 별다른 근거가 없는 것이지만, 믿을 수 있는
이유이다. 그런데 『예기』「단궁(檀弓)」편에서는 숙손무숙이 관을 제거했다
고 했으니, 대부와 사는 소렴 때 쓰는 관(冠)이 있었음을 알 수 있고, 『예기』
「상대기(喪大記)」편에서는 “군주의 대렴(大斂)35)을 치르게 되면, 상주는
흰색의 변(弁)을 쓰고 그 위에 환질(環絰)을 두르며, 동쪽 서(序)의 남쪽
끝으로 나아가 자리한다.”36)라고 했으니, 군주의 대렴 때에는 쓰는 변(弁)
이 있었음을 알 수 있다. 무릇 대렴이나 소렴은 상사에서도 중대한 절차이
다. 그렇기 때문에 감히 관을 벗고서 그 일에 임할 수 없는 것이다. 비녀와
머리싸개는 변화를 주기 위한 것이며, 관과 변은 공경을 나타내기 위한 것

---

35) 대렴(大斂)은 상례(喪禮) 절차 중 하나이다. 소렴(小斂)을 끝낸 뒤에, 시신을
　　관에 안치하는 절차이다.
36) 『예기』「상대기(喪大記)」【537a~b】: <u>君將大斂, 子弁絰, 卽位于序端</u>; 卿大夫
　　卽位于堂廉楹西, 北面東上; 父兄堂下北面; 夫人・命婦尸西, 東面; 外宗房中南
　　面. 小臣鋪席, 商祝鋪絞・紟・衾・衣, 士盥于盤上, 士擧遷尸于斂上. 卒斂, 宰
　　告, 子馮之踊, 夫人東面亦如之.

이다. 상에서 관을 쓰는 것은 아마도 소렴을 치르는 시기부터 시작될 것이다. 또 「상대기」편에서는 "상주가 빈객을 맞이하기 위해 밖으로 나올 때에는 맨발을 하며 심의(深衣)의 앞자락을 허리띠에 꼽는다."[37]라고 했으니, 밖으로 나오는 시기가 아니라면 반드시 맨발을 하고 심의의 앞자락을 허리띠에 꼽았던 것은 아니다. 비녀와 머리싸개를 하는 것은 맨발을 하고 심의의 앞자락을 허리띠에 꼽는 것들과 비슷한 부류가 되고, 밖으로 나올 때가 아니라면 반드시 맨발을 하고 심의의 앞자락을 허리띠에 꼽는 것이 아니라면, 또한 반드시 비녀와 머리싸개를 했던 것도 아니다. 이제 막 돌아가셨을 때로부터 시일이 지나 비로소 소렴을 하게 되면, 그 시기에는 춥거나 더운 차이가 있고, 상을 치르는 자에게 있어서도 건장하거나 연약한 차이가 있다. 그렇기 때문에 소렴을 치르기 이전에는 비록 밖으로 나올 때 반드시 비녀를 꼽고 머리싸개를 하지만, 방안에 있을 때에는 또한 간혹 심의와 소관(素冠)[38]을 착용하는 경우도 있으니, 이것이 바로 공자가 "어떤 자가 이제 막 죽게 되면, 새끼양의 가죽으로 만든 갓옷과 현관(玄冠)의 복식은 바꾼다."라고 말한 이유이다.

集解 口不甘味, 故水漿不入口. 身不安美, 故有笄纚徒跣扱衽之變也.

번역 입으로 맛을 느끼지 못하기 때문에 물이나 음료도 마실 수 없다. 몸은 좋은 것을 편안히 여기지 못하기 때문에 비녀와 머리싸개를 하고 맨발을 하며 심의의 앞자락을 허리띠에 꼽아서 복식에 변화를 주는 것이다.

---

37) 『예기』「상대기(喪大記)」【528d~529a】: 凡主人之出也, 徒跣扱衽拊心, 降自西階. 君拜寄公國賓于位. 大夫於君命, 迎于寢門外, 使者升堂致命, 主人拜于下. 士於大夫親弔則與之哭, 不逆於門外.

38) 소관(素冠)은 상사(喪事)나 흉사(凶事)의 일을 접했을 때 쓰게 되는 흰색 관(冠)이다.

그림 2-1   ▣ 의려(倚廬)

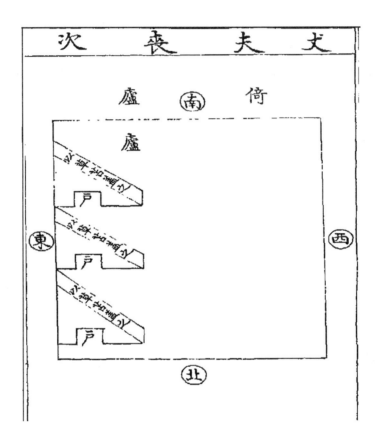

※ 출처: 『가산도서(家山圖書)』

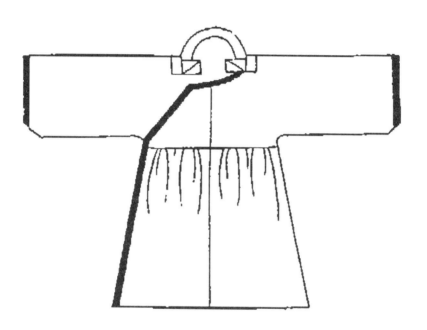

그림 2-2 ▣ 심의(深衣)

章本見証衣長衣麻衣中即衣深

※ 출처:『삼례도집주(三禮圖集注)』3권

그림 2-3   ◼ 계(筓)와 리(纚)

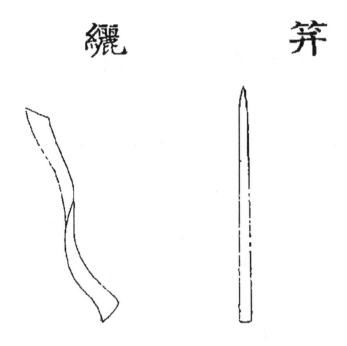

※ 출처: 『삼례도집주(三禮圖集注)』 3권

그림 2-4 ■ 『주례』의 수(遂)-행정구역 및 담당자

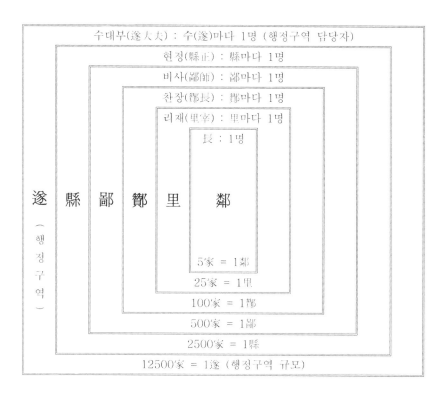

그림 2-5 ◼ 현관(玄冠)

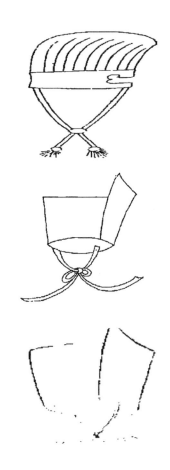

※ 출처: 상단-『삼례도(三禮圖)』 2권
　　　　　중단-『육경도(六經圖)』 8권
　　　　　하단-『삼재도회(三才圖會)』「의복(衣服)」 1권

그림 2-6　◪　제후의 조복(朝服)

※ 출처: 『삼례도집주(三禮圖集注)』 1권

그림 2-7 ◼ 문(免)과 괄발(括髪)

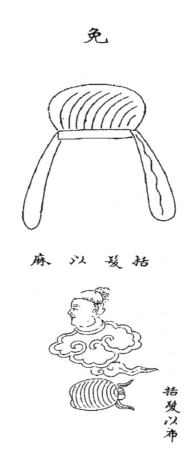

※ 출처: 『삼례도(三禮圖)』 3권

그림 2-8 ▣ 주(周)나라 때의 변(弁)과 작변(爵弁)

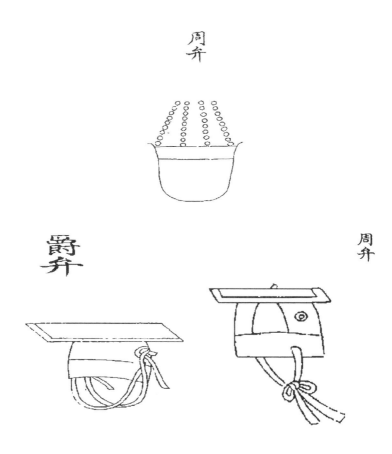

周弁

爵弁

周弁

※ 출처: 상단-『삼례도(三禮圖)』 2권
　　　　　하단-『삼례도집주(三禮圖集注)』 3권

상복과 대화

【665d】

斬衰唯而不對, 齊衰對而不言, 大功言而不議. 小功緦麻議而不
及樂. 此哀之發於言語者也

직역 斬衰에서는 唯하되 不對하고, 齊衰에서는 對하되 不言하며, 大功에서는
言하되 不議하고, 小功과 緦麻에서는 議하되 樂에 不及한다. 此는 哀가 言語로 發
한 者이다.

의역 참최복(斬衰服)의 상을 치를 때에는 응답만 하고 구체적인 말로 대답하지
는 않고, 자최복(齊衰服)의 상을 치를 때에는 대답은 하지만 먼저 말을 꺼내지 않으
며, 대공복(大功服)의 상을 치를 때에는 먼저 말을 꺼내더라도 다른 사안에 대해서
의논하지 않고, 소공복(小功服)과 시마복(緦麻服)의 상을 치를 때에는 다른 사안에
대해서 의논은 하지만 즐거운 일에 대해서는 의논하지 않는다. 이것은 애통함이
말을 통해 드러나는 것이다.

集說 唯, 應辭也. 不對, 不答人以言也. 不言, 不先發言於人也. 不議, 不泛
論他事也.

번역 '유(唯)'자는 응답하는 말을 뜻한다. '부대(不對)'는 다른 사람에게
구체적인 말로 대답하지 않는다는 뜻이다. '불언(不言)'은 다른 사람에게
먼저 말을 꺼내지 않는다는 뜻이다. '불의(不議)'는 다른 사안들에 대해서
폭넓게 의논하지 않는다는 뜻이다.

大全 嚴陵方氏曰: 唯則順之而已, 對則有可否焉. 對則應彼而已, 言則命物焉. 言則直言而已, 議則詳其義焉. 議則主於事而已, 樂則通其情焉. 由其哀有輕重, 故發於言語有詳略也.

번역 엄릉방씨[1]가 말하길, 응답은 상대의 질문에 대해 순응만 할 따름이지만, 대답을 한다면 가부를 따지게 된다. 대답은 상대의 질문에 호응만 할 따름이지만, 구체적인 말을 한다면 상대에 대해 명령을 하게 된다. 구체적인 말은 직선적으로 말을 할 뿐이지만, 의논을 한다면 그 의미를 상세히 따지게 된다. 의논은 일을 위주로 하지만, 즐거움이라면 그 정감을 통하게 한다. 애통함에 경중의 차이가 있기 때문에 말을 함에 있어서도 간략하고 상세한 차이가 있다.

鄭注 議, 謂陳說非時事也.

번역 '의(議)'자는 당시에 발생한 사안에 대해서 시비를 논하며 자신의 의견을 진술한다는 뜻이다.

釋文 唯, 于癸反, 徐以水反.

번역 '唯'자는 '于(우)'자와 '癸(계)'자의 반절음이며, 서음(徐音)은 '以(이)'자와 '水(수)'자의 반절음이다.

孔疏 ●"斬衰唯而不對"者, 但唯於人, 不以言辭而對也. 皇氏以爲親始死, 但唯而已, 不以言對. 按雜記云, "三年之喪, 對而不問", 爲在喪稍久, 故對也.

번역 ●經文: "斬衰唯而不對". ○단지 남에게 응답만 하고 구체적인 말

---

1) 엄릉방씨(嚴陵方氏, ?~?) : =방각(方慤)·방씨(方氏)·방성부(方性夫). 송대(宋代)의 유학자이다. 이름은 각(慤)이다. 자(字)는 성부(性夫)이다. 『예기집해(禮記集解)』를 지었고, 『예기집설대전(禮記集說大全)』에는 그의 주장이 많이 인용되고 있다.

로 대답을 하지 않는다는 뜻이다. 황간[2]은 부모가 이제 막 돌아가셨을 때에는 단지 응답만 하고 구체적인 말로 대답을 하지 않는다고 여겼다. 『예기』「잡기(雜記)」편을 살펴보니, "삼년상을 치를 때에는 대답은 하지만 스스로 묻지는 않는다."[3]고 했다. 상을 치르는 시간이 보다 오래되었기 때문에 대답을 하는 것이다.

孔疏 ●"大功言而不議"者, 大功稍輕, 得言他事, 而不議論時事之是非. 雜記云: "齊衰之喪, 言而不語." 彼謂言己事, 故鄭彼注云: "言, 言己事也. 爲人說爲語", 與此"言"異也.

번역 ●經文: "大功言而不議". ○대공복(大功服)의 상은 수위가 보다 가벼워서 다른 사안에 대해서도 말을 할 수 있지만, 당시의 사안에 대해서 시비를 따지는 의논은 할 수 없다. 『예기』「잡기(雜記)」편에서는 "자최복(齊衰服)의 상에서는 자기 스스로 자신이 처리해야 할 일을 말하지만, 남과 함께 논의하지는 않는다."[4]라고 했다. 「잡기」편의 내용은 자신의 일에 대해서는 말을 한다는 뜻이다. 그렇기 때문에 「잡기」편에 대한 정현의 주에서는 "'언(言)'은 자신이 처리해야 할 일을 말한다는 뜻이다. 남과 함께 말하는 것을 '어(語)'라고 한다."라고 했으니, 이곳에 나온 '언(言)'자와는 의미가 다르다.

---

2) 황간(皇侃, A.D.488~A.D.545): =황씨(皇氏). 남조(南朝) 때 양(梁)나라의 경학자이다. 『주례(周禮)』, 『의례(儀禮)』, 『예기(禮記)』 등에 해박하여, 『상복문구의소(喪服文句義疏)』, 『예기의소(禮記義疏)』, 『예기강소(禮記講疏)』 등을 지었지만, 현재는 전해지지 않는다. 그 일부가 마국한(馬國翰)의 『옥함산방집일서(玉函山房輯佚書)』에 수록되어 있다.

3) 『예기』「잡기하(雜記下)」【510a~b】: 三年之喪, 言而不語, 對而不問. 廬堊室之中, 不與人坐焉. 在堊室之中, 非時見乎母也不入門.

4) 『예기』「잡기하(雜記下)」【510a~b】: 三年之喪, 言而不語, 對而不問. 廬堊室之中, 不與人坐焉. 在堊室之中, 非時見乎母也不入門. / 「잡기하」편에는 '자최지상(齊衰之喪)'이라고 기록되어 있지 않고, '삼년지상(三年之喪)'으로 기록되어 있다. / 『예기』「상복사제(喪服四制)」【723b】: 禮, 斬衰之喪, 唯而不對. 齊衰之喪, 對而不言. 大功之喪, 言而不議. 緦小功之喪, 議而不及樂. / 「상복사제」편에서는 '언이불어(言而不語)'라고 기록되어 있지 않고, '대이불언(對而不言)'으로 기록되어 있다.

集解 愚謂: 唯者, 應人而已, 對則有言辭矣. 對者, 對其所問而已, 言則及於他事矣. 至於議, 則又有論說之詳焉. 及樂, 謂及於聽樂也. 此與上節, 皆謂始死時之聲音言語然也. 雜記云, "三年之喪, 言而不語, 對而不問", 謂旣殯居廬時, 故與此不同也.

번역 내가 생각하기에, '유(唯)'는 상대에 대해 응답만 할 따름이며, '대(對)'는 구체적인 말을 하는 것이다. '대(對)'는 질문에 대해 대답만 할 따름이며, '언(言)'은 다른 사안까지도 언급하는 것이다. '의(議)'에 이르게 되면, 더욱 자세하게 따지고 의논하는 것이다. '급악(及樂)'은 음악을 듣는 일에 미친다는 뜻이다. 이곳 기록과 앞의 문단은 모두 어떤 자가 이제 막 죽었을 때 나타내는 소리와 말이 이렇다는 뜻이다. 『예기』「잡기(雜記)」편에서는 "삼년상을 치를 때에는 자기 스스로 자신이 처리해야 할 일을 말하지만 남과 함께 논의하지는 않고, 대답은 하지만 스스로 묻지는 않는다."라고 했는데, 이것은 빈소를 마련한 뒤 의려(倚廬)5)에 머물 때를 뜻한다. 그렇기 때문에 이곳 기록과 차이를 보인다.

참고 『예기』「잡기하(雜記下)」기록

경문-510a~b 三年之喪, 言而不語, 對而不問. 廬堊室之中, 不與人坐焉. 在堊室之中, 非時見乎母也不入門.

번역 삼년상을 치를 때에는 자기 스스로 자신이 처리해야 할 일을 말하지만, 남과 함께 논의하지는 않고, 대답은 하지만 스스로 묻지는 않는다. 의려(倚廬)와 악실(堊室)에 있을 때에는 남과 함께 앉지 않는다. 악실에 있을 때에는 때에 따라 모친을 뵙는 일이 아니라면, 중문(中門)으로 들어가지 않는다.

---

5) 의려(倚廬)는 상중(喪中)에 머물게 되는 임시 거처지이다. '의려'는 또한 '의(倚)', '여(廬)', '堊室(악실)', '사려(舍廬)' 등으로 부르기도 한다.

鄭注 言, 言己事也. 爲人說爲語. 在堊室之中, 以時事見乎母, 乃後入門, 則居廬時不入門.

번역 '언(言)'은 자신이 처리해야 할 일을 말한다는 뜻이다. 남과 함께 말하는 것을 '어(語)'라고 한다. 악실(堊室) 안에 있을 때에는 때때로 모친을 찾아뵙게 된 이후에야 문으로 들어가니, 여(廬)에 있을 때에는 특정한 때라고 하더라도 문으로 들어가지 않는다.

孔疏 ●"三年"至"入門". ○正義曰: 皇氏云: 上云"少連大連", 及此經云 "三年之喪", 幷下"疏衰"之等, 皆是總結上文, 敬爲上, 哀次之, 及"顔色稱其情, 戚容稱其服". 今按別稱孔子是時之語, 不連子貢之問, 此"三年之喪"以下, 自是記者之言, 非孔子之語. 前文"顔色稱其情", 謂據父母之喪. 此下文"疏衰", 謂期親以下. 何得將此結上"顔色稱其情"? 皇說非也.

번역 ●經文: "三年"~"入門". ○황간은 앞 문장에서 '소련과 대련'6)이라고 말했고, 이곳 경문에서는 '삼년상'이라고 말했으며, 아울러 '소최(疏衰)'7) 등을 언급했으니, 이 모두는 앞 문장에서 공경함이 상등이 되고 애통함이 그 다음이라고 말하고, "안색은 그 정감에 알맞게 하고, 수척해진 모습은 해당하는 상복에 알맞게 한다."라고 했던 말들8)에 대해 총괄적으로 결론을 맺은 것이라고 했다. 그런데 현재 그 내용들을 살펴보니, '공자(孔子)'라고 별도로 지칭한 것은 당시에 공자가 했던 말을 뜻하니, 자공의 질문과는 관련되지 않고, 이곳에서 '삼년상'이라고 한 문장으로부터 그 이하의 내용은 『예기』를 기록한 자가 스스로 기록한 말이지, 공자의 말이 아니다. 그리고 앞에서 "안색은 해당하는 정감에 알맞게 한다."라는 말은 부모의 상에 기준을 둔 내용이다. 이곳 아래에서 '소최(疏衰)'라고 한 말은 부모에 대해서 기년상(期年喪)

---

6) 『예기』「잡기하」【509d】: 孔子曰, "少連・大連善居喪, 三日不怠, 三月不解, 期悲哀, 三年憂, 東夷之子也."
7) 『예기』「잡기하」【510b】: 疏衰皆居堊室不廬. 廬嚴者也.
8) 『예기』「잡기하」【509b】: 子貢問喪. 子曰, "敬爲上, 哀次之, 瘠爲下. 顔色稱其情, 戚容稱其服."

을 치르는 것으로부터 그 이하의 경우를 뜻한다. 따라서 어떻게 이러한 기록들이 앞에서 "안색은 해당하는 정감에 알맞게 한다."라고 했던 말을 결론 맺을 수 있겠는가? 그러므로 황간의 주장은 잘못되었다.

孔疏 ●"三年之喪, 言而不語"者, 謂大夫・士言而後事行者, 故得言己事, 不得爲人語說也.

번역 ●經文: "三年之喪, 言而不語". ○대부와 사는 말을 한 이후에 일을 시행한다는 뜻이다. 그렇기 때문에 자기 스스로 처리해야 할 일에 대해서는 말을 할 수 있지만, 남과 얘기를 할 수는 없다.

孔疏 ●"對而不問"者, 謂有問者得對, 而不得自問於人. 此謂與有服之親者行事之時, 若與賓客疏遠者言, 則間傳云"斬衰唯而不對, 齊衰對而不言", 是也.

번역 ●經文: "對而不問". ○어떤 것을 묻는 자가 있다면 대답을 할 수 있지만, 스스로 남에게 질문을 할 수 없다는 뜻이다. 이 내용은 상복관계에 있는 친족과 어떤 일을 시행할 때, 빈객 중 관계가 소원한 자와 말을 하는 경우를 뜻하니, 「간전」편에서는 "참최복(斬衰服)을 착용하는 경우에는 응답만 하고 대답을 하지 않고, 자최복(齊衰服)을 착용하는 경우에는 대답은 하지만 얘기를 나누지 않는다."9)라고 했다.

孔疏 ●"廬堊室之中不與人坐"者, 按喪大記云"練, 居堊室, 不與人居", 居卽坐也, 與此同.

번역 ●經文: "廬堊室之中不與人坐". ○『예기』「상대기(喪大記)」편을 살펴보면, "소상(小祥)을 치르고 난 뒤에는 악실(堊室)에 머물며, 다른 사람과 함께 거(居)하지 않는다."10)라고 했는데, 여기에서의 '거(居)'자는 곧 앉

---

9) 『예기』「간전(間傳)」【665d】: 斬衰唯而不對, 齊衰對而不言, 大功言而不議, 小功緦麻議而不及樂. 此哀之發於言語者也.
10) 『예기』「상대기(喪大記)」【539a】: 旣練, 居堊室, 不與人居. 君謀國政, 大夫士

는다는 뜻이니, 이곳의 내용과 동일하다.

訓纂 方氏苞曰: 旣練居堊室, 悲憂漸殺, 設以見母而時與內接, 哀敬之心
弛焉, 則衰麻哭泣皆僞也. 故見母亦有時, 所以責人子哀敬之誠而大爲之防也.

번역 방포[11]가 말하길, 소상(小祥)을 치른 뒤 악실(堊室)에 머무는 이유
는 비통함과 근심스러움이 점차 줄어들기 때문인데, 모친을 뵙기 위해서
수시로 안으로 들어가 만나 뵙게 된다면, 애통하고 공경스러운 마음이 풀
어져서, 상복을 입고 곡을 하며 눈물을 흘리는 일들이 모두 거짓된 행동이
된다. 그렇기 때문에 모친을 찾아뵐 때에도 또한 정해진 시기를 두었으니,
자식의 애통하고 공경스러운 진실된 마음에 대해 문책하고 너무 커지는
것을 방지하기 위한 것이다.

集解 愚謂: 三年之喪, 立不群, 行不旅, 坐不與人俱, 皆爲其狎處忘哀也.

번역 내가 생각하기에, 삼년상을 치를 때에는 사람들이 모여 있는 장소
에 가서 뭇 사람들과 자리를 함께 하지 않고, 뭇 사람들과 무리를 지어 다니
지 않으며,[12] 앉을 때에도 남과 함께 앉지 않으니, 이 모두는 너무 친숙한
곳에서는 애통한 마음을 잊어버리기 때문이다.

참고 『예기』「단궁하(檀弓下)」 기록

경문-122d 子張問曰: "書云, '高宗三年不言, 言乃讙', 有諸?" 仲尼曰: "胡

謀家事. 旣祥, 黝堊, 祥而外無哭者, 禫而內無哭者, 樂作矣故也.
11) 방포(方苞, A.D.1668∼A.D.1749): 청대(淸代)의 학자이다. 자(字)는 영고(靈
皐)이고, 호(號)는 망계(望溪)이다. 송대(宋代)의 학문과 고문(古文)을 추종하
였다.
12) 『예기』「증자문(曾子問)」【238a】: 曾子問曰: 三年之喪, 弔乎. 孔子曰: 三年之
喪, 練, 不群立, 不旅行, 君子禮以節情, 三年之喪而弔哭, 不亦虛乎.

爲其不然也! 古者天子崩, 王世子聽於冢宰三年."

[번역] 자장이 "『서』에서는 '고종(高宗)은 3년 동안 말을 하지 않았고, 말을 하게 되자 신하들이 기뻐했다.'[13]라고 했는데, 실제로 이러한 일이 있었습니까?"라고 물었다. 그러자 공자는 "어찌 그렇지 않았겠는가! 옛날에는 천자가 붕어하면, 왕세자는 삼년상을 치르게 되므로, 3년 동안 총재(冢宰)에게 정사를 맡기고 보고만 받았다."라고 대답해주었다.

[鄭注] 時人君無行三年之喪, 禮者問有此與? 怪之也. 讙, 喜說也. 言乃喜說, 則民臣望其言久. 冢宰, 天官卿, 貳王事者, 三年之喪, 使之聽朝.

[번역] 당시 군주들은 삼년상을 치르는 일이 없어서, 예를 잘 알고 있었던 자장이 "실제로 이러한 일이 있었습니까?"라고 물어본 것이니, 괴이하게 여겼기 때문이다. '환(讙)'자는 기뻐했다는 뜻이다. 말을 하자 곧 기뻐하게 되었다면, 백성들과 신하들은 오래도록 그의 말을 듣고자 희망했던 것이다. '총재(冢宰)'[14]는 천관(天官)의 관부를 다스리는 경(卿)으로, 천자가 돌보는 정사를 보좌하는 자인데, 삼년상을 치르게 되면 그를 시켜서 정사를 처리하도록 한다.

[孔疏] ●"言乃讙"者, 尚書·無逸云: "言乃雍." 雍·讙字相近, 義得兩通, 故鄭隨而解之.

[번역] ●經文: "言乃讙". ○『상서』「무일(無逸)」편에서는 '언내옹(言乃雍)'이라고 기록했는데, '옹(雍)'자와 '환(讙)'자는 그 의미가 비슷하므로, 의

---

13) 『서』「주서(周書)·무일(無逸)」: 其在高宗時, 舊勞于外, 爰暨小人, 作其卽位, 乃或亮陰, <u>三年不言. 其惟不言, 言乃雍</u>, 不敢荒寧, 嘉靖殷邦.
14) 총재(冢宰)는 대재(大宰)와 같은 말이다. '대재'는 태재(太宰)라고도 부른다. '대재'는 은(殷)나라 때 설치된 관직이라고 전해지며, 주(周)나라에서는 '총재'라고도 불렀다. 『주례(周禮)』의 체제상으로는 천관(天官)의 수장이며, 경(卿) 1명이 담당했다. 『주례』의 체제상으로는 가장 높은 관직이다. 따라서 '대재'가 담당했던 일은 국정 전반에 대한 것이었다.

미상 통용해서 사용할 수 있다. 그렇기 때문에 정현도 그에 따라 풀이를 한 것이다.

集解 胡氏曰: 三年之喪, 自天子達於庶人, 子張非不知也. 蓋以爲人君三年不言, 則臣下無所稟令, 禍亂或從而生耳. 夫子告以聽於冢宰, 則禍亂非所憂矣.

번역 호씨가 말하길, 삼년상을 치르는 것은 천자로부터 서인에 이르기까지 모두에게 통용되는 예법이므로, 자장이 군주가 삼년상을 치러야 한다는 사실을 몰랐던 것은 아니다. 그런데도 이러한 질문을 한 이유는 아마도 군주가 3년 동안 말을 하지 않는다면, 신하는 명령을 받지 못하게 되어, 재앙이나 환란이 간혹 이러한 상황을 틈타서 생겨날 수도 있기 때문이다. 공자는 총재에게 정사를 맡긴다고 대답을 했으니, 재앙이나 환란에 대해서는 근심할 것이 못된다고 한 것이다.

참고 『예기』「방기(坊記)」 기록

경문-614c 子云, "君子弛其親之過, 而敬其美. 論語曰, '三年無改於父之道, 可謂孝矣.' 高宗云, '三年其惟不言, 言乃讙.'"

번역 공자가 말하길, "군자는 부모의 잘못을 잊어버리고 아름다운 점만을 공경한다. 『논어』에서는 '3년 동안 부친의 도에서 고친 점이 없어야만 효라고 할 수 있다.'[15]라고 했고, 「고종」에서는 '3년 동안 말을 하지 않았는데, 이윽고 말을 하자 백성들이 기뻐하였다.'"라고 했다.

鄭注 弛猶棄忘也, 孝子不藏識父母之過. 不以己善駁親之過. 高宗, 殷王

---

15) 『논어』「학이(學而)」: 子曰, "父在觀其志, 父沒觀其行, <u>三年無改於父之道, 可謂孝矣.</u>"

武丁也, 名篇在尙書. 三年不言, 有父小乙喪之時也. 讙, 當爲"歡", 聲之誤也.
其旣言, 天下皆歡喜, 樂其政敎也.

[번역] '이(弛)'자는 버리고 잊는다는 뜻이니, 자식은 부모의 잘못에 대해
서 기억하지 않는다. 자신의 좋은 점을 부모의 잘못과 비교하지 않는다. '고
종(高宗)'은 은나라의 천자인 무정(武丁)인데, 그의 이름을 딴 편명이 『상서』
에 수록되어 있다. 3년 동안 말을 하지 않은 것은 그의 부친인 소을(小乙)의
상사를 치른 기간에 해당한다. '환(讙)'자는 마땅히 '환(歡)'자가 되어야 하
니, 소리가 비슷해서 생긴 잘못이다. 그가 말을 하자 천하의 백성들이 모두
기뻐하였으니, 그의 정치와 교화를 즐거워했던 것이다.

[孔疏] ●"君子弛其親之過"者, 弛謂棄忘, 若親有過失, 孝子棄忘之, 不藏記
在心也.

[번역] ●經文: "君子弛其親之過". ○'이(弛)'자는 버리고 잊는다는 뜻이
니, 만약 부모에게 잘못이 있다면, 자식은 그것을 잊어버리며 마음에 담아
두거나 기억하지 않는다.

[孔疏] ●"高宗云"者, 此尙書・說命之篇, 論高宗之事, 故言"高宗云", 高宗
非書篇之名.

[번역] ●經文: "高宗云". ○이것은 『상서』「열명(說命)」편인데, 고종의 일
화를 논의하였기 때문에 '고종운(高宗云)'이라고 한 것이니, '고종(高宗)'은
『서』의 편명이 아니다.

[孔疏] ●"三年其惟不言"者, 在父喪三年之內, 其惟不言政敎.

[번역] ●經文: "三年其惟不言". ○부모의 상을 치르는 3년 동안 정치와
교화에 대해서 언급하지 않았다는 뜻이다.

孔疏 ●"言乃讙"者, 謂三年服畢之後, 言論政敎, 天下皆歡樂也.

번역 ●經文: "言乃讙". ○3년의 복상기간이 끝난 이후 정치와 교화에 대해 논의를 하자 천하의 백성들이 모두 기뻐하였다는 뜻이다.

孔疏 ◎注"高宗, 殷王武丁也, 名篇在尙書". ○正義曰: 按"其惟不言"之文 在尙書·說命之篇, "言乃讙"在無逸之篇, 而鄭云"名篇在尙書", 則是高宗篇 上有此二言, 與書之文不同者, 鄭不見古文尙書序有高宗之訓, 此經有"高宗 云", 謂是高宗之訓篇有此語, 故云"名篇在尙書".

번역 ◎鄭注: "高宗, 殷王武丁也, 名篇在尙書". ○살펴보니, "말을 하지 않았다."는 문장은『상서』「열명(說命)」편에 수록되어 있고, "말하자 기뻐 하였다."는 말은『상서』「무일(無逸)」편에 수록되어 있는데도, 정현은 "그 의 이름을 딴 편명이『상서』에 수록되어 있다."라고 했다. 이것은 「고종」편 에는 이러한 두 기록이 수록되어 있다는 뜻인데,『서』의 문장과 동일하지 않은 것은 정현이『고문상서』의 「소서(小序)」에 「고종지훈(高宗之訓)」이 라는 편이 있는 것을 보지 못했기 때문이며,16) 이곳 경문에 '고종운(高宗 云)'이라고 기록되어 있으니, 이것은 「고종지훈」편에 이러한 말들이 수록 되어 있음을 뜻한다. 그렇기 때문에 "그의 이름을 딴 편명이『상서』에 수록 되어 있다."라고 했다.

集解 愚謂: 引高宗者, 周書無逸篇述殷高宗之事也. 不言, 謂不出敎令也. 讙, 書作"雍", 喜悅也. 言高宗居喪三年不言, 不欲遽出敎令以改父之所行, 是 以旣言而人喜悅之也.

번역 내가 생각하기에, '고종(高宗)'이라고 인용을 한 것은『서』「주서 (周書)·무일(無逸)」편에서 은나라 고종의 일화를 조술하였기 때문이다.

---

16)『서』「상서(商書)·고종융일(高宗肜日)」: 高宗祭成湯, 有飛雉升鼎耳而雊, 祖 己訓諸王, 作高宗肜日, <u>高宗之訓</u>.

"말을 하지 않았다."는 말은 교령을 내리지 않았다는 뜻이다. '환(讙)'자를 『서』에서는 '옹(雍)'자로 기록했으니, 기뻐했다는 뜻이다. 즉 고종은 상을 치르는 3년 동안 말을 하지 않았으니, 갑자기 교령을 내려서 부친이 시행했던 것을 고치고 싶지 않았던 것으로, 이것이 바로 말을 하게 되자 사람들이 기뻐했던 이유이다.

참고 『예기』「상복사제(喪服四制)」기록

경문-722c 始死, 三日不怠, 三月不解, 期悲哀, 三年憂, 恩之殺也. 聖人因殺以制節, 此喪之所以三年, 賢者不得過, 不肖者不得不及. 此喪之中庸也, 王者之所常行也. 書曰: "高宗諒闇, 三年不言." 善之也.

번역 어떤 자가 이제 막 죽었을 때, 그의 자식은 3일 동안 게으름을 피우지 않고, 3개월 동안 느슨하게 풀어지지 않으며, 1년째에는 비통하고 애통한 마음이 들고, 3년째에는 근심을 하게 되니, 이것은 그 은정이 점진적으로 줄어듦을 뜻한다. 성인(聖人)은 줄어듦에 따라서 절도를 제정하였으니, 이것이 바로 상을 3년이라는 기간으로 정하여, 현명한 자도 지나치지 못하게 만들고, 불초한 자도 미치지 못하는 일이 없게끔 했던 방법이다. 이것은 또한 상을 치르는 중용(中庸)의 덕에 해당하며, 천자가 항상 시행하는 도리이다. 『서』에서는 "고종(高宗)은 햇볕이 들지 않는 임시 막사에서, 3년 동안 말을 하지 않았다."라고 했는데, 이것은 그 행위를 칭찬한 기록이다.

鄭注 不怠, 哭不絶聲也. 不解, 不解衣而居不倦息也. 諒, 古作"梁", 楣謂之梁. 闇, 讀如鶉鷁之鷁, 闇謂廬也. 廬有梁者, 所謂柱楣也.

번역 "게으르지 않다."는 말은 곡을 하는 소리가 끊이질 않는다는 뜻이다. "풀어지지 않는다."는 말은 옷을 벗지 않고, 거처를 할 때에도 편안히 쉬지 않는다는 뜻이다. '양(諒)'자를 고대에는 '양(梁)'자로 기록했으니, '햇빛을 가리는 처마[楣]'를 '양(梁)'이라고 부른다. '암(闇)'자는 순암(鶉鷁)이라고 할 때의 '암(鷁)'자로 읽으니, '암(闇)'은 상중(喪中)에 머물게 되는 임시 막사이다. 임시 막사 중 햇빛을 가리는 처마가 있는 것을 이른바 '주미(柱楣)'라고 부른다.

孔疏 ●"始死"至"而祥". ○正義曰: 此一節覆明前經四制之中節制之事. 以禮之大體, 喪之三年爲限節之事, 故重明之.

번역 ●經文: "始死"~"而祥". ○이곳 문단은 앞의 경문에서 말한 사제(四制) 중 절제(節制)에 대한 사안을 나타내고 있다. 예의 큰 범위에서, 상에서 3년이라는 기간으로 제한을 삼았던 일에 해당하기 때문에, 거듭 밝히고 있는 것이다.

孔疏 ●"三日不怠"者, 謂哭不休怠.

번역 ●經文: "三日不怠". ○곡을 함에 쉼이 없다는 뜻이다.

孔疏 ●"三月不解"者, 謂不解衣而居.

번역 ●經文: "三月不解". ○옷을 벗고 거처하지 않는다는 뜻이다.

孔疏 ●"期悲哀"者, 謂期之間, 朝夕恒哭.

번역 ●經文: "期悲哀". ○1년 동안 아침저녁으로 항상 곡을 한다는 뜻이다.

孔疏 ●"三年憂"者, 謂不復朝夕哭, 但憂戚而已.

번역 ●經文: "三年憂". ○재차 아침저녁으로 곡을 하지 않고, 단지 슬퍼하게 될 따름이라는 뜻이다.

孔疏　●"恩之殺也"者, 自初以降, 是恩漸減殺也.

번역　●經文: "恩之殺也". ○초상(初喪) 때로부터 줄이게 되니, 이것은 은정이 점진적으로 경감됨을 뜻한다.

孔疏　●"聖人因殺以制節"者, 言聖人因其孝子情有減殺, 制爲限節.

번역　●經文: "聖人因殺以制節". ○성인(聖人)은 자식된 자의 마음에 줄어듦이 있다는 것에 따라서, 그것을 제한된 규범으로 제정했다.

孔疏　●"此喪之中庸也"者, 庸, 常也. 言三年之喪.

번역　●經文: "此喪之中庸也". ○'용(庸)'자는 항상[常]이라는 뜻이다. 즉 삼년상을 치르는 것을 뜻한다.

孔疏　●"賢者不得過, 不肖者不得不及", 是喪之中平常行之節也.

번역　●經文: "賢者不得過, 不肖者不得不及". ○상을 치르는 도중 평상시 시행하는 예절에 대한 사안을 뜻한다.

孔疏　●"故王者之所常行也. 書曰: '高宗諒闇, 三年不言', 善之也", 引書者, 明古來王者皆三年喪. 諒, 讀曰梁. 闇, 讀曰鶹, 謂廬也. 謂旣虞之後, 施梁而柱楣, 故云諒闇之中, 三年不言政事.

번역　●經文: "故王者之所常行也. 書曰: '高宗諒闇, 三年不言', 善之也". ○『서』를 인용한 이유는 고대로부터 천자가 된 자들은 모두 삼년상을 치렀음을 나타내기 위해서이다. '양(諒)'자는 '양(梁)'자로 읽는다. '암(闇)'자는 '압(鶹)'자로 읽는데, 상중에 머물게 되는 임시 막사를 뜻한다. 즉 우제(虞祭)를 치른 이후에는 차양막을 치고, 거주지에 처마를 드리워서 햇볕을 가리게 된다. 그렇기 때문에 양암(諒闇)한 가운데에서 3년 동안 정사에 대한 언급을 하지 않았다고 말한 것이다.

孔疏 ●"善之"者, 言是古人載之於書, 美善之故也.

번역 ●經文: "善之". ○고대인들은 이러한 사실을 『서』에 기록했는데, 그 이유는 좋게 여겼기 때문이라는 뜻이다.

大全 藍田呂氏曰: 子之於親, 天性也, 不可解於心也. 執親之喪, 創鉅痛甚, 雖日月之久, 豈有殺乎? 此君子所以有終身之憂. 然喪必有月筭, 服必有變除, 天地已易, 四時已變, 哀之感者, 亦安能無殺創鉅者? 其日久, 痛甚者其愈遲, 此以恩之薄厚, 而有久近之殺也. 三日不怠, 三月不解, 期悲哀, 三年憂, 此以日月之久近, 而有哀戚之殺也. 始死, 哭不絶聲, 水漿不入口者, 三日, 此三日不怠也. 未葬, 哭無時, 居倚廬, 寢不絶絰帶, 此三月不解者也. 既虞卒哭, 唯朝夕哭, 此其悲哀者也. 既練, 不朝夕哭, 哭無時, 謂哀至則哭, 此三年憂者也. 君子之居喪, 期合乎中者也. 有如是之隆殺, 聖人因隆殺, 而致其禮, 所謂品節斯, 斯之謂禮者也. 禮者, 所以敎民之中, 故三年之喪, 賢者不得過, 不肖者不敢不勉也. 三年之喪, 自天子達於庶人, 古之道也. 書獨稱高宗諒闇, 三年不言者, 先王之禮墜, 王者之貴, 有不能行之者, 高宗以善喪聞, 而廢禮所由興, 故善之也.

번역 남전여씨[17]가 말하길, 자식과 부모의 관계는 하늘로부터 맺어진 필연적 관계이므로, 자식은 부모에 대한 생각을 마음에서 풀어버릴 수가 없다. 부모의 상을 치를 때에는 그 마음이 매우 무겁고 비통하여, 비록 오랜 시간이 흐른다고 하더라도, 어찌 경감되는 일이 생기겠는가? 이것이 바로 군자가 종신토록 품게 되는 근심이 발생하는 이유인 것이다.[18] 그러나 상

---

17) 남전여씨(藍田呂氏, A.D.1040~A.D.1092): =여대림(呂大臨)·여씨(呂氏)·여여숙(呂與叔). 북송(北宋) 때의 학자이다. 이름은 대림(大臨)이고, 자(字)는 여숙(與叔)이며, 호(號)는 남전(藍田)이다. 장재(張載) 및 이정(二程)형제에게서 수학하였다. 저서로는 『남전문집(藍田文集)』 등이 있다.
18) 『예기』「단궁상(檀弓上)」【71d】: 喪三年以爲極, 亡則弗之忘矣. 故君子有終身

을 치를 때, 반드시 개월에 따른 수치적 제한이 있고, 상복에 있어서도 반드시 시일에 따라 바꾸고 제거하는 점이 있으니, 천지의 기운이 이미 바뀌고, 사계절도 이미 변화를 하였으므로, 애통함을 느끼는 감정 또한 어찌 그 막심함을 줄이지 않을 수가 있겠는가? 시간이 오래되면, 애통함을 깊이 느끼는 것도 더욱 더뎌지게 되니, 이것이 바로 은정의 옅음과 두터움에 따라, 경감되는 시간의 차이가 발생하는 이유이다. 3일 동안 게으르지 않고, 3개월 동안 풀어지지 않으며, 1년째에 비통함과 애통함을 느끼고, 3년째에 근심하는 것은 시간의 차이에 따라서 애통함을 느끼는 감정에 줄어듦이 있음을 나타낸다. 부모가 이제 막 돌아가셨을 때에는 곡을 하는 소리가 끊이지 않고, 물이나 미음 등도 입에 대지 않는데, 이것을 3일 동안 시행하니, 이것이 바로 3일 동안 게으르지 않는다는 뜻이다. 아직 장례를 치르지 않았다면, 곡을 할 때 정해진 시기가 없게 되고, 임시거주지인 의려(倚廬)에 머물고, 잠을 잘 때에도 질대(絰帶)를 풀어놓지 않으니, 이것이 바로 3개월 동안 풀어지지 않는다는 뜻이다. 이미 우제(虞祭)를 치러서, 졸곡(卒哭)을 했다면, 단지 아침과 저녁에만 곡을 하니, 이것이 바로 비통하고 애통함을 느낀다는 것이다. 이미 소상(小祥)을 치렀다면, 아침과 저녁에 시간을 정해놓고 곡하던 일을 하지 않고, 곡을 할 때에도 특별히 정해진 시기가 없으니, 이것은 곧 애통한 마음이 들면 곡을 한다는 의미이니, 이것이 바로 3년째에 근심스러움을 느낀다는 것이다. 군자가 상을 치를 때에는 중도(中道)에 합치되기를 기약한다. 그런데 이와 같은 감정의 충차에 차이가 생기므로, 성인(聖人)은 이러한 감정의 충차에 따라서, 그 예법을 마련했던 것이니, 이른바 "이러한 감정을 조절하니, 이것을 예라고 부른다."[19]는 뜻에 해당한다. 예라는 것은 백성들을 중도에 맞게끔 교화하는 방법이다. 그렇기 때문에 삼년상에 있어서, 현명한 자는 지나치게 시행할 수 없고, 불초한 자도 감히

之憂, 而無一朝之患. 故忌日不樂. / 『맹자』「이루하(離婁下)」 : 是故君子有終身之憂, 無一朝之患也. 乃若所憂則有之, 舜, 人也, 我, 亦人也. 舜爲法於天下, 可傳於後世, 我由未免爲鄕人也, 是則可憂也.
19) 『예기』「단궁하(檀弓下)」【120d】 : 人喜則斯陶, 陶斯咏, 咏斯猶, 猶斯舞, 舞斯慍, 慍斯戚, 戚斯歎, 歎斯辟, 辟斯踊矣. 品節斯, 斯之謂禮.

노력하지 않을 수가 없는 것이다. 삼년상은 천자로부터 서인에 이르기까지 동일하게 적용되니, 바로 고대의 도리에 해당한다.[20] 『서』에서 유독 고종 (高宗)이 햇볕이 들지 않는 임시 거주지에서 3년 동안 말을 하지 않았던 것을 칭찬한 이유는 선왕이 제정한 예가 이미 몰락하였고, 천자의 존귀한 신분을 가지고 있으면서도, 제대로 시행하지 못하는 자들이 있었는데, 고종 만은 상을 잘 치렀다는 평판을 통해서, 몰락했던 예를 다시 흥성하게 했었 기 때문에, 그를 칭찬했던 것이다.

참고 『서』「상서(商書)·열명상(說命上)」

경문 王宅憂, 亮陰三祀.

번역 천자께서 부친의 상을 치르고 계셔, 말을 하지 않으신 것이 3년이다.

孔傳 陰, 默也. 居憂, 信默三年不言.

번역 '음(陰)'자는 침묵하다는 뜻이다. 상을 치르고 있어서, 총재에게 일 을 맡기고 묵묵히 3년 동안 말을 하지 않았다.

孔疏 ●"王宅憂, 亮陰三祀". ○正義曰: 言王居父憂, 信任冢宰, 默而不言 已三年矣. 三年不言, 自是常事, 史錄此句於首者, 謂旣免喪事, 可以言而猶不 言, 故述此以發端也.

번역 ●經文: "王宅憂, 亮陰三祀". ○천자가 부친의 상을 치르고 있어서, 총재에게 일을 맡기고 묵묵히 말을 하지 않은 것이 이미 3년을 경과했다는 뜻이다. 3년 동안 말을 하지 않은 것은 일상적인 일인데, 사관이 첫 부분에

---

20) 『맹자』「등문공상(滕文公上)」: 三年之喪, 齊疏之服, 飦粥之食, 自天子達於庶 人, 三代共之.

이 구문을 기록한 것은 이미 상사를 끝냈으므로, 말을 할 수 있었지만 여전히 말을 하지 않은 것이다. 그렇기 때문에 이 구문을 조술하여 단서를 드러낸 것이다.

孔疏 ◎傳"陰默"至"不言". ○正義曰: "陰"者, 幽闇之義, "默", 亦闇義, 故爲默也. 易稱"君子之道, 或默或語", 則"默"者, 不言之謂也. 無逸傳云"乃有信默, 三年不言", 有此"信默", 則"信", 謂信任家宰也.

번역 ◎孔傳: "陰默"～"不言". ○'음(陰)'자는 그윽하고 어둡다는 뜻이며, '묵(默)'자 또한 어둡다는 뜻이다. 그렇기 때문에 묵묵히 있었다는 의미가 된다. 『역』에서는 "군자의 도는 어떤 때에는 침묵하고 어떤 때에는 말한다."[21]라고 했으니, '묵(默)'자는 말을 하지 않는다는 뜻이다. 『서』「무일(無逸)」편에 대한 전문에서는 "믿고 침묵하여 3년 동안 말을 하지 않았다."[22]라고 했고, 이곳에서는 '신묵(信默)'이라고 했으니, '신(信)'자는 총재를 신임하여 그에게 정사를 맡긴다는 뜻이다.

경문 旣免喪, 其惟弗言.

번역 이미 탈상을 했는데, 말을 하지 않으셨다.

孔傳 除喪, 猶不言政.

번역 상을 끝냈음에도 여전히 정사에 대해 언급하지 않았다는 뜻이다.

참고 『서』「주서(周書)·무일(無逸)」

---

21) 『역』「계사상(繫辭上)」: 子曰, "君子之道, 或出或處, 或默或語. 二人同心, 其利斷金, 同心之言, 其臭如蘭."
22) 이 문장은 『서』「주서(周書)·무일(無逸)」편의 "作其卽位, 乃或亮陰, 三年不言."이라는 기록에 대한 공안국(孔安國)의 전문(傳文)이다.

경문 其在高宗時, 舊勞于外, 爰暨小人.

번역 고종 때에는 밖에 대한 일에 오래도록 수고로움을 다하시어, 이에 소인들과 하셨습니다.

孔傳 武丁, 其父小乙使之久居民間, 勞是稼穡, 與小人出入同事.

번역 무정(武丁)은 그의 부친인 소을(小乙)이 그로 하여금 오랜 기간 동안 민가에 머물도록 하시어, 농사일에 힘쓰도록 했고, 소인들과 출입하며 일을 함께 하도록 했다.

孔疏 ●"其在"至"九年". ○正義曰: 其殷王高宗, 父在之時, 久勞於外, 於時與小人同其事. 後爲太子, 起其卽王之位, 乃有信默, 三年不言. 在喪其惟不言, 喪畢發言, 言得其道, 乃天下大和. 不敢荒怠自安, 善謀殷國, 至於小大之政, 莫不得所. 其時之人, 無是有怨恨之者. 故高宗之享殷國五十有九年. 亦言不逸得長壽也.

번역 ●經文: "其在"~"九年". ○은나라 천자인 고종은 부친이 생존해 계실 때, 밖에 대한 일에 오래도록 수고로움을 다하였고, 이 시기에 소인들과 같은 일에 참하였다. 이후 태자가 되었고, 천자의 지위에 올랐는데, 이에 곧 총재를 신임하고 침묵하여 3년 동안 말을 하지 않았다. 상을 치르는 중에는 말을 하지 않았는데, 상을 끝내고 말을 하자 그 말이 도리에 합치되어 천하가 크게 조화롭게 되었다. 감히 제멋대로 하거나 나태하지 않았으며 자신만 편안하고자 하지 않았고, 은나라의 정사에 대해 잘 도모하여 크고 작은 정사에 있어서도 제자리를 찾지 못하는 것이 없었다. 당시 사람들은 원망하는 자가 없었다. 그렇기 때문에 고종은 은나라를 59년이나 통치한 것이다. 이것은 또한 안주하지 않고 장수를 누렸음을 의미한다.

孔疏 ◎傳"武丁其"至"同事". ○正義曰: "舊", 久也. 在卽位之前, 而言久勞於外, 知是其父小乙使之久居民間, 勞是稼穡, 與小人出入同爲農役, 小人之艱難事也. 太子使與小人同勞, 此乃非常之事, 不可以非常怪之. 於時蓋未爲太子也, 殷道雖質, 不可旣爲太子, 更得與小人雜居也.

번역 ◎孔傳: "武丁其"~"同事". ○'구(舊)'자는 오랜 기간을 뜻한다. 즉 위하기 이전에 밖에 대해서 오랜 기간 동안 수고로움을 다했다는 뜻이니, 부친인 소을이 그로 하여금 오랜 기간 동안 민가에 머물도록 하여 농사에 힘쓰도록 해서, 소인들과 출입하며 함께 농사에 참여하였는데, 이것은 소인들도 어려워했던 일에 함께 종사했던 것이다. 태자로 하여금 소인들과 함께 농사에 힘쓰게 한 것은 일상적인 일이 아니지만, 일상적이지 않다는 이유로 괴이하게 여겨서는 안 된다. 당시 아직 태자에 오르지 않은 상태이고, 은나라의 도는 비록 질박하였지만, 아직 태자의 신분이 아니었으므로, 소인들과 함께 기거할 수 있었다.

경문 作其卽位, 乃或亮陰, 三年不言.

번역 일어나 즉위를 하였는데, 총재에게 일을 맡기고 침묵하여 3년 동안 말을 하지 않으셨다.

孔傳 武丁起其卽王位, 則小乙死, 乃有信默, 三年不言. 言孝行著.

번역 무정이 천자의 지위에 올랐는데, 곧 부친인 소을이 죽어서 총재에게 일을 맡기고 침묵하여 3년 동안 말을 하지 않았다. 이것은 효행이 드러났다는 뜻이다.

孔疏 ◎傳"武丁起"至"行著". ○正義曰: 以上言久勞於外, 爲父在時事, 故言"起其卽王位, 則小乙死"也. "亮", 信也. "陰", 默也. 三年不言, 以舊無功, 而今有, 故言. 乃有說此事者, 言其孝行著也. 禮記·喪服四制引書云: "'高宗諒闇, 三年不言', 善之也. 王者莫不行此禮, 何以獨善之也? 曰, 高宗者, 武丁. 武丁者, 殷之賢王也. 繼世卽位, 而慈良於喪. 當此之時, 殷衰而復興, 禮廢而復起, 故載之於書中而高之, 故謂之高宗. 三年之喪, 君不言也", 是說此經"不言"之意也.

[번역] ◎孔傳: "武丁起"~"行著". ○앞에서는 밖에 대해서 오랜 기간 동안 수고로움을 다했다고 했는데, 이것은 부친이 생존해 계실 때 했던 일이다. 그렇기 때문에 "천자의 지위에 올랐는데, 곧 부친인 소을이 죽었다."라고 말한 것이다. '양(亮)'자는 신임한다는 뜻이다. '음(陰)'자는 침묵한다는 뜻이다. 3년 동안 말을 하지 않았는데, 오랜 기간 동안 공적을 쌓음이 없었지만 현재는 발생했기 때문에 말을 한 것이다. 이러한 일화를 기록한 것은 그의 효행을 드러내기 위해서라는 뜻이다. 『예기』「상복사제(喪服四制)」편에서는 『서』의 문장을 인용하여, "'고종은 햇볕이 들지 않는 임시 막사에서, 3년 동은 말을 하지 않았다.'라고 했는데, 이것은 그의 행위를 칭찬한 기록이다. 천자 중에는 이러한 예법을 시행하지 않았던 자가 없었는데, 어찌하여 유독 고종만을 칭찬했는가? 대답해보자면 고종(高宗)은 무정(武丁)이다. 무정은 은(殷)나라 때의 현명한 천자였다. 대를 이어서 지위에 올랐는데, 상 치르는 일에 대해서 매우 잘 했다. 당시에 은나라는 쇠약해졌으나 고종으로 인해 재차 부흥하게 되었고, 예법도 쇠락해졌으나 고종으로 인해 재차 시행되었다. 그렇기 때문에 『서』에 그 사실을 기록하여 높인 것이다. 그래서 그를 '고종(高宗)'이라고 부른 것이다. 삼년상을 치를 때 군주는 말을 하지 않는다."라고 했다. 이것은 이곳 경문에서 "말을 하지 않았다."라고 했던 뜻을 풀이한 말이다.

[경문] 其惟不言, 言乃雍, 不敢荒寧.

[번역] 말을 하지 않았는데, 말을 하자 천하가 조화롭게 되었고, 감히 제멋대로 하거나 자신만 편하고자 하지 않았다.

[孔傳] 在喪則其惟不言, 喪畢發言, 則天下和. 亦法中宗, 不敢荒怠自安.

번역 상을 치르는 중에는 말을 하지 않았고, 상을 끝내고서 말을 하자 천하가 조화롭게 되었다. 이 또한 중종(中宗)을 본받은 것이니, 감히 제멋대로 하거나 나태하지 않았으며 자신만 편안하고자 하지 않았다.

孔疏 ◎傳"在喪"至"自安". ○正義曰: 鄭玄云, "其不言之時, 時有所言, 則群臣皆和諧." 鄭玄意謂此"言乃雍"者, 在三年之內, 時有所言也. 孔意則爲出言在三年之外, 故云"在喪其惟不言, 喪畢發言, 則天下大和". 知者, 說命云, "王宅憂, 亮陰三祀. 旣免喪, 其惟不言." 除喪猶尙不言, 在喪必無言矣, 故知喪畢乃發言也. 高宗不敢荒寧, 與中宗正同, 故云"亦法中宗, 不敢荒怠自安". 殷家之王, 皆是明王, 所爲善事, 計應略同, 但古文辭有差異, 傳因其文同, 故言"法中宗"也.

번역 ◎孔傳: "在喪"~"自安". ○정현은 "말을 하지 않았을 때, 때에 따라 말을 하게 되면 뭇 신하들이 모두 조화롭고 화목하게 되었다."라고 했다. 정현의 의도는 이곳에서 "말을 하자 조화롭게 되었다."라고 한 것이 삼년상을 치르는 도중에 간혹 때에 따라 말을 하게 된 것이라고 여긴 것이다. 공안국의 의도는 말을 한 것은 삼년상을 치른 이후에 해당한다고 여겼다. 그렇기 때문에 "상을 치르는 중에는 말을 하지 않았고, 상을 끝내고서 말을 하자 천하가 조화롭게 되었다."라고 말한 것이다. 이러한 사실을 알 수 있는 이유는 『서』「열명(說命)」편에서 "천자께서 부친의 상을 치르고 계셔, 말을 하지 않으신 것이 3년이다. 이미 탈상을 했는데, 말을 하지 않으셨다."라고 했기 때문이다. 상을 끝냈는데도 여전히 말을 하지 않았다면, 상을 치르는 도중에는 분명 말을 하지 않았던 것이다. 그렇기 때문에 상을 끝내고서야 말을 했다는 사실을 알 수 있다. 고종(高宗)은 감히 제멋대로 하거나 자신만 편하고자 하지 않았는데, 이것은 중종(中宗)이 한 것과 합치된다. 그렇기 때문에 "또한 중종을 본받은 것이니, 감히 제멋대로 하거나 나태하지 않았으며 자신만 편안하고자 하지 않았다."라고 했다. 은나라 때의 천자는 모두 성왕들이었으므로, 그들이 시행한 선한 정사는 대체적으로 동일했다. 다만 고문으로 전해져오는 기록에는 차이가 있으므로, 전문에서는 그 문장에 따라 동일하다고 여겼다. 그렇기 때문에 "중종을 본받았다."라고 했다.

蔡傳 高宗, 武丁也. 未卽位之時, 其父小乙使久居民間, 與小民出入同事, 故於小民稼穡艱難, 備嘗知之也. 雍, 和也. 發言和順, 當於理也.

번역 '고종(高宗)'은 무정(武丁)이다. 아직 즉위하지 않았을 때, 그의 부친인 소을이 오랜 기간 동안 민가에 거주하게 하여, 백성들과 출입하며 같은 일에 종사하도록 시켰다. 그렇기 때문에 백성들이 농사를 지으며 겪는 어려움에 대해서 두루 알고 있었다. '옹(雍)'자는 조화롭다는 뜻이다. 말을 한 것이 조화롭고 온순하여 이치에 마땅했다는 의미이다.

참고 『논어』「헌문(憲問)」기록

경문 子張曰: 書云"高宗諒陰, 三年不言." 何謂也?

번역 자장이 묻기를, 『서』에서 "고종은 총재를 신임하고 침묵하여 3년 동안 말을 하지 않았다."라고 했는데 무슨 뜻입니까?

何注 孔曰: 高宗, 殷之中興王武丁也. 諒, 信也. 陰, 猶默也.

번역 공씨가 말하길, 고종은 은나라를 중흥시킨 천자 무정(武丁)이다. '양(諒)'자는 "신임하다[信]."는 뜻이다. '음(陰)'자는 "침묵하다[默]."는 뜻이다.

邢疏 ◎注"孔曰"至"默也". ○正義曰: 云"高宗, 殷之中興王武丁也"者, 孔安國云: "盤庚弟小乙子名武丁, 德高可尊, 故號高宗." 喪服四制引書云: "高宗諒陰, 三年不言, 善之也. 王者莫不行此禮, 何以獨善之也? 曰: 高宗者, 武丁. 武丁者, 殷之賢王也, 繼世卽位, 而慈良於喪. 當此之時, 殷衰而復興, 禮廢而復起, 故載之於書中而高之, 故謂之高宗. 三年之喪, 君不言也." 是說不言之意也. 云"諒, 信也. 陰, 默也"者, 謂信任家宰, 默而不言也. 禮記作"諒闇", 鄭玄以爲凶盧, 非孔義也, 今所不取.

번역 ◎何注: "孔曰"~"默也". ○"고종은 은나라를 중흥시킨 천자 무정(武丁)이다."라고 했는데, 공안국[23]은 "반경(盤庚)의 동생 소을(小乙)의 아들 이름은 무정(武丁)으로, 덕이 높아 존숭할만 하였다. 그렇기 때문에 '고종(高宗)'이라고 부른다."라고 했다. 『예기』「상복사제(喪服四制)」편에서는 『서』를 인용하여, "고종은 양음(諒陰)하여 3년 동은 말을 하지 않았다고 했는데, 이것은 그 행위를 칭찬한 기록이다. 천자들 중에는 이러한 예법을 시행하지 않았던 자가 없는데, 어찌하여 유독 고종만을 칭찬했는가? 대답해 보자면, 고종은 무정이다. 무정은 은나라 때의 현명한 천자였는데, 대를 이어서 지위에 올랐고 상을 치르는 일에 대해서 매우 잘 했다. 당시에 은나라는 쇠약해졌었으나 고종으로 인해 재차 부흥하게 되었고, 선왕이 제정한 예법도 쇠락해졌었으나 고종으로 인해 재차 시행되었다. 그렇기 때문에 『서』에 그 사실을 기록하여 높인 것이다. 그래서 그를 '고종(高宗)'이라고 부른 것이다. 삼년상을 치를 때 군주는 말을 하지 않는다."라고 했으니, 이것은 말을 하지 않았던 뜻을 설명한 것이다. "'양(諒)'자는 '신임하다[信].'는 뜻이다. '음(陰)'자는 '침묵하다[默].'는 뜻이다."라고 했는데, 총재를 신임하고 침묵하여 말을 하지 않았다는 뜻이다. 『예기』에서는 '양암(諒闇)'이라고 기록하였고, 정현은 흉사를 치르는 임시숙소를 뜻한다고 여겼는데, 이것은 공씨의 뜻이 아니므로, 여기에서는 채택하지 않는다.

集註 高宗, 商王武丁也. 諒陰, 天子居喪之名, 未詳其義.

번역 '고종(高宗)'은 은나라 천자인 무정(武丁)이다. '양음(諒陰)'은 천자

---

23) 공안국(孔安國, ?~?) : 전한(前漢) 때의 학자이다. 자(字)는 자국(子國)이다. 고문상서학(古文尙書學)의 개조(開祖)로 알려져 있다. 『십삼경주소(十三經注疏)』의 『상서정의(尙書正義)』에는 공안국의 전(傳)이 수록되어 있는데, 통상적으로 이 주석은 후대인들이 공안국의 이름에 가탁하여 붙인 문장으로 인식되고 있다.

가 상을 치르며 거주하는 장소의 명칭이나 그 의미에 대해서는 잘 모르겠다.

경문 子曰: 何必高宗? 古之人皆然. 君薨, 百官總己,

번역 공자가 대답하길, 어찌 고종만 그러했겠는가? 옛 사람들은 모두 그러했다. 군주가 죽게 되면 모든 관리들이 자신의 직무를 총괄하여,

何注 馬曰: 己, 百官.

번역 마씨가 말하길, '기(己)'자는 백관을 뜻한다.

경문 以聽於冢宰三年.

번역 공자가 계속하여 대답하길, 이로써 총재에게 명령을 3년 동안 받게 된다.

何注 孔曰: 冢宰, 天官卿, 佐王治者, 三年喪畢, 然後王自聽政.

번역 공씨가 말하길, '총재(冢宰)'는 천관을 주관하는 경(卿)으로, 천자의 정사를 돕는 자인데, 삼년상이 끝난 뒤에야 천자는 직접 정사를 펼칠 수 있다.

邢疏 ●"子張"至"三年". ○正義曰: 此章論天子諸侯居喪之禮也. "子張曰: 書云: '高宗諒陰, 三年不言.' 何謂也"者, "高宗諒陰, 三年不言", 周書·無逸篇文也. 高宗, 殷王武丁也. 諒, 信也. 陰, 默也. 言武丁居父憂, 信任冢宰, 默而不言三年矣. 子張未達其理, 而問於夫子也. "子曰: 何必高宗, 古之人皆然. 君薨, 百官總己, 以聽於冢宰三年"者, 孔子答言: "何必獨高宗, 古之人皆如是." 諸侯死曰薨. 言君旣薨, 新君卽位, 使百官各總己職, 以聽使於冢宰, 三年喪畢, 然後王自聽政.

번역 ●經文: "子張"~"三年". ○이곳 문장은 천자와 제후가 상을 치르는 예법을 논의하고 있다. "자장이 묻기를, 『서』에서 '고종은 총재를 신임하고 침묵하여 3년 동안 말을 하지 않았다.'라고 했는데 무슨 뜻입니까?"라고 했는데, "고종은 총재를 신임하고 침묵하여 3년 동안 말을 하지 않았다."라고 한 말은 『서』「주서(周書)·무일(無逸)」편의 문장이다. '고종(高宗)'은 은나라 천자인 무정(武丁)이다. '양(諒)'자는 "신임하다[信]."는 뜻이다. '음(陰)'자는 "침묵하다[默]."는 뜻이다. 즉 무정은 부친의 상을 치르며 총재를 신임하여 3년 동안 침묵하여 말을 하지 않았다는 의미이다. 자장은 그 이치를 깨닫지 못하여 공자에게 질문한 것이다. "공자가 대답하길, 어찌 고종만 그러했겠는가? 옛 사람들은 모두 그러했다. 군주가 죽게 되면 모든 관리들이 자신의 직무를 총괄하여, 이로써 총재에게 명령을 3년 동안 받게 된다."라고 했는데, 공자가 답변을 하며 "어찌 고종만 그러했겠는가? 옛 사람들은 모두 그러했다."라고 한 말에 있어서 제후가 죽은 것을 '훙(薨)'이라고 부른다. 즉 군주가 죽게 되면 새로운 군주가 즉위하게 되며, 모든 관리들로 하여금 각각 자신의 직무를 총괄하여 총재에게 명령을 받게 되고, 삼년상을 마치게 된 이후에야 천자가 직접 정사를 펼친다는 뜻이다.

邢疏 ◎注"孔曰"至"聽政". ○正義曰: 云"冢宰, 天官卿, 佐王治者"者, 按周禮·天官: "大宰之職, 掌建邦之六典, 以佐王治邦國." 敍官云: "乃立天官冢宰, 使帥其屬, 而掌邦治, 以佐王均邦國. 治官之屬, 大宰卿一人." 鄭注引此文云: "君薨, 百官總己以聽於冢宰. 言冢宰於百官無所不主." 爾雅曰: "冢, 大也. 冢宰, 大宰也." 變冢言大, 進退異名也. 百官總焉, 則謂之冢; 列職於王, 則稱大. 冢, 大之上也. 山頂曰冢, 故云"冢宰, 天官卿, 佐王治者也". 云"三年喪畢, 然後王自聽政"者, 謂卒哭除服之後, 三年心喪已畢, 然後王自聽政也. 知非衰麻三年者, 晉書·杜預傳云: "大始十年, 元皇后崩, 依漢·魏舊制, 旣葬, 帝及群臣皆除服. 疑皇太子亦應除否, 詔諸尙書會僕射盧欽論之. 唯預以爲, 古者天子諸侯三年之喪始服齊斬, 旣葬, 除喪服, 諒闇以居, 心喪終制, 不與士庶同禮. 於是盧欽·魏舒問預證據. 預曰: '春秋, 晉侯享諸侯, 子産相鄭

伯, 時簡公未葬, 請免喪以聽命, 君子謂之得禮. 宰晅歸惠公仲子之賵, 傳曰弔
生不及哀. 此皆旣葬除服諒陰之證也. 書傳之說旣多, 學者未之思耳. 喪服, 諸
侯爲天子亦斬衰, 豈可謂終服三年也?' 預又作議曰: '周景王有后·世子之喪,
旣葬, 除喪而宴樂. 晉叔向譏之曰: 三年之喪, 雖貴遂服, 禮也. 王雖不遂, 宴樂
以早. 此皆天子喪事見於古也. 稱高宗不言喪服三年, 而云諒闇三年, 此釋服
心喪之文也. 譏景王不譏其除喪, 而譏其宴樂已早, 則旣葬應除, 而違諒闇之節
也. 堯崩, 舜諒闇三年, 故稱遏密八音. 由此言之, 天子居喪, 齊斬之制, 非杖経
帶, 當遂其服. 旣葬而除, 諒闇以終之, 三年無改於父之道, 故曰: 百官總己以
聽冢宰. 喪服旣除, 故更稱不言之美, 明不復寢苫枕塊, 以荒大政也. 禮記云:
三年之喪, 自天子達. 又云: 父母之喪, 無貴賤一也. 又云: 端衰喪車皆無等. 此
通謂天子居喪, 衣服之制同於凡人, 心喪之禮終於三年, 亦無服喪三年之文. 天
子之位至尊, 萬機之政至大, 群臣之衆至廣, 不得同之於凡人. 故大行旣葬, 祔
祭於廟, 則因疏而除之. 己不除則群臣莫敢除, 故屈己以除之, 而諒闇以終制,
天下之人皆曰我王之仁也. 屈己以從宜, 皆曰我王之孝也. 旣除而心喪, 我王猶
若此之篤也. 凡我臣子, 亦安得不自勉以崇禮. 此乃聖制移風易俗之本也.' 議
奏, 皇太子遂除衰麻而諒闇喪終." 是知三年喪畢, 謂心喪畢, 然後王自聽政也.

번역 ◎何注: "孔曰"~"聽政". ○"'총재(冢宰)'는 천관을 주관하는 경(卿)
으로, 천자의 정사를 돕는 자이다."라고 했는데, 『주례』「천관(天官)」을 살
펴보면 "대재(大宰)의 직무는 나라의 육전(六典)24) 세우는 것을 담당하여
천자가 나라를 다스리는 일을 돕는다."25)라고 했고, 「서관」에서는 "이에
천관의 총재를 세워서 그 휘하의 관리들을 통솔하여 나라 다스리는 일을

---

24) 육전(六典)은 치전(治典), 교전(敎典), 예전(禮典), 정전(政典), 형전(刑典), 사
전(事典)을 뜻한다. 고대에 국가를 통치하던 여섯 방면의 법령을 가리킨다.
국가의 전반적인 통치, 교화, 예법, 전장제도(典章制度), 형벌, 임무수행에 대
한 법이다.
25) 『주례』「천관(天官)·대재(大宰)」: 大宰之職, 掌建邦之六典, 以佐王治邦國: 一
曰治典, 以經邦國, 以治官府, 以紀萬民; 二曰敎典, 以安邦國, 以敎官府, 以擾萬
民; 三曰禮典, 以和邦國, 以統百官, 以諧萬民; 四曰政典, 以平邦國, 以正百官,
以均萬民; 五曰刑典, 以詰邦國, 以刑百官, 以紏萬民; 六曰事典, 以富邦國, 以
任百官, 以生萬民.

담당하게 하여, 이를 통해 천자가 나라를 통치하는 일을 돕는다. 관부를
다스리는 관리에 있어 대재라는 직책은 경(卿) 1명이 담당한다."26)라고 했
고, 정현의 주에서는 이 문장을 인용하여, "군주가 죽게 되면 모든 관리들은
자신의 직무를 총괄하여 총재에게 명령을 듣는다. 총재는 모든 관리들에
대해서 주관하지 않는 바가 없다는 뜻이다."라고 했다. 『이아』에서는 "총
(冢)자는 크다는 뜻이다. 총재는 대재이다."라고 했다. '총(冢)'자를 바꿔서
대(大)라고 말한 것은 상황에 따라 명칭을 달리한 것이다. 즉 모든 관리들
이 자신의 직무를 총괄한다는 측면에서는 총(冢)자를 붙이고, 천자를 기준
으로 직무를 나열하게 되면 대(大)자를 붙인다. '총(冢)'이라는 말은 대(大)
중에서도 위에 있는 것이다. 산의 정상을 '총(冢)'이라고 부른다. 그렇기 때
문에 "총재(冢宰)는 천관을 주관하는 경(卿)으로, 천자의 정사를 돕는 자이
다."라고 말한 것이다. "삼년상이 끝난 뒤에야 천자는 직접 정사를 펼칠 수
있다."라고 했는데, 졸곡(卒哭)을 하고 상복을 제거한 이후 삼년 동안 심상
(心喪)27)을 치르며, 그것이 끝난 뒤에야 천자가 직접 정사를 펼친다는 뜻이
다. 상복을 3년 동안 착용하지 않는다는 사실을 알 수 있는 이유는 『진서』「
두예전(杜預傳)」에서 "대시 10년 원황후가 죽자 한과 위나라의 옛 제도에
따라서 장례를 끝내고서 제왕 및 여러 신하들이 모두 상복을 벗었다. 그런
데 황태자 또한 벗어야 하는지 말아야 하는지 의문이 들어 제상서에 소를
내려 복사 노흠 등을 소집하여 의논하도록 했다. 그 중 두예만이 옛날에
천자와 제후는 삼년상을 치르며 처음에는 자최복이나 참최복을 착용했지
만, 장례를 마치면 상복을 제거하고 총재에게 정사를 위임하고 침묵하며
지냈고 심상으로 삼년상을 마쳤으니, 사나 서인들과 동일한 예법을 따르지

26) 『주례』「천관총재(天官冢宰)」: 乃立天官冢宰, 使帥其屬而掌邦治, 以佐王均邦
國. 治官之屬: 大宰, 卿一人; 小宰, 中大夫二人; 宰夫, 下大夫四人. 上士八人,
中士十有六人, 旅下士三十有二人.
27) 심상(心喪)은 죽음에 대해 애도함이 상을 치르는 것과 같지만, 실제적으로 상
복을 입지 않는 것을 뜻한다. 주로 스승이 죽었을 때, 제자들이 치르는 상을
가리킨다. 『예기』「단궁상(檀弓上)」편에서는 "事師無犯無隱, 左右就養無方, 服
勤至死, 心喪三年."이라는 기록이 있고, 이에 대한 정현의 주에서는 "心喪, 戚
容如父而無服也."라고 풀이했다.

않았다고 했다. 이에 노흠과 위서가 두예에게 그 증거에 대해 물었다. 두예
는 '춘추시대 때 진(晉)나라 후작이 제후들에게 연회를 베풀 때 자산은 정
나라 백작을 보좌하였는데, 당시 간공은 아직 장례를 마치지 않았으므로,
상을 끝낸 뒤에 명에 따르고자 청하였고, 군자는 이를 예법에 맞다고 했다.
또 재훤(宰咺)이 혜공과 중자의 봉(贈)[28]을 보내왔을 때,『좌전』에서는 살
아있는 자를 조문함에 슬퍼하는 시기에 미치지 못했다고 했다. 이러한 기
록들은 모두 장례를 마친 뒤에 상복을 제거하고 총재에게 임무를 맡기고
침묵하며 지낸다는 증거가 된다. 옛 기록들에는 이러한 설명이 많은데도
학자들이 그 뜻을 생각해보지 못했던 것일 뿐이다. 상복에 있어서도 제후
는 천자를 위해 또한 참최복을 착용하는데, 어떻게 삼년 내내 참최복을 착
용한다고 할 수 있겠는가?'라고 했다. 또 두예는 의를 지어, '주나라 경왕에
게 왕후와 세자의 상이 발생했는데, 장례를 마치자 상복을 제거하고 연회
를 하며 음악을 연주했다. 그러자 진나라 숙향은 이를 비판하며, 삼년상은
비록 존귀한 천자라 할지라도 정해진 복상기간을 끝내는 것이 예이다. 천
자가 비록 기간을 채우지 않았더라도 너무 이른 시기에 연회를 열고 음악
을 연주하였다고 했다. 이러한 기록들은 모두 고대에 천자가 치른 상사를
나타낸다. 고종에 대해 삼년 동안 상복을 착용했다고 말하지 않고, 총재에
게 임무를 맡기고 침묵하며 삼년을 지냈다고 했는데, 이것은 상복을 제거
하고 심상으로 치른다는 증거가 된다. 경왕을 비판할 때, 상복을 제거했다
는 사실 자체를 비판하지 않고, 너무 이른 시기에 연회를 열고 음악을 연주
했다는 점을 비판했다면, 장례를 마쳤을 때에는 마땅히 상복을 제거해야
하지만, 총재에게 임무를 맡기고 침묵하며 지내는 절차를 어긴 것이다. 요
임금이 죽었을 때에도 순임금은 총재에게 임무를 맡기고 침묵하며 삼년을
지냈기 때문에 팔음(八音)[29]의 연주를 그쳤다고 했다. 이를 통해 말해보자

---

28) 봉(贈)은 부의를 보낸다는 뜻이며, 또한 부의로 보내는 특정 물건을 가리키기
도 하다. '봉'은 상사(喪事)에 사용될 수레나 말을 부의로 보내는 것이다.『예
기』「문왕세자(文王世子)」편에는 "族之相爲也, 宜弔不弔, 宜免不免, 有司罰之.
至于賵賻承含, 皆有正焉."이라는 기록이 있는데, 이에 대한 진호(陳澔)의『집
설(集說)』에서는 "賵以車馬."라고 풀이했다.

면, 천자가 상을 치를 때 자최복이나 참최복을 착용하는 제도가 있지만 지
팡이를 잡고 질(絰)과 대(帶)를 차고서 복상기간을 모두 채워야 하는 것은
아니다. 장례를 마치면 상복을 제거하고 총재에게 임무를 맡기고 침묵하여
복상기간을 마치는데, 삼년 동안 부친의 도를 고치지 말아야 하기 때문에,
모든 관리들이 자신의 직무를 총괄하여 총재에게서 명령을 받는다고 말한
것이다. 상복을 이미 제거한 상태이기 때문에 재차 말을 하지 않은 것이
잘한 일이라고 칭송했던 것이니, 이것은 재차 거적 위에서 잠을 차고 흙덩
이를 베개로 삼는 일을 하지 않으니, 정사를 황폐하기 만들기 때문이다.
『예기』에서 삼년상은 천자로부터 서인에 이르기까지 모두 동일하게 따른
다고 했고, 또 부모의 상에 대해서는 신분에 상관없이 동일하다고 했으며,
또 상복과 상사에 사용하는 수레에 있어서는 모두 신분에 따른 차등이 없
다고 했는데, 이 말들은 통괄적으로 천자가 상을 치르며 의복의 제도에 있
어서는 일반인들과 동일하게 따른다는 뜻이지만, 심상의 예법으로 삼년이
라는 기간을 끝내는 것이며, 또한 삼년 내내 상복을 착용한다는 기록은 없
다. 천자의 지위는 지극히 존엄하고 천자가 시행하는 정치는 지극히 크며
군신들은 매우 많아서 일반인들과 동일하게 따를 수 없다. 그렇기 때문에
상사를 치르며 장례를 마치고 묘에 부제(祔祭)[30]를 치렀다면, 정감이 소원

---

29) 팔음(八音)은 여덟 가지의 악기들을 뜻한다. 여덟 종류의 악기에는 8종류의
서로 다른 재질이 사용되기 때문에, 붙여진 이름이다. 여기에서 여덟 가지
재질이란 통상적으로 쇠[金], 돌[石], 실[絲], 대나무[竹], 박[匏], 흙[土], 가죽
[革], 나무[木]를 가리킨다. 『서』「우서(虞書)·순전(舜典)」편에는 "三載, 四海
遏密八音."이란 기록이 있는데, 이에 대한 공안국(孔安國)의 전(傳)에서는
"八音, 金石絲竹匏土革木."이라고 풀이하였다. 또한 여덟 가지 재질에 따른
악기에 대해서 설명하자면, 금(金)에는 종(鐘)과 박(鎛)이 있고, 석(石)에는
경(磬)이 있으며, 토(土)에는 훈(塤)이 있고, 혁(革)에는 고(鼓)와 도(鼗)가 있
으며, 사(絲)에는 금(琴)과 슬(瑟)이 있고, 목(木)에는 축(祝)과 어(敔)가 있으
며, 포(匏)에는 생(笙)이 있고, 죽(竹)에는 관(管)과 소(簫)가 있다. 『주례』「춘
관(春官)·대사(大師)」편에는 "皆播之以八音, 金石土革絲木匏竹."이라는 기
록이 있는데, 이에 대한 정현의 주에서는 "金, 鐘鎛也. 石, 磬也. 土, 塤也. 革,
鼓鼗也. 絲, 琴瑟也. 木, 祝敔也. 匏, 笙也. 竹, 管簫也."라고 풀이하였다.
30) 부제(祔祭)는 '부(祔)'라고도 한다. 새로이 죽은 자가 있으면, 선조(先祖)에게
'부제'를 올리면서, 신주(神主)를 합사(合祀)하는 것을 말한다. 『주례』「춘관

해진 것에 따라 제거하는 것이다. 본인이 제거하지 않았다면 뭇 신하들은
감히 제거하지 못한다. 그렇기 때문에 자신의 뜻을 굽혀 제거하고 총재에게
임무를 맡기고 침묵하며 복상기간을 마치니, 이로써 천하의 모든 사람들은
우리 왕은 매우 인자하다고 할 것이다. 또 자신을 굽혀서 마땅한 예법에 따르
므로 천하의 모든 사람들은 우리 왕은 효성스럽다고 할 것이다. 상복을 제거
하고 심상을 지내니, 천하의 모든 사람들은 우리 왕은 여전히 이처럼 독실하
다고 할 것이다. 따라서 우리와 같은 신하들이 어떻게 스스로 분발하여 예법
을 존숭하지 않을 수 있겠는가. 이것이 바로 성인이 제도를 정하여 풍속을
좋은 쪽으로 바꾸려고 했던 근본적 뜻이다.'라고 했다. 그리고 이를 고하니,
황태자도 결국 상복을 제거하고 총재에게 임무를 맡기고 침묵하며 복상기간
을 마쳤다."라고 했다. 이것은 삼년상을 마친다는 말이 심상으로 마쳤다는
뜻임을 나타내며, 그런 뒤에야 천자는 직접 정사를 펼치는 것이다.

集註　言君薨則諸侯亦然. 總己, 謂總攝己職. 冢宰, 大宰也. 百官聽於冢宰,
故君得以三年不言也.

번역　군주가 죽었다고 말했다면 제후들 또한 이처럼 따른 것이다. '총기
(總己)'는 자신의 직무를 총괄한다는 뜻이다. '총재(冢宰)'는 대재(大宰)를
뜻한다. 모든 관리들이 총재에게서 명령을 받기 때문에 군주는 삼년 동안
말을 하지 않을 수 있다.

集註　胡氏曰: 位有貴賤, 而生於父母, 無以異者, 故三年之喪, 自天子達.
子張非疑此也, 殆以爲人君三年不言, 則臣下無所稟令, 禍亂或由以起也. 孔
子告以聽於冢宰, 則禍亂非所憂矣.

번역　호씨가 말하길, 지위에는 귀천의 차이가 있지만 부모에게서 태어났
다는 사실에는 차이가 없다. 그렇기 때문에 삼년상은 천자로부터 서인에 이

　(春官)・대축(大祝)」편에는 "付練祥, 掌國事."라는 기록이 있고, 이에 대한
정현의 주에서는 "付當爲祔. 祭於先王以祔後死者."라고 풀이하였다.

르기까지 공통된다. 자장은 이러한 점을 의심했던 것이 아니며, 군주가 삼년 동안 말을 하지 않는다면 신하들은 명령을 받을 곳이 없게 되어 재앙이나 혼란이 이를 틈타 발생하게 되리라 의심했던 것이다. 그래서 공자는 총재에게서 명령을 받는다고 말해주었으니, 재앙이나 혼란은 걱정할 바가 아니다.

그림 3-1 ■ 은(殷)나라 고종(高宗)

宗　高　殷

※ 출처: 『삼재도회(三才圖會)』「인물(人物)」 1권

● 그림 3-2 ■ 은(殷)나라 세계도(世系圖)

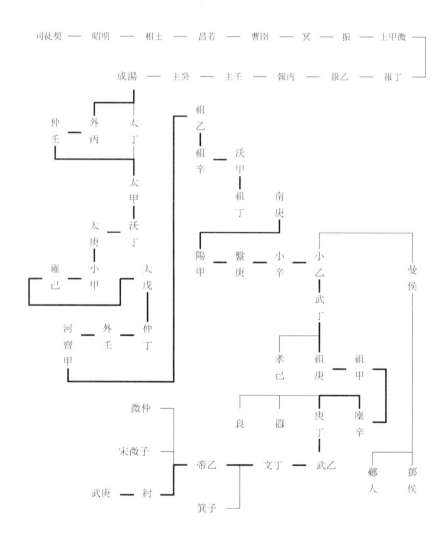

※ 출처: 『역사(繹史)』 1권 「역사세계도(繹史世系圖)」

• 제 4 절 •

상복과 음식

斬衰三日不食, 齊衰二日不食, 大功三不食, 小功緦麻再不食,
士與斂焉則壹不食. 故父母之喪, 旣殯食粥, 朝一溢米, 莫一
溢米. 齊衰之喪, 疏食水飮, 不食菜果. 大功之喪, 不食醯醬.
小功緦麻, 不飮醴酒. 此哀之發於飮食者也.

직역　斬衰에는 三日동안 不食하고, 齊衰에는 二日동안 不食하며, 大功에는 三
히 不食하고, 小功과 緦麻에는 再히 不食하며, 士가 斂에 與하면 壹히 不食한다.
故로 父母의 喪에서는 旣히 殯하고서 粥을 食한데, 朝에 一溢米하고, 莫에 一溢米
한다. 齊衰의 喪에서는 疏食하고 水飮하되, 菜果를 不食한다. 大功의 喪에서는 醯
醬을 不食한다. 小功과 緦麻에서는 醴酒를 不飮한다. 此는 哀가 飮食으로 發한
者이다.

의역　참최복(斬衰服)의 상을 치를 때에는 3일 동안 밥을 먹지 않고, 자최복(齊
衰服)의 상을 치를 때에는 2일 동안 밥을 먹지 않으며, 대공복(大功服)의 상을 치를
때에는 3끼를 먹지 않고, 소공복(小功服)과 시마복(緦麻服)의 상을 치를 때에는
2끼를 먹지 않으며, 사가 염(斂)[1]에 참여하게 되면 1끼를 먹지 않는다. 그렇기 때문
에 부모의 상을 치를 때에는 빈소 마련하는 일이 끝나야 죽을 먹는데, 아침에는
1일(溢)만큼의 쌀을 사용하고, 저녁에도 1일만큼의 쌀을 사용한다. 자최복의 상을
치를 때에는 거친 밥을 먹고 물을 마시지만 채소와 과일은 먹지 않는다. 대공복의
상에서는 식초나 장을 먹지 않는다. 소공복과 시마복의 상에서는 단술을 마시지
않는다. 이것은 애통함이 음식을 통해 드러나는 것이다.

---

1) 염(斂)은 시신에 옷을 입혀서 관에 안치하는 것을 뜻한다.

集說 一溢二十四分升之一也. 疏食, 粗飯也.

번역 1일(溢)[2]은 24분의 1승(升)[3]이다. 소사(疏食)는 거친 밥을 뜻한다.

大全 臨川吳氏曰: 五服, 皆同姓之骨肉, 哀其死而不食者恩也. 士及異姓之朋友, 與斂其尸, 而感發哀情, 亦廢一食者義也. 喪大記云, 士之喪, 士是斂, 斂焉則爲之一不食.

번역 임천오씨가 말하길, 오복(五服)[4]은 모두 동성(同姓)인 골육지친에 대해 착용하는 것이니, 그의 죽음을 슬퍼하여 음식을 먹지 않는 것은 은정에 해당한다. 사 및 이성(異姓)인 친구가 시신에 대해 염(斂)하는 일에 참여하여, 애통한 정감을 느껴서 드러내면 또한 한 차례 식사를 하지 않으니, 이것은 도의에 해당한다. 『예기』「상대기(喪大記)」편에서는 "사의 상에서는 사가 염(斂)을 한다."[5]라고 했으니, 염을 하게 되면 그를 위해 한 차례 식사를 하지 않는다.

---

2) 일(溢)은 한 손에 담을 수 있는 양을 뜻한다. 『소이아(小爾雅)』「광량(廣量)」편에는 "一手之盛謂之溢."이라는 기록이 있다.

3) 승(升)은 용량을 재는 단위이다. 지역 및 각 시대마다 다소 차이를 보이는데, 고대에는 10합(合)을 1승(升)으로 여겼고, 10승(升)을 1두(斗)로 여겼다. 『한서(漢書)』「율력지상(律曆志上)」편에는 "合龠爲合, 十合爲升."이라는 기록이 있다.

4) 오복(五服)은 죽은 자와 친하고 소원한 관계에 따라 입게 되는 다섯 가지 상복(喪服)을 뜻한다. 참최복(斬衰服), 자최복(齊衰服), 대공복(大功服), 소공복(小功服), 시마복(緦麻服)을 가리킨다. 『예기』「학기(學記)」편에는 "師無當於五服, 五服弗得不親."이라는 기록이 있는데, 이에 대한 공영달(孔穎達)의 소(疏)에서는 "五服, 斬衰也, 齊衰也, 大功也, 小功也, 緦麻也."라고 풀이했다. 또한 '오복'에 있어서는 죽은 자와 가까운 관계일수록 중대한 상복을 입고, 복상(服喪) 기간도 늘어난다. 위의 '오복' 중 참최복이 가장 중대한 상복에 속하며, 그 다음은 자최복이고, 대공복, 소공복, 시마복 순으로 내려간다.

5) 『예기』「상대기(喪大記)」【536b】: 君之喪, 大胥是斂, 衆胥佐之. 大夫之喪, 大胥侍之, 衆胥是斂. 士之喪, 胥爲侍, 士是斂.

大全 嚴陵方氏曰: 此言食, 與大記, 不無小異.

번역 엄릉방씨가 말하길, 이곳에서 음식 먹는 규정을 언급했는데, 『예기』「상대기(喪大記)」편의 내용과 작은 차이가 있다.

釋文 與音預. 斂, 力驗反. 粥, 之六反. 溢音逸, 劉音實, 二十兩也. 莫音暮. 疏食音嗣, 下“疏食”同. 醯本亦作醯, 呼兮反, 下同. 醴音禮.

번역 ‘與’자의 음은 ‘預(예)’이다. ‘斂’자는 ‘力(력)’자와 ‘驗(험)’자의 반절음이다. ‘粥’자는 ‘之(지)’자와 ‘六(륙)’자의 반절음이다. ‘溢’자의 음은 ‘逸(일)’이며, 유음(劉音)은 ‘實(실)’이고, 24량(兩)[6]이다. ‘莫’자의 음은 ‘暮(모)’이다. ‘疏食’에서 ‘食’자는 그 음이 ‘嗣(사)’이며, 아래문장에 나오는 ‘疏食’에서의 ‘食’자도 그 음이 이와 같다. ‘醯’자는 판본에 따라서 또한 ‘醯’자로도 기록하는데, ‘呼(호)’자와 ‘兮(혜)’자의 반절음이며, 아래문장에 나오는 글자도 그 음이 이와 같다. ‘醴’자의 음은 ‘禮(례)’이다.

孔疏 ●“斬衰三日不食”者, 謂三日之內. 孝經云“三日而食”者, 謂三日之外乃食也.

번역 ●經文: “斬衰三日不食”. ○3일 동안 먹지 않는다는 뜻이다. 『효경』에서 “3일이 지나서야 음식을 먹는다.”[7]라고 한 말은 3일을 넘긴 이후에야 음식을 먹는다는 뜻이다.

孔疏 ●“齊衰二日不食”者, 皇氏云: 謂正服齊衰也. 喪大記云“三不食”者, 當是義服齊衰.

번역 ●經文: “齊衰二日不食”. ○황간은 정규 복장으로 자최복(齊衰服)

---

6) 양(兩)은 용량을 재는 단위이다. 고대의 제도에서 24수(銖)는 1양(兩)이 되고, 16양(兩)은 1근(斤)이 된다.

7) 『효경』「상친장(喪親章)」: 三日而食, 敎民無以死傷生, 毁不滅性, 此聖人之政也.

을 착용한 경우라고 했다. 『예기』「상대기(喪大記)」편에서는 "3끼를 먹지 않는다."[8]라고 했는데, 이것은 의복(義服)[9]으로 자최복을 착용한 경우에 해당한다.

孔疏 ●"小功·緦麻再不食"者, 喪大記云: 壹不食, 再不食, 則是壹不食, 謂緦麻; 再不食, 謂小功也. 與此不同者, 熊氏云: "異人之說, 故其義別也."

번역 ●經文: "小功·緦麻再不食". ○「상대기」편에서는 "1끼를 먹지 않고 2끼를 먹지 않는다."[10]라고 했으니, 1끼를 먹지 않는다는 말은 시마복(緦麻服)을 착용한 경우이고, 2끼를 먹지 않는다는 말은 소공복(小功服)을 착용한 경우이다. 이곳의 내용과 차이를 보이는데 그 이유에 대해서 웅안생[11]은 "다른 사람의 주장을 기록한 것이기 때문에 그 의미에 있어서 차이가 생긴 것이다."라고 했다.

集解 愚謂: 此云"齊衰二日不食", 喪大記云"三不食", 此云"小功緦麻再不食", 大記云"一不食再不食", 此云"大功旣殯, 不食醯醬", 大記云"大功食飲猶期之喪", 則"疏食水飲, 不食菜果", 蓋齊衰以下之喪, 有降服·正服·義服之不同, 故其情不能無隆殺, 記者各言其大略而已. 然參而觀之, 則同爲一服之中, 而情隆者從其隆, 情殺者從其殺, 其差等亦可得而見矣.

---

8) 『예기』「상대기(喪大記)」【534a】: 期之喪, <u>三不食</u>, 食疏食水飲, 不食菜果. 三月旣葬, 食肉飲酒. 期, 終喪不食肉, 不飲酒. 父在, 爲母爲妻, 九月之喪, 食飲猶期之喪也. 食肉飲酒, 不與人樂之.

9) 의복(義服)은 본래 친속관계가 성립되지 않아서, 상복(喪服)을 착용해야만 하는 관계가 아닌데도, 도리에 따라 상복을 착용하는 것을 말한다.

10) 『예기』「상대기(喪大記)」【534b】: 五月·三月之喪, <u>壹不食, 再不食</u>, 可也. 比葬, 食肉飲酒, 不與人樂之. 叔母·世母·故主·宗子, 食肉飲酒.

11) 웅안생(熊安生, ?~A.D.578): =웅씨(熊氏). 북조(北朝) 때의 경학자이다. 자(字)는 식지(植之)이다. 『주례(周禮)』, 『예기(禮記)』, 『효경(孝經)』 등 많은 전적에 의소(義疏)를 남겼지만, 모두 산일되어 남아 있지 않다. 현재 마국한(馬國翰)의 『옥함산방집일서(玉函山房輯佚書)』에 『예기웅씨의소(禮記熊氏義疏)』 4권이 남아 있다.

번역 내가 생각하기에, 이곳에서는 "자최복(齊衰服)의 상에서는 2일 동안 음식을 먹지 않는다."라고 했고, 『예기』「상대기(喪大記)」편에서는 "3끼를 먹지 않는다."라고 했으며, 이곳에서는 "소공복(小功服)과 시마복(總麻服)의 상에서는 2끼를 먹지 않는다."라고 했고, 「상대기」편에서는 "1끼를 먹지 않고 2끼를 먹지 않는다."라고 했으며, 이곳에서는 "대공복(大功服)의 상에서 빈소를 마련한 뒤에는 식초와 장을 먹지 않는다."라고 했고, 「상대기」편에서는 "대공복의 상에서는 먹고 마시는 것을 기년상(期年喪)[12]과 동일하게 한다."[13]라고 했으니, "거친 밥을 먹고 물을 마시되, 채소와 과일을 먹지 않는다."라는 말은 자최복 이하의 상으로, 강복(降服)[14]·정규 복장·의복(義服)에 따라서 차이점이 생긴 것이다. 그렇기 때문에 그 정감에 있어서도 높이거나 낮추지 않을 수가 없어서, 『예기』를 기록한 자가 각각에 대해 대략적인 것을 언급했을 뿐이다. 그러므로 이러한 기록들을 참고해서 살펴보면, 동일하게 한 가지 상복을 착용한 중에서 정감이 깊은 자는 융성한 규정을 따르고, 정감이 얕은 자는 낮은 예법을 따르니, 이러한 차등 또한 이해할 수 있다.

참고 『예기』「상대기(喪大記)」 기록

---

12) 기년상(期年喪)은 1년 동안 치르는 상을 뜻한다. 일반적으로 자최복(齊衰服)을 입고 치르는 상을 뜻하는데, '기년(期年)'은 1년을 뜻하는데, '자최복'은 일반적으로 1년 동안 입게 되는 상복이기 때문이다.

13) 『예기』「상대기(喪大記)」 【534a】 : 期之喪, 三不食, 食疏食水飮, 不食菜果. 三月既葬, 食肉飮酒. 期, 終喪不食肉, 不飮酒. 父在, 爲母爲妻, <u>九月之喪, 食飮猶期之喪也.</u> 食肉飮酒, 不與人樂之.

14) 강복(降服)은 상(喪)의 수위를 본래의 등급보다 한 등급 낮추는 일에 해당한다. 예를 들어 자식은 부모에 대해 삼년상을 치러야 하지만, 다른 집의 양자로 간 경우라면 자신의 친부모에 대해 삼년상을 치르지 않고, 한 등급 낮춰서 1년만 치르게 된다. 이것은 상(喪)의 기간에만 해당하는 것이 아니라, 상복(喪服) 및 상(喪)을 치르며 부수적으로 갖추게 되는 기물(器物)들에도 적용된다.

경문-536b 君之喪, 大胥是斂, 衆胥佐之. 大夫之喪, 大胥侍之, 衆胥是斂.
士之喪, 胥爲侍, 士是斂.

번역 군주의 상에서는 대축(大祝)[15]이 염(斂)을 담당하고, 나머지 축관
들은 대축을 돕는다. 대부의 상에서는 대축이 그 사안에 임하고, 나머지
축관들이 염을 한다. 사의 상에서는 축관이 그 사안에 임하고, 사가 염을
한다.

鄭注 胥, 樂官也, 不掌喪事. 胥當爲"祝", 字之誤也. 侍, 猶臨也. 大祝之職,
"大喪贊斂"; 喪祝, 卿大夫之喪掌斂. 士喪禮"商祝主斂".

번역 '서(胥)'는 음악을 담당하는 관리이니, 상사의 일을 담당하지 않는
다. 따라서 '서(胥)'자는 마땅히 축(祝)자가 되어야 하니, 글자가 비슷해서
생긴 오류이다. '시(侍)'자는 "임하다[臨]."는 뜻이다. 대축(大祝)의 직무에
서는 "대상(大喪) 때 염(斂)을 돕는다."라고 했고, 상축(喪祝)에 대해서는
경과 대부의 상에서 염을 담당한다고 했다. 『의례』「사상례(士喪禮)」편에서
는 "상축(商祝)[16]이 염을 주관한다."라고 했다.

---

15) 대축(大祝)은 제사와 관련된 관직이다. 『예기』「곡례하(曲禮下)」편에는 "天子
    建天官, 先六大, 曰大宰, 大宗, 大史, 大祝, 大士, 大卜, 典司六典."이라고 하여,
    대재(大宰)와 함께 천관(天官)에 소속된 관리로 기술되어 있다. 한편 『주례』
    「춘관종백(春官宗伯)」편에는 "大祝, 下大夫二人, 上士四人, 小祝, 中士八人,
    下士十有六人, 府二人, 史四人, 胥四人, 徒四十人."이라고 하여, '대축'은 하대
    부(下大夫) 2명이 담당하고, 그 직속 휘하에는 상사(上士) 4명이 배속되어 있
    으며, '대축'을 돕는 소축(小祝) 관직에는 중사(中士) 4명이 담당하고, 그 휘
    하에는 하사(下士) 16명, 부(府) 2명, 사(史) 4명, 서(胥) 4명, 도(徒) 40명이
    배속되어 있다고 기록되어 있다. 또 『주례』「춘관(春官)·대축(大祝)」편에는
    "掌六祝之辭, 以事鬼神示, 祈福祥求永貞."이라고 하여, '대축'은 여섯 가지 축
    문에 관한 일을 담당하여, 이것으로써 귀신을 섬겨 복을 기원하는 일을 했다
    고 기록되어 있다.
16) 상축(商祝)은 상(商)나라 즉 은(殷)나라 때의 예법을 익혀서, 제사를 돕는 자
    를 뜻한다. 『예기』「악기(樂記)」편에는 "商祝辨乎喪禮, 故後主人."이라는 기록
    이 있는데, 이에 대한 공영달(孔穎達)의 소(疏)에서는 "商祝, 謂習商禮而爲祝
    者."라고 풀이했다.

孔疏 ●“大胥是斂”者, 大祝是接神者, 故使之執斂事也. 是, 猶執也.

번역 ●經文: “大胥是斂”. ○‘대축(大祝)’은 신과 교감하는 자이다. 그렇기 때문에 그로 하여금 염(斂)의 일을 맡아보도록 한다. ‘시(是)’자는 “맡아본다[執].”는 뜻이다.

孔疏 ●“衆胥佐之”者, 衆祝, 喪祝也. 衆祝賤, 故副佐於大祝也.

번역 ●經文: “衆胥佐之”. ○‘중축(衆祝)’은 상축(喪祝)을 뜻한다. 뭇 축(祝)들은 신분이 미천하기 때문에, 대축(大祝)의 일을 돕는다.

孔疏 ●“大夫之喪, 大胥侍之”者, 大祝, 猶君之大祝也. 侍, 猶臨也. 君尊, 故大祝親執斂. 大夫卑, 故大祝臨之.

번역 ●經文: “大夫之喪, 大胥侍之”. ○‘대축(大祝)’은 제후에게 소속된 대축을 뜻한다. ‘시(侍)’자는 “임한다[臨].”는 뜻이다. 군주는 존귀하기 때문에 대축이 직접 염(斂)의 일을 맡아본다. 그러나 대부는 상대적으로 미천하기 때문에 대축이 그 일을 감독한다.

孔疏 ●“衆胥是斂”者, 衆祝, 周禮喪祝, 卑, 故親執斂也. 庾云: “侍者, 臨檢之也. 大夫言侍, 則君亦應有侍者, 未知何人也.”

번역 ●經文: “衆胥是斂”. ○‘중축(衆祝)’은 『주례』에 나오는 상축(喪祝)인데, 그들은 신분이 미천하기 때문에 직접 염(斂)의 일을 맡아본다. 유울지는 “‘시(侍)’자는 그 사안에 임하여 감독한다는 뜻이다. 대부에 대해서 ‘시(侍)’라고 말했다면, 군주에 대해서도 또한 시(侍)를 하는 자가 있어야 하는데, 어떤 자가 했는지는 알 수 없다.”라고 했다.

孔疏 ●“士之喪, 胥爲侍”者, 胥亦喪祝也. 士卑, 故祝臨之.

번역 ●經文: "士之喪, 胥爲侍". ○'서(胥)' 또한 상축(喪祝)을 뜻한다. 사는 신분이 미천하기 때문에 축(祝)이 그 사안을 감독한다.

孔疏 ●"士是斂"者, 士之朋友來助斂也. 士喪禮云"士擧遷尸", 是也.

번역 ●經文: "士是斂". ○사의 벗들이 찾아와서 염(斂)의 일들을 돕는다. 『의례』「사상례(士喪禮)」편에서 "사가 시신을 들어서 옮긴다."17)라고 한 말이 바로 이러한 사실을 나타낸다.

孔疏 ◎注"胥當"至"主斂". ○正義曰: 知胥當爲祝者, 以胥是樂官, 不掌斂事, 故引大祝"大喪贊斂", 及喪祝"卿大夫之喪掌斂", 并引士喪禮"商祝主斂", 明諸祝主斂也, 故引此文以證之. "商祝"者, 按士喪禮注云: "商祝, 祝習商禮者, 商人敎之以敬, 於接神宜也."

번역 ◎鄭注: "胥當"~"主斂". ○정현의 말처럼 '서(胥)'자가 마땅히 '축(祝)'자가 되어야 함을 알 수 있는 이유는 서(胥)는 음악을 담당하는 관리로 염(斂)의 일을 담당하지 않기 때문이다. 그래서 정현은 『주례』「대축(大祝)」편에서 "대상(大喪)에서 염(斂)을 돕는다."라고 한 기록과 「상축(喪祝)」편에서 "경과 대부의 상에서 염을 담당한다."라고 한 기록을 인용하고, 아울러 『의례』「사상례(士喪禮)」편에서 "상축(商祝)이 염을 주관한다."라고 한 기록을 인용한 것이니, 이것은 여러 축(祝)들이 염을 담당한다는 사실을 나타낸다. 그러므로 이러한 기록들을 인용하여 증명하였다. 정현이 '상축(商祝)'이라고 했는데, 「사상례」편에 대한 정현의 주를 살펴보면, "상축은 축관 중 은나라의 예법을 익힌 자이니, 은나라 때에는 공경함을 위주로 가르쳐서, 신과 교감하는데 마땅하기 때문이다."18)라고 했다.

---

17) 『의례』「사상례(士喪禮)」: 士擧遷尸, 反位. 設牀笫於兩楹之間, 衽如初, 有枕. / 『의례』「사상례」: 士擧遷尸, 復位. 主人踊無算. 卒斂, 徹帷. 主人馮如初, 主婦亦如之.
18) 이 문장은 『의례』「사상례(士喪禮)」편의 "商祝襲祭服, 褖衣次."라는 기록에 대한 정현의 주이다.

大全 臨川吳氏曰: 大胥, 非謂樂官之大胥. 按周官大祝之下有胥四人, 所謂大胥者, 大祝之胥也. 喪祝之下有胥四人, 所謂衆胥者, 衆祝之胥也. 大祝之爵爲下大夫, 喪祝之爵爲上士, 非能親執斂役者, 故雖身親涖事, 而各以其下之胥服勞. 侯國之祝, 雖非四命之下大夫・三命之上士, 等而襄之, 其命數大祝當降國卿一等, 衆祝當降二等, 胥各四人, 當亦如王朝之數. 國君之斂, 大胥四人親斂, 衆胥二人佐之, 以足六人之數. 祝官臨檢, 記雖不言, 孔疏謂君應有侍者, 不知何人, 蓋大祝也. 大夫之斂, 則大胥二人臨檢, 衆胥四人親斂, 士之斂, 則衆胥二人臨檢, 上之友四人自斂.

번역 임천오씨가 말하길, '대서(大胥)'는 악관에 속한 대서가 아니다. 『주례』를 살펴보니, 대축(大祝)이라는 관리 휘하에는 서(胥) 4명이 있다고 했으므로,[19] '대서(大胥)'라고 하는 자들은 바로 대축에게 소속된 서(胥)를 뜻한다. 그리고 상축(喪祝)이라는 관리 휘하에는 서(胥) 4명이 있다고 했으니,[20] '중서(衆胥)'라고 하는 자들은 바로 뭇 축(祝)들에게 소속된 서(胥)를 뜻한다. 대축을 담당하는 자들의 작위는 하대부가 되고, 상축을 담당하는 자들의 작위는 상사가 되니, 이들은 직접 염(斂)의 노역을 맡아볼 수 있는 자들이 아니기 때문에, 비록 본인이 직접 그 사안에 임하기는 하지만, 각각 그들의 휘하에 소속된 서(胥)가 수고로운 일에 복무하는 것이다. 제후국에 소속된 축(祝)은 비록 4명(命)의 등급에 해당하는 하대부나 3명(命)의 등급에 해당하는 상사가 아니지만, 동등하게 그 일을 돕도록 했을 것이며, 그들의 명(命) 등급에 있어서 대축은 마땅히 제후국의 경보다 1등급이 낮았을 것이고, 나머지 축(祝)들은 마땅히 2등급이 낮았을 것이지만, 서(胥)는 각각 4명을 휘하에 두어서, 마땅히 천자의 조정 관제와 동일하게 했을 것이다. 따라서 제후의 염(斂)에는 대서 4명이 직접 염(斂)을 하고, 중서 2명이 도와서 6명의 수를 채웠을 것이다. 축관은 상에 임하여 그 일을 감독했을

---

19) 『주례』「춘관종백(春官宗伯)」: 大祝, 下大夫二人, 上士四人. 小祝, 中士八人, 下士十有六人, 府二人, 史四人, 胥四人, 徒四十人.

19) 『주례』「춘관종백(春官宗伯)」: 大祝, 下大夫二人, 上士四人. 小祝, 中士八人, 下士十有六人, 府二人, 史四人, 胥四人, 徒四十人.
20) 『주례』「춘관종백(春官宗伯)」: 喪祝, 上士二人, 中士四人, 下士八人, 府二人, 史二人, 胥四人, 徒四十人.

것인데,『예기』에서 비록 언급하지 않았지만, 공영달의 소에서는 "군주의 상에서는 마땅히 감독하는 자가 있어야 하지만, 어떤 자가 했는지는 알 수 없다."라고 했는데, 아마도 대축이 했을 것이다. 대부의 염(斂)을 하게 되면, 대서 2명이 그 일에 임하여 감독을 했고 중서 4명이 직접 염(斂)을 했으며, 사의 염(斂)을 하게 되면, 중서 2명이 그 일에 임하여 감독했고, 사의 벗 4명이 직접 염(斂)을 했을 것이다.

集解 愚謂: 士喪禮大·小斂皆商祝布衣, 鄭氏謂"胥當爲祝", 是也. 周禮 小宗伯大喪, "帥執事而涖大斂·小斂", 鄭云, "親斂者, 蓋事官之屬爲之." 又大祝"大喪", "贊斂", 疏云, "冬官主斂事, 大祝贊之." 是天子之斂, 事官之 屬主斂, 大祝贊之, 而小宗伯涖之也. 君之喪, 大祝主斂, 衆祝佐之, 降於天 子也. 衆祝, 小祝·喪祝也. 其涖者蓋亦小宗伯與. 大夫之喪, 大祝侍之, 衆 祝是斂, 又降於君也. 士之喪, 祝爲侍, 士是斂, 又降於大夫也. 士, 謂喪祝之 胥徒也.

번역 내가 생각하기에,『의례』「사상례(士喪禮)」편에서는 소렴(小斂)과 대렴(大斂)의 일들에 대해서 모두 상축(商祝)이 옷을 진열한다고 했으니, 정현이 "서(胥)자는 마땅히 축(祝)자가 되어야 한다."라고 한 말은 옳다. 『주례』「소종백(小宗伯)」편에서는 대상(大喪)에 대해서, "일을 맡아보는 자 들을 통솔하여, 대렴과 소렴에 임한다."[21]라고 했고, 정현은 "직접 염(斂)을 하는 자들은 아마도 사관(事官)에 속한 관리가 했을 것이다."라고 했다. 또 「대축(大祝)」편에서는 '대상(大喪)'이라고 했고, "염(斂)을 돕는다."라고 했 으며, 가공언의 소에서는 "동관(冬官)의 관부가 염(斂)에 대한 일을 주관하 고, 대축이 돕는다."라고 했으니, 이것은 천자의 염(斂)에 있어서 사관(事 官. =冬官)에 속한 관리가 염(斂)을 주관하고, 대축이 도우며, 소종백이 그 일에 임하여 감독하게 됨을 나타낸다. 제후의 상에서 대축이 염(斂)을 주관 하고 뭇 축(祝)들이 그 일을 돕는 것은 천자보다 낮추기 때문이다. '중축(衆

---

21)『주례』「춘관(春官)·소종백(小宗伯)」: 及執事涖大斂·小斂, 帥異族而佐.

祝)'은 소축(小祝) 및 상축(喪祝)을 뜻한다. 그 일에 임하여 감독하는 자 또한 소종백이었을 것이다. 대부의 상에서는 대축이 감독하고 뭇 축들이 염(斂)을 하니, 또한 제후보다 낮추기 때문이다. 사의 상에서 축이 감독하고 사가 염(斂)을 하니, 또한 대부보다 낮추기 때문이다. '사(士)'는 상축에 소속된 서(胥)나 도(徒) 등을 뜻한다.

참고 『예기』「상대기(喪大記)」기록

경문-533c 君之喪, 子・大夫・公子・衆士皆三日不食. 子・大夫・公子・衆士食粥, 納財, 朝一溢米, 莫一溢米, 食之無算. 士疏食水飮, 食之無算. 夫人・世婦・諸妻皆疏食水飮, 食之無算.

번역 군주의 상에서, 세자・대부・공자들・여러 사들은 모두 3일 동안 밥을 먹지 않는다. 세자・대부・공자들・여러 사들은 밥 대신 죽을 먹으니, 죽을 만들 때 들어가는 쌀알은 아침에는 1일(溢)만큼의 쌀알을 넣고, 저녁에는 1일(溢)만큼의 쌀알을 넣는다. 사는 거친 밥을 먹고 물을 마시는데, 정해진 때가 없어 먹고 싶을 때 먹는다. 부인(夫人)・세부(世婦) 및 여러 신하의 처들은 모두 거친 밥과 물을 마시는데, 정해진 때가 없어 먹고 싶을 때 먹는다.

鄭注 納財, 謂食穀也. 二十兩曰溢. 於粟米之法, 一溢爲米一升二十四分升之一. 諸妻, 御妾也. 同言無算, 則是皆一溢. 米, 或粥或飯.

번역 '납재(納財)'는 밥을 짓는 알곡이다. 20양(兩)을 1일(溢)이라고 부른다. 1일(溢)은 1과 24분의 1승(升)이다. '제처(諸妻)'는 어첩(御妾)이다. 동일하게 "셈이 없다."라고 했으니, 이 모두는 1일(溢) 안에서 먹는 것이다. 미(米)로는 죽을 만들기도 하고 밥을 만들기도 한다.

孔疏 ●"納財"者, 財, 謂穀也, 謂所食之米也, 言每日納用之米, 朝唯一溢米, 莫唯一溢米也.

번역 ●經文: "納財". ○'재(財)'자는 알곡을 뜻하니, 밥을 짓는 쌀알을 의미한다. 즉 매일 사용하는 알곡으로, 아침에는 오직 1일(溢)만큼의 쌀알을 사용하고, 저녁에도 오직 1일(溢)만큼의 쌀알을 사용한다는 뜻이다.

孔疏 ●"食之無筭"者, 言居喪困病, 不能頓食, 隨須則食, 故云"無筭".

번역 ●經文: "食之無筭". ○상을 치르며 병약해졌으므로, 끼니마다 식사를 할 수 없어서, 필요에 따라서 식사를 한다. 그렇기 때문에 "셈이 없다."라고 말한 것이다.

孔疏 ●"士疏食水飮"者, 疏, 麤也. 食, 飯也. 士賤病輕, 故疏食麤米爲飯, 亦水爲飮.

번역 ●經文: "士疏食水飮". ○'소(疏)'자는 "거칠다[麤]."는 뜻이다. '사(食)'자는 밥[飯]을 뜻한다. 사는 미천하고 병약해지는 것도 상대적으로 덜하기 때문에, 거친 쌀알로 밥을 지어서 먹고, 또한 물을 음료로 이용하게 된다.

孔疏 ●"夫人・世婦・諸妻皆疏食水飮"者, 婦人質弱, 恐食粥傷性, 故言"疏食水飮"也.

번역 ●經文: "夫人・世婦・諸妻皆疏食水飮". ○부인은 유약하여 죽을 먹게 되면 생명을 해치게 될까 염려되기 때문에, "거친 밥을 먹고 물을 마신다."라고 말한 것이다.

孔疏 ◎注"納財, 謂食穀也, 二十兩曰溢"至"是皆一溢, 米, 或粥或飯". ○正義曰: 財, 謂穀也, 故大宰云"以九賦斂財賄也", 注云"財謂泉穀", 是穀爲財.

但米由穀出, 經已稱米, 故鄭云食穀. 必言納財者, 以一日之中, 或粥或飯, 雖作之無時, 不過朝夕二溢之米, 當須豫納其米, 故云"納財"也. 云"一溢爲米一升二十四分升之一"者, 按律曆志: "黃鍾之律, 其實一龠." 律曆志合龠爲合, 則二十四銖合重一兩, 十合爲一升, 升重十兩, 二十兩則米二升. 與此不同者, 但古秤有二法, 說左傳者云"百二十斤爲石", 則一斗十二斤, 爲兩則一百九十二兩, 則一升爲十九兩有奇. 今一兩爲二十四銖, 則二十兩爲四百八十銖, 計一十九兩有奇爲一升, 則總有四百六十銖八參, 以成四百八十銖, 唯有十九銖二參在, 是爲米一升二十四分升之一. 此大略而言之. 云"同言無算, 則是皆一溢, 米, 或粥或飯"者, 粥與疏食, 俱言無算, 是疏食與粥者皆一溢米. 或粥, 謂食粥者, 或飯, 謂疏食也.

번역 ◎鄭注: "納財, 謂食穀也, 二十兩曰溢"~"是皆一溢, 米, 或粥或飯".
○'재(財)'는 밥을 짓는 알곡을 뜻한다. 그렇기 때문에 『주례』「대재(大宰)」편에서는 "구부(九賦)22)에 따라서 재(財)와 회(賄)를 걷는다."23)라고 했고,

---

22) 구부(九賦)는 주(周)나라 때 거둬들인 아홉 종류의 세금을 뜻한다. 방중지부(邦中之賦), 사교지부(四郊之賦), 방전지부(邦甸之賦), 가삭지부(家削之賦), 방현지부(邦縣之賦), 방도지부(邦都之賦), 관시지부(關市之賦), 산택지부(山澤之賦), 폐여지부(幣餘之賦)를 뜻한다. 방중지부는 국성에 사는 백성들에게 거두는 세금이다. 사교지부는 국성으로부터 사방 100리(里) 이내에 살고 있는 백성들에게 거두는 세금이다. 방전지부는 국성으로부터 사방 100리(里)에서 200리(里) 사이에 살고 있는 백성들에게 거두는 세금이다. 가삭지부는 국성으로부터 사방 200리(里)에서 300리(里) 사이에 살고 있는 백성들에게 거두는 세금이다. 방현지부는 국성으로부터 사방 300리(里)에서 400리(里) 사이에 살고 있는 백성들에게 거두는 세금이다. 방도지부는 국성으로부터 사방 400리(里)에서 500리(里) 사이에 살고 있는 백성들에게 거두는 세금이다. 관시지부는 관문과 시장에서 거두는 세금이다. 산택지부는 산림과 하천에서 거두는 세금이다. 폐여지부는 공인에게서 거두는 세금이다. 『주례』「천관(天官)·대재(大宰)」편에는 "以九賦斂財賄. 一曰邦中之賦, 二曰四郊之賦, 三曰邦甸之賦, 四曰家削之賦, 五曰邦縣之賦, 六曰邦都之賦, 七曰關市之賦, 八曰山澤之賦, 九曰幣餘之賦."라는 기록이 있고, 이에 대한 정현의 주에서는 "邦中在城郭者, 四郊去國百里, 邦甸二百里, 家削三百里, 邦縣四百里, 邦都五百里, 此平民也. 關市·山澤謂占會百物, 幣餘謂占賣國中之斥幣, 皆未作當增賦者."라고 풀이했다.
23) 『주례』「천관(天官)·대재(大宰)」: <u>以九賦斂財賄</u>: 一曰邦中之賦, 二曰四郊之

정현의 주에서는 "'재(財)'자는 돈과 알곡을 뜻한다."라고 했다. 이것은 알곡이 '재(財)'가 됨을 나타낸다. 다만 쌀알은 알곡에서 나오는 것이고, 경문에서는 이미 '미(米)'라고 지칭했기 때문에, 정현은 "밥을 짓는 알곡이다."라고 말한 것이다. 그런데 기어코 '납재(納財)'라고 말한 것은 하루 동안어떤 경우에는 죽을 만들고 또 어떤 경우에는 밥을 만드는데, 비록 그것을짓는데 정해진 때가 없더라도, 아침과 저녁으로 사용되는 2일(溢)의 쌀알만큼을 넘을 수 없으니, 마땅히 미리 해당 용량의 쌀알을 공급해야 한다. 그렇기 때문에 '납재(納財)'라고 말한 것이다. 정현이 "1일(溢)은 1과 24분의 1승(升)이다."라고 했는데,『한서』「율력지(律曆志)」를 살펴보면, "황종(黃鍾)의 율에는 1약(籥)[24]의 알곡을 채운다."[25]라고 했다. 「율력지」에서는 2약(籥)이 1합(合)[26]이 된다고 했으니, 24수(銖)[27]를 합하면 총 1양(兩)이 되고, 10합(合)은 1승(升)이 되는데, 1승(升)의 무게는 10양(兩)만큼이되므로, 20양(兩)은 쌀알이 2승(升)인 것이다. 그런데 이곳 기록과 차이를보이는 이유는 다만 고대의 저울질에는 두 가지 방법이 있었다.『좌전』의주장에 따르는 자들은 "120근(斤)이 1석(石)[28]이 된다."라고 했으니, 1두(斗)와 12근(斤)은 양(兩)으로 따지면 192양(兩)이 되어, 1승(升)은 19양(兩)보다도 조금 많다. 현재 1양(兩)은 24수(銖)가 되니, 20양(兩)은 480수

賦, 三曰邦甸之賦, 四曰家削之賦, 五曰邦縣之賦, 六曰邦都之賦, 七曰關市之賦, 八曰山澤之賦, 九曰弊餘之賦.

24) 약(籥)은 약(龠)이라고도 부른다. 용량을 재는 단위이다. 합(合)의 2분의 1을 1약(籥)이라고 한다. 한편 10약(籥)을 1합(合)이라고도 한다.

25) 『한서(漢書)』「율력지(律曆志)」 : 太極中央元氣, 故爲黃鐘, 其實一龠, 以其長自乘, 故八十一爲日法, 所以生權衡度量, 禮樂之所繇出也.

26) 합(合)은 용량을 재는 단위이다. 10분의 1승(升)이다. 『손자산경(孫子算經)』에서는 "十抄爲一勺, 十勺爲一合, 十合爲一升."이라고 했다. 즉 10초(抄)는 1작(勺)이 되고, 10작(勺)은 1합(合)이 되며, 10합(合)은 1승(升)이 된다는 뜻이다. 또 유향(劉向)의 『설원(說苑)』「변물(辨物)」편에서는 "千二百黍爲一龠, 十龠爲一合, 十合爲一升."이라고 했다. 즉 서(黍) 1,250개의 알갱이는 1약(龠)이 되고, 10약(龠)은 1합(合)이 되며, 10합(合)은 1승(升)이 된다는 뜻이다.

27) 수(銖)는 용량을 재는 단위이다. 24분의 1양(兩)이다.

28) 석(石)은 용량을 재는 단위이다. 지역 및 각 시대마다 다소 차이를 보이는데, 고대에는 10두(斗)를 1석(石)으로 여겼다.

(銖)가 되므로, 19양(兩)보다 조금 많은 양을 1승(升)으로 삼는다면, 총 460수(銖)와 8참(參)[29]인데, 480수(銖)를 채우게 된다면, 19수(銖)와 2참(參)이 필요하고, 이것은 쌀알로 따지면 1과 24분의 1승(升)이 된다. 이것은 대략적으로 말한 것이다. 정현이 "동일하게 '셈이 없다.'라고 했으니, 이 모두는 1일(溢) 안에서 먹는 것이다. 미(米)로는 죽을 만들기도 하고 밥을 만들기도 한다."라고 했으니, 죽과 거친 밥에 대해서 모두 "셈이 없다."라고 했는데, 이것은 거친 밥과 죽을 모두 1일(溢)만큼의 쌀알로 만든다는 뜻이다. 죽으로 만든다는 것은 죽을 먹는 자들에 대한 내용이고, 밥으로 만든다는 것은 거친 밥을 먹는 자들에 대한 내용이다.

集解 愚謂: 財, 讀如漢書"太僕見馬遺財足"之財. 疏, 謂糲米也. 粟一石春米六斗爲糲. 九章粟米之法云, "粟率五十, 糲米三十, 粺二十七, 鑿二十四, 侍御二十一." 言粟五升爲糲米三升, 以下漸細. 侍御者, 蓋人君之所食. 然則大夫士常食, 蓋以粺與鑿與. 食粥與疏食水飮, 皆謂三日不食之後也. 疏食但不爲粥, 亦不過朝一溢米, 莫一溢米也. 水飮, 言但飮水而已, 無漿酪之屬也. 衆士食粥, 謂君有服之親也. 士疏食水飮, 異姓之士也. 食之無算, 哀痛不能多食, 稍稍進之也.

번역 내가 생각하기에, '재(財)'자는 『한서』에서 "태복(太僕)은 말을 조금만[財] 남겨도 충분하다는 것을 알았다."라고 했을 때의 '재(財)'자처럼 읽는다. '소(疏)'자는 겉껍질만 벗겨낸 쌀알이다. 알곡 1석(石)을 찧어서 쌀알 6두(斗)가 나오게 되면, 이것을 겉껍질만 벗겨낸 쌀알이라고 한다. 『구장속미지법』에서는 "알곡의 비율이 50이라면, 겉껍질만 벗겨낸 쌀알은 30이 되고, 정미를 한 쌀알은 27이 되며, 속껍질을 벗겨서 깨끗하게 한 것은 24가 되고, 군주에게 바치는 쌀알은 21이 된다."라고 했다. 이것은 곧 알곡 5승(升)을 찧어서 겉껍질만 벗겨낸 쌀알 3승(升)을 만드는데, 그 이하로는 보다 세밀하게 찧게 된다는 뜻이다. '시어(侍御)'는 군주가 먹는 쌀알이다.

---

29) 참(參)은 용량을 재는 단위이다. 10분의 1수(銖)이다.

그렇다면 대부와 사가 일상적으로 먹는 밥에서는 아마도 패(粺)나 착(鑿)을 사용했을 것이다. 죽을 먹거나 거친 밥과 물을 마시는 것들은 모두 3일 동안 밥을 먹지 않은 이후의 경우를 뜻한다. 거친 밥은 죽으로 만들지 않지만, 이 또한 아침에 1일(溢)의 쌀알을 사용하고 저녁에 1일(溢)의 쌀알을 사용하는 것을 넘기지 못한다. '수음(水飮)'은 단지 물만 마신다는 뜻일 뿐이니, 음료나 젓갈 등의 부류가 없다는 뜻이다. 뭇 사들은 죽을 먹는다고 했는데, 이들은 군주에 대해서 상복을 착용해야 하는 친족들을 뜻한다. 사가 거친 밥을 먹고 물을 마신다고 했는데, 이들은 군주와 성(姓)이 다른 사들이다. 먹을 때 셈을 하지 않는다는 말은 애통함 때문에 한 번에 많이 먹을 수 없어서, 조금씩 자주 먹게 된다는 뜻이다.

集解   孔氏曰: 按檀弓主人·主婦歠粥, 此夫人世婦·妻皆疏食者, 熊氏云, "檀弓'主婦'謂女主, 故食粥."

번역   공영달이 말하길, 『예기』「단궁(檀弓)」편을 살펴보면, 주인과 주부는 죽을 마신다고 했고,[30] 이곳에서는 부인(夫人)·세부(世婦)·처들이 모두 거친 밥을 먹는다고 했는데, 그 이유에 대해서 웅안생은 "「단궁」편에서 '주부(主婦)'라고 한 말은 여자 상주를 뜻한다. 그렇기 때문에 죽을 먹는 것이다."라고 했다.

集解   愚謂: 君之喪, 女主則夫人也. 大夫之喪, 女主則其妻也. 如熊氏之說, 則夫人·妻·妾之外別有女主, 殊不可曉. 檀弓謂主婦三日不食之時, 君命之歠粥也, 此謂三日之外, 妻妾得疏食, 義不相妨.

번역   내가 생각하기에, 군주의 상에서 여자 상주는 부인(夫人)이 된다. 대부의 상에서 여자 상주는 그의 처가 된다. 만약 웅안생의 주장대로라면, 부인·처·첩 이외에 별도로 여자 상주가 있어야 하니, 이해할 수 없다.

---

30) 『예기』「단궁하(檀弓下)」【114d】: 歠, 主人·主婦·室老, 爲其病也, 君命食之也.

『예기』「단궁(檀弓)」편의 내용은 주부가 3일 동안 밥을 먹지 않았을 때, 군주가 명령을 내려서 죽을 마시도록 했다는 뜻이고, 이곳의 내용은 3일이 지난 뒤 처와 첩들이 거친 밥을 먹을 수 있다는 뜻이니, 그 의미가 서로 방해되지 않는다.

참고 『예기』「상대기(喪大記)」기록

경문-533d 大夫之喪, 主人・室老・子姓皆食粥, 衆士疏食水飲, 妻・妾疏食水飲. 士亦如之.

번역 대부의 상에서, 상주・실로(室老)・손자들은 모두 죽을 먹고, 여러 가신들은 거친 밥을 먹고 물을 마시며, 처와 첩들은 거친 밥을 먹고 물을 마신다. 사의 상에서도 또한 이처럼 한다.

鄭注 室老, 其貴臣也. 衆士, 所謂衆臣. 如其子食粥, 妻妾疏食水飲.

번역 '실로(室老)'는 그에게 소속된 귀신(貴臣)이다. '중사(衆士)'는 뭇 신하들을 뜻한다. 사의 경우는 자식이 죽을 먹고 처와 첩들이 거친 밥을 먹고 물을 마시는 것을 동일하게 따른다는 뜻이다.

孔疏 ●"室老・子姓皆食粥"者, 室老, 謂貴臣. 子姓, 謂孫也. 不云衆子者, 主人中筭之.

번역 ●經文: "室老・子姓皆食粥". ○'실로(室老)'는 귀신(貴臣)을 뜻한다. '자성(子姓)'은 손자를 뜻한다. 나머지 아들들을 언급하지 않은 것은 '주인(主人)'이라는 말에 포함되기 때문이다.

孔疏 ●"衆士疏食"者, 謂非室老也. 按喪服傳云"卿大夫室老士, 貴臣, 其餘皆衆臣", 鄭注云: “士, 邑宰.” 此不云者, 邑宰雖貴, 以其遠於君, 與衆臣同.
按檀弓主人·主婦歠粥, 此夫人·世婦·妻皆疏食者, 熊氏云“檀弓云主婦,
謂女主, 故食粥也.

번역 ●經文: “衆士疏食”. ○실로(室老)가 아닌 자들을 뜻한다. 『의례』「
상복(喪服)」편의 전문(傳文)을 살펴보면, “경과 대부의 실로 및 사는 귀신
이고, 나머지 자들은 모두 중신(衆臣)이다.”[31]라고 했고, 정현의 주에서는
“‘사(士)’는 읍의 수장이다.”라고 했다. 이곳에서 언급하지 않은 것은 읍재
(邑宰)는 비록 존귀하지만, 그는 군주와 관계가 먼 신하이니, 뭇 신하들의
입장과 동일하다. 『예기』「단궁(檀弓)」편을 살펴보면, 주인과 주부는 죽을
마신다고 했고, 이곳에서는 부인(夫人)·세부(世婦)·처들이 모두 거친 밥
을 먹는다고 했는데, 그 이유에 대해서 웅안생은 “「단궁」편에서 ‘주부(主
婦)’라고 한 말은 여자 상주를 뜻한다. 그렇기 때문에 죽을 먹는 것이다.”라
고 했다.

集解 愚謂: 子姓, 衆子也. 士亦如之, 鄭氏止以“子”與“妻妾”言之者, 蓋鄭
氏謂士無臣故也. 特牲記“公有司門西, 北面, 東上”, “私臣門東, 北面, 西上”,
喪服記“士爲庶母”·“貴臣·貴妾”, 則士有臣明矣. 士冠禮·士喪禮有宰, 此
士之貴臣也, 其餘則衆臣也. 其貴臣食粥, 衆臣疏食水飲, 亦皆如大夫之禮也.

번역 내가 생각하기에, ‘자성(子姓)’은 뭇 자식들을 뜻한다. ‘사역여지
(士亦如之)’에 대해서, 정현은 단지 ‘자(子)’와 ‘처첩(妻妾)’으로만 말을 했
는데, 아마도 정현은 사에게는 소속된 가신이 없기 때문이라고 여긴 것
같다. 그런데 『의례』「특생궤식례(特牲饋食禮)」편의 기문(記文)에서는
“공유사(公有司)[32]는 문의 서쪽에서 북쪽을 바라보는데, 서열에 따라 동
쪽 끝에서부터 정렬한다.”라고 했고, “사신(私臣)은 문의 동쪽에서 북쪽

---

31) 『의례』「상복(喪服)」: 傳曰, 公卿大夫室老·士, 貴臣, 其餘皆衆臣也. 君謂有
　　地者也. 衆臣杖, 不以卽位. 近臣, 君服斯服矣. 繩屨者, 繩菲也.
32) 공유사(公有司)는 사(士)가 맡았던 직책으로, 군주에게 특명을 받은 유사(有
　　司)이다. ‘유사’는 실무 담당자를 뜻한다.

을 바라보는데, 서열에 따라 서쪽 끝에서부터 정렬한다."라고 했으며,[33] 『의례』「상복(喪服)」편의 기문(記文)에서는 "사가 서모(庶母)[34]를 위해서 착용한다."라고 했고, "귀신(貴臣)과 귀첩(貴妾)[35]을 위해서 착용한다."라고 했으니,[36] 사에게도 가신들이 있었음이 분명하다. 『의례』「사관례(士冠禮)」편[37]과 「사상례(士喪禮)」편[38]에는 재(宰)가 나오는데, 이 사람은 사에게 소속된 귀신이며, 나머지는 중신(衆臣)이 된다. 귀신은 죽을 먹고 중신들은 거친 밥을 먹고 물을 마시는데, 이러한 것들은 모두 대부의 예법과 같다.

참고 『예기』「단궁하(檀弓下)」 기록

경문-114d 歠, 主人·主婦·室老, 爲其病也, 君命食之也.

번역 죽을 마시게 될 때, 상(喪)을 치르는 주요 대상들인 주인(主人)·주부(主婦)·실로(室老)들은 자칫 몸이 쇠약해져서 병에 걸릴 수가 있으므로, 군주는 명령을 내려서, 그들에게 밥을 먹도록 시킨다.[39]

---

33) 『의례』「특생궤식례(特牲饋食禮)」: 公有司門西, 北面, 東上, 獻次衆賓. 私臣門東, 北面, 西上, 獻次兄弟. 升受, 降飮.
34) 서모(庶母)는 부친의 첩(妾)들을 뜻한다. 『의례』「사혼례(士昏禮)」편에는 "庶母及門內施鞶, 申之以父母之命."이라는 기록이 있는데, 이에 대한 정현의 주에서는 "庶母, 父之妾也."라고 풀이했다. 한편 '서모'는 부친의 첩들 중에서도 아들을 낳은 여자를 뜻하기도 한다. 『주자전서(朱子全書)』「예이(禮二)」편에는 "庶母, 自謂父妾生子者."라는 기록이 있다.
35) 귀첩(貴妾)은 처(妻)가 시집을 오면서 함께 데려왔던 일가붙이가 되는 여자와 자식의 첩(妾) 등을 지칭하는 말이다.
36) 『의례』「상복(喪服)」: 士爲庶母. 傳曰, 何以緦也? 以名服也. 大夫以上爲庶母無服. 貴臣·貴妾. 傳曰, 何以緦也? 以其貴也.
37) 『의례』「사관례(士冠禮)」: 宰自右少退, 贊命.
38) 『의례』「사상례(士喪禮)」: 宰洗柶, 建于米, 執以從.
39) 이 문장은 "주인(主人)·주부(主婦)·실로(室老)에게 죽을 먹이는 것은 그들이 몸이 쇠약해져서 병에 걸리게 될 수도 있기 때문이니, 군주는 그들에게 죽을 먹도록 명령을 내린다."는 뜻으로 해석할 수도 있다.

鄭注 尊者奪人易也. 歠, 歠粥也.

번역 존귀한 자는 다른 사람의 애통해하는 마음을 내려놓게 만들기가 쉽다. '철(歠)'자는 죽을 마신다는 뜻이다.

孔疏 ●"歠主"至"之也". ○正義曰: 此一節論尊者奪孝子情之法. 歠者, 親喪三日之後, 歠粥之時, 主人, 亡者之子. 主婦, 亡者之妻. 室老, 家之長相. 此三者並是大夫之家貴者, 爲其歠粥, 病困之, 故君必有命食疏飯也. 若非三者, 雖復歠粥致疾病, 君不命食之, 以其賤故也. 其士之主人主婦, 君不命也. 喪大記主婦食疏食, 謂旣殯之後; 此主婦歠者, 謂未殯前, 故問喪云: "鄰里爲之糜粥以飮食之."

번역 ●經文: "歠主"~"之也". ○이곳 문단에서는 존귀한 자가 자식된 자의 감정을 잠시 내려놓게 하는 예법에 대해서 논의하고 있다. '철(歠)'이라는 것은 부모의 상(喪)을 치를 때, 3일이 지난 이후에 죽을 마시는 시기를 뜻하며, '주인(主人)'은 죽은 자의 아들을 뜻한다. '주부(主婦)'는 죽은 자의 처를 뜻한다. '실로(室老)'는 가신(家臣)들의 우두머리를 뜻한다. 이 세 사람은 모두 대부의 집안에서 존귀한 자에 해당하는데, 그들이 죽을 마시게 되면, 쇠약해져서 병에 걸릴 수도 있다. 그렇기 때문에 군주는 반드시 그들에게 명령을 내려서, 거친 밥이라도 먹게 하는 것이다. 만약 이 세 사람이 아닌 경우라면, 비록 다시금 죽을 마시고 병에 걸리게 되더라도, 군주는 그들에게 명령하여, 밥을 먹도록 시키지 않으니, 그들은 신분이 미천하기 때문이다. 사 계급의 주인(主人)과 주부(主婦)에 대해서도 군주는 명령을 내리지 않는다. 『예기』「상대기(喪大記)」편에서는 주부(主婦)가 거친 밥을 먹는다고 했는데, 이 시기는 빈(殯)을 끝낸 이후를 뜻한다. 그리고 이곳에서 주부가 죽을 마신다고 했는데, 이 시기는 아직 빈(殯)을 치르기 이전을 뜻한다. 그렇기 때문에 『예기』「문상(問喪)」편에서는 "이웃사람들은 그를 위해 죽을 만들어서, 그들이 먹을 수 있도록 한다."[40]

---

40) 『예기』「문상(問喪)」【657d】: 親始死, 雞斯, 徒跣, 扱上衽, 交手哭. 惻怛之心,

라고 한 것이다.

集解 愚謂: 此謂大夫之喪也. 歠, 謂未殯前歠粥也. 主人主婦, 死者之子與妻; 室老, 其貴臣也. 三人者, 爲大夫未殯, 皆不食, 而有時歠粥者, 蓋君爲其困病, 故命食之以粥, 以尊者之命奪其情也. 問喪云, "鄰里爲之糜粥以飮食之." 蓋士無君命, 故鄰里爲飮食之也.

번역 내가 생각하기에, 이 내용은 대부의 상에 대한 것이다. '철(歠)'이라는 것은 아직 빈(殯)을 하기 이전에, 죽을 마신다는 뜻이다. 주인(主人)과 주부(主婦)는 모두 죽은 자의 자식과 처를 뜻하고, '실로(室老)'는 그에게 소속된 존귀한 가신(家臣)을 뜻한다. 세 사람은 대부의 상에서 아직 빈(殯)을 하지 않았을 때, 모두 음식을 먹지 않게 되는데, 때에 따라 죽을 마시게 되는 것은 무릇 군주는 그들이 쇠약해져서, 병에 걸리게 될까를 염려하기 때문에, 명령을 내려서 죽을 먹도록 하는 것이니, 존귀한 자는 명령을 내려서, 자식된 자의 감정을 잠시 내려놓게 할 수 있기 때문이다. 『예기』「문상(問喪)」편에서는 "이웃사람들은 그를 위해 죽을 만들어서, 그들이 먹을 수 있도록 한다."라고 했는데, 무릇 사의 경우에는 군주가 별도로 내리는 명령이 없기 때문에, 이웃 사람들이 그를 위해서 죽을 먹도록 하는 것이다.

참고 『예기』「잡기하(雜記下)」 기록

경문-514c 喪食雖惡必充飢. 飢而廢事, 非禮也. 飽而忘哀, 亦非禮也. 視不明, 聽不聰, 行不正, 不知哀, 君子病之. 故有疾, 飮酒食肉, 五十不致毁, 六十不毁, 七十飮酒食肉, 皆爲疑死.

痛疾之意, 復腎, 乾肝, 焦肺, 水漿不入口, 三日不擧火, <u>故鄰里爲之糜粥以飮食之</u>. 夫悲哀在中, 故形變於外也. 痛疾在心, 故口不甘味, 身不安美也.

번역 상중에 먹게 되는 음식은 비록 조악한 것이라도 반드시 굶주림을 채워야 한다. 굶주려 상사를 제대로 처리하지 못하는 것은 비례이다. 배불리 먹어서 슬픔을 잊는 것 또한 비례이다. 보아도 뚜렷이 보지 못하고, 들어도 제대로 듣지 못하며, 걸어도 바르게 걷지 못하고, 슬픔을 잊게 되는 것을 군자는 근심하였다. 그렇기 때문에 상중에 병이 든 자는 술도 마시고 고기도 먹으며, 50세가 된 자는 몸을 지나치게 상하게 해서는 안 되고, 60세가 된 자는 몸을 상하게 해서는 안 되며, 70세가 된 자는 술도 마시고 고기도 먹으니, 이 모두는 그가 죽게 될까를 염려해서 만든 규정이다.

鄭注 病, 猶憂也. 疑, 猶恐也.

번역 '병(病)'자는 "근심하다[憂]."는 뜻이다. '의(疑)'자는 "염려한다[恐]."는 뜻이다.

集解 愚謂: 目昏則視不明, 耳瞶則聽不聰, 肢體憊則行不正, 心志眢則不知哀, 四者, 皆哀毀之過也. 病, 謂病其不知禮也.

번역 내가 생각하기에, 눈이 어둡게 되면 보아도 뚜렷이 보지 못하며, 귀에 정기가 없으면 들어도 제대로 듣지 못하며, 신체가 고단하면 걸어도 제대로 걷지 못하며, 마음과 뜻이 흐트러지면 슬픔을 잊게 되니, 이 네 가지 것들은 모두 슬픔과 몸을 상하게 함이 지나친 것이다. '병(病)'은 예법을 제대로 알지 못함을 근심스럽게 여긴다는 뜻이다.

참고 『예기』「잡기하(雜記下)」 기록

경문-514c 有服, 人召之食不往. 大功以下旣葬適人, 人食之, 其黨也食之, 非其黨弗食也.

번역 자신이 상복을 착용하고 있다면, 남이 식사에 초대를 하더라도 가지 않는다. 만약 대공복(大功服)으로부터 그 이하의 상복을 착용하고 있고, 이미 장례를 치른 상태라면, 상대의 초대에 응하여 찾아가는데, 남이 식사를 대접할 때, 그가 자신의 친족이라면 그 음식을 먹지만, 자신의 친족이 아니라면 음식을 먹지 않는다.

鄭注 往而見食, 則可食也. 爲食而往, 則不可. 黨, 猶親也. 非親而食, 則是食於人無數也.

번역 찾아가서 식사 대접을 받으면 먹을 수 있다. 식사 대접 때문에 찾아간다면 불가하다. '당(黨)'자는 친(親)자와 같다. 친족이 아닌데도 음식을 먹는다면, 이것은 남에게 식사 대접을 받음에 법도가 없는 것이다.

孔疏 ●"喪食"至"無子". ◎注"非親而食, 則是食於人無數也". ○正義曰: 解所以非親不食義也. 夫親族不多, 食, 則其食有限. 若非類而輒食, 則無復限數, 必忘哀也.

번역 ●經文: "喪食"~"無子" ◎鄭注: "非親而食, 則是食於人無數也". ○친족이 아니면 음식을 먹지 않는 뜻을 풀이한 말이다. 무릇 친족은 많지 않으니, 식사를 하게 되면 식사를 할 때에도 제한이 있다. 만약 자신과 같은 친족이 아닌데도 갑작스럽게 그 사람의 식사에 응하게 된다면, 제한이 없게 되어, 반드시 슬픔을 잊게 된다.

참고 『예기』「잡기하(雜記下)」기록

경문-514c 功衰, 食菜果, 飮水漿, 無鹽酪. 不能食食, 鹽酪可也.

번역 공최(功衰)를 착용했다면 채소와 과일을 먹고, 물과 음료를 마시되, 소금이나 낙(酪) 등의 재료는 첨가하지 않는다. 만약 음식을 제대로 먹을 수 없는 상태라면, 소금이나 낙(酪) 등을 첨가해도 괜찮다.

鄭注 功衰, 齊·斬之末也. 酪, 酢截.

번역 '공최(功衰)'는 자최복(齊衰服)과 참최복(斬衰服)의 상에서 말미에 착용하는 상복이다. '낙(酪)'은 식초 등의 조미료이다.

大全 藍田呂氏曰: 功衰, 亦卒哭之喪服. 間傳, 父母之喪, 旣虞卒哭, 疏食水飮, 不食菜果, 與此文正合. 疏食水飮, 其飮不加鹽酪, 故曰飮水漿, 無鹽酪也. 不能食食, 鹽酪可也者, 喪大記不能食粥, 羹之以菜可也. 蓋人有所不能, 亦不可勉也.

번역 남전여씨가 말하길, '공최(功衰)' 또한 졸곡(卒哭)을 치른 뒤에 착용하는 상복이다. 「간전」편에서는 "부모의 상에 대해서 우제(虞祭)를 치르고 졸곡을 하면, 거친 밥을 먹고 물을 마시되 채소와 과일은 먹지 않는다."고 하여, 이곳의 내용과 일치한다. 거친 밥을 먹고 물을 마시지만, 마시는 것에 대해서는 소금이나 낙(酪)을 첨가하지 않는다. 그렇기 때문에 "물과 음료를 마시며, 소금이나 낙(酪)이 없다."라고 말한 것이다. "음식을 제대로 먹지 못하면 소금이나 낙(酪)을 첨가해도 괜찮다."라고 했는데, 『예기』「상대기(喪大記)」편에서는 "미음을 제대로 먹지 못하면, 국에 채소를 첨가해도 괜찮다."41)라고 했다. 무릇 사람에게 어쩔 수 없는 점이 있으면 또한 억지로라도 하지 않으면 안 된다.

참고 『예기』「잡기하(雜記下)」 기록

---

41) 『예기』「상대기(喪大記)」【534b】: <u>不能食粥, 羹之以菜可也</u>. 有疾, 食肉飮酒可也. 五十不成喪, 七十唯衰麻在身.

경문-514d　孔子曰, "身有瘍則浴, 首有創則沐, 病則飲酒食肉. 毀瘠爲病, 君子弗爲也. 毀而死, 君子謂之無子."

번역　공자는 "몸에 종기가 생기면 목욕을 하고, 머리에 부스럼이 생기면 머리를 감으며, 몸이 쇠약해져서 병이 생기면 술도 마시고 고기도 먹는다. 몸이 수척해지고 상해서 병이 생기는 것을 군자는 하지 않는다. 몸이 매우 수척해져서 죽게 되는 것을 군자는 자식을 없게 만드는 자라고 평가한다."라고 말했다.

鄭注　毀而死, 是不重親.

번역　수척해져서 죽게 되는 것은 부모를 중시여기지 않는 것이다.

• 제 5 절 •

상(喪)의 절차와 음식

父母之喪, 旣虞卒哭, 疏食水飲, 不食菜果. 期而小祥, 食菜果. 又期而大祥, 有醯醬. 中月而禫, 禫而飲醴酒. 始飲酒者, 先飲醴酒. 始食肉者, 先食乾肉.

직역 父母의 喪에서, 旣히 虞하고 卒哭하면, 疏食하고 水飲하되, 菜果를 不食한다. 期하여 小祥하면, 菜果를 食한다. 又히 期하여 大祥하면, 醯醬이 有하다. 月을 中하여 禫하고, 禫하고서 醴酒를 飲한다. 始히 酒를 飲하는 者는 先히 醴酒를 飲한다. 始히 肉을 食하는 者는 先히 乾肉을 食한다.

의역 부모의 상을 치를 때 우제(虞祭)와 졸곡(卒哭)을 끝내면 거친 밥을 먹고 물을 마시되 채소와 과일은 먹지 않는다. 1년이 지나서 소상(小祥)을 치르면 채소와 과일을 먹는다. 다시 1년이 지나서 대상(大祥)을 치르면 밥상에 식초와 장을 함께 차린다. 1개월의 간격을 두어 담제(禫祭)를 치르는데, 담제를 치르게 되면 단술을 마신다. 처음 술을 마실 때에는 우선적으로 단술을 마신다. 또 처음 고기를 먹을 때에는 우선적으로 말린 고기를 먹는다.

集說 中月, 間一月也. 前篇中一以上亦訓爲間. 二十五月大祥, 二十七月而禫也.

번역 '중월(中月)'은 1달의 간격을 둔다는 뜻이다. 앞에서는 '1세대를 걸러서 그 이상의 대상'[1]이라고 했을 때에도 '중(中)'자를 간(間)자의 뜻으로

풀이했다. 25개월째에 대상(大祥)²⁾을 치르고, 27개월째에 담제(禫祭)³⁾를
치른다.

集說 疏曰: 孝子不忍發初御醇厚之味, 故飮醴酒, 食乾肉.

번역 공영달의 소에서 말하길, 자식은 처음부터 깊고 진한 맛을 차마
추구할 수 없기 때문에 단술을 마시고 말린 고기를 먹는다.

大全 臨川吳氏曰: 父母之喪, 旣虞卒哭後所食, 與齊衰旣殯後同. 小祥後
所食, 與大功旣殯後同. 大祥後, 亦與小祥後同, 但加以醯醬, 蓋與小功緦麻旣
殯後同也. 禫後飮醴酒, 則漸復常而飮酒食肉也.

번역 임천오씨가 말하길, 부모의 상을 치를 때 우제(虞祭)⁴⁾와 졸곡(卒
哭)⁵⁾을 치른 이후 음식을 먹는 것들은 자최복(齊衰服)의 상에서 빈소를 차
린 이후에 먹는 것과 동일하다. 부모의 상을 치를 때 소상(小祥)⁶⁾을 치른
이후 음식을 먹는 것들은 대공복(大功服)의 상에서 빈소를 차린 이후에 먹
는 것과 동일하다. 부모의 상을 치를 때 대상(大祥)을 치른 이후 음식을
먹는 것들은 소상을 치른 이후와 동일하지만 식초와 장을 곁들이니, 소공
복(小功服)과 시마복(緦麻服)의 상에서 빈소를 차린 이후에 먹는 것과 동

---

1) 『예기』「상복소기(喪服小記)」【416c】: 士大夫不得祔於諸侯, 祔於諸祖父之爲
　士大夫者. 其妻祔於諸祖姑, 妾祔於妾祖姑, 亡則中一以上而祔, 祔必以其昭穆.
2) 대상(大祥)은 부모의 상(喪) 및 삼년상 등을 치를 때 그 대상이 죽은 후 만
　2년 만에 탈상을 하며 지내는 제사이다.
3) 담제(禫祭)는 상복(喪服)을 벗을 때 지내는 제사이다.
4) 우제(虞祭)는 장례(葬禮)를 치르고 난 뒤에 지내는 제사를 뜻한다.
5) 졸곡(卒哭)은 우제(虞祭)를 지낸 뒤에 지내는 제사이다. 이 제사를 지내게 되
　면, 수시로 곡(哭)하던 것을 멈추고, 아침과 저녁때에만 한 번씩 곡을 하게
　된다. 그렇기 때문에 '졸곡'이라고 부르게 된 것이다.
6) 소상(小祥)은 본래 부모 및 군주의 상(喪)에서, 부모가 죽은 지 만 1년 만에
　지내는 제사이다. 이 제사가 끝나면, 자식은 3년상을 지낼 때의 복장과 생활
　방식을 조금씩 덜어내게 된다. 또한 '소상'은 친족 및 타인의 상에서 1년이
　지났을 때를 가리키기도 한다.

일하다. 담제(禫祭)를 치른 이후 단술을 마신다면, 점진적으로 일상으로 복귀해서 술을 마시고 고기를 먹게 된다.

鄭注 先飮醴酒食乾肉者, 不忍發御厚味.

번역 우선적으로 단술을 마시고 말린 고기를 먹는 것은 차마 깊고 진한 맛을 추구할 수 없기 때문이다.

釋文 期音基, 下及注皆同. 中, 如字, 徐丁仲反. 禫, 大感反.

번역 '期'자의 음은 '基(기)'이며, 아래문장 및 정현의 주에 나오는 글자도 모두 그 음이 이와 같다. '中'자는 글자대로 읽으며, 서음(徐音)은 '丁(정)'자와 '仲(중)'자의 반절음이다. '禫'자는 '大(대)'자와 '感(감)'자의 반절음이다.

孔疏 ●"父母之喪, 旣虞·卒哭"者, 此明父母終喪以來所食之節也.

번역 ●經文: "父母之喪, 旣虞·卒哭". ○이 문장은 부모의 상을 끝낼 때까지 음식을 먹는 절차를 나타내고 있다.

孔疏 ●"又期而大祥, 有醯醬"者, 謂至大祥之節, 食醯醬, 則小祥食菜果之時, 但用鹽酪也. 若不能食者, 小祥食菜果之時, 得用醯醬也. 故喪大記云: "小祥食菜果, 以醯醬."

번역 ●經文: "又期而大祥, 有醯醬". ○대상(大祥)의 절차에 이르게 되면 식초와 장을 먹게 된다는 뜻이니, 소상(小祥)을 치르고 채소와 과일을 먹을 때에는 단지 소금이나 낙(酪)[7]만 곁들인다. 만약 음식을 제대로 먹을 수 없는 상태라면, 소상을 치르고 채소와 과일을 먹을 수 있게 되었을 때, 식초와 장을 곁들일 수 있다. 그렇기 때문에『예기』「상대기(喪大記)」편에

---

7) 낙(酪)은 가축의 젖을 가공한 음식으로, 완전히 건조시켜 덩어리로 만들기도 하고 걸쭉하게 만들기도 한다.

서는 "소상을 치르고서 채소와 과일을 먹을 때 식초와 장을 곁들인다."[8]라
고 말한 것이다.

孔疏 ●"中月而禫, 禫而飮醴酒", 又云"食肉者, 先食乾肉", 喪大記云"祥
而食肉"者, 異人之說, 故不同也.

번역 ●經文: "中月而禫, 禫而飮醴酒". ○경문에서는 또한 "고기를 먹을
때에는 우선적으로 말린 고기를 먹는다."라고 했는데, 『예기』 「상대기(喪大
記)」편에서 "대상(大祥)을 치르면 고기를 먹는다."[9]라고 말한 것은 다른
학설을 주장하는 자의 의견이다. 그렇기 때문에 그 내용이 동일하지 않다.

孔疏 ◎注"先飮"至"厚味". ○正義曰: 以醴酒味薄, 乾肉又澀, 所以先食之
者, 以喪服除, 孝子不忍發初御醇厚之味, 故飮醴酒・食乾肉也.

번역 ◎鄭注: "先飮"~"厚味". ○단술은 맛이 얇고 말린 고기는 또한 맛
이 거친데, 이러한 것들을 먼저 먹는 것은 상복을 제거했을 때, 자식은 처음
부터 깊고 진한 맛을 차마 추구할 수 없기 때문에 단술을 마시고 말린 고기
를 먹는다.

集解 此又明父母之喪旣虞卒哭以後, 飮食變除之節也.

번역 이 내용은 또한 부모의 상에서 우제(虞祭)와 졸곡(卒哭)을 치른 이
후 음식을 먹고 상복을 바꾸고 제거하는 절차를 나타내고 있다.

---

8) 『예기』 「상대기(喪大記)」【533d~534a】: 旣葬, 主人疏食水飮, 不食菜果, 婦
   人亦如之, 君・大夫・士一也. 練而食菜果, 祥而食肉. 食粥於盛不盥, 食於篡者
   盥. 食菜以醯醬. 始食肉者, 先食乾肉. 始飮酒者, 先飮醴酒.
9) 『예기』 「상대기(喪大記)」【533d~534a】: 旣葬, 主人疏食水飮, 不食菜果, 婦
   人亦如之, 君・大夫・士一也. 練而食菜果, 祥而食肉. 食粥於盛不盥, 食於篡者
   盥. 食菜以醯醬. 始食肉者, 先食乾肉. 始飮酒者, 先飮醴酒.

참고 『예기』「상대기(喪大記)」 기록

경문-533d~534a 旣葬, 主人疏食水飮, 不食菜果, 婦人亦如之, 君·大夫·士一也. 練而食菜果, 祥而食肉. 食粥於盛不盥, 食於簋者盥. 食菜以醯醬. 始食肉者, 先食乾肉. 始飮酒者, 先飮醴酒.

번역 장례를 끝내면 상주는 거친 밥을 먹고 물을 마시되, 채소와 과일은 먹지 않으며, 부인들 또한 이처럼 하니, 이러한 예법은 군주·대부·사가 동일하게 따른다. 소상(小祥)을 끝내면 채소와 과일을 먹고, 대상(大祥)을 끝내면 고기를 먹는다. 대접에 죽을 담아 먹을 때에는 손을 씻지 않고, 대나무 그릇에 밥을 담아 먹을 때에는 손을 씻는다. 채소를 먹을 때에는 식초나 젓갈을 곁들인다. 처음 고기를 먹을 때에는 먼저 마른 고기를 먹는다. 처음 술을 마실 때에는 먼저 단술을 마신다.

鄭注 果, 瓜桃之屬. 盛, 謂今時杯杅也. 簋, 竹筥也. 歠者不盥, 手飮者盥. 簋或作簨.

번역 '과(果)'는 오이나 복숭아 등을 뜻한다. '성(盛)'은 오늘날의 대접과 같은 것을 뜻한다. '찬(簋)'은 대나무 그릇이다. 입을 대고 마실 때에는 손을 씻지 않고, 손으로 떠서 먹을 때에는 손을 씻는다. '찬(簋)'자를 다른 판본에서는 '순(簨)'자로 기록하기도 한다.

孔疏 ●"主人疏食水飮"者, 熊氏云"旣葬, 哀殺, 可以疏食, 不復用一溢米也".

번역 ●經文: "主人疏食水飮". ○웅안생은 "장례를 끝내면 애통함이 줄어들기 때문에 거친 밥을 먹을 수 있으며, 1일(溢)만큼의 쌀알을 쓰는 규정을 재차 따르지 않는다."라고 했다.

孔疏 ●“食粥於盛, 不盥”者, 以其歠粥不用手, 故不盥.

번역 ●經文: “食粥於盛, 不盥”. ○입을 대고 죽을 마시기 때문에 손을 사용하지 않으므로, 손을 씻지 않는다.

孔疏 ●“食於簒者盥”者, 簒, 謂竹筥, 飯盛於簒, 以手就簒取飯, 故盥也.

번역 ●經文: “食於簒者盥”. ○‘찬(簒)’은 대나무 그릇을 뜻하는데, 밥을 대나무 그릇에 담고, 손으로 대나무 그릇에 담긴 밥을 떠서 먹기 때문에 손을 씻는다.

孔疏 ●“食菜以醯·醬”者, 謂練而食菜果者, 食之時以醯·醬也.

번역 ●經文: “食菜以醯·醬”. ○소상(小祥)을 끝내고 채소와 과일을 먹는데, 그것들을 먹을 때에는 식초나 젓갈을 곁들이게 된다는 뜻이다.

孔疏 ●“始食肉者, 先食乾肉, 始飮酒者, 先飮醴酒”, 文承旣祥之下, 謂祥後也. 然間傳曰“父母之喪”, “大祥有醯醬”, “禫而飮醴酒”, 二文不同. 又庾氏云: “蓋記者所聞之異. 大祥旣鼓琴, 亦可食乾肉矣. 食菜用醯醬, 於情爲安. 且旣祥食果, 則食醯醬無嫌矣.” 熊氏云: “此據病而不能食者, 練而食醯醬, 祥而飮酒也.”

번역 ●經文: “始食肉者, 先食乾肉, 始飮酒者, 先飮醴酒”. ○이 문장은 대상(大祥)을 끝낸 뒤의 기록에 연이어 있으므로, 대상을 치른 이후에 대한 내용이다. 그런데 「간전」편에서는 ‘부모의 상’이라고 했고, “대상을 치르고 식초와 젓갈을 둔다.”라고 했으며, “담제(禫祭)를 치르고 단술을 마신다.”라고 하여, 두 문장이 동일하지 않다. 또 유울지는 “아마도 『예기』를 기록한 자가 달리 들었던 내용을 기록한 것이다. 대상 때에는 이미 북이나 금(琴) 등을 연주하니 또한 마른 고기를 먹을 수 있다. 채소를 먹을 때 식초나 젓갈을 곁들이는 것은 먹기에 편하기 때문이다. 또 이미 대상을 끝낸 상태에서 과일을 먹는다면 식초나 젓갈을 먹는 것에 있어서도 혐의가 생기지 않는다."라고 했고, 웅안생은 "이 내용은 병약해져서 밥을 제대로 먹을 수 없는 경우, 소상을 치르고 식초와 젓갈을 먹고, 대상을 치르고 술을 마시는 경우를 제시한 것이다."라고 했다.

集解 愚謂: 旣葬疏食, 則不止朝一溢米, 莫一溢米, 當以足爲度也. 主人未葬食粥, 兼可解渴, 故不飲水, 旣葬疏食, 然後亦飲水也.

번역 내가 생각하기에 장례를 끝내고서 거친 밥을 먹는다면, 아침에 1일(溢)만큼의 쌀알을 사용하고, 저녁에 1일(溢)만큼의 쌀알을 사용하는 것에 그치지 않으니, 마땅히 충분한 양으로 밥을 짓는다. 상주는 장례를 끝내지 않으면 죽을 먹는데, 죽을 통해서 갈증을 해소할 수 있기 때문에 물은 마시지 않고, 장례를 치른 뒤 거친 밥을 먹게 된 뒤에야 또한 물을 마시게 된다.

集解 愚謂: 食於簋, 此吉凶每日常食之器也, 禮食乃以簋. 先食乾肉, 先飲醴酒者, 皆以其味差薄故也.

번역 내가 생각하기에, 찬(簋)에서 밥을 먹는다고 했는데, 이 그릇은 길한 시기나 흉한 시기에 상관없이 매일 일상적으로 밥을 먹을 때 사용하는 그릇이며, 예사(禮食)[10]를 하게 되면 궤(簋)를 사용한다. 우선적으로 마른 고기를 먹고 또 우선적으로 단술을 마시는 것은 모두 그 맛에 있어서 다른 것보다 연하기 때문이다.

참고 『예기』「상대기(喪大記)」 기록

---

10) 예사(禮食)는 본래 군주가 신하들에게 음식을 베풀며 예(禮)로 대접을 해주는 것으로, 일종의 연회이다. 『의례』「공사대부례(公食大夫禮)」에 기록된 의례 절차들이 '예사'에 해당한다.

경문-534a 期之喪, 三不食, 食疏食水飮, 不食菜果. 三月旣葬, 食肉飮酒. 期, 終喪不食肉, 不飮酒. 父在, 爲母爲妻, 九月之喪, 食飮猶期之喪也. 食肉飮酒, 不與人樂之.

번역 기년상(期年喪)을 치를 때, 방계 친족이 치르는 경우라면 3끼를 먹지 않고, 이후 거친 밥을 먹고 물을 마시되 채소와 과일은 먹지 않는다. 3개월이 지나서 장례를 치른 뒤에는 고기를 먹고 술을 마신다. 본래 기년상에 있어서는 상을 끝낼 때까지 고기를 먹지 않고 술을 마시지 않는다. 부친이 생존해 계실 때 돌아가신 모친이나 죽은 아내를 위해서 상을 치르게 되거나 9개월 동안 치르는 대공복(大功服)의 상에서는 먹고 마시는 것들은 기년상의 경우와 동일하게 따른다. 고기를 먹고 술을 마실 때에는 남과 함께 먹으며 즐거움을 나누지 않는다.

鄭注 食肉飮酒, 亦謂旣葬.

번역 고기를 먹고 술을 마신다는 것 또한 장례를 끝낸 이후를 뜻한다.

孔疏 ●"期之喪, 三不食"者, 謂大夫·士旁期之喪, 三不食者, 謂義服也. 其正服則二日不食也. 故間傳云"齊衰二日不食".

번역 ●經文: "期之喪, 三不食". ○대부와 사에 대해서 방계 친족이 기년상을 치를 때에는 3끼를 먹지 않는다고 했으니, 이것은 의복(義服)에 대한 경우를 뜻한다. 정식 상복을 착용하는 경우라면, 2일째까지 음식을 먹지 않는다. 그렇기 때문에 「간전」편에서는 "자최복(齊衰服)을 착용하고서는 2일째까지 음식을 먹지 않는다."라고 말한 것이다.

孔疏 ●"九月"至"喪也"者, 謂事同期也.

번역 ●經文: "九月"~"喪也". ○그 사안은 기년상(期年喪)과 동일하게 한다는 뜻이다.

集解 愚謂: 下文言"叔母·世母"·"食肉飲酒", 此卽旁期之義服, 則此云"疏食水飲, 不食菜果"者, 非專指義服明矣. 蓋期之正服, 如爲祖父母, 爲世叔父, 爲兄弟, 爲兄弟之子, 其輕重亦自不同. 故此云"三不食", 間傳云"二日不食", 各據其一端言之, 或亦禮俗之有不同也.

번역 내가 생각하기에, 아래문장에서는 "숙모와 세모를 위해서 치른다."라고 했고, "고기를 먹고 술을 마신다."라고 했으니, 이것은 곧 방계 친족이 기년상(期年喪)을 치르는 의복(義服)에 해당하므로, 이곳에서 "거친 밥을 먹고 물을 마시되 채소와 과일을 먹지 않는다."라고 한 말은 전적으로 의복만을 가리키는 것이 아님이 명백하다. 무릇 기년상을 치르는 정식 상복에 있어서, 조부모를 위해서 치르고, 세숙부나 형제 또는 형제의 자식을 위해서 상을 치를 때, 그 수위에는 차등이 있다. 그렇기 때문에 이곳에서 "3끼를 먹지 않는다."라고 말하고, 「간전」편에서 "2일 동안 먹지 않는다."라고 말한 것은 각각 하나의 단서를 제시해서 언급한 것일 뿐이다. 그것이 아니라면 이 문장은 또한 예법에 따른 풍속에 있어서 차이가 있었던 점을 기록한 것이다.

참고 『예기』「상대기(喪大記)」 기록

경문-534b 五月·三月之喪, 壹不食, 再不食, 可也. 比葬, 食肉飲酒, 不與人樂之. 叔母·世母·故主·宗子, 食肉飲酒.

번역 5개월 동안 치르는 소공복(小功服)의 상에서는 2끼를 먹지 않고, 3개월 동안 치르는 시마복(緦麻服)의 상에서는 1끼를 먹지 않더라도 괜찮다. 장례를 치를 때까지 고기를 먹고 술을 마시지만, 남과 함께 먹으며 즐거움을 나누지 않는다. 숙모와 세모, 옛 주군과 종자를 위해서 상을 치를 때에는 고기를 먹고 술을 마신다.

鄭注 義服恩輕也. 故主, 謂舊君也. 言故主者, 關大夫及君也.

번역 의복(義服)은 그 은정이 낮은 경우이다. '고주(故主)'는 옛 주군을 뜻하니, '고주(故主)'라고 말한 것은 대부 및 군주에 대한 경우가 모두 관련된다.

孔疏 ●"壹不"至"可也"者, 壹不食, 謂緦麻. 再不食, 謂小功. 幷言之也, 容殤降之, 緦麻再不食, 義服小功壹不食, 故總以"壹不食, 再不食"結之. 故間傳去"小功緦麻, 再不食", 殤降者也.

번역 ●經文: "壹不"至"可也". ○1끼를 먹지 않는다는 말은 시마복(緦麻服)을 착용한 경우이다. 2끼를 먹지 않는다는 말은 소공복(小功服)을 착용한 경우이다. 두 경우를 함께 언급했으니, 요절을 하여 강복(降服)을 하게 되면, 시마복을 착용하고도 2끼를 먹지 않게 되고, 의복으로 소공복을 착용한 경우에는 1끼를 먹지 않는데, 이러한 경우까지도 포함하고자 했기 때문에 총괄적으로 "1끼를 먹지 않고, 2끼를 먹지 않는다."라는 말로 결론을 맺었다. 그러므로 「간전」편에서 "소공복과 시마복을 착용했을 때에는 2끼를 먹지 않는다."라고 한 말은 요절을 하여 강복을 한 경우이다.

孔疏 ◎注"故主"至"君也". ○正義曰: 若是諸侯, 當云舊君. 主者, 大夫之稱, 經云"故主", 關大夫·君也.

번역 ◎鄭注: "故主"~"君也". ○상대가 제후라면 마땅히 '구군(舊君)'이라고 불러야 한다. '주(主)'는 대부에 대한 칭호이고, 경문에서 '고주(故主)'이라고 했으니, 이것은 대부와 군주에 대한 경우가 관련된다.

集解 愚謂: 比葬, 食肉飮酒, 謂自成服以至於葬, 得食肉飮酒也. 叔母·世母·故主·宗子, 食肉飮酒, 亦謂成服後, 葬前也.

번역 내가 생각하기에, 장례를 치를 때까지 고기를 먹고 술을 마신다고 했는데, 이것은 성복(成服)을 한 이후로부터 장례를 치를 때까지 고기를 먹고 술을 마실 수 있다는 뜻이다. 숙모・세모・고주・종자를 위해서는 고기를 먹고 술을 마신다고 했는데, 이 또한 성복을 한 이후로부터 장례를 치르기 전까지를 뜻한다.

集解 葉味道問, “喪大記有'叔母・世母・故主・宗子, 食肉飲酒'之文, 註云, '義服恩輕.' 不知自死至未葬之前, 可以通行何如? 但一人向隅, 滿堂不樂. 服旣不輕, 而飲酒居處獨不爲之節制, 可乎?” 朱子曰, “禮經無文, 不可强說. 竊意在喪次則當如本服之制, 歸私家則自如, 其或可也.”

번역 섭미도는 “『예기』「상대기」편에는 '숙모・세모・고주・종자를 위해서 상을 치를 때에는 고기를 먹고 술을 마신다.'라는 기록이 있고, 정현의 주에서는 '의복(義服)을 착용하면 은정이 낮다.'라고 했는데, 이러한 규정을 죽은 이후로부터 장례를 치르기 이전까지 통용해서 행할 수 있는지 알 수 없는데 어떻습니까? 여러 사람이 모인 자리에서 한 사람이라도 어울리지 않으면 모든 사람이 즐겁지 않습니다. 그런데 상복을 착용했다는 것은 이미 가벼운 일이 아닌데, 술을 마시며 거처하는 것에 있어서 유독 그것에 대해 절제하지 않는 것이 괜찮습니까?”라고 물었다. 그러자 주자는 “『예경』에는 관련된 기록이 없어서 억지로 설명할 수는 없다. 그러나 내가 생각하기로 상중에 머무는 임시숙소에 있다면, 마땅히 본래의 상복 규정에 따라야 하는데, 자신의 집으로 되돌아갔다면 이처럼 하는 것도 아마 가능할 것이다.”라고 대답했다.

참고 『예기』「상대기(喪大記)」 기록

경문-534b 不能食粥, 羹之以菜可也. 有疾, 食肉飲酒可也. 五十不成喪, 七十唯衰麻在身.

번역 죽을 먹을 수 없는 경우라면 채소로 만든 국을 먹어도 괜찮다. 상중에 병약해지면 고기를 먹고 술을 마셔도 괜찮다. 50세가 된 자는 상례의 절차를 모두 치르지 않고, 70세가 된 자는 오직 상복만 입을 따름이다.

鄭注 謂性不能者, 可食飯菜羹. 爲其氣微. 成, 猶備也, 所不能備, 謂不致毀不散送之屬也. 言其餘居處飲食與吉時同也.

번역 몸의 상태에 따라 죽을 먹을 수 없는 자는 거친 밥에 채소국을 먹어도 괜찮다. 병약해진 자가 술과 고기를 먹는 것은 기운이 미약해졌기 때문이다. '성(成)'자는 "갖춘다[備]."는 뜻이니, 제대로 갖출 수 없는 것은 몸을 지나치게 수척하게 만들지 않고,[11] 요질(要絰)의 마(麻)를 늘어트리고 상여를 전송하지 않는[12] 부류를 뜻한다. 70세가 된 자는 상복 이외에 거처하는 장소와 먹고 마시는 일 등에 대해서 길한 시기와 동일하게 따른다는 뜻이다.

孔疏 ◎注"謂不致毀不散送之屬也". ○正義曰: 致毀, 謂致極哀毀. 散送, 謂絰帶垂散麻以送葬. 故雜記云"五十不致毀", 玉藻云: "五十不散送." 注云: "送喪不散麻."

번역 ◎鄭注: "謂不致毀不散送之屬也". ○'치훼(致毀)'는 애통함이 극심하여 몸을 지나치게 수척하게 만든다는 뜻이며, '산송(散送)'은 질(絰)과 대(帶)에 있어서 마(麻)를 늘어트리고 장례 행렬을 전송한다는 뜻이다. 그렇기 때문에 『예기』「잡기(雜記)」편에서는 "50세인 자는 몸을 지나치게 수척하게 만들지 않는다."라고 한 것이고, 『예기』「옥조(玉藻)」편에서는 "50세가 된 자는 마(麻)를 늘어트리고 장례를 전송하지 않는다."라고 한 것이며,

---

11) 『예기』「곡례상(曲禮上)」【36a】: 五十不致毀, 六十不毀. 七十唯衰麻在身, 飲酒食肉, 處於內. / 『예기』「잡기하(雜記下)」【514c】: 喪食雖惡必充飢. 飢而廢事, 非禮也. 飽而忘哀, 亦非禮也. 視不明, 聽不聰, 行不正, 不知哀, 君子病之. 故有疾, 飲酒食肉, 五十不致毀, 六十不毀, 七十飲酒食肉, 皆爲疑死.

12) 『예기』「옥조(玉藻)」【379d】: 五十不散送, 親沒不髦.

정현의 주에서는 "장례를 전송하며 마(麻)를 늘어트리지 않는다."라고 한 것이다.

集解 愚謂: 不能食粥, 則當疏食, 而云"羹之以菜", 凡疏食者必有菜羹也. 不能食粥, 羹之以菜, 謂未葬之前; 有疾, 飮酒食肉, 謂旣葬之後也.

번역 내가 생각하기에, 죽을 먹을 수 없다면 마땅히 거친 밥을 먹어야 하는데, "채소로 국을 끓인다."라고 한 것은 무릇 거친 밥을 먹을 때에는 반드시 채소를 넣어서 끓인 국이 포함되기 때문이다. 죽을 먹을 수 없을 때 채소국에 거친 밥을 먹는다는 것은 아직 장례를 치르기 이전을 뜻하며, 병약해져서 술을 마시고 고기를 먹는다는 것은 장례를 치른 이후를 뜻한다.

참고 『예기』「상대기(喪大記)」 기록

경문-534c 旣葬, 若君食之, 則食之. 大夫·父之友食之, 則食之矣. 不辟粱肉, 若有酒醴則辭.

번역 이미 장례를 치른 이후인데, 만약 군주가 음식을 보내와서 먹도록 한다면 그 음식을 먹는다. 대부나 부친의 벗이 음식을 보내와서 먹도록 한다면 그 음식을 먹는다. 이러한 경우에는 좋은 곡식으로 지은 밥이나 맛있는 고기 요리라도 사양을 하지 않지만, 진한 술의 경우라면 안색으로 나타나니 사양을 해야만 한다.

鄭注 尊者之前可以食美也, 變於顏色亦不可.

번역 존귀한 자 앞에서는 맛있는 음식을 먹을 수 있지만, 안색을 변하게 만드는 것은 또한 불가하다.

孔疏 ●“君食之”, 謂君食臣也, “大夫”, 謂大夫食士也, 父友, 謂父同志者也. 其人並尊, 若命食孝子, 則可從之食也.

번역 ●經文: “君食之”. ○군주가 신하에게 음식을 하사한 경우이며, ‘대부(大夫)’는 대부가 사에게 음식을 하사한 경우이고, 부친의 벗은 부친과 뜻을 함께 했던 자를 뜻한다. 그 사람들은 모두 존귀한 자에 해당하니, 만약 자식에게 명령하여 음식을 먹게끔 한다면, 그들의 명령에 따라서 음식을 먹을 수 있다.

孔疏 ●“不辟粱肉”者, 粱, 粱米也. 雖以粱米之飯及肉命食, 孝子食之.

번역 ●經文: “不辟粱肉”. ○‘양(粱)’은 좋은 곡식을 뜻한다. 비록 좋은 곡식으로 지은 밥이나 고기라 하더라도 먹도록 명령을 한다면, 자식은 그것을 먹게 된다.

孔疏 ●“若有酒醴則辭”者, 若酒醴飲之, 則變見顏色, 故辭而不飲也.

번역 ●經文: “若有酒醴則辭”. ○만약 진한 술을 마시게 된다면 안색이 변하게 된다. 그렇기 때문에 사양을 하고 마시지 않는다.

訓纂 彬案: 荀子大略篇, “君若父之友食之, 則食矣, 不辟粱肉.” 記稱大夫・父之友食之.

번역 내가 살펴보니, 『순자』「대략(大略)」편에서는 “군주와 부친의 벗이 음식을 보내서 먹게 한다면 먹고, 좋은 곡식으로 지은 밥이나 고기라 하더라도 피하지 않는다.”[13]라고 했는데, 『예기』에서는 대부(大夫)와 부친의 벗이 음식을 보내와서 먹게끔 한다고 했다.

---

13) 『순자(荀子)』「대략(大略)」 : 旣葬, <u>君若父之友食之則食矣, 不辟粱肉</u>, 有醴酒則辭.

集解 愚謂: 雜記曰"大功以下, 旣葬, 適人, 人食之, 其黨也食之, 非其黨不食也", 則三年之喪不食於人矣. 惟尊者之命, 則不敢辭. 不辟粱肉, 亦爲重違尊者之命也. 有酒醴, 則辭者, 酒醴能動人之志氣, 爲其散哀心也.

번역 내가 생각하기에, 『예기』「잡기(雜記)」편에서는 "만약 대공복(大功服)으로부터 그 이하의 상복을 착용하고 있고, 이미 장례를 치른 상태라면 상대의 초대에 응하여 찾아가는데, 남이 식사를 대접할 때, 그가 자신의 친족이라면 그 음식을 먹지만, 자신의 친족이 아니라면 음식을 먹지 않는다."[14]라고 했으니, 삼년상을 치를 때에는 남에게 식사를 대접받지 못한다. 오직 존귀한 자의 명령에 따른 경우에만 감히 사양하지 않는다. 좋은 곡식으로 지은 밥과 고기에 대해서 사양하지 않는 것 또한 존귀한 자의 명령을 위배하게 된다는 사실을 중시여기기 때문이다. 진한 술이 있다면 사양을 한다고 했으니, 진한 술은 사람의 뜻과 기운을 움직이게 하여 애통한 마음을 흩트릴 수 있기 때문이다.

---

14) 『예기』「잡기하(雜記下)」【514c】: 有服, 人召之食不往. 大功以下旣葬適人, 人食之, 其黨也食之, 非其黨弗食也.

그림 5-1 　■ 궤(簋)

※ 출처: 상좌-『삼례도집주(三禮圖集注)』13권 ; 상우-『삼례도(三禮圖)』4권
　　　　하좌-『육경도(六經圖)』6권 ; 하우-『삼재도회(三才圖會)』「기용(器用)」
　　　　1권

• 제 6절 •

상(喪)과 숙소

【666b~c】

父母之喪, 居倚廬, 寢苫枕塊, 不稅絰帶. 齊衰之喪, 居堊室,
苄翦不納. 大功之喪, 寢有席. 小功緦麻, 牀可也. 此哀之發於
居處者也.

직역 父母의 喪에서는 倚廬에 居하고, 苫을 寢하고 塊를 枕하며, 絰帶를 不稅한다. 齊衰의 喪에서는 堊室에 居하고, 苄를 翦하되 不納한다. 大功의 喪에서는 寢에 席이 有하다. 小功과 緦麻에서는 牀이라도 可하다. 此는 哀가 居處에 發한 者이다.

의역 부모의 상을 치를 때에는 의려(倚廬)에 거처하고, 거적을 깔고 자며 흙덩이를 베개로 삼으며, 질(絰)과 대(帶)를 풀지 않는다. 자최복(齊衰服)의 상을 치를 때에는 악실(堊室)에 거처하고, 하(苄)로 짠 자리를 깔고 자는데 그 끝을 잘라서 가지런하게만 하고 안으로 집어넣지 않는다. 대공복(大功服)의 상을 치를 때에는 침소에 자리를 깐다. 소공복(小功服)과 시마복(緦麻服)의 상을 치를 때에는 침상에서 자더라도 괜찮다. 이것은 애통함이 거처를 통해 드러나는 것이다.

集說 倚廬堊室, 見喪大記. 苄, 蒲之可爲席者, 但翦之使齊, 不編納其頭而藏於內也.

번역 의려(倚廬)[1]와 악실(堊室)[2]에 대한 설명은 『예기』「상대기(喪大

---

1) 『예기』「상대기(喪大記)」 【538c】에는 "父母之喪, 居倚廬, 不塗, 寢苫枕凷, 非

記)」편에 나온다. '하(芐)'자는 부들 중에서 자리로 짤 수 있는 것을 뜻하는데, 단지 끝부분을 잘라서 가지런하게만 하며, 끝을 엮어서 안으로 집어넣지 않는다.

大全 臨川吳氏曰: 士斬衰不居倚廬, 乃臣爲君服. 父爲衆子, 齊衰不居堊室者, 乃尊者爲卑者服也.

번역 임천오씨가 말하길, 사가 참최복(斬衰服)을 착용하지만 의려(倚廬)에 머물지 않는 것은 신하가 군주를 위해서 상복을 착용하는 경우이기 때문이다. 부친이 적장자를 제외한 나머지 자식들을 위해 상을 치를 때 자최복(齊衰服)을 착용하지만 악실(堊室)에 머물지 않는 것은 존귀한 자가 미천한 자를 위해 상복을 착용하는 경우이기 때문이다.

鄭注 芐, 今之蒲萍也.

번역 '하(芐)'는 오늘날의 포평(蒲萍)이라는 풀이다.

釋文 倚, 於綺反. 寑, 本亦作"寢", 七審反. 苫, 始占反. 枕, 之鴆反. 塊, 苦對反, 又苦怪反. 說, 吐活反. 芐, 戶嫁反. 翦, 子賤反. 牀, 徐仕良反.

번역 '倚'자는 '於(어)'자와 '綺(기)'자의 반절음이다. '寑'자는 판본에 따라서 또한 '寢'자로도 기록하며, '七(칠)'자와 '審(심)'자의 반절음이다. '苫'자는

喪事不言. 君爲廬, 宮之. 大夫・士, 襢之."라는 기록이 나오고, 이에 대한 진호(陳澔)의 『집설(集說)』에서는 "倚廬者, 於中門外東牆下倚木爲廬也."라고 풀이했다. 즉 "'의려(倚廬)'는 중문(中門) 밖 동쪽 담장 아래에 나무를 기대어 만든 임시숙소이다."라는 뜻이다.

2) 『예기』「상대기(喪大記)」【539a】에는 "旣練, 居堊室, 不與人居. 君謀國政, 大夫・士謀家事. 旣祥, 黝堊. 祥而外無哭者, 禫而內無哭者, 樂作矣故也."라는 기록이 나오고, 이에 대한 진호(陳澔)의 『집설(集說)』에서는 "堊室在中門外, …… 堊, 塗堊室之壁令白. 皆稍致其飾也."라고 풀이했다. 즉 "악실(堊室)은 중문(中門) 밖에 있는데, …… '악(堊)'은 악실의 벽을 하얗게 칠한다는 뜻이다. 이 모두는 보다 장식을 꾸민 것이다."라는 뜻이다.

'始(시)'자와 '占(점)'자의 반절음이다. '枕'자는 '之(지)'자와 '鴆(짐)'자의 반절음이다. '塊'자는 '苦(고)'자와 '對(대)'자의 반절음이며, 또한 '苦(고)'자와 '怪(괴)'자의 반절음도 된다. '說'자는 '吐(토)'자와 '活(활)'자의 반절음이다. '苄'자는 '戶(호)'자와 '嫁(가)'자의 반절음이다. '翦'자는 '子(자)'자와 '賤(천)'자의 반절음이다. '牀'자의 서음(徐音)은 '仕(사)'자와 '良(량)'자의 반절음이다.

孔疏 ●"父母之喪, 居倚廬"者, 此明初遭五服之喪, 居處之異也.

번역 ●經文: "父母之喪, 居倚廬". ○이 문장은 오복(五服)의 상을 처음 접했을 때 거처의 차이를 나타내고 있다.

孔疏 ●"苄翦不納"者, 苄爲蒲苹爲席, 翦頭爲之, 不編納其頭而藏於內也.

번역 ●經文: "苄翦不納". ○'하(苄)'는 포평(蒲苹)으로 짠 자리이니, 끝을 잘라서 만들지만 그 끝을 엮어서 안으로 집어넣지 않는다.

訓纂 春秋襄十七年左傳: 齊晏桓子卒, 晏嬰麤衰斬, 苴絰帶杖菅屨, 食鬻, 居倚廬, 寢苫枕草.

번역 『춘추』 양공(襄公) 17년에 대해 『좌전』에서 말하길, 제(齊)나라 안환자가 죽자 안영은 거친 포로 만든 참최복(斬衰服)을 착용하고 저질(苴絰)과 대(帶)를 차며 지팡이를 잡고 관구(菅屨)를 신었으며, 죽을 먹고, 의려(倚廬)에 거처했으며, 거적을 깔고 짚을 베개로 삼았다.[3]

訓纂 白虎通曰: 所以必居倚廬何? 孝子哀, 不欲聞人之聲, 又不欲居故處, 居中門之外, 倚木爲廬, 質反古也. 不在門外何? 戒不虞也. 練而居堊室, 無飾之室.

---

3) 『춘추좌씨전』「양공(襄公) 17년」: 齊晏桓子卒, 晏嬰麤縗斬, 苴絰·帶·杖, 菅屨, 食鬻, 居倚廬, 寢苫·枕草. 其老曰, "非大夫之禮也." 曰, "唯卿爲大夫."

번역 『백호통』에서 말하길, 반드시 의려(倚廬)에 거처하는 이유는 무엇인가? 효자는 슬픔에 잠겨 남의 목소리를 듣고자 하지 않고 또 이전 처소에 머물고자 하지 않아서 중문(中門) 밖에 머물며 나무를 기대어 임시숙소를 만드는데, 질박하여 고대의 예법을 반추하는 것이다. 대문 밖에 두지 않는 것은 어째서인가? 근심하지 않을 것을 경계하기 위해서이다. 연제(練祭)를 치르고서 악실(堊室)에 머물게 되는데, 장식이 없는 임시숙소를 뜻한다.

集解 敖氏繼公曰: 喪莫重於絰帶, 非變除之時及有故, 雖寢猶不敢說, 明其頃刻不忘哀也.

번역 오계공이 말하길, 상복에 있어서 질(絰)이나 대(帶)보다 중대한 것이 없으니, 상복을 바꾸거나 제거하는 때 및 특별한 사정이 있는 경우가 아니라면 비록 잠을 잘 때라도 여전히 감히 벗어두지 않으니, 잠시라도 슬픔을 잊지 않음을 나타낸다.

참고 『예기』「상대기(喪大記)」기록

경문-538c 父母之喪, 居倚廬, 不塗, 寢苫枕凷, 非喪事不言. 君爲廬, 宮之. 大夫·士, 襢之.

번역 부모의 상을 치를 때에는 임시숙소인 의려(倚廬)에 머물게 되는데, 의려의 벽에는 진흙을 바르지 않고, 거적을 깔고 자며 흙덩이를 베개로 삼고, 상사와 관련되지 않은 말은 하지 않는다. 군주의 경우 의려를 만들 때에는 의려 밖에 담장처럼 휘장을 둘러서 가린다. 대부와 사는 휘장을 치지 않고 의려를 노출시킨다.

鄭注 宮, 謂圍障之也. 襢, 袒也, 謂不障.

[번역] '궁(宮)'자는 에워싸서 가린다는 뜻이다. '단(襢)'자는 "드러내다[袒]."는 뜻이니, 휘장으로 가리지 않는다는 의미이다.

[孔疏] ●"居倚廬"者, 謂於中門之外, 東牆下倚木爲廬, 故云"居倚廬".

[번역] ●經文: "居倚廬". ○중문(中門) 밖 동쪽 담장 아래에 나무를 기대어 임시숙소를 만든다는 뜻이다. 그렇기 때문에 "의려(倚廬)에 머문다."라고 했다.

[孔疏] ●"不塗"者, 但以草夾障, 不以泥塗之也.

[번역] ●經文: "不塗". ○단지 풀을 엮어서 가리기만 하고 진흙을 발라 틈을 메우지 않는다.

[孔疏] ●"寢苫枕凷"者, 謂孝子居於廬中, 寢臥於苫, 頭枕於凷.

[번역] ●經文: "寢苫枕凷". ○자식이 의려(倚廬)에 머물러 있을 때에는 거적 위에서 자고 흙덩이를 베개로 삼는다는 뜻이다.

[孔疏] ●"非喪事不言"者, 志在悲哀, 若非喪事, 口不言說.

[번역] ●經文: "非喪事不言". ○뜻이 비통함에 젖어 있으니, 만약 상사가 아닌 일들이라면 입에 담지 않는다.

[孔疏] ●"君爲廬, 宮之"者, 謂廬次以帷障之, 如宮牆.

[번역] ●經文: "君爲廬, 宮之". ○의려(倚廬) 밖을 휘장으로 가려서, 건물의 담장처럼 만든다는 뜻이다.

[孔疏] ●"大夫·士襢之"者, 襢, 袒也. 其廬袒露, 不帷障也. 按旣夕禮注云:

"倚木爲廬, 在中門外東方, 北戶." 定本無"枕凷"字, 唯有"寢苫"二字.

번역 ●經文: "大夫·士襢之". ○'단(襢)'자는 "드러내다[袒]."는 뜻이다. 의려(倚廬)를 노출시키고 휘장으로 가리지 않는 것이다. 『의례』「기석례(旣夕禮)」편에 대한 정현의 주를 살펴보면, "나무를 기대어 임시숙소를 만드는데, 중문(中門) 밖에서도 동쪽에 있으며 의려의 문은 북쪽으로 둔다."[4]라고 했다. 『정본』에는 '침괴(枕凷)'라는 글자가 없고, 오직 '침점(寢苫)'이라는 두 글자만 있다.

集解 愚謂: 倚廬, 於殯宮門外, 就東牆爲之, 以木抵於地, 而斜倚於牆, 用草蓋之, 其南北亦以草爲屛蔽, 而於其北開戶以出入也. 於殯宮則褻, 於異室則遠, 故爲廬於殯宮門外者, 欲其近殯宮而無至於褻也.

번역 내가 생각하기에, '의려(倚廬)'는 빈소의 문밖에서도 동쪽 담장에 만들게 되며, 나무를 땅에 박고 담장 쪽으로 비스듬하게 기대며, 풀을 엮어서 그 위를 덮는데, 남북 방향에 대해서는 또한 풀을 엮어서 가림막을 치지만, 북쪽 방향에 대해서는 문에 해당하는 곳을 터서 출입하도록 만든다. 상중에 빈소에 머물게 되면 죽을 자에게 너무 무람되고, 다른 방에 머물게 되면 죽은 자를 너무 멀리 대하는 것이다. 그렇기 때문에 빈소의 문밖에 임시숙소를 만드는 것이니, 빈소와 가깝게 있으면서도 무람된 지경에 이르지 않도록 하고자 해서이다.

참고 『예기』「상대기(喪大記)」 기록

경문-538d 凡非適子者, 自未葬, 以於隱者爲廬.

---

4) 이 문장은 『의례』「기석례(旣夕禮)」편의 "居倚廬."라는 기록에 대한 정현의 주이다.

번역 무릇 적장자가 아닌 자들은 장례를 치르기 이전부터 동남쪽 모서리의 어두운 장소에 의려(倚廬)를 만들어 기거한다.

鄭注 不欲人屬目, 故廬於東南角, 旣葬猶然.

번역 사람들이 살펴보지 않게끔 하기 위해서이다. 그렇기 때문에 동남쪽 모서리에 의려(倚廬)를 만들고, 장례를 끝낸 뒤에도 여전히 이곳에서 기거한다.

孔疏 ●"自未葬, 以於隱者爲廬"者, 旣非喪主, 不欲人所屬目, 故於東南角隱映處爲廬. 經雖云未葬, 其實葬竟亦然也.

번역 ●經文: "自未葬, 以於隱者爲廬". ○그들은 이미 상주가 아니고, 남의 눈에 띄지 않고자 하기 때문에, 동남쪽 모서리의 어두운 장소에 의려(倚廬)를 만든다. 경문에서는 비록 "아직 장례를 치르지 않았다."라고 했지만, 실제로는 장례를 끝냈을 때에도 이처럼 한다.

集解 愚謂: 言"自未葬"者, 嫌至葬後乃改廬於此, 故言自未葬以至於葬後其禮皆然也.

번역 내가 생각하기에, '아직 장례를 치르기 이전부터'라고 말한 이유는 장례를 치른 이후에는 이곳에 의려(倚廬)를 고쳐서 짓는다고 오해할 것을 염려했기 때문이다. 그래서 장례를 치르기 이전으로부터 장례를 치른 이후까지 그 예법이 모두 이와 같음을 말한 것이다.

참고 『춘추좌씨전』「양공(襄公) 17년」 기록

전문 齊晏桓子卒,

번역 제나라 안환자가 죽자,

杜注 晏嬰父也.

번역 안영의 부친이다.

전문 晏嬰麤縗斬,

번역 안영은 거친 참최복을 착용하고,

杜注 斬, 不緝之也. 縗在胸前. 麤, 三升布.

번역 '참(斬)'자는 아랫단을 꿰매지 않았다는 뜻이다. '최(縗)'는 가슴 앞에 대는 천이다. '추(麤)'자는 3승(升)의 포를 뜻한다.

孔疏 ◎注"斬不"至"升布". ○正義曰: 喪服: "斬衰裳." 傳曰: "斬者何? 不緝也." 馬融云: "不緝, 不緶也. 謂斬布用之, 不緶其端也." 衰用布爲之, 廣四寸, 長六寸, 當心, 故云"在胸前"也. 喪服傳曰: "衰三升." 鄭玄云: "布八十縷爲升." 然則傳以三升之布, 布之最麤, 故謂之麤也. 以麤布爲衰而斬之, 故以 "麤縗斬"爲文之次.

번역 ◎杜注: "斬不"~"升布". ○『의례』「상복(喪服)」편의 전문에서는 '참최상(斬衰裳)'이라고 했는데, 전문에서는 "참(斬)'자란 무슨 뜻인가? 꿰매지 않았다는 뜻이다."라고 했다. 마융5)은 "불즙(不緝)은 꿰매지 않았다는 뜻이다. 즉 포를 잘라서만 사용하고 그 끝단을 꿰매지 않았다는 의미이

---

5) 마융(馬融, A.D.79~A.D.166) : =마계장(馬季長). 후한대(後漢代)의 경학자(經學者)이다. 자(字)는 계장(季長)이며, 마속(馬續)의 동생이다. 고문경학(古文經學)을 연구하였으며, 『주역(周易)』, 『상서(尙書)』, 『모시(毛詩)』, 『논어(論語)』, 『효경(孝經)』 등을 두루 주석하고, 『노자(老子)』, 『회남자(淮南子)』 등도 주석하였지만 현재 전해지지 않는다.

다."라고 했다. 최(衰)는 포를 이용해서 만드는데, 너비는 4촌이고 길이는 6촌이며, 가슴 부분에 해당한다. 그렇기 때문에 "가슴 앞에 댄다."라고 했다. 「상복」편의 전문에서는 "최는 3승이다."라고 했고, 정현은 "포 80가닥이 1승이 된다."라고 했다. 그렇다면 전문에서는 3승의 포를 사용한다고 했는데, 이것은 포 중에서도 가장 거친 것이다. 그렇기 때문에 '추(麤)'라고 부르는 것이다. 매우 거친 포로 최를 만들어 자르기 때문에 '추최참(麤縗斬)'이라고 순차적으로 글자를 기록한 것이다.

전문 苴絰・帶・杖, 菅屨,

번역 저(苴)로 만든 질(絰)을 차고 교대(絞帶)를 두르고 저장(苴杖)을 짚었으며, 관구(菅屨)를 신었고,

杜注 苴, 麻之有子者, 取其麤也. 杖, 竹杖. 菅屨, 草屨.

번역 '저(苴)'는 마 중에서도 씨가 있는 것이니, 마 중에서도 거친 것을 사용하는 것이다. '장(杖)'은 대나무로 만든 지팡이이다. '관구(菅屨)'는 풀을 엮어서 만든 신발이다.

孔疏 ●"苴絰帶杖菅屨". ○正義曰: 喪服云: "苴絰杖絞帶." 此傳帶不言絞, 亦當爲絞帶也. 若要帶, 則謂之絰. 故喪服注云: "麻在首在要皆曰絰." 喪服傳曰: "苴絰者, 麻之有蕡者也. 苴杖, 杖也. 絞帶者, 繩帶也." 馬融云: "蕡者枲實. 枲麻之有子者, 其色麤惡, 故用之. 苴者, 麻之色." 鄭玄士喪禮注云: "苴麻者, 其貌苴. 服重者, 尙麤惡." 喪服及此傳絰・帶・杖三者, 皆在苴下, 言其色皆苴也. 絰帶用麻, 杖用竹. 麻竹雖異, 而其苴則同, 故三者共蒙苴也. 鄭玄云: "麻在首在要皆曰絰." 此言絰者, 謂首絰也. 凡喪服冠纓帶屨, 皆象吉時常服, 但變之使麤惡耳. 其衰與絰, 是新造以明義, 故特爲立其名. 衰之言摧也, 絰之言實也. 明孝子之心實摧痛, 故制此服・立此名也. 衰當心, 絰在首, 獨立名於心首者, 心是發哀之主, 首是四體所先, 故制服以表之. 要絰之下, 又有絞

帶. 経殺首経五分之一, 絞帶殺要経亦然. 雖大小有三等, 而同用苴麻. 喪服,
杖在帶上. 此傳杖在帶下者, 喪服具明其服, 故杖在上. 然後言絞帶・冠繩纓.
此傳略言其禮, 欲明帶與経俱用麻, 故杖在帶下. 喪服傳云: "菅屨者, 菅菲也."
菲者, 屨之別名, 故杜注云"草屨也".

번역 ●傳文: "苴経帶杖菅屨". ○『의례』「상복(喪服)」편에서는 "저질(苴
経)을 차고 지팡이를 짚으며 교대(絞帶)를 두른다."라고 했는데, 이곳 전문
에서는 대(帶)자에 대해서 교(絞)자를 덧붙이지 않았지만, 이 또한 마땅히
교대로 보아야 한다. 요대(要帶)의 경우라면 수질(首経)과 함께 동일하게
질(経)이라고 부른다. 그렇기 때문에 「상복」편에 대한 정현의 주에서는 "마
로 만든 것 중 머리에 쓰고 허리에 두르는 것을 모두 '질(経)'이라고 부른
다."라고 말한 것이다. 「상복」편의 전문에서는 "저질(苴経)이라는 것은 마
중에서도 씨가 있는 것이다. 저장(苴杖)은 지팡이이다. 교대(絞帶)는 새끼
줄로 꼬아 만든 허리띠이다."라고 했다. 마융은 "분(蕡)이라는 것은 삼의
씨이다. 삼 중에서 씨가 있는 것은 그 색깔이 거칠고 추하기 때문에 이것을
사용한다. '저(苴)'자는 마의 색깔을 뜻하는 글자이다."라고 했다. 『의례』「
사상례(士喪禮)」편에 대한 정현의 주에서는 "저마(苴麻)의 모습은 추하다.
상복의 수위가 높은 경우에는 거칠고 추한 것을 숭상한다."라고 했다. 「상
복」편과 이곳 전문에서는 질(経)・대(帶)・장(杖)이라는 세 글자를 모두
저(苴)자 뒤에 붙여서 기록했으니, 이것은 세 가지 기물의 색깔들이 모두
저(苴)에 해당함을 뜻한다. 수질과 요대의 경우 마를 이용해서 만들고, 지
팡이는 대나무를 이용해서 만드는데, 마와 대나무가 비록 다른 사물이지만,
저(苴)의 색깔을 띤다는 측면에서는 동일하다. 그렇기 때문에 세 글자를
모두 저(苴)자와 관련시켜 기록한 것이다. 정현은 "마로 만든 것 중 머리에
쓰고 허리에 두르는 것을 모두 '질(経)'이라고 부른다."라고 했는데, 여기에
서 질(経)이라고 한 말은 수질(首経)을 뜻한다. 상복에 있어서 관의 갓끈,
허리띠와 신발은 모두 길한 시기에 착용하는 일상복을 상징하게 되지만,
그것들을 변화시켜 거칠고 추하게 만들 따름이다. 상복과 질(経)에 있어서
는 새롭게 만들어서 그 의미를 드러내게 된다. 그렇기 때문에 특별히 이러

한 명칭을 만든 것이다. '최(衰)'자는 "근심하다[摧]."는 뜻이며, '질(絰)'자는 "충실하다[實]."는 뜻이다. 즉 효자의 마음은 부모에 대해 충실하고 애통하기 때문에 이러한 복장과 이러한 명칭을 만든 것이다. 최는 가슴 부근에 닿고 질은 머리에 쓰게 되는데, 유독 가슴과 머리에 착용하는 복식에 이러한 명칭을 정한 것은 가슴이란 애통함을 발산하는 주체가 되고, 머리는 사지를 움직이는 것이다. 그렇기 때문에 이러한 복식을 만들어서 그 뜻을 드러낸 것이다. 요질 이후로는 또한 교대라는 것이 있다. 요질의 경우 수질의 크기에서 5분의 1만큼을 줄여서 만들고, 교대도 요질의 크기에서 5분의 1만큼을 줄여서 만든다. 비록 크기에 있어서는 이처럼 세 등급이 존재하지만 셋 모두 동일하게 저마를 사용해서 만든다. 「상복」편에서 지팡이에 대한 기록은 허리띠에 대한 기록보다 앞에 나온다. 이곳 전문에서는 지팡이에 대한 기록을 허리띠에 대한 기록보다 뒤에 수록하였는데, 「상복」편에서는 관련 복식을 모두 나타냈기 때문에, 지팡이에 대한 기록을 앞에 한 것이고, 그런 뒤에야 교대 및 관에 다는 갓끈을 말한 것이다. 이곳 전문에서는 관련 예법을 약술해서 언급하여, 허리띠와 질이 모두 마를 이용해서 만든다는 사실을 나타내고자 했다. 그렇기 때문에 지팡이에 대한 기록을 허리띠에 대한 기록보다 뒤에 둔 것이다. 「상복」편의 전문에서는 "관구(菅屨)는 관(菅)풀로 엮은 신발이다."라고 했다. 비(菲)라는 것은 신발을 달리 부르는 명칭이다. 그렇기 때문에 두예의 주에서는 '초구(草屨)'라고 풀이한 것이다.

전문 食粥, 居倚廬, 寢苫, 枕草.

번역 죽을 먹으며 의려에 거처하고 거적을 깔고 자며 짚을 베개로 삼았다.

杜注 此禮與士喪禮略同, 其異唯枕草耳. 然枕凷亦非喪服正文.

번역 이러한 예법은 『의례』「사상례(士喪禮)」편에 나온 내용과 대략적으로 동일한데, 차이점은 짚을 베개로 삼는다는 내용뿐이다. 그러나 흙덩이를 베개로 삼는다는 말 또한 『의례』「상복(喪服)」편의 경문 기록은 아니다.

孔疏 ◎注“此禮與士喪禮”至“正文”. ○正義曰: 喪服傳文及士喪禮記皆云: “居倚廬, 寢苫, 枕凷, 歠粥, 朝一溢米, 夕一溢米.” 是此禮與士喪禮略同. 其異者, 唯彼言“枕凷”, 此言“枕草”耳. 然枕凷者, 乃是禮記及喪服傳耳, 亦非喪服正文. 杜意言古禮未必無枕草之法也. 居倚廬·寢苫者, 鄭玄云: “倚木爲廬, 在中門外東方, 北戶. 苫, 編藁也.” 此初喪爲然, 其旣虞之後, 則每事有變, 其於禮文. 鄭玄云: “二十兩曰溢, 爲米一升二十四分升之一.” 知者, 古者一斛百二十斤, 一斗十二斤, 十二斤百九十二兩. 一升十九兩二分少八分, 未充二十兩. 更取一升分作百九十二分, 二十四分取一得八分, 添前十九兩二分, 是爲二十兩也.

번역 ◎杜注: “此禮與士喪禮”~“正文”. ○『의례』「상복(喪服)」편의 전문과 「사상례(士喪禮)」편의 기문에서는 모두 “의려에 거처하고 거적을 깔고 자며 흙덩이를 베개로 삼는다. 죽을 마심에 아침에는 1일(溢)만큼의 쌀을 사용하고 저녁에도 1일(溢)만큼의 쌀을 사용한다.”라고 했으니, 이것은 이곳에 기록된 예법이 「사상례」편의 내용과 대략적으로 동일함을 나타낸다. 차이점이라면 『의례』에서 “흙덩이를 베개로 삼는다.”라고 말하고, 이곳에서 “짚을 베개로 삼는다.”라고 말한 것일 뿐이다. 그러나 흙덩이를 베개로 삼는다는 것은 『예기』와 「상복」편의 전문 기록일 뿐이며, 이 또한 「상복」편의 경문 기록은 아니다. 두예의 의중은 고대의 예법에서는 짚을 베개로 삼는 예법이 완전히 없었던 것이 아니라는 의미이다. 의려에 거처하고 거적을 깔고 잔다는 것에 대해 정현은 “나무를 기대어 임시숙소를 만드는데, 중문 밖 동쪽에 있고 의려의 문은 북쪽으로 둔다. 점(苫)은 짚을 엮은 것이다.”라고 했다. 이것은 초상 때 이처럼 한다는 뜻인데, 우제(虞祭)를 끝낸 뒤라면, 매사에 변화가 발생하니, 『의례』의 기록에 자세히 기록되어 있다. 정현은 “20양(兩)을 1일(溢)이라고 부르니, 쌀 1과 24분의 1승(升)의 양이다.”라고 했다. 이러한 사실을 알 수 있는 이유는 고대에 1곡(斛)6)은 120근(斤)이었고, 1두(斗)7)는 12근이었으며, 12근은 192양이 된다. 1승은 19양

2분으로 8분이 부족하여 20양을 채우지 못한다. 이에 1승을 192분으로 만들고, 25분의 1인 8분을 가져다가 19양 2분에 더하게 되면 20양이 되기 때문이다.

전문 其老曰: "非大夫之禮也."

번역 안영의 가신 중 우두머리에 해당하는 자가 "이것은 대부가 따르는 예법이 아닙니다."라고 말하였다.

杜注 時之所行, 士及大夫縗服各有不同. 晏子爲大夫而行士禮, 其家臣不解, 故譏之.

번역 당시 예법을 시행할 때, 사와 대부가 착용하는 상복은 각기 다른 점이 있었다. 안자는 대부의 신분이었음에도 사의 예법을 시행하여, 그의 가신이 이해하지 못해 비판했던 것이다.

孔疏 ◎注"時之"至"譏之". ○正義曰: 雜記云: "大夫爲其父母兄弟之未爲大夫者之喪服, 如士服. 士爲其父母兄弟之爲大夫者之喪服, 如士服." 如彼記文, 則大夫與士喪服不同. 記是後人所記, 記當時之事. 今此晏子之老, 亦譏晏子所爲非大夫之禮. 是時之所行, 士及大夫喪服, 各有不同也. 晏子實爲大夫而行當時之士禮. 晏子反時以從正, 其家老不解, 謂晏子爲失, 故據時所行而譏之也. 晏子其父始卒, 則晏子未爲大夫. 言晏子爲大夫者, 禮: 喪服, 大夫之子, 行從大夫之法.

---

6) 곡(斛)은 곡(斛)이라고도 기록한다. '곡'은 곡식의 양을 재는 기구이자, 그 수량을 표시하는 단위였다. 지역 및 각 시대마다 다소 차이를 보이는데, 고대에는 10두(斗)가 1곡이었다. 『의례』「빙례(聘禮)」편에는 "十斗曰斛."이라는 기록이 있다.
7) 두(斗)는 곡식 등의 양을 재는 기구이자, 그 수량을 표시하는 단위였다. 지역 및 각 시대마다 다소 차이를 보이는데, 고대에는 10승(升)이 1두였다.

번역 ◎杜注: "時之"~"譏之". ○『예기』「잡기(雜記)」편에서는 "대부는 자신의 부모 및 형제를 위해 상복을 착용할 때, 그들이 만약 아직 대부의 신분이 되지 못한 상태에서 죽었다면, 그들을 위한 상복은 사가 착용하는 상복과 동일하게 한다. 사는 자신의 부모 및 형제를 위해 상복을 착용할 때, 그들이 만약 대부의 신분이 된 이후에 죽었다면, 그들을 위한 상복은 사가 착용하는 상복과 동일하게 한다."[8]라고 했다. 『예기』의 기록에 따르면 대부와 사가 착용하는 상복은 동일하지 않다. 그러나 『예기』의 기록은 후세 사람들이 기술한 것으로 당시에 시행되었던 일들을 기록한 것이다. 현재 안자의 가신은 안자가 시행한 것이 대부의 예법이 아니라고 비판하였다. 이것은 당시에 시행했던 예법에 있어서 사와 대부가 착용하는 상복에는 각기 다른 점이 있었기 때문이다. 안자는 실제로 대부의 신분이었는데, 당시 사가 따르는 예법을 시행한 것이다. 안자는 당시의 풍습을 돌이켜 바른 예법을 따르고자 했는데, 그의 가신이 뜻을 이해하지 못하여 안자가 잘못을 범한 것이라고 말한 것이다. 그러므로 당시에 시행되었던 풍습을 제시해서 비판했던 것이다. 안자의 경우 그의 부친이 이제 막 돌아가셨을 때, 안자는 아직까지 대부의 신분이 되지 못했다. 그럼에도 안자가 대부라고 말한 것은 예법에 따르면 상복을 착용함에 대부의 자식은 대부의 예법을 따른다고 한 것을 뜻한다.

전문 曰: "唯卿爲大夫."

번역 안영은 "경의 신분이 되어야만 대부의 예법을 시행할 수 있다."라고 대답했다.

杜注 晏子惡直己以斥時失禮, 故孫辭略答家老.

---

8) 『예기』「잡기상(雜記上)」【492d~493a】: 大夫爲其父母兄弟之未爲大夫者之喪服, 如士服. 士爲其父母兄弟之爲大夫者之喪服, 如士服. 大夫之適子, 服大夫之服.

번역 안자는 자신이 옳다고 하여 당시에 시행된 실례를 비판하고 싶지 않았기 때문에 겸손한 말로 가신에게 간략히 답변한 것이다.

孔疏 ◎注“晏子”至“家老”. ○正義曰: 檀弓云: “魯穆公之母卒, 使人問於曾申. 曾申對曰: 哭泣之哀, 齊斬之情, 饘粥之食, 自天子達.” 然則天子以下, 其服父母, 尊卑皆同, 無大夫士之異. 晏子所行, 是正禮也. 言唯卿得服大夫服, 我是大夫, 得服士服. 又言己位卑, 不得從大夫之法者, 是惡其直己以斥時之失禮, 故孫辭略答家老也. 家語曾子問此事, 孔子云: “晏平仲可謂能辟害也. 不以己是而駁人之非. 孫辭以辟咎, 義也夫.” 家語雖未必是孔子之言, 要其辭合理, 故王肅與杜, 皆爲此說. 鄭玄注雜記, 引此傳言晏子云“唯卿爲大夫”, 此平仲之謙也.” 言喪服服布, 齻衰斬衰三升, 義服, 斬衰三升半爲母服. 齊衰四升, 正服. 齊衰五升, 義服. 齊衰六升, 降服. 大功七升, 正服. 大功八升, 義服. 大功九升, 降服. 小功十升, 正服. 小功十一升, 義服. 小功十二升, 緦麻十五升去其半. 鄭注雜記云: “士爲父斬衰, 縷如三升半, 而三升不緝.” 言縷之精齻, 如三升半成布, 而縷三升. 故云: “齻衰在齊·斬之間”. 鄭又云: “士爲母, 衰五升, 縷而四升. 爲兄弟, 衰六升, 縷而五升.” 鄭玄以雜記之文, 士爲父母兄弟之服, 不得與大夫同, 皆縷細降一等. 其縷數與大夫同. 但雜記之文, 記當時之制. 以當時大夫與士有異, 故爲此解, 非杜義也.

번역 ◎杜注: “晏子”~“家老”. ○『예기』「단궁(檀弓)」편에서는 “노나라 목공의 모친이 죽자 사신을 보내 증신에게 어찌 처리해야 하는지 물었다. 그러자 증신은 곡을 하고 눈물을 흘리며 슬픔을 드러내는 것, 자최복이나 참최복을 입어서 정감을 드러내는 것, 죽만 먹는 것 등은 천자로부터 서인에 이르기까지 공통된다고 대답했다.”9)라고 했다. 그렇다면 천자로부터 그 이하의 계층에 있어서 부모에 대한 상복을 착용할 때에는 신분의 차등과 상관없이 모두 동일하였으며, 대부와 사의 차이점이 없었다. 안자가 시행했

---

9) 『예기』「단궁상(檀弓上)」【73c】: <u>穆公之母卒, 使人問於曾子曰</u>: “如之何?” 對曰: “申也聞諸申之父曰: ‘<u>哭泣之哀, 齊·斬之情, 饘粥之食, 自天子達</u>. 布幕, 衛也; 縿幕, 魯也.’”

던 것은 올바른 예법이다. 오직 경만이 대부의 상복을 착용할 수 있다고
했는데, 본인은 대부이므로 사의 복장만을 착용할 수 있다는 뜻이다. 즉
자신의 지위가 낮아서 대부의 예법을 따를 수 없다고 말한 것인데, 이것은
자신이 옳다고 하여 당시에 시행되고 있던 실례를 비판하고 싶지 않았기
때문에, 말을 겸손히 하여 가신에게 간략히 대답한 것이다. 『공자가어』의
기록에서는 증자가 이러한 일화를 질문하자 공자는 "안평중은 해를 피할
줄 안다고 평할 수 있다. 자신의 옳음을 가지고 남의 잘못됨을 비판하지
않았다. 겸손한 말로 허물을 피했으니, 의로움에 해당한다."라고 했다.10)
『공자가어』는 비록 공자의 말을 기록한 것이 아닐 수도 있지만, 대체적으
로 그 말이 이치에 부합하기 때문에 왕숙11)과 두예 모두 이러한 주장을
폈던 것이다. 『예기』「잡기(雜記)」편에 대한 정현의 주에서는 이곳의 전문
을 인용해서 안자는 "오직 경만이 대부의 예법을 시행한다."라고 했으니,
이것은 안평중의 겸손함이라고 했다. 상복에 있어서는 포로 의복을 만들게
되는데, 추최로 참최복을 3승으로 만들게 되면 의복이며, 3.5승으로 만든
참최복은 모친에 대한 상복이다. 4승으로 만든 자최복은 정규 복장에 해당
한다. 5승으로 만든 자최복은 의복이다. 6승으로 만든 자최복은 강복이다.
7승으로 만든 대공복은 정규 복장에 해당한다. 8승으로 만든 대공복은 의
복이다. 9승으로 만든 대공복은 강복이다. 10승으로 만든 소공복은 정규
복장에 해당한다. 11승으로 만든 소공복은 의복이다. 12승으로 만든 소공복
은 강복인데, 시마복은 15승에서 그 반을 줄이게 된다. 「잡기」편에 대한
정현의 주에서는 "사는 부친을 위해 참최복을 착용할 때 가닥은 3.5승과

---

10) 『공자가어(孔子家語)』「곡례자하문(曲禮子夏問)」: 齊晏桓子卒, 平仲麤衰斬苴
絰帶, 杖以菅屨, 食粥居傍廬, 寢苫枕草, 其老曰, "非大夫喪父之禮也." 晏子曰,
"唯卿大夫." 曾子以問孔子. 孔子曰, "晏平仲可謂能遠害矣. 不以己知足駁人之
非, 遜辭以避咎, 義也夫."
11) 왕숙(王肅, A.D.195~A.D.256): =왕자옹(王子雍). 위진남북조(魏晉南北朝) 때
의 위(魏)나라 경학자이다. 자(字)는 자옹(子雍)이다. 출신지는 동해(東海)이
다. 부친 왕랑(王朗)으로부터 금문학(今文學)을 공부했으나, 고문학(古文學)의
고증적인 해석을 따랐다. 『상서(尙書)』, 『시경(詩經)』, 『좌전(左傳)』, 『논어(論
語)』및 삼례(三禮)에 대한 주석을 남겼다.

같되 3승은 꿰매지 않는다."라고 했다. 즉 실 가닥의 거친 정도가 3.5승의 성포와 같지만, 실제적으로 실의 가닥은 3승이라는 뜻이다. 그렇기 때문에 "추최는 자최복과 참최복 사이에 해당한다."라고 말한 것이다. 정현은 또한 "사는 모친을 위해 상복은 5승으로 만드는데, 실의 가닥은 4승이다. 형제를 위해서라면 상복은 6승으로 만드는데, 실의 가닥은 5승이다."라고 했다. 정현은 「잡기」편의 내용이 사가 부모 및 형제를 위해 착용하는 상복으로, 대부와 동일하게 할 수 없다고 여겼다. 그래서 모두 실의 가닥과 가늘기에 있어서 1등급씩 낮춘 것이다. 실의 가닥수는 대부의 경우와 동일하다. 다만 「잡기」편의 문장은 당시의 제도를 기록한 것일 뿐이다. 당시의 대부와 사 사이에는 차이가 있었기 때문에 이러한 해설을 했던 것이니, 두예의 주장 은 아니다.

【666c】

父母之喪, 旣虞卒哭, 柱楣翦屛, 苄翦不納. 期而小祥, 居堊室, 寢有席. 又期而大祥, 居復寢. 中月而禫, 禫而牀.

직역 父母의 喪에서, 旣히 虞하고 卒哭하면, 楣를 柱하고 屛을 翦하며, 苄를 翦하되 不納한다. 期하여 小祥하면, 堊室에 居하고, 寢에 席이 有하다. 又히 期하여 大祥하면, 居함에 寢으로 復한다. 月을 中하여 禫하고, 禫하고서 牀한다.

의역 부모의 상을 치를 때 우제(虞祭)와 졸곡(卒哭)을 마치면 의려(倚廬)의 기둥을 세워 햇빛이 안으로 들어오게 만들고 양쪽으로 두르고 있는 풀들을 잘라서 다듬으며, 하(苄)로 짠 자리를 깔고 자는데 그 끝을 잘라서 가지런하게만 하고 안으로 집어넣지 않는다. 1년이 지나서 소상(小祥)을 치르면 악실(堊室)에 머물며 침소에 자리를 깐다. 다시 1년이 지나서 대상(大祥)을 치르면 거처를 함에 자신이 쓰던 침소로 되돌아간다. 1개월의 간격을 두어 담제(禫祭)를 치르는데, 담제를 치르게 되면 침상에서 잔다.

集說 柱楣, 謂擧倚廬之木柱之於楣, 使稍寬明也. 翦屛者, 翦去戶旁兩廂屛之餘草也. 自上章唯而不對以下至此, 有與雜記・喪大記・喪服小記之文不同者, 記者所聞之異, 亦或各有義歟.

번역 '주미(柱楣)'는 의려(倚廬)를 만들기 위해 기대어 두었던 나무를 세워서 처마를 받치게 하여, 이전보다 햇빛이 더 잘 들어오도록 한다는 뜻이다. '전병(翦屛)'은 임시숙소의 방문에서 양쪽으로 두르고 있는 풀들 중 튀어나온 것들을 자른다는 뜻이다. 앞에서 "응답만 하고 대답은 하지 않는다."라는 구문부터 이곳 기록까지 그 내용에 있어서 『예기』「잡기(雜記)」・「상대기(喪大記)」・「상복소기(喪服小記)」편의 기록과 차이를 보이는 부분이 있는데, 이것은 『예기』를 기록한 자가 달리 들었던 내용을 기술한 것이거나 혹은 각각에 별도의 의미가 있는 것이다.

釋文 柱, 知矩反, 一音張姓反. 楣音眉. 復音伏.

번역 '柱'자는 '知(지)'자와 '矩(구)'자의 반절음이며, 다른 음은 '張(장)'자와 '姓(주)'자의 반절음이다. '楣'자의 음은 '眉(미)'이다. '復'자의 음은 '伏(복)'이다.

孔疏 ●"父母之喪, 旣虞・卒哭"者, 此明遭父母之喪, 至終服以來, 所居改變之節. 卽斬衰居倚廬, 齊衰居堊室, 論其正耳. 亦有斬衰不居倚廬者, 則雜記云"大夫居廬, 士居堊室", 是士服斬衰而居堊室也. 亦有齊衰之喪不居堊室者, 喪服小記云"父不爲衆子次於外", 注云"自若居寢", 是也.

번역 ●經文: "父母之喪, 旣虞・卒哭". ○이 문장은 부모의 상을 당하여 복상 기간을 끝낼 때까지 거주하는 곳을 바꾸는 절차를 나타내고 있다. 즉 참최복(斬衰服)의 상에서는 의려(倚廬)에 거처하고, 자최복(齊衰服)의 상에서는 악실(堊室)에 거처하는데, 이것은 정규 예법을 논의한 것일 따름이다. 또한 참최복을 착용하면서도 의려에 거처하지 않는 경우도 있으니, 『예기』 「잡기(雜記)」편에서 "대부는 의려에 거처하고 사는 악실에 거처한다."[12]라고 한 말은 사가 참최복을 입고 악실에 거처함을 나타낸다. 또한 자최복의 상에서도 악실에 거처하지 않는 경우가 있으니, 『예기』「상복소기(喪服小記)」편에서 "부친은 적장자를 제외한 나머지 아들들의 상을 치를 때, 중문 밖에 임시숙소를 마련하지 않는다."[13]라고 했고, 정현의 주에서 "자신의 침소에 머물 때처럼 지낸다."라고 한 말이 이러한 사실을 나타낸다.

訓纂 吳幼淸曰: 旣虞卒哭, 苄翦不納, 則與齊衰初喪同, 特居廬爲異, 小祥後乃得居堊室也. 寢有席, 則與大功初喪同; 禫而牀, 乃與小功緦麻初喪同也.

번역 오유청이 말하길, 우제(虞祭)와 졸곡(卒哭)을 끝내고 하(苄)로 짠 자리를 깔고 자는데 그 끝을 잘라서 가지런하게만 하고 안으로 집어넣지 않는다면, 자최복(齊衰服)의 초상 때와 동일하게 하지만 의려(倚廬)에 거처하는 것만 차이가 나며, 소상(小祥)을 치른 이후에야 악실(堊室)에 거처할 수 있다. 침소에 자리를 깐다면 대공복(大功服)의 초상 때와 동일하며, 담제(禫祭)를 치르고 침상에서 잔다면 소공복(小功服)과 시마복(緦麻服)의 초상 때와 동일하다.

集解 此又專明父母之喪旣虞卒哭以後, 居處變除之節也.

번역 이 내용은 또한 전적으로 부모의 상에서 우제(虞祭)와 졸곡(卒哭)을 치른 이후 거처를 바꾸고 제거하는 절차만을 나타내고 있다.

集解 愚謂: 大記云"練而食菜果", "食菜以醯醬", 此大祥始食醯醬, 喪服傳

---

12) 『예기』「잡기상(雜記上)」【492c】: 大夫次於公館以終喪, 士練而歸, 士次於公館. 大夫居廬, 士居堊室.
13) 『예기』「상복소기(喪服小記)」【420c】: 父不爲衆子次於外.

虞而"寢有席", 此小祥乃有席, 蓋禮文曲折, 禮俗或有不同, 記者各記所聞也.

번역 내가 생각하기에, 『예기』「상대기(喪大記)」편에서는 "연제(練祭)를 치르고 채소와 과일을 먹는다."라고 했고, "채소를 먹을 때에는 식초와 장을 곁들인다."라고 했는데,[14] 이곳에서는 대상(大祥)을 치르고서야 비로소 식초와 장을 먹는다고 했고, 『의례』「상복(喪服)」편의 전문에서는 우제를 치른 뒤에 "침소에 자리를 깐다."[15]라고 했는데, 이곳에서는 소상(小祥)을 치르고서야 자리를 깐다고 했다. 이러한 차이가 생긴 이유는 예법의 격식 중 세밀한 부분에 대해서 풍속에 따라 간혹 차이점이 발생했기 때문으로, 『예기』를 기록한 자가 달리 들었던 내용을 각각 기록한 것이다.

참고 『예기』「상대기(喪大記)」기록

경문-538c 旣葬, 柱楣, 塗廬, 不於顯者. 君·大夫·士皆宮之.

번역 장례를 치르게 되면, 담장에 기대었던 나무를 세워서 처마를 받치게 하고, 안쪽에는 진흙을 발라서 비바람을 막지만, 밖으로 드러나는 부분에는 진흙을 바르지 않는다. 군주·대부·사는 모두 사면을 둘러서 의려를 드러내지 않는다.

鄭注 不於顯者, 不塗見面.

번역 '불어현자(不於顯者)'는 드러나는 부분에는 진흙을 바르지 않는다는 뜻이다.

---

14) 『예기』「상대기(喪大記)」【533d~534a】: 旣葬, 主人疏食水飮, 不食菜果, 婦人亦如之, 君·大夫·士一也. <u>練而食菜果, 祥而食肉</u>. 食粥於盛不盥, 食於篹者盥. <u>食菜以醯醬</u>. 始食肉者, 先食乾肉. 始飮酒者, 先飮醴酒.
15) 『의례』「상복(喪服)」: 旣虞, 翦屛柱楣, <u>寢有席</u>, 食疏食水飮, 朝一哭, 夕一哭而已.

孔疏 ●"旣葬, 柱楣"者, 旣葬, 謂在墓, 柱楣稍擧, 以納日光, 又以泥塗辟風寒.

번역 ●經文: "旣葬, 柱楣" ○장례를 치렀다는 말은 시신이 묘(墓)에 안치되었다는 뜻이니, 기둥과 처마를 보다 올려서 햇빛이 들어오도록 하고, 또 진흙으로 벽을 발라서 비와 추위를 피한다.

孔疏 ●"不於顯"者, 言塗廬不塗廬外顯處.

번역 ●經文: "不於顯". ○진흙으로 의려(倚廬)의 내부를 바르지만, 의려 밖의 드러나는 부분에는 바르지 않는다는 뜻이다.

孔疏 ●"君·大夫·士皆宮之"者, 以大夫·士旣葬, 故得皆宮之.

번역 ●經文: "君·大夫·士皆宮之". ○대부와 사는 장례를 치렀기 때문에, 모두 사면을 둘러서 의려(倚廬)를 가릴 수 있다.

集解 朱子曰: 始者無拄與楣, 檐著於地, 至是乃施楣, 又施短柱, 以柱起其楣, 架其檐令稍高, 而下可作戶也.

번역 주자가 말하길, 의려(倚廬)를 처음 만들 때에는 기둥과 차양이 없었으니, 처마가 바닥에 붙어 있었던 것인데, 이 시점이 되면 차양을 달고, 또 작은 기둥을 달아서, 기둥으로 차양을 받치게 하고, 처마에 나무를 대어 보다 높게 만들며, 그 밑에 방문을 달 수 있게 한다.

참고 『예기』「상대기(喪大記)」 기록

경문-539a 旣練, 居堊室, 不與人居. 君謀國政, 大夫·士謀家事. 旣祥, 黝堊. 祥而外無哭者, 禫而內無哭者, 樂作矣故也.

번역 소상(小祥)을 치르게 되면, 악실(堊室)에 머물되 남과 함께 머물지 않는다. 제후는 국정을 모의하고, 대부와 사는 가사를 모의한다. 대상(大祥)을 치르게 되면, 악실의 바닥은 검게 칠하고 벽면은 하얗게 칠한다. 대상을 치른 뒤에는 중문 밖에서 곡을 하지 않고, 담제(禫祭)를 치른 뒤에는 중문 안에서도 곡을 하지 않으니, 음악을 연주하기 때문이다.

鄭注 黝堊, 堊室之節也. 地謂之黝, 牆謂之堊. 外無哭者, 於門外不哭也. 內無哭者, 入門不哭也. 祥踰月而可作樂, 樂作無哭者. 黝堊, 或爲要期. 禫或皆作道.

번역 '유악(黝堊)'은 악실(堊室)에 대한 규범이다. 바닥 꾸미는 것을 '유(黝)'라고 부르며, 벽면 꾸미는 것을 '악(堊)'이라고 부른다. '외무곡(外無哭)'이라는 말은 문밖에서 곡을 하지 않는다는 뜻이다. '내무곡(內無哭)'이라는 말은 문으로 들어가서도 곡을 하지 않는다는 뜻이다. 대상(大祥)을 치르고 그 달을 넘기게 되면 음악을 연주할 수 있다. 음악을 연주하면 곡을 함이 없다. '유악(黝堊)'을 다른 판본에서는 '요기(要期)'라고도 기록한다. '담(禫)'자를 다른 판본에서는 모두 '도(道)'자로도 기록한다.

孔疏 ●"不與人居"者, 謂在堊室之中, 猶不與人居也.

번역 ●經文: "不與人居". ○악실(堊室)에 머물 때에는 여전히 다른 사람과 함께 기거할 수 없다는 뜻이다.

孔疏 ●"君謀國政, 大夫・士謀家事"者, 此常禮也. 練後漸輕, 故得自謀己國家事也.

번역 ●經文: "君謀國政, 大夫・士謀家事". ○이것은 항상된 예법이다. 소상(小祥)을 치른 뒤에는 상복의 수위가 보다 가벼워졌기 때문에, 스스로 자기 국가와 집안의 일을 모의할 수 있다.

孔疏 ●"旣祥, 黝堊"者, 祥, 大祥也. 黝, 黑也, 平治其地令黑也. 堊, 白也, 新塗堊於牆壁, 令白, 稍飾故也.

번역 ●經文: "旣祥, 黝堊". ○'상(祥)'자는 대상(大祥)을 뜻한다. '유(黝)'자는 "흑색으로 칠한다[黑]."는 뜻이니, 바닥을 평평하게 다듬으며 흑색으로 만든다는 뜻이다. '악(堊)'자는 "백색으로 칠한다[白]."는 뜻이다. 새롭게 흙칠을 하여 벽면을 하얗게 만든다는 뜻이다. 이것은 보다 장식을 꾸미기 때문이다.

孔疏 ●"祥而外無哭"者, 祥亦大祥也. 外, 中門外, 卽堊室中也. 祥之日鼓素琴, 故中門外不哭也.

번역 ●經文: "祥而外無哭". ○'상(祥)'자 또한 대상(大祥)을 뜻한다. '외(外)'자는 중문(中門) 밖을 뜻하니, 곧 악실(堊室) 안을 의미한다. 대상을 치르는 날에는 소금(素琴)을 연주한다.[16] 그렇기 때문에 중문 밖에서 곡을 하지 않는다.

孔疏 ●"祥而內無哭"者, 內, 中門內也. 禫已縣八音於庭, 故門內不復哭也.

번역 ●經文: "祥而內無哭". ○'내(內)'자는 중문(中門) 안쪽을 뜻한다. 담제(禫祭)에서는 이미 마당에 팔음(八音)을 걸어두게 된다. 그렇기 때문에 중문 안쪽에서는 재차 곡(哭)을 하지 않는다.

孔疏 ●"樂作矣故也"者, 二處兩時不哭, 是並有樂作故也. 隱義云: "練後三日一哭於次, 次在中門外, 謂堊室也. 至大祥則不復於外. 若有弔者, 則入卽位哭, 是外無哭者."

---

16) 『예기』「상복사제(喪服四制)」【721b】: 三日而食, 三月而沐, 期而練, 毀不滅性, 不以死傷生也. 喪不過三年, 苴衰不補, 墳墓不培, 祥之日鼓素琴, 告民有終也, 以節制者也.

번역 ●經文: "樂作矣故也". ○두 장소에 따른 두 시기에는 곡을 하지 않는데, 이 모두는 음악을 연주하기 때문이다. 『은의』에서는 "소상(小祥)을 치른 뒤에는 3일 뒤에 한 차례 차(次)에서 곡을 하는데, 차는 중문(中門) 밖에 있으니 악실(堊室)을 뜻한다. 대상(大祥)을 치르게 되면 재차 밖에서 곡을 하지 않는다. 만약 조문을 온 자가 있다면 들어가서 자신의 자리로 나아가 곡을 하니, 이것은 밖에서 곡을 함이 없다는 뜻이다."라고 했다.

孔疏 ◎注"黝堊"至"哭者". ○正義曰: 黝, 謂治堊室之地. 堊, 謂塗堊室之牆. 云"地謂之黝, 牆謂之堊"者, 釋宮文. 云"祥踰月而可作樂"者, 檀弓云"魯人有朝祥而暮歌"者, 孔子曰"踰月則其善也", 是祥踰月而可作樂也. 云"樂作無哭"者, 以其樂作, 故無哭. 如鄭此注之意, 以祥踰月作樂, 故禫時無哭矣, 則經云"樂作"之文, 但釋禫時無哭之意, 不釋祥之無哭. 皇氏以爲祥之日鼓素琴, "樂作"之文, 釋"二處兩時無哭", 與鄭注違, 皇說非也. 定本"禫踰月而可17)作樂", 祥字作禫字, 禫之踰月, 自然從吉, 樂作可知, 恐禫字非也.

번역 ◎鄭注: "黝堊"~"哭者". ○'유(黝)'는 악실(堊室)의 바닥을 정돈한다는 뜻이다. '악(堊)'은 악실의 벽면에 흙칠을 한다는 뜻이다. 정현이 "바닥 꾸미는 것을 '유(黝)'라고 부르며, 벽면 꾸미는 것을 '악(堊)'이라고 부른다."라고 했는데, 이것은 『이아』「석궁(釋宮)」편의 문장이다.18) 정현이 "대상(大祥)을 치르고 그 달을 넘기게 되면 음악을 연주할 수 있다."라고 했는데, 『예기』「단궁(檀弓)」편에서는 "노나라 사람 중에는 아침에 대상을 치르고, 그날 저녁에 노래를 부른 자가 있었다."라고 했고, 공자는 "한 달을 넘기고 나서 노래를 불렀다면, 그의 행동은 올바른 행동이 되었을 것이다."라고 했으니,19) 이것은 대상을 치르고서 그 달을 넘긴 뒤라면 음악을 연주할 수

17) '이가(而可)'에 대하여. '이가'라는 두 글자는 본래 없던 글자인데, 완원(阮元)의 『교감기(校勘記)』에서는 "혜동(惠棟)의 『교송본(校宋本)』에는 '유월(踰月)'이라는 글자 뒤에 '이가'라는 두 글자가 기록되어 있으니, 이곳 판본에는 이 글자들이 누락된 것이다."라고 했다.
18) 『이아』「석궁(釋宮)」: 鏝謂之杇. 椹謂之榩. <u>地謂之黝. 牆謂之堊</u>.
19) 『예기』「단궁상(檀弓上)」【74c】: <u>魯人有朝祥而莫歌者</u>, 子路笑之. 夫子曰: "由!

있다는 뜻을 나타낸다. 정현이 "음악을 연주하면 곡을 함이 없다."라고 했
는데, 음악을 연주하기 때문에 곡을 하지 않는 것이다. 정현의 이러한 주장
에 따른다면, 대상을 치르고서 그 달을 넘기게 되면 음악을 연주한다. 그렇
기 때문에 담제(禪祭)를 치를 때에는 곡을 하지 않으니, 경문에서 "음악을
연주한다."라고 한 문장은 단지 담제를 치를 때 곡을 하지 않는다는 뜻을
풀이한 것이며, 대상 때 곡을 하지 않는다고 풀이한 말이 아니다. 황간은
대상을 치르는 날 소금(素琴)을 연주한다고 여겨서, "음악을 연주한다."는
문장을 "두 장소와 두 시기에 곡을 하지 않는다."고 풀이했으니, 정현의 주
장과 위배되므로, 황간의 주장은 잘못된 말이다.『정본』에는 "담제를 치르
고 그 달을 넘겨서 음악을 연주할 수 있다."라고 하여, '상(祥)'자를 '담(禪)'
자로 기록했는데, 담제를 치르고 그 달을 넘기게 되면, 자연히 길한 시기의
예법에 따르므로, 음악을 연주할 수 있다는 사실을 알 수 있다. 따라서 '담
(禪)'자로 기록한 것은 아마도 잘못된 기록인 것 같다.

集解 堊室者, 疏衰者始喪之所居. 卒哭之後, 疏衰者還居寢室, 斬衰者既
練則徙而居焉. 鄭註喪服云, "堊室, 於中門外屋下壘墼爲之, 不塗墍." 蓋在殯
宮門外東霤之下, 就東塾之外壁, 而累土於其三面以爲室焉. 黝, 黑也, 謂平治
其土令黑也. 堊, 白土也, 謂以堊塗牆壁令白也. 爾雅, "地謂之黝, 牆謂之堊."
既祥之後, 入居殯宮, 間傳曰, "大祥居復寢", 是也. 殯宮乃死者所居, 故塗其
屋令白, 又平治其地令黑, 若欲新之然也. 其甸人所徹西北厞, 亦當於祥前修
治之也. 內外, 謂殯宮門之內外也. 大祥入居殯宮, 故外無哭者, 而猶有無時思
憶之哭在於殯宮. 至禪則不復哭, 故內無哭者. 樂作有漸, 檀弓曰, "孔子既祥,
五日彈琴而不成聲, 十日而成笙歌." 又曰, "孟獻子祥, 縣而不作." 又曰, "是
月禪, 徙月樂." 是樂之作始於琴瑟, 成於笙歌, 而極於金石也. 哀樂之情不並
行, 哀除故樂作, 而哭於是乎止也.

번역 '악실(堊室)'은 소최(疏衰)를 착용하는 자가 처음 상을 치르며 머

爾責於人, 終無已夫! 三年之喪, 亦已久矣夫!" 子路出, 夫子曰: "又多乎哉! 踰月
則其善也."

무는 곳이다. 졸곡(卒哭)을 치른 뒤 소최를 착용하는 자는 침실로 되돌아가 머물게 되며, 참최복(斬衰服)을 착용하는 자는 소상(小祥)을 치르게 되면, 장소를 옮겨서 거처하게 된다. 『의례』「상복(喪服)」편에 대한 정현의 주에 서는 "악실은 중문(中門) 밖 지붕 아래에 벽돌을 쌓아서 만들게 되며, 흙칠을 하지 않는다."[20]라고 했다. 무릇 빈소의 문밖 동쪽 처마 밑에서도 동숙(東塾)의 외벽에 흙을 세 방면에 쌓아서 방을 만든 것이다. '유(黝)'자는 흑색을 뜻하니, 흙을 평평하게 다듬어서 흑색으로 만든다는 뜻이다. '악(堊)'은 백색의 흙을 뜻하니, 백색의 흙을 벽면에 발라서 하얗게 만든다는 뜻이다. 『이아』에서는 "바닥 다듬는 것을 유(黝)라고 부르고, 담장 다듬는 것을 악(堊)이라고 부른다."라고 했다. 대상(大祥)을 치른 뒤에는 빈소에 들어가서 머물게 되니, 「간전」편에서 "대상을 치르면 침(寢)으로 되돌아가서 머문다."라고 한 말이 이러한 사실을 나타낸다. 빈소는 죽은 자가 머물던 곳이다. 그렇기 때문에 지붕에 흙칠을 하여 하얗게 만들고, 또 바닥을 평평하게 다듬어서 흑색으로 만드는데, 마치 새롭게 만든 것처럼 나타내고자 했기 때문이다. 전인(甸人)이 치우게 되는 서북쪽 모퉁이에 있던 땔감[21] 또한 대상을 치를 때에는 그보다 앞서 정리하게 된다. '내외(內外)'는 빈소의 문을 기준으로 한 내외를 뜻한다. 대상 때에는 안으로 들어가서 빈소에 머물기 때문에 문밖에서 곡을 하는 일이 없지만, 빈소 안에서라면 여전히 그리워하는 마음이 들어 시도 때도 없이 곡은 시행한다. 그러나 담제(禫祭)를 치르게 되면 재차 곡을 하지 않는다. 그렇기 때문에 안에서도 곡을 함이 없다. 음악을 연주할 때에는 점진적으로 진행되는 점이 있다. 『예기』「단궁(檀弓)」편에서는 "공자는 대상(大祥)을 끝내고, 5일이 지난 후에 금(琴)을 연주했지만, 소리가 제대로 나지 않았고, 10일이 지난 후에 생황을 연주하

---

20) 이 문장은 『의례』「상복(喪服)」편의 "傳曰: 斬者何? 不緝也. …… 旣練, 舍外寢, 始食菜果, 飯素食, 哭無時."라는 기록에 대한 정현의 주이다.

21) 『예기』「상대기」【532d~533a】: 管人汲授御者, 御者差沐于堂上. 君沐粱, 大夫沐稷, 士沐粱. 甸人爲垼于西牆下, 陶人出重鬲, 管人受沐, 乃煮之. 甸人取所徹廟之西北厞薪, 用爨之. 管人授御者沐, 乃沐. 沐用瓦盤, 挋用巾, 如他日. 小臣爪手翦須. 濡濯棄于坎.

고 노래를 불렀는데, 그제야 조화를 이루었다."²²⁾라고 했고, 또 "맹헌자가 대상을 치르고서 악기를 걸어두기만 하고 연주를 하지 않았다."²³⁾라고 했고, 또 "그 달에 담(禫)제사를 지내면, 그 달을 넘겨서 음악을 연주한다."²⁴⁾라고 했으니, 이것은 음악을 처음 연주할 때 금슬(琴瑟)부터 시작하고, 이후 생황과 노래를 불러서 완성되며, 쇠와 돌로 된 악기를 연주하는 데에서 지극해진다는 뜻이다. 애통함과 즐거움의 감정은 동시에 나타날 수 없으니, 애통함을 제거하였기 때문에 음악을 연주하는 것이고, 곡을 하는 것도 이 시점에 그치게 된다.

集解 鄭氏以黬堊爲堊室, 非也. 祥而復寢, 豈復居堊室乎?

번역 정현은 '유악(黬堊)'을 악실(堊室)에 대한 내용으로 여겼는데, 이것은 잘못된 주장이다. 대상(大祥)을 치르게 되면 침(寢)으로 되돌아가서 머물게 되는데, 어찌 재차 악실에 머물 수 있겠는가?

참고 『예기』「상대기(喪大記)」 기록

경문-539b 禫而從御, 吉祭而復寢.

번역 담제(禫祭)를 치른 뒤에는 직무를 처리하고, 길제(吉祭)를 치른 뒤에는 침소로 되돌아간다.

鄭注 從御, 御婦人也. 復寢, 不復宿殯宮也.

---

22) 『예기』「단궁상(檀弓上)」【77c~d】: 孔子旣祥, 五日彈琴而不成聲, 十日而成笙歌. 有子, 蓋旣祥而絲屨·組纓.
23) 『예기』「단궁상(檀弓上)」【77b】: 孟獻子禫, 縣而不樂, 比御而不入. 夫子曰: "獻子加於人一等矣."
24) 『예기』「단궁상(檀弓上)」【106c】: 祥而縞, 是月禫, 徙月樂.

번역 '종어(從御)'는 부인을 시중들게 한다는 뜻이다. '복침(復寢)'은 재차 빈소에 머물지 않는다는 뜻이다.

孔疏 ●"禫而"至"而歸". ○正義曰: 此一經明釋禫節, 言禫時從御婦人於內也.

번역 ●經文: "禫而"~"而歸". ○이곳 경문은 담제(禫祭)의 절차를 풀이한 것이니, 담제를 치를 때에는 침소 내에서 부인을 시중들게 한다는 뜻이다.

孔疏 ●"吉祭而復寢"者, 謂禫祭之後, 同月之內値吉祭之節, 祭吉祭訖, 而後復寢. 若不當四時吉祭, 則踰月吉祭, 乃復寢, 故上虞記云"中月禫, 是月也, 吉祭, 猶未配", 注云"是月, 是禫月也". 當四時之祭月, 則祭也, 亦不待踰月, 故熊氏云"不當四時祭月, 則待踰月也". 按間傳: "旣祥, 復寢", 與此吉祭復寢不同者, 彼謂不復宿中門外, 復於殯宮之寢. 此吉祭後不復宿殯宮, 復於平常之寢. 文雖同, 義別, 故此注"不復宿殯宮也". 明大祥後宿殯宮也. 杜預以爲 "禫而從御", 謂從政御職事, 鄭以爲御婦人者, 下文云"期, 居廬, 終喪不御於內". 旣言"不御於內", 故知此御是御婦人也.

번역 ●經文: "吉祭而復寢". ○담제(禫祭)를 치른 이후 같은 달 안에 길제(吉祭)를 치러야 하는 날이 포함되면, 길제를 치르고 제사가 끝난 뒤에 침소로 되돌아간다는 뜻이다. 만약 그 시기가 사계절마다 지내는 길제의 시기에 해당하지 않는다면, 그 달을 넘겨서 길제를 치르고서 침소로 되돌아간다. 그러므로 『의례』「사우례(士虞禮)」편의 기문에서는 "그 달을 벌려서 담제를 치르고, 이 달에 길제를 치르게 되면 아직까지 부인을 함께 배향하지 않는다."[25]라고 했고, 정현의 주에서는 "시월(是月)은 담제를 치르는 달이다."라고 했다. 사계절마다 지내는 정규 제사의 달에 해당한다면 제사를 지내며, 또한 그 달을 넘길 때까지 기다리지 않는다. 그렇기 때문에 웅안

---

25) 『의례』「사우례(士虞禮)」: 朞而小祥, 曰, "薦此常事." 又朞而大祥, 曰, "薦此祥事." 中月而禫. 是月也吉祭, 猶未配.

생은 "사계절마다 지내는 제사의 달에 해당하지 않는다면, 그 달을 넘길 때까지 기다린다."라고 했다. 「간전」편을 살펴보면, "대상(大祥)을 치르고서 침소로 되돌아간다."라고 했는데, 이곳에서 길제를 치르고서 침소로 되돌아간다고 했을 때의 뜻은 다르다. 「간전」편의 뜻은 중문 밖에서 재차 머물지 않고, 빈소의 침소로 되돌아간다는 뜻이다. 이곳의 내용은 길제를 치른 뒤 재차 빈소에 머물지 않고, 평상시 머물던 침소로 되돌아간다는 뜻이다. 문장이 비록 동일하지만 뜻은 구별된다. 그렇기 때문에 이곳 주에서는 "재차 빈소에 머물지 않는다."라고 한 것이다. 즉 대상을 치른 뒤에는 빈소에 머물게 된다는 사실을 나타낸다. 두예는 '담이종어(禫而從御)'라는 말을 정무에 복무하고 직무를 처리한다고 여겼고, 정현은 부인을 시중들게 한다고 했는데, 아래문장에서 "기년상(期年喪)에서는 의려(倚廬)에 머물며 상을 끝낼 때까지 침소 안에서 부인을 시중들게 하지 않는다."라고 했다. 이미 "침소 안에서 시중들게 하지 않는다."라고 했기 때문에, 이곳에 나온 '어(御)'자가 부인을 시중들게 한다는 뜻임을 알 수 있다.

集解 愚謂: 吉祭乃復寢, 則禫後尙在殯宮也. 殯宮乃正寢, 非御婦人之所, 而曰"從御"者, 謂婦人當御者從於燕寢侍御之所, 而主人猶未入, 檀弓"孟獻子禫, 比御而不入", 是也. 所以雖未入而必比御者, 亦示卽事之漸也. 吉祭, 謂奉主入廟, 而以吉禮祭之也. 士虞記曰, "是月也, 吉祭, 猶未配." 禫祭若當四時常祭之月, 則於禫月行吉祭; 若常祭在禫之後月, 則待後月而祭. 間傳言"祥而復寢"者, 謂復於平時之正寢也. 此云"吉祭而復寢"者, 謂復於平時之燕寢也. 孔氏謂"間傳旣祥復寢, 謂不復宿中門外, 復於殯宮之寢; 吉祭後不復宿殯宮, 復於平常之寢", 是也.

번역 내가 생각하기에, 길제(吉祭)를 치른 뒤 침소로 되돌아간다면, 담제(禫祭)를 치른 뒤에는 여전히 빈소에 머물게 된다. 빈소는 곧 정침(正寢)에 해당하니, 부인을 시중들게 하는 장소가 아닌데도 '종어(從御)'라고 말한 것은 부인이 시중을 들 때에는 시중을 드는 연침(燕寢)26)에서 하게 되는데, 상주가 아직 연침으로 들어가지 않았기 때문이다. 『예기』「단궁(檀弓)」편에서 "맹헌자가 담제(禪祭)를 치렀는데, 그의 부인이 시중드는 때가 되었는데도 침소로 들어가지 않았다."[27]라고 한 말이 이러한 사실을 나타낸다. 비록 아직 들어가지 않았지만 기어코 시중드는 때가 되었다고 한 것은 이것을 통해서 또한 그 사안을 처리함에도 점진적이라는 사실을 나타내기 위해서이다. '길제(吉祭)'는 신주를 받들어 묘(墓)에 안치하고, 길례에 따라서 제사를 지낸다는 뜻이다. 『의례』「사우례(士虞禮)」편의 기문에서는 "이 달에 길제를 치르게 되면 아직까지 부인을 함께 배향하지 않는다."라고 했는데, 담제를 치르는 달이 만약 사계절마다 정규적으로 지내는 제사의 달이 된다면, 담제를 치르는 달에 길제를 시행하고, 만약 정규(正規) 제사가 담제를 치른 다음 달이 된다면, 다음 달까지 기다린 뒤에 제사를 지낸다. 「간전」편에서 "대상(大祥)을 치르고서 침소로 되돌아간다."라고 했는데, 이것은 평상시 사용하는 정침(正寢)[28]으로 되돌아간다는 뜻이다. 이곳에서 "길제를 치르고서 침소로 되돌아간다."라고 한 말은 평상시 사용하는 연침으로 되돌아간다는 뜻이다. 공영달은 "「간전」편에서 대상을 치르고서 침소로 되돌아간다고 한 말은 중문 밖에서 재차 머물지 않고, 빈소의 침소로 되돌아간다는 뜻이며, 길제를 치른 뒤에는 빈소에 재차 머물지 않고, 평상시 머무는 침소로 되돌아간다."라고 했는데, 이것은 옳은 주장이다.

---

26) 연침(燕寢)은 본래 천자 및 제후들이 휴식을 취하던 장소를 가리킨다. 천자에게는 6개의 침(寢)이 있었는데, 앞쪽에 있는 1개의 침은 정전(正殿)으로, 이것을 노침(路寢)이라고 부르며, 뒤쪽에 있는 다섯 개의 침을 통칭하여, '연침'이라고 부른다. 『예기』「곡례하(曲禮下)」편에는 "天子有后, 有夫人"이라는 기록이 있는데, 이에 대한 공영달(孔穎達)의 소(疏)에서는 "周禮王有六寢, 一是正寢, 餘五寢在後, 通名燕寢."이라고 풀이하였다.

27) 『예기』「단궁상(檀弓上)」【77b】: 孟獻子禫, 縣而不樂, 比御而不入. 夫子曰: "獻子加於人一等矣."

28) 정침(正寢)은 노침(路寢)과 같은 말이다. 또한 정전(正殿)이라고도 불렸다. 군주가 정무를 처리하던 장소이다. 천자에게는 6개의 침(寢)이 있었는데, 가장 앞쪽에 있는 1개의 침이 바로 정침(正寢)이 되고, 나머지는 5개의 침은 연침(燕寢)이 된다. 또한 군주의 부인이 사용하는 정침을 뜻하기도 한다. 또한 군주 이하의 계층에게 있어서는 공적인 업무를 처리하거나 일을 할 때 사용하는 공간을 뜻하기도 한다.

참고 『예기』「잡기상(雜記上)」 기록

경문-492c 大夫次於公館以終喪, 士練而歸, 士次於公館. 大夫居廬, 士居堊室.

번역 제후가 죽었을 때, 대부는 공관(公館)에 머물며 군주의 상을 끝내고, 읍재인 사는 연제를 끝내면 되돌아가며, 조정에 속한 사는 공관에 머물며 군주의 상을 끝낸다. 임시숙소에 머물 때 대부는 여(廬)에 머물고, 사는 악실(堊室)에 머문다.

鄭注 公館, 公宮之舍也. 練而歸之士, 謂邑宰也. 練而猶處公館, 朝廷之士也, 唯大夫三年無歸也. 謂未練時也, 士居堊室, 亦謂邑宰也. 朝廷之士, 亦居廬.

번역 '공관(公館)'은 제후의 궁중에 있는 숙소이다. 연제를 끝내고 되돌아가는 사는 읍재(邑宰)를 뜻한다. 연제를 끝내고도 여전히 공관에 머무는 자는 조정에 속한 사인데, 오직 대부만이 삼년상을 치르는 동안 집으로 되돌아가는 규정이 없다. 여(廬)와 악실(堊室)에 머문다는 말은 아직 연제를 치르기 이전을 뜻하니, 사가 악실에 머문다고 할 때의 사 또한 읍재를 가리킨다. 조정의 사는 또한 여(廬)에 머문다.

孔疏 ●"公館", 君之舍也, 大夫恩深祿重, 故爲君喪"居廬". 終喪畢, 乃還家也.

번역 ●經文: "公館". ○군주의 궁궐에 있는 숙소를 뜻하니, 대부는 은택을 받은 것이 깊고 녹봉도 많기 때문에, 군주의 상을 치를 때 "여(廬)에 머문다."라고 했다. 상을 모두 끝내면 집으로 되돌아간다.

孔疏 ●"士練而歸"者, 謂邑宰之士也. 士卑恩輕, 故至小祥, 而反其所治邑也.

번역 ●經文: "土練而歸". ○읍재(邑宰)인 사를 뜻한다. 사는 신분이 미천하고 은택을 받은 것도 상대적으로 적기 때문에, 소상(小祥)을 치르게 되면 자신이 다스리는 읍(邑)으로 되돌아간다.

孔疏 ●"士次於公館"者, 此謂朝廷之士也, 雖輕而無邑事, 故亦留次公館三年也.

번역 ●經文: "土次於公館". ○여기에서 말하는 사는 조정에 속한 사를 뜻하니, 비록 은택을 받은 것이 상대적으로 적더라도, 다스리는 읍이 없기 때문에, 또한 삼년상을 치를 때까지 공관에 머물게 된다.

孔疏 ●"大夫居廬"者, 以位尊恩重, 故居廬.

번역 ●經文: "大夫居廬". ○지위가 존귀하고 은택이 깊기 때문에 여(廬)에 머문다.

孔疏 ●"士居堊室"者, 士位卑恩輕, 故居堊室也.

번역 ●經文: "士居堊室". ○사는 지위가 낮고 은택을 받은 것이 상대적으로 적기 때문에 악실(堊室)에 머문다.

孔疏 ◎注"公館"至"歸也". ○正義曰: 云"練而歸之士, 謂邑宰也"者, 以下文云"士次於公館". 今云"練而歸", 明是邑宰, 以爲君治邑. 若久而不歸, 卽廢其職事也. 若身爲大夫, 雖位得采地, 亦終喪乃歸也.

번역 ◎鄭注: "公館"~"歸也". ○정현이 "연제를 끝내고 되돌아가는 사는 읍재(邑宰)를 뜻한다."라고 했는데, 아래문장에서 "사는 공관(公館)에 머문다."라고 했기 때문이다. 현재 이곳에서 "연제를 끝내고 되돌아간다."라고 했는데, 이것은 읍재를 뜻하니, 그는 군주를 대신하여 읍을 다스리는 자이기 때문이다. 만약 오래도록 머물며 되돌아가지 않는다면, 자신이 맡은 직무를 내버리는 꼴이 된다. 만약 그 자신이 대부의 신분이라면, 비록 해당 지위에 따른 채지를 받고 있더라도, 또한 상을 끝내고서야 되돌아간다.

孔疏 ◎注“謂未”至“居廬”. ○正義曰: 知此是未練時者, 按間傳云: “斬衰之喪, 居倚廬.” 旣練居堊室, 此經若練後, 則大夫居堊室. 今云大夫居廬, 明未練時也. 云“士居堊室, 亦謂邑宰也”者, 士若非邑宰, 未練之前, 當與大夫同居廬. 今云“居堊室”, 故知是邑宰也. 必知邑宰者, 以上文云“大夫終喪, 士練而歸”, 言邑宰之士, 降於大夫. 此云“士居堊室”, 亦降於大夫, 故知是邑宰之士也. 云“朝廷之士, 亦居廬”者, 以臣爲君喪, 俱服斬衰, 故知未練之前, 士亦居廬也. 然周禮・宮正注云: “親者貴者居廬, 疏者賤者居堊室.” 引此雜記云: “大夫居廬, 士居堊室.” 則是大夫以上定居廬, 士以定居堊室. 此云“朝廷之士, 亦居廬”, 與彼不同者, 尋鄭之文意, 若與王親者, 雖云士賤亦居廬, 則此云“朝廷之士, 亦居廬”, 是也. 若與王無親, 身又是士, 則居堊室, 則此經“士居堊室”, 是也. 故鄭於宮正之注, 引此“士居堊室”, 證賤者居堊室也. 若與王親, 雖疏, 但是貴者, 則亦居廬也. 庾氏・熊氏並爲此說. 熊氏或說云: 若天子, 則大夫居廬, 士居堊室. 則雜記言是也. 若諸侯, 則朝廷大夫士皆居廬也, 邑宰之士居堊室. 宮正之注是也. 此義得兩通, 故並存焉.

번역 ◎鄭注: “謂未”~“居廬”. ○정현이 아직 연제를 치르지 않은 시기에 해당함을 알 수 있었던 이유는 「간전」편을 살펴보면, “참최복의 상에서는 의려(倚廬)에 머문다.”라고 했기 때문이다. 연제를 끝내면 악실(堊室)에 머물게 되는데, 이곳 경문의 내용이 만약 연제를 끝낸 이후가 된다면, 대부는 악실에 머물게 된다. 그런데 현재 대부가 여(廬)에 머문다고 했으니, 이 것은 아직 연제를 치르지 않은 시기를 나타낸다. 정현이 “사가 악실에 머문다고 할 때의 사 또한 읍재를 가리킨다.”라고 했는데, 사가 만약 읍재의 신분이 아니라면, 아직 연제를 치르기 이전에는 마땅히 대부와 함께 여(廬)에 머물러야 한다. 현재 “악실에 머문다.”라고 했기 때문에, 그 사람이 읍재의 신분임을 알 수 있다. 읍재의 신분임을 확실히 알 수 있는 이유는 앞의 문장에서 “대부는 상을 끝내고, 사는 연제를 끝내고 되돌아간다.”라고 했기 때문이니, 이 말은 읍재인 사는 대부보다 수위를 낮춘다는 뜻이다. 그런데 이곳에서는 "사는 악실에 머문다."라고 했으니, 이 또한 대부보다 낮춘 것이 되기 때문에, 읍재인 사임을 알 수 있다. 정현이 "조정의 사는 또한 여(廬)에 머문다."라고 했는데, 신하가 군주의 상을 치를 때에는 모두 참최복을 착용하기 때문에, 아직 연제를 치르기 이전에 사는 또한 여(廬)에 머문다는 사실을 알 수 있다. 그런데 『주례』「궁정(宮正)」편에 대한 정현의 주를 살펴보면, "관계가 가까운 자와 존귀한 자는 여(廬)에 머물고, 관계가 먼 자와 미천한 자는 악실에 머문다."[29]라고 했다. 그리고 이곳 「잡기」편의 기록을 인용하여, "대부는 여(廬)에 머물고, 사는 악실에 머문다."라고 했으니, 이것은 대부 이상의 계급은 주로 여(廬)에 머물고, 사는 주로 악실에 머문다는 사실을 나타낸다. 반면 이곳 주석에서는 "조정에 속한 사는 또한 여(廬)에 머문다."라고 하여, 『주례』의 주석과 차이를 보인다. 정현의 문장에 나타난 그 속내를 살펴보면, 천자와 친족 관계에 있는 자라면, 비록 사처럼 미천한 신분인 자라도 여(廬)에 머문다는 사실을 뜻하니, 이곳에서 "조정에 속한 사 또한 여(廬)에 머문다."고 한 말이 이러한 사실을 나타낸다. 또 천자와 친족관계가 없는 자이고 그 자의 신분이 사에 해당한다면, 악실에 머물게 되니, 이곳 경문에서 "사는 악실에 머문다."라고 한 말이 이러한 사실을 나타낸다. 그러므로 「궁정」편에 대한 정현의 주에서는 이곳에서 "사는 악실에 머문다."라고 했던 말을 인용하여, 미천한 자는 악실에 머문다는 사실을 증명한 것이다. 만약 천자와 친족 관계에 있다면, 비록 관계가 소원한 사이일지라도 존귀한 신분인 자는 또한 여(廬)에 머물게 된다. 유울지·웅안생은 모두 이처럼 설명했다. 웅안생은 또한 만약 천자의 상이라면, 대부는 여(廬)에 머물고 사는 악실에 머물게 되니, 「잡기」편에서 말한 내용이 이러한 경우에 해당한다. 만약 제후의 상이라면, 조정에 속한 대부와 사는 모두 여(廬)에 머물고, 읍재인 사는 악실에 머물게 되니, 「궁정」편에 대한 정현의 주가 이러한 경우에 해당한다고 했다. 이러한 주장도 뜻이 소

---

29) 이 문장은 『주례』「천관(天官)·궁정(宮正)」편의 "大喪, 則授廬舍, 辨其親疏貴賤之居."라는 기록에 대한 정현의 주이다.

통되기 때문에, 모두 기록해둔다.

訓纂 江氏永曰: 竊疑古者方喪之禮, 雖致其隆, 居廬堊室, 亦惟在朝之卿·大夫·士耳. 邑宰有治民之責, 初喪哭臨, 後當還其本邑, 豈可旣練而歸, 曠廢一年之事乎? 文端公謂"士皆朝廷之士, 旣練而歸", 當矣.

번역 강영[30]이 말하길, 내가 생각하기에 고대에 상을 치르는 예법에서는 비록 융성함을 지극히 하더라도, 여(廬)와 악실(堊室)에 머물게 되는 자는 또한 오직 조정에 속한 경·대부·사에 한정되었을 따름이다. 읍재에게는 백성들을 다스려야 하는 책무가 있으니, 초상 때 곡(哭)을 하며 상에 임한 뒤에는 마땅히 자신의 읍으로 되돌아가야 하는데, 어떻게 연제를 끝낼 때까지 기다린 뒤에야 돌아가서, 1년 동안 읍 다스리는 일을 내버려둘 수 있겠는가? 문단공이 "사는 모두 조정에 속한 사를 뜻하니, 이들은 연제를 끝내고서 되돌아간다."라고 한 말이 합당하다.

集解 公館, 謂喪次在公所者也. 士練而歸於其家, 亦爲喪次於寢門外以居, 故謂次之在公所者爲公館, 別於在家之次也. 大夫次於公館以終喪, 士練而歸, 此以恩之淺深爲居次久暫之差. 士次於公館, 大夫居廬, 士居堊室, 言未練之前, 士亦次於公館, 但大夫居廬, 士居堊室, 又以恩之深淺爲居次重輕之差也. 喪大記曰, "公之喪, 大夫俟練, 士卒哭而歸." 此謂異姓之大夫士, 與君無服者也. 大夫次於公館以終喪, 士練而歸, 謂同姓之大夫士, 與君有服者也. 周禮宮正"大喪, 別其親疏貴賤之居", 可見臣爲君居喪之次, 不惟貴賤有不同, 其親疏亦不同矣.

번역 '공관(公館)'은 상을 치르며 군주의 시신이 있는 곳에서 임시로 머물게 되는 곳을 뜻한다. 사는 연제를 끝내고 자신의 집으로 되돌아가는데,

---

30) 강영(江永, A.D.1681~A.D.1762) : 청(淸)나라 때의 경학자이다. 자(字)는 신수(愼修)이다. 『십삼경주소(十三經注疏)』에 대한 연구를 했으며, 특히 삼례(三禮)에 대해 해박했다.

이 또한 침문(寢門) 밖에 상을 치르며 임시로 머무는 숙소에 있게 된다. 그렇기 때문에 군주가 계신 곳에 임시 숙소를 만든 것을 '공관(公館)'이라고 하여, 일반 집에 있는 임시 숙소와는 구별하는 것이다. 대부는 공관에 머물며 상을 끝내고, 사는 연제를 끝내고 되돌아가는데, 이것은 군주로부터 받은 은정의 차이에 따라 임시숙소에 머무는 기간에 차이를 둔 것이다. 사는 공관에 임시숙소를 정하고, 대부는 여(廬)에 머물며, 사는 악실(堊室)에 머문다고 했는데, 이것은 아직 연제를 치르기 이전에 사 또한 공관에 임시 숙소를 정한다는 뜻이다. 다만 대부가 여(廬)에 머물고 사가 악실에 머무는 것은 또한 은정의 깊이에 따라 머무는 임시숙소에도 경중의 차등을 둔 것이다. 『예기』「상대기(喪大記)」편에서는 "제후의 상에 있어서 대부는 연제를 끝낼 때까지 기다리고 사는 졸곡(卒哭)[31]을 한 뒤에 되돌아간다."[32]고 했다. 이것은 군주와 이성(異姓)인 대부 및 사로, 군주에 대해서 친족에 따른 상복관계가 형성되지 않는 자들을 가리킨다. 대부가 공관에 머물며 상을 끝내고, 사가 연제를 마치고 되돌아간다고 했는데, 이것은 군주와 동성(同姓)인 대부 및 사로, 군주에 대해서 친족에 따른 상복관계가 형성되는 자들을 가리킨다. 『주례』「궁정(宮正)」편에서 "대상(大喪)[33]의 경우 친소·귀천에 따른 숙소를 구별한다."[34]라고 했으니, 신하가 군주를 위해서 상을 치르며 머물게 되는 숙소는 오직 신분의 차이에 따른 차등만 있는 것이

---

31) 졸곡(卒哭)은 우제(虞祭)를 지낸 뒤에 지내는 제사이다. 이 제사를 지내게 되면, 수시로 곡(哭)하던 것을 멈추고, 아침과 저녁때에만 한 번씩 곡을 하게 된다. 그렇기 때문에 '졸곡'이라고 부르게 된 것이다.

32) 『예기』「상대기(喪大記)」【539d】: 公之喪, 大夫俟練, 士卒哭而歸.

33) 대상(大喪)은 천자(天子)·왕후(王后)·세자(世子) 등의 상(喪)을 가리킨다. 이들은 가장 존귀한 자들에 해당하기 때문에, 그들에 대한 상(喪) 또한 '대(大)'자를 붙여서, '대상'이라고 부르는 것이다. 『주례』「천관(天官)·재부(宰夫)」편에는 "大喪小喪, 掌小官之戒令, 帥執事而治之."라는 기록이 있는데, 이에 대한 정현의 주에서는 "大喪, 王·后·世子之喪也."라고 풀이했다. 한편 '대상'은 부모의 상(喪)을 가리키기도 한다. 부모는 자식의 입장에서 가장 중대한 대상에 해당하기 때문에, 부모의 상(喪)을 '대상'이라고 부르는 것이다. 『춘추공양전』「선공(宣公) 1년」편에는 "古者臣有大喪, 則君三年不呼其門."이라는 용례가 있다.

34) 『주례』「천관(天官)·궁정(宮正)」: 大喪, 則授廬舍, 辨其親疏貴賤之居.

아니라, 친족관계에 있어서도 또한 차등이 있었음을 확인할 수 있다.

【集解】 鄭氏以練而歸之士爲邑宰, 非也. 人君以國爲家, 若君喪而悉聚一國之大夫士於君所, 則內無以治其民人, 外無以固其邊圉, 有必不可者. 且爲人旣衆, 則盧・堊室亦不足以容也. 大夫士之宰邑者, 其於君之喪, 蓋如諸侯之於天子, 各於其邑爲喪次以居喪爾.

【번역】 정현은 연제를 끝내고 되돌아가는 사를 읍재라고 여겼는데, 잘못된 주장이다. 군주는 나라를 자신의 집처럼 여기는데, 만약 군주의 상을 당하여 한 나라에 있는 대부 및 사를 군주의 시신이 있는 곳에 모두 모아둔다면, 내적으로는 백성들을 다스릴 수 없고, 외적으로는 국경을 지킬 수가 없으니, 분명 이처럼 할 수 없었을 것이다. 또 이처럼 하게 되면 사람들이 많아져서, 여(盧)와 악실(堊室)로도 수용하기에 부족하게 된다. 대부와 사 중 읍재인 자들은 군주의 상에 대해서, 아마도 제후가 천자의 상을 치를 때처럼 하여, 각각 그 읍에 상중에 머무는 임시숙소를 마련하여 상을 치렀을 것이다.

참고 『예기』「상복소기(喪服小記)」 기록

【경문-420c】 父不爲衆子次於外.

【번역】 부친은 적장자를 제외한 나머지 아들들의 상을 치를 때, 중문 밖에 임시숙소를 마련하지 않는다.

【鄭注】 於庶子略, 自若居寢.

【번역】 서자에 대해서는 예법을 간략히 하여, 침(寢)에 머물 때처럼 지낸다.

孔疏 ●“父不”至“於外”. ○正義曰: 衆子, 庶子. 次, 謂中門外次也. 庶子賤略之, 故父不爲之次, 自若常居於寢也, 不爲之處門外爲喪次也, 長子則次於外爲喪次也.

번역 ●經文: “父不”~“於外”. ○‘중자(衆子)’는 서자들을 뜻한다. ‘차(次)’는 중문 밖에 설치하는 임시숙소를 뜻한다. 서자는 신분이 미천하므로 간략히 시행한다. 그렇기 때문에 부친은 그를 위해서 임시숙소를 마련하지 않고, 평상시처럼 침(寢)에 거처하는 것이니, 그를 위해 중문 밖의 임시숙소를 마련하지 않는다면, 장자의 경우에는 중문 밖에 임시숙소를 마련한다.

상복과 강복(降服)·정복(正服)·의복(義服)

【666d】

斬衰三升, 齊衰四升·五升·六升, 大功七升·八升·九升, 小功十升·十一升·十二升, 緦麻十五升去其半. 有事其縷, 無事其布, 曰緦. 此哀之發於衣服者也

직역 斬衰는 三升이고, 齊衰는 四升·五升·六升이며, 大功은 七升·八升·九升이고, 小功은 十升·十一升·十二升이며, 緦麻는 十五升에서 그 半을 去한다. 그 縷에 事함이 有하나 그 布에 事함이 無하여, 緦라 曰한다. 此는 哀가 衣服에 發한 者이다.

의역 참최복(斬衰服)의 경우 정복(正服)은 3승(升)의 포로 만들고 의복(義服)은 3.5승의 포로 만든다. 자최복(齊衰服)의 경우 강복(降服)은 4승의 포로 만들고 정복은 5승의 포로 만들며 의복은 6승의 포로 만든다. 대공복의 경우 강복은 7승의 포로 만들고 정복은 8승의 포로 만들며 의복은 9승의 포로 만든다. 소공복(小功服)의 경우 강복은 10승의 포로 만들고 정복은 11승의 포로 만들며 의복은 12승의 포로 만든다. 시마복(緦麻服)의 경우 15승에서 그 반을 줄인 포로 만든다. 실에는 가공을 하지만 그것으로 짜낸 포에 가공을 하지 않기 때문에 시마복을 '시(緦)'라고 부른다. 이것은 애통함이 의복을 통해 드러나는 것이다.

集說 每一升凡八十縷. 斬衰正服三升, 義服三升半. 齊衰降服四升, 正服五升, 義服六升. 大功降服七升, 正服八升, 義服九升. 小功降服十升, 正服十一升, 義服十二升. 緦麻降正義同用十五升布, 去其七升半之縷. 蓋十五升者,

朝服之布, 其幅之經一千二百縷也. 今總布用其半, 六百縷爲經, 是去其半也. 有事其縷者, 事謂煮治其紗縷而後織也. 無事其布者, 及織成則不洗治其布, 而卽以製總服也. 若用爲錫衰, 則加灰以洗治之, 故前經云加灰錫也. 然則總服是熱縷生布, 其小功以上, 皆生縷以織矣.

번역 매 1승(升)1)은 총 80가닥으로 되어 있다. 참최복(斬衰服)의 경우 정규 복장은 3승으로 만들고, 의복(義服)은 3.5승으로 만든다. 자최복(齊衰服)의 경우 강복(降服)은 4승으로 만들고, 정규 복장은 5승으로 만들며, 의복은 6승으로 만든다. 대공복(大功服)의 경우 강복은 7승으로 만들고, 정규 복장은 8승으로 만들며, 의복은 9승으로 만든다. 소공복(小功服)의 경우 강복은 10승으로 만들고, 정규 복장은 11승으로 만들며, 의복은 12승으로 만든다. 시마복(緦麻服)의 경우 강복 · 정복 · 의복 모두 동일하게 15승의 포(布)를 사용하는데, 그 중 7.5승의 가닥을 제거한다. 15승은 조복(朝服)2)을 만들 때 사용하는 포이니,3) 그 폭에 날실로 들어간 것은 1,200가닥이다. 현재 시마복을 만드는 포는 그 절반만 사용한다고 했으니, 600가닥이 날실이 되며, 이것이 반을 제거한다는 뜻이다. "가닥에 사(事)함이 있다."라고 했는데, '사(事)'자는 실을 삶고 가공한 이후에 짠다는 뜻이다. "포에 사(事)함이 없다."라고 했는데, 실을 짜서 포를 만들게 되면 포를 씻거나 가공하지 않고, 곧바로 시마복으로 만든다는 뜻이다. 만약 이것을 이용해서 석최(錫衰)4)를 만들게 된다면, 잿물에 담가서 세척하고 가공한다. 그렇기 때문에 앞의 경문에서는 "잿물에 담그는 공정을 가미하면 석최가 된다."5)라고 한 것이다. 그렇다면 시마복은 실을 삶아서 짜낸 생포이고, 소공복 이상은 모

1) 승(升)은 옷감과 관련된 단위이다. 고대에는 포(布) 80가닥[縷]을 1승(升)으로 여겼다. 『의례』「상복(喪服)」편에서는 "冠六升, 外畢."이라는 기록이 있는데, 이에 대한 정현의 주에서는 "布八十縷爲升."이라고 풀이했다.
2) 조복(朝服)은 군주와 신하가 조회를 열 때 착용하는 복장을 뜻한다. 중요한 의식을 치를 때 착용하는 예복(禮服)을 가리키기도 한다.
3) 『예기』「잡기상(雜記上)」【499b】: 朝服十五升, 去其半而緦加灰, 錫也.
4) 석최(錫衰)는 가는 베로 만든 옷으로, 일종의 상복(喪服)에 해당한다. 천자의 경우, 삼공(三公)이나 육경(六卿)의 상(喪)에 착용했던 복장이다.
5) 『예기』「잡기상(雜記上)」【499b】: 朝服十五升, 去其半而緦加灰, 錫也.

두 생실로 짜게 된다.

大全 馬氏曰: 先王因哀以制禮, 則禮有隆殺, 因禮以見哀, 則哀有大小. 凡喪以哀爲主, 此以上凡言哀者六, 自斬衰以至緦麻, 輕重差等, 莫不有當也. 其曰哀之發於容體, 則因容體以爲禮, 哀之發於聲音, 則因聲音以爲禮, 哀之發於言語, 則因言語以爲禮, 哀之發於飮食, 則因飮食以爲禮, 哀之發於居處, 則因居處以爲禮, 哀之發於衣服, 則因衣服以爲禮. 其始也本於哀, 其終也成於禮. 有是哀則不得不行是禮, 有是禮則不得不致是哀也.

번역 마씨6)가 말하길, 선왕은 애통한 감정에 따라서 예법을 제작했으니 예법에는 높이고 낮추는 차등이 있고, 예법에 따라서 애통함을 드러내게 했으니 애통함에는 크고 작은 차등이 있다. 모든 상은 애통함을 위주로 하는데, 이곳 구문까지 애통함을 말한 것은 여섯 번이며, 참최복(斬衰服)으로부터 시마복(緦麻服)에 이르기까지 경중의 차등에 마땅하지 않은 것이 없다. "애통함이 용모를 통해 드러나는 것이다."7)라고 했으니, 용모를 통해서 예법을 시행하는 것이며, "애통함이 소리를 통해 드러나는 것이다."8)라고 했으니, 소리를 통해서 예법을 시행하는 것이고, "애통함이 말을 통해 드러나는 것이다."9)라고 했으니, 말을 통해 예법을 시행하는 것이며, "애통함이 음식을 통해 드러나는 것이다."10)라고 했으니, 음식을 통해 예법을 시행하

---

6) 마희맹(馬晞孟, ?~?): =마씨(馬氏)·마언순(馬彦醇). 자(字)는 언순(彦醇)이다. 『예기해(禮記解)』를 찬술했다.

7) 『예기』「간전」【665a~b】: 斬衰何以服苴? 苴, 惡貌也, 所以首其內而見諸外也. 斬衰貌若苴, 齊衰貌若枲, 大功貌若止, 小功緦麻容貌可也. 此哀之發於容體者也.

8) 『예기』「간전」【665c】: 斬衰之哭, 若往而不反. 齊衰之哭, 若往而反. 大功之喪, 三曲而偯. 小功緦麻, 哀容可也. 此哀之發於聲音者也.

9) 『예기』「간전」【665d】: 斬衰唯而不對, 齊衰對而不言, 大功言而不議, 小功緦麻議而不及樂. 此哀之發於言語者也.

10) 『예기』「간전」【666a】: 斬衰三日不食, 齊衰二日不食, 大功三不食, 小功緦麻再不食, 士與斂焉則壹不食. 故父母之喪, 旣殯食粥, 朝一溢米, 莫一溢米. 齊衰之喪, 疏食水飮, 不食菜果. 大功之喪, 不食醯醬. 小功緦麻, 不飮醴酒. 此哀之發於飮食者也.

는 것이고, "애통함이 거처를 통해 드러나는 것이다."[11]라고 했으니, 거처를 통해 예법을 시행하는 것이며, "애통함이 의복을 통해 드러나는 것이다."라고 했으니, 의복을 통해 예법을 시행하는 것이다. 시작함에는 애통함에 근본을 두었고, 마침에는 예법을 통해 완성하였다. 이러한 애통함이 있다면 그에 맞는 예법을 시행하지 않을 수가 없고, 이러한 예법이 있다면 그에 맞는 애통함을 지극히 나타내지 않을 수가 없다.

鄭注 此齊衰多二等, 大功 · 小功多一等. 服主於受, 是極列衣服之差也.

번역 이곳 기록은 『의례』「상복(喪服)」편의 기록에 비해 자최복(齊衰服)에 있어서는 2등급이 많고, 대공복(大功服)과 소공복(小功服)에 있어서는 1등급이 많다. 상복의 경우 받는 것을 위주로 하니, 이것은 의복의 차등을 매우 세밀하게 구분한 것이다.

釋文 去, 起呂反, 下"去麻"同. 縷, 力主反. 差, 初佳反, 後放此.

번역 '去'자는 '起(기)'자와 '呂(려)'자의 반절음이며, 아래문장에 나오는 '去麻'에서의 '去'자도 그 음이 동일하다. '縷'자는 '力(력)'자와 '主(주)'자의 반절음이다. '差'자는 '初(초)'자와 '佳(가)'자의 반절음이며, 이후에 나오는 이 글자는 그 음이 이와 같다.

孔疏 ●"斬衰三升"者, 此明五服精麤之異.

번역 ●經文: "斬衰三升". ○이 문장은 오복(五服)의 재질에 나타나는 정밀하고 거친 차이를 나타내고 있다.

孔疏 ●"有事其縷, 無事其布曰緦"者, 以三月之喪, 治其麻縷, 其細如緦,

---

11) 『예기』「간전」【666b~c】: 父母之喪, 居倚廬, 寢苫枕塊, 不稅絰帶. 齊衰之喪, 居堊室, 芐翦不納. 大功之喪, 寢有席. 小功緦麻, 牀可也. 此哀之發於居處者也.

故云"緦麻". 以朝服十五升, 抽去其半, 縷細而疏也.

번역 ●經文: "有事其縷, 無事其布曰緦". ○3개월 동안 치르는 상에서는 마(麻)의 실을 가공하는데, 그 가늘기가 가는 삼베[緦]와 같다. 그렇기 때문에 '시마(緦麻)'라고 부른다. 조복(朝服)을 만드는 15승(升)의 포에서 그 반을 덜어내니 실의 가닥이 가늘고 성글다.

孔疏 ●"有事其縷", 事, 謂鍛治其布繅縷也.

번역 ●經文: "有事其縷". ○'사(事)'자는 포에 들어가는 실을 불리고 가공한다는 뜻이다.

孔疏 ●"無事其布", 謂織布旣成, 不鍛治其布, 以哀在外故也.

번역 ●經文: "無事其布". ○포를 짜고 나면 포를 가공하지 않으니, 슬픔을 겉으로 드러내기 때문이다.

孔疏 ◎注"此齊"至"差也". ○正義曰: 此齊衰多二等者, 按喪服記云"齊衰四升", 此經云"齊衰四升·五升·六升", 多於喪服篇之二等, 故云"多二等"也. 云"大功小功多一等"者, 按喪服記云"大功八升若九升", 此云"大功七升·八升·九升", 是多於喪服一等也. 喪服記又云"小功十升若十一升", 此云"小功十升·十一升·十二升", 是多於喪服一等也, 故云"大功·小功多一等"也. 云"服主於受"者, 以喪服之經, 理主於受服者. 而言以大功之殤無受服, 不列大功七升, 以喪服父母爲主, 欲其文相値, 故略而不言, 故云"服主於受"也. 云"是極列衣服之差也"者, 以喪服旣略, 故記者於是經極列衣服之差, 所以齊衰多二等, 大功·小功多一等也.

번역 ◎鄭注: "此齊"~"差也". ○이곳에서 "자최복(齊衰服)에 있어서는 2등급이 많다."라고 했는데, 『의례』「상복(喪服)」편의 기문을 살펴보면, "자최복은 4승(升)의 포로 만든다."[12]라고 했고, 이곳 경문에서는 "자최복은

4승의 포로 만들고, 5승의 포로 만들며, 6승의 포로 만든다.”라고 하여, 「상복」편의 기록보다 2등급이 많다. 그렇기 때문에 “2등급이 많다.”라고 했다. 정현은 “대공복(大功服)과 소공복(小功服)에 있어서는 1등급이 많다.”라고 했는데, 「상복」편의 기문을 살펴보면 “대공복은 8승의 포로 만들고, 9승의 포로 만든다.”13)라고 했고, 이곳 경문에서는 “대공복은 7승의 포로 만들고, 8승의 포로 만들며, 9승의 포로 만든다.”라고 하여, 「상복」편의 기록보다 1등급이 많다. 또 「상복」편의 기문에서는 “소공복은 10승의 포로 만들고, 11승의 포로 만든다.”14)라고 했고, 이곳 경문에서는 “소공복은 10승의 포로 만들고, 11승의 포로 만들며, 12승의 포로 만든다.”라고 하여, 「상복」편의 기록보다 1등급이 많다. 그렇기 때문에 “대공복과 소공복에 있어서 1등급이 많다.”라고 말한 것이다. 정현이 “상복의 경우 받는 것을 위주로 한다.”라고 했는데, 「상복」편의 경문에 따르면 이치상 상복을 받는 자를 위주로 한다. 그런데 대공복의 관계이지만 요절한 경우에는 상복을 받지 않으니, 대공복 중 7승의 포로 만드는 것을 나열하지 않았다는 뜻으로, 「상복」편에서는 부모의 상을 위주로 하여, 그 문장을 서로 연이어 기록하고자 한 것이다. 그렇기 때문에 생략하여 언급하지 않았다. 그래서 “상복의 경우 받는 것을 위주로 한다.”라고 말한 것이다. 정현이 “이것은 의복의 차등을 매우 세밀하게 구분한 것이다.”라고 했는데, 「상복」편에서는 이미 간략히 언급했기 때문에 『예기』를 기록한 자는 이곳 경문에 대해서 의복의 차등을 매우 세밀하게 구분하여 나열한 것이니, 자최복의 경우 2등급이 많아지고 대공복과 소공복의 경우 1등급이 많아진 이유이다.

集解　思謂: 喪服記斬衰二等, 此惟一等, 蓋喪服主於服之相受, 斬衰雖有三升三升有半二等, 而其受服同以六升也. 此記主言親屬之服, 而三升有半之斬衰, 乃臣爲君之服, 故略之也.

---

12) 『의례』「상복(喪服)」: 齊衰四升, 其冠七升.
13) 『의례』「상복(喪服)」: 大功八升若九升.
14) 『의례』「상복(喪服)」: 小功十升若十一升.

번역 내가 생각하기에, 『의례』「상복(喪服)」편의 기문에서는 참최복(斬衰服)에 2등급이 있다고 했는데,15) 이곳에서는 오직 1등급만 기록하였다. 그 이유는 「상복」편의 기록은 상복을 서로 건네는 것을 위주로 하여, 참최복에 비록 3승(升)과 3.5승의 두 등급이 있다고 하지만, 상복을 받을 경우 동일하게 6승의 것으로 한다. 이곳 기록은 친족에 대해 상복 착용하는 것을 위주로 언급했고, 3.5승의 포로 만든 참최복은 신하가 군주를 위해서 착용하는 상복이다. 그렇기 때문에 생략한 것이다.

集解 賈氏公彦曰: 凶服所以表哀, 哀有淺深, 故布有精粗. 喪服十有一章, 從斬至緦, 升數有異. 斬有正·義不同, 爲父三升爲正, 爲君三升半爲義, 其冠同六升. 齊衰三年, 惟有正服四升, 冠七升. 繼母·慈母雖是義以配父, 故與因母同. 齊衰杖期, 父在爲母爲妻同, 正服五升, 冠八升, 有正而已. 齊衰不杖期, 有正有義, 正則五升, 冠八升; 義則六升, 冠九升. 齊衰三月, 皆義服, 六升, 冠九升. 曾祖父母是正服, 但正服合服小功, 以尊其祖, 不服小功而服齊衰, 非本服, 故同義服也. 殤大功有降有義, 爲夫之昆弟之子之長殤爲義, 其餘皆降, 降服衰七升, 冠十升; 義服衰九升, 冠十一升. 大功有降有正有義, 姑姊妹出適之等是降, 婦人爲夫族是義, 其餘皆正, 正服衰八升, 冠十升. 緦衰唯有義服四升半, 冠七升, 諸侯之大夫爲天子而已. 殤小功有降有義, 婦人爲夫之族類是義, 其餘皆降, 降則衰冠同十升, 義則同十二升. 小功亦有降有正有義, 正服衰冠同十一升也. 緦麻亦有降有正有義, 但衰冠同十五升去其半而已.

번역 가공언16)이 말하길, 흉복(凶服)17)은 애통함을 드러내는 수단이고,

---

15) 『의례』「상복(喪服)」 : 衰三升, 三升有半.
16) 가공언(賈公彦, ?~?) : 당(唐)나라 때의 유학자이다. 정현(鄭玄)을 존숭하였다. 예학(禮學)에 조예가 깊었다. 『주례소(周禮疏)』, 『의례소(儀禮疏)』 등의 저서를 남겼으며, 이 저서들은 『십삼경주소(十三經注疏)』에 포함되었다.
17) 흉복(凶服)은 상복(喪服)과 같은 말이다. 상(喪)을 당한 것은 흉사(凶事)에 해당하므로, 상을 치르며 입는 복장을 '흉복'이라고도 부르는 것이다. 『논어』「향당(鄕黨)」편에는 "凶服者式之."라는 기록이 있고, 이에 대한 하안(何晏)의 『집해(集解)』에서는 공안국(孔安國)의 주장을 인용하여, "凶服, 送死之衣物."이라고 풀이했다.

애통함에는 깊고 옅은 차이가 있기 때문에, 상복을 만드는 포에 있어서도 정밀하고 거친 차이가 있다. 『의례』「상복(喪服)」편은 총 11장으로 구성되어 있는데, 참최복(斬衰服)으로부터 시마복(緦麻服)에 이르기까지 승(升)의 수에는 차이가 있다. 참최복의 경우 정복(正服)과 의복(義服)의 차이가 있으니, 부친을 위해서는 3승의 포로 만든 정복을 착용하고, 군주를 위해서는 3.5승의 포로 만든 의복을 착용하며, 관에 있어서는 동일하게 6승의 포로 만든다. 자최복(齊衰服)을 착용하여 3년 동안 복상하는 경우에는 4승의 포로 만든 정복과 7승의 포로 만든 관만 있다. 계모와 자모(慈母)[18]는 비록 의복에 해당하지만 부친에게 배향하는 자들이기 때문에, 그에 따라 모친과 동일하게 치른다. 자최복을 착용하고 지팡이를 잡으며 기년상(期年喪)을 치르는 경우, 부친이 생존해 계실 때 모친과 처를 위해서 동일하게 하여 5승의 포로 만든 정복과 8승의 포로 만든 관을 착용하니, 정복만 있을 따름이다. 자최복을 착용하고 지팡이를 잡지 않는 기년상의 경우 정복과 의복이 있어서, 정복의 경우 5승의 포로 만들고 관은 8승의 포로 만들며, 의복의 경우 6승의 포로 만들고 관은 9승의 포로 만든다. 자최복을 입고 3개월 동안 복상하는 경우에는 모두 의복을 착용하여 6승의 포로 만들고 관은 9승의 포로 만든다. 증조부모에 대해서는 정복에 해당하는데, 다만 정복에 소공복(小功服)을 합하니, 조부를 존귀하게 높여서 소공복을 착용하지 않고 자최복을 착용하지만, 이것은 본래의 복장이 아니다. 그렇기 때문에 동일하게 의복에 따른다. 요절한 자에 대해 대공복(大功服)을 착용할 때에는 강복(降服)이 있고 의복이 있는데, 부친 곤제의 자식 중 장상(長殤)[19]에 대해서는 의복을 착용하고, 나머지 경우는 모두 강복을 착용하며, 강복의 경우 상복은 7승의 포로 만들고 관은 10승의 포로 만들며, 의복의 경우 상복은 9승의 포로 만들고 관은 11승의 포로 만든다. 대공복의 경우 강복이 있고 정복이 있으며 의복이 있는데, 고모와 자매 중 출가를 한 여자 등은 강복에

---

18) 자모(慈母)는 모친을 뜻하기도 하지만, 고대에는 자신을 양육시켜준 서모(庶母)를 뜻하는 용어로 사용하기도 했다.

19) 장상(長殤)은 16~19세 사이에 요절한 자를 뜻한다. 『의례』「상복(喪服)」편에 "年十九至十六爲長殤."이라는 기록이 있다.

해당하고, 부인이 남편의 친족을 위해 상복을 착용할 때에는 의복에 해당하며, 나머지 경우는 모두 정복에 해당하는데, 정복의 경우 상복은 8승의 포로 만들고 관은 10승의 포로 만든다. 세최(繐衰)[20]에는 오직 의복만 있어서 4.5승의 포로 만들고 관은 7승으로 만들며, 제후에게 소속된 대부가 천자의 상을 치를 때 착용할 따름이다. 요절한 자에 대해 소공복을 착용하는 경우 강복이 있고 의복이 있는데, 부인이 남편의 친족을 위해서 상복을 착용하는 것은 의복에 해당하고, 나머지 경우는 모두 강복에 해당한다. 강복의 경우라면 상복과 관을 모두 10승의 포로 만들고, 의복의 경우라면 상복과 관을 모두 12승의 포로 만든다. 소공복에도 강복・정복・의복이 있는데, 정복의 경우 상복과 관을 모두 11승의 포로 만든다. 시마복에도 강복・정복・의복이 있지만, 상복과 관은 모두 15승에서 반을 제거한 포를 사용할 따름이다.

集解 愚謂: 齊衰杖期章之"父在爲母", 不杖章之"爲人後者爲其父母", "女子子適人者爲其父母", 皆由三年而降者也. 周景王有后與大子之喪, 而叔向謂其有三年之喪二, 則妻之服雖非由三年而降, 亦本有三年之義者也, 則亦當爲降服矣. 齊衰期正服衰五升, 冠八升, 則降服衰四升, 冠七升, 賈氏謂"齊衰期無降服", 非也. 吉布十五升, 而喪衰則極於小功十二升而止. 十三升十四升之布不用爲衰者, 以其升數與吉布相近, 不可爲吉凶之別, 故繐麻用十五升去其半而爲之, 蓋布雖疏而縷則精矣.

번역 내가 생각하기에, 『의례』「상복(喪服)」편의 '자최기장장(齊衰杖期章)'에는 "부친이 생존해 계실 때 돌아가신 모친을 위해서 착용한다."[21]라고 했고, '부장장(不杖章)'에서는 "남의 후계자가 된 자가 자신의 부모를 위해서 착용한다."[22]라고 했고, "딸자식 중 남에게 시집을 간 자가 자신의

---

20) 세최(繐衰)는 5개월 동안 소공복(小功服)의 상을 치를 때 착용하는 상복을 뜻한다. 가늘고 성근 마(麻)의 포를 사용해서 만들기 때문에, '세최'라고 부른다.
21) 『의례』「상복(喪服)」: 父在爲母. 傳曰, 何以期也? 屈也. 至尊在, 不敢伸其私尊也.
22) 『의례』「상복(喪服)」: 爲人後者爲其父母. 報.

부모를 위해서 착용한다."[23]라고 했는데, 이 모두는 삼년상에서 낮춘 것이다. 주나라 경왕에게 왕후와 태자의 상이 발생했는데, 숙향은 삼년상을 두 번 당했다고 말했으니,[24] 처에 대한 상복은 비록 삼년상으로부터 낮춘 것은 아니지만 또한 본래부터 삼년상을 치르는 도의가 포함되므로, 이러한 경우에도 또한 강복(降服)을 해야만 한다. 자최복(齊衰服)을 착용하고 기년상(期年喪)을 치를 때 정복은 5승의 포로 상복을 만들고 8승의 포로 관을 만드니, 강복의 경우라면 상복은 4승의 포로 만들고 관은 7승의 포로 만든다. 그런데 가공언은 "자최복을 착용하고 기년상을 치를 때에는 강복이 없다."라고 했으니, 그 주장은 잘못되었다. 길한 복장에 사용하는 포는 15승이고, 상복의 경우 승수가 늘어나는 것도 12승의 포를 이용해서 만드는 소공복(小功服)에서 그친다. 13승이나 14승의 포를 이용해서 상복을 만들지 않는 것은 포에 들어간 승수가 길한 복장에 사용하는 포와 유사하여, 길흉을 구별할 수 없기 때문이다. 그렇기 때문에 시마복(緦麻服)의 경우에도 15승의 포에서 절반을 제거하여 만드니, 포가 비록 성글더라도 실의 경우는 가늘다.

참고 『의례』「상복(喪服)」 기록

경문 衰三升, 三升有半. 其冠六升. 以其冠爲受, 受冠七升.

번역 참최복은 3승(升)으로 만든 것이 있고 3.5승으로 만든 것이 있다. 그때 착용하는 관은 6승으로 만든다. 상복을 바꿀 때에는 관의 승수에 따라 6승으로 만든 상복을 받고, 이러한 상복을 받을 때 쓰는 관은 7승으로 만든다.

---

23) 『의례』「상복(喪服)」 : <u>女子子適人者爲其父母</u>·昆弟之爲父後者.
24) 『춘추좌씨전』「소공(昭公) 15년」 : 叔向曰, "王其不終乎! 吾聞之, '所樂必卒焉.' 今王樂憂, 若卒以憂, 不可謂終. 王一歲而<u>有三年之喪二焉</u>, 於是乎以喪賓宴, 又求彝器, 樂憂甚矣, 且非禮也. 彝器之來, 嘉功之由, 非由喪也. 三年之喪, 雖貴遂服, 禮也. 王雖弗遂, 宴樂以早, 亦非禮也. 禮, 王之大經也. 一動而失二禮, 無大經矣. 言以考典, 典以志經. 忘經而多言, 擧典, 將焉用之?"

鄭注 衰, 斬衰也. 或曰三升半者, 義服也. 其冠六升, 齊衰之下也. 斬衰正服, 變而受之此服也. 三升, 三升半, 其受冠皆同, 以服至尊, 宜少差也.

번역 '최(衰)'자는 참최복을 뜻한다. 어떤 자는 3.5승으로 된 참최복은 참최복 중에서도 의복(義服)에 해당한다고 주장한다. 이때 착용하는 관은 6승으로 만들게 되는데, 이것은 자최복에 들어가는 승수 중에서도 가장 낮은 것이다. 참최복 중 정복(正服)을 착용했을 때, 상복을 바꾸게 되면 이 상복을 착용하게 된다. 3승과 3.5승의 상복을 착용할 때 상복을 바꿔 새로 착용하는 관은 모두 동일하니, 지극히 존귀한 자를 위해 상복을 착용하므로, 조금의 차이를 주는 것이 마땅하기 때문이다.

賈疏 ◎注"衰斬"至"差也". ○釋曰: 自此至篇末, 皆論衰冠升數多少也. 以其正經言斬與齊衰, 及大功·小功·緦麻之等, 並不言布之升數多少, 故記之也. 云"衰三升, 三升有半, 其冠六升"者, 衰異冠同者, 以其三升半, 謂縷如三升半, 成布還三升, 故其冠同六升也. 云"以其冠爲受, 受冠七升"者, 據至虞變麻服葛時, 更以初死之冠六升布爲衰, 更以七升布爲冠, 以其葬後哀殺, 衰冠亦隨而變輕故也. 云"衰, 斬衰也"者, 總二衰皆在斬衰章也. 云"或曰三升半者, 義服也"者, 以其斬章有正·義, 子爲父, 父爲長子, 妻爲夫之等, 是正斬. 云諸侯爲天子, 臣爲君之等, 是義斬. 此三升半實是義服, 但無正文, 故引或人所解爲證也. 上章子夏傳亦直云衰三升冠六升, 亦據正斬而言. 不言義服者, 欲見義服成布同三升故也. 云"六升, 齊衰之下也"者, 齊衰之降服四升, 正服五升, 義服六升, 以其六升是義服, 故云"下"也. 云"斬衰正服, 變而受之此服也"者, 下注云"重者輕之故也". 云"三升, 三升半, 其受冠者同, 以服至尊, 宜少差也"者, 以父與君尊等, 恩情則別, 故恩深者三升, 恩淺者三升半, 成布還三升, 故云少差也.

번역 ◎鄭注: "衰斬"~"差也". ○이곳 기록으로부터 「상복」편의 끝까지는 모두 상복과 상관에 나타나는 승(升)수의 차이를 논의하고 있다. 「상복」편의 경문에서는 참최복·자최복·대공복·소공복·시마복 등을 언급했지만, 이 모두에 대해서 포의 승수에 나타나는 차이는 언급하지 않았다. 그렇기 때문에 기문에서 이 사실을 기록한 것이다. "참최복은 3승(升)으로 만든 것이 있고 3.5승으로 만든 것이 있다. 그때 착용하는 관은 6승으로 만든다."라고 했는데, 상복의 경우 차이가 있지만 관의 경우 동일하다. 그 이유는 3.5승으로 만든 상복이라는 것은 실의 경우 3.5승과 같지만 포를 만들게 되면 다시 3승이 된다. 그렇기 때문에 관은 동일하게 6승으로 만든다. "그 관으로써 받고, 받는 관은 7승으로 한다."라고 했는데, 이것은 우제(虞祭)를 치러서 마(麻)로 된 것을 바꿔 갈(葛)로 된 것을 착용할 때를 기준으로 하니, 이때에는 초상 때 6승의 포로 만든 관을 쓰는데, 이러한 포로 상복을 바꾸게 되며, 7승의 포로 관을 바꾸게 되니, 장례를 치른 이후에는 애통함이 줄어들어서 상복과 관에 있어서도 그에 따라 점차 수위가 얕아지기 때문이다. 정현이 "'최(衰)'자는 참최복을 뜻한다."라고 했는데, 두 가지 상복이 모두 '참최장'의 내용에 해당함을 총괄적으로 설명한 것이다. 정현이 "어떤 자는 3.5승으로 된 참최복은 참최복 중에서도 의복(義服)에 해당한다고 주장한다."라고 했는데, '참최장'에는 정복과 의복이 기록되어 있고, 자식이 부친을 위해서 착용하거나 부친이 장자를 위해서 착용하거나 처가 남편을 위해서 착용하는 경우 등은 참최복 중에서도 정복에 해당한다. 한편 제후가 천자를 위해서 착용하거나 신하가 군주를 위해서 착용하는 경우 등은 참최복 중에서도 의복에 해당한다. 여기에서 말한 3.5승의 포로 만든 상복은 실질적으로는 의복에 해당하지만, 경문에 관련 기록이 없기 때문에, 혹자가 설명한 말을 인용하여 증명한 것이다. 앞의 자하가 지은 전문에서도 직접적으로 상복은 3승이고 관은 6승이라고 했는데, 이 또한 참최복 중에서도 정복을 기준으로 말한 것이다. 의복을 설명하지 않은 것은 의복의 경우 성포를 하게 되면 동일하게 3승이 됨을 드러내고자 했기 때문이다. 정현이 "6승은 자최복 중에서도 낮은 것이다."라고 했는데, 자최복의 경우 강복은 4승의 포로 만들고 정복은 5승의 포로 만들며 의복은 6승의 포로 만드는데, 6승으로 된 것은 의복에 해당하기 때문에 '하(下)'라고 말한 것이다. 정현이 "참최복 중 정복을 착용했을 때, 상복을 바꾸게 되면 이 상복을 착용하게 된다."라고 했는데, 아래 정현의 주에서는 "수위가 무거운 것을 가볍게 하기 때문이다."라고 했다. 정현이 "3승과 3.5승의 상복을 착용할 때 상복을 바꿔 새로 착용하는 관은 모두 동일하니, 지극히 존귀한 자를 위해 상복을 착용하므로, 조금의 차이를 주는 것이 마땅하기 때문이다."라고 했는데, 부친과 군주의 존귀함은 대등하지만, 은정과 정감에 있어서는 구별이 된다. 그렇기 때문에 은정이 깊은 자에 대해서는 3승의 상복을 착용하고, 은정이 상대적으로 옅은 자에 대해서는 3.5승의 상복을 착용하는데, 성포를 하게 되면 다시 3승이 된다. 그렇기 때문에 조금의 차이라고 말했다.

참고 『의례』「상복(喪服)」기록

기문 齊衰四升, 其冠七升. 以其冠爲受, 受冠八升.

번역 자최복은 4승으로 만들고, 그때 착용하는 관은 7승으로 만든다. 상복을 바꿀 때에는 관의 승수에 따라 7승으로 만든 상복을 받고, 이러한 상복을 받을 때 쓰는 관은 8승으로 만든다.

鄭注 言受以大功之上也. 此謂爲母服也. 齊衰正服五升, 其冠八升. 義服六升, 其冠九升. 亦以其冠爲受. 凡不著之者, 服之首主於父母.

번역 대공복 중에서도 가장 높은 것으로 받는다는 뜻이다. 이 말은 모친을 위해 상복을 착용하는 경우를 뜻한다. 자최복 중 정복에 해당하는 것은 5승의 포로 만들고, 그때 착용하는 관은 8승으로 만든다. 의복의 경우에는 6승으로 만들고 관은 9승으로 만든다. 이러한 경우에도 상복을 바꿀 때에는 이전에 쓰고 있던 관의 승수에 맞춰 제작한 상복으로 갈아입게 된다. 이러한 내용을 기록하지 않은 것은 상복 중에서도 중대한 것은 부모에 대한 경우를 위주로 하기 때문이다.

賈疏 ◎注"言受"至"父母". ○釋曰: 此據父卒爲母齊衰三年而言也. 云"言受以大功之上也"者, 以其降服, 大功衰七升; 正服, 大功衰八升, 故云大功之上. 云"此謂爲母服也"者, 據父卒爲母而言, 若父在爲母, 在正服齊衰前已解訖. 云"齊衰正服五升, 其冠八升, 義服六升, 其冠九升, 亦以其冠爲受, 凡不著之者, 服之首主於父母"者, 上斬言三升主於父, 此言四升主於母, 正服以下輕, 故不言從可知也.

번역 ◎鄭注: "言受"~"父母". ○이 내용은 부친이 이미 돌아가셔서 이제 막 돌아가신 모친을 위해 자최복으로 삼년상을 치르는 경우를 위주로 언급한 것이다. 정현이 "대공복 중에서도 가장 높은 것으로 받는다는 뜻이다."라고 했는데, 강복의 경우 대공복의 상복에 해당하는 7승의 포이고, 정복의 경우 대공복의 상복에 해당하는 8승의 포이기 때문에, 대공복 중에서도 가장 높은 것이라고 말했다. 정현이 "이 말은 모친을 위해 상복을 착용하는 경우를 뜻한다."라고 했는데, 부친이 이미 돌아가신 상태에서 이제 막 돌아가신 모친을 위해 상복 착용하는 경우를 기준으로 말한 것이다. 만약 부친이 생존해 계시다면 모친에 대해서는 자최복 중 정복에 해당하는데, 이에 대한 설명은 이미 앞에서 했다. 정현이 "자최복 중 정복에 해당하는 것은 5승의 포로 만들고, 그때 착용하는 관은 8승으로 만든다. 의복의 경우에는 6승으로 만들고 관은 9승으로 만든다. 이러한 경우에도 상복을 바꿀 때에는 이전에 쓰고 있던 관의 승수에 맞춰 제작한 상복으로 갈아입게 된다. 이러한 내용을 기록하지 않은 것은 상복 중에서도 중대한 것은 부모에 대한 경우를 위주로 하기 때문이다."라고 했는데, 앞에서 설명한 참최복의 경우 3승이라고 한 것은 부친에 대한 경우를 위주로 하고, 이곳에서 4승이라고 한 것은 모친에 대한 경우를 위주로 한다. 정복 밑의 것들은 수위가 낮아지기 때문에 언급하지 않아도 앞의 내용을 통해서 알 수 있다.

참고 『의례』「상복(喪服)」 기록

기문 緦衰四升有半, 其冠八升.

번역 세최는 4.5승으로 만들고, 그때 착용하는 관은 8승으로 만든다.

鄭注 此謂諸侯之大夫爲天子緦衰也. 服在小功之上者, 欲著其縷之精麤也. 升數在齊衰之中者, 不敢以兄弟之服服至尊也.

번역 이 내용은 제후에게 소속된 대부가 천자를 위해서 세최복을 착용하는 경우이다. 상복은 소공복 중에서도 가장 높은 것에 해당하는데, 이것은 실의 거친 정도를 드러내고자 해서이다. 승수는 자최복 중에서도 중간 정도에 해당하는데, 감히 형제에 대해 착용하는 상복으로 지극히 존귀한 자에게 착용할 수 없기 때문이다.

賈疏 ◎注“此謂”至“尊也”. ○釋曰: 云“諸侯之大夫爲天子緦衰也”者, 是正經文也. 云“服在小功之上者, 欲著其縷之精麤也”者, 據升數合在杖期上, 以其升數雖少, 以縷精麤與小功同, 不得在杖期上, 故在小功之上也. 云“升數在齊衰之中者, 不敢以兄弟之服服至尊也”者, 據縷如小功, 小功已下乃是兄弟, 故云不敢以兄弟之服服至尊. 至尊, 則天子是也.

번역 ◎鄭注: “此謂”~“尊也”. ○정현이 “제후에게 소속된 대부가 천자를 위해서 세최복을 착용하는 경우이다.”라고 했는데, 이것은 「상복」편의 경문에 해당한다.[25] 정현이 “상복은 소공복 중에서도 가장 높은 것에 해당하는데, 이것은 실의 거친 정도를 드러내고자 해서이다.”라고 했는데, 승수가 지팡이를 잡고 기년상을 치르는 것에 해당하는데, 승수가 비록 적더라도 실의 거친 정도가 소공복과 동일하여 지팡이를 잡고 기년상을 치르는 경우에 해당시킬 수 없다. 그렇기 때문에 소공복 중에서도 가장 높은 것에 해당시킨 것이다. 정현이 “승수는 자최복 중에서도 중간 정도에 해당하는데, 감히 형제에 대해 착용하는 상복으로 지극히 존귀한 자에게 착용할 수

25) 『의례』「상복(喪服)」: 諸侯之大夫爲天子.

없기 때문이다."라고 했는데, 길의 거친 정도가 소공복과 같은 경우를 기준
으로 한다면, 소공복 이하는 형제에 대한 상복이다. 그렇기 때문에 감히
형제에 대해 착용하는 상복으로 지극히 존귀한 자에게 착용할 수 없기 때
문이라고 했다. 지극히 존귀한 자는 천자를 뜻한다.

참고 『의례』「상복(喪服)」기록

기문 大功八升, 若九升. 小功十升, 若十一升.

번역 대공복은 8승으로 만든 것이 있고 9승으로 만든 것이 있다. 소공복
은 10승으로 만든 것이 있고 11승으로 만든 것이 있다.

鄭注 此以小功受大功之差也. 不言七升者, 主於受服, 欲其文相値, 言服
降而在大功者衰七升, 正服衰八升, 其冠皆十升. 義服九升, 其冠十一升. 亦皆
以其冠爲受也. 斬衰受之以下大功, 受之以正者, 重者輕之, 輕者從禮, 聖人之
意然也. 其降而在小功者, 衰十升, 正服衰十一升, 義服衰十二升, 皆以卽葛及
緦麻無受也. 此大功不言受者, 其章旣著之.

번역 이것은 소공복으로 대공복을 받을 때의 차이에 해당한다. 7승의
상복을 언급하지 않은 것은 상복 받는 것을 위주로 하여 그 문장을 상치시
키고자 했기 때문인데, 강복을 하게 되면 대공복에 있어서는 상복은 7승이
며, 정복에 해당하는 상복은 8승이며, 그때의 관은 둘 모두 10승으로 만든
다. 의복의 경우 상복은 9승으로 만들고 그때의 관은 11승으로 만든다. 이
러한 경우에도 모두 이전에 쓰고 있던 관의 승수에 맞춰 만든 새로운 상복
을 받게 된다. 참최복의 경우 대공복 중 수위가 낮은 것으로 받게 되는데,
정복으로 받는 것은 수위가 무거운 것은 가볍게 하고 수위가 가벼운 것은
예에 따르게 하는 것이 성인의 의도이기 때문이다. 강복을 하여 소공복에
해당하는 경우 상복은 10승으로 만들고 정복에 해당하는 상복은 11승이며

의복에 해당하는 상복은 12승인데, 모두 갈(葛)로 된 것으로 만들거나 시마복에 해당하여 새로운 상복을 받는 일이 없다. 여기에서 대공복에 대해서도 새로운 상복을 받는 일을 언급하지 않았는데, '대공장'에서 이미 진술했기 때문이다.

賈疏 ◎注"此以"至"著之". ○釋曰: 云"此以小功受大功之差也"者, 以其小功·大功俱有三等, 此唯各言二等, 故云此以小功受大功之差也. 以此二小功衰, 衰受二大功之冠, 爲衰二大功, 初死, 冠還用二小功之衰, 故轉相受也. 云"不言七升者, 主於受服, 欲其文相値"者, 以其七升乃是殤大功, 殤大功章云"無受", 此主於受, 故不言七升者也. 云欲其文相値, 値者, 當也, 以其正大功衰八升, 冠十升, 與降服小功衰十升同; 旣葬, 受衰十升, 冠十一升, 義服, 大功衰九升, 其冠十一升, 與正服小功衰同; 旣葬, 以其冠爲受, 受衰十一升, 冠十二升, 初死, 冠皆與小功衰相當, 故云文相値也, 是冠衰之文相値. 云"言服降而在大功者衰七升, 正服衰八升, 其冠皆十升, 義服九升, 其冠十一升, 亦皆以其冠爲受也", 鄭言此者, 旣解爲文相値, 又覆解文相値之事. 若然, 降服旣無受, 而亦覆言之者, 欲見大功正服與降服冠升數同之意. 必冠同者, 以其自一斬及四齊, 衰與降大功冠皆校衰三等, 及至正大功衰八升, 冠十升, 冠與降大功同上校二等者, 若不進正大功冠與降同, 則冠宜十一升. 義大功衰九升者, 冠宜十二升, 則小功緦麻冠衰同, 則降小功衰冠當十二升, 正服小功冠衰同十三升, 義服小功當冠衰十四升, 緦麻冠衰當十五升, 十五升卽與朝服十五升同, 與吉無別. 故聖人之意, 進正大功冠與降大功同, 則緦麻不至十五升. 若然, 正服大功不進之, 使義服小功至十四升, 緦麻十五升抽其半, 豈不得爲緦乎? 然者, 若使義服小功十四升, 則與疑衰同, 非五服之差故也. 又云"斬衰受之以下大功, 受之以正者, 重者輕之, 輕者從禮, 聖人之意然也"者, 聖人之意, 重者恐至滅性, 故抑之, 受之以輕服·義服, 齊衰六升是也. 輕者從禮者, 正大功八升, 冠十升, 旣葬, 衰十升, 受以降服小功. 義服大功衰九升, 冠十一升, 旣葬, 衰十一升, 受以正服小功. 二等大功, 皆不受以義服小功, 是從禮也, 是聖人有此抑揚之義也. 云"其降而在小功者, 衰十升, 正服衰十一升, 義服衰十二升,

皆以卽葛及緦麻無受"者, 此鄭云皆以卽葛及無受, 文出小功緦麻章. 以其小
功因故衰, 唯變麻服葛爲異也. 其降服, 小功已下升數, 文出間傳, 故彼云: "斬
衰三升, 齊衰四升·五升·六升, 大功七升·八升·九升, 小功十升·十一
升·十二升, 緦麻十五升去其半, 有事其縷, 無事其布曰緦, 此哀之發於衣服
者也." 鄭注云: "此齊衰多二等, 大功·小功多一等, 服主於受, 是極列衣服之
差也." 鄭彼注顧此文校多少而言. 云"服主於受", 據此文不言降服大功·小
功·緦麻之受, 以其無受, 又不言正服·義服, 齊衰者二者雖有受, 齊斬之受
主於父母, 故亦不言. 若然, 此言十升·十一升小功者, 爲大功之受, 而言非小
功有受, 彼注云是極列衣服之差者, 據彼經總言, 是極盡陳列於服之差降, 故
其言之與此異也.

번역 ◎鄭注: "此以"~"著之". ○정현이 "이것은 소공복으로 대공복을
받을 때의 차이에 해당한다."라고 했는데, 소공복과 대공복에는 모두 세
등급이 있는데, 여기에서는 오직 각각에 대해 두 등급만 언급했다. 그렇기
때문에 이것은 소공복으로 대공복을 받을 때의 차이에 해당한다고 말한
것이다. 여기에서 말한 두 가지 소공복의 상복에 있어서 상복은 두 가지
대공복에 쓰는 관의 승수에 맞추고, 두 가지 대공복의 경우 초상 때의 관은
다시 두 가지 소공복의 상복 승수에 맞춘다. 그렇기 때문에 서로 주고받게
된다. 정현이 "7승의 상복을 언급하지 않은 것은 상복 받는 것을 위주로
하여 그 문장을 상치시키고자 했기 때문이다."라고 했는데, 7승의 상복은
곧 요절한 자에 대한 대공복에 해당하는데, '상대공장'에서는 "새로운 상복
받는 일이 없다."라고 했고, 이곳에서는 새로운 상복 받는 일을 위주로 하고
있다. 그렇기 때문에 7승의 상복을 언급하지 않은 것이다. "그 문장을 상치
시키고자 했다."라고 했는데, '치(値)'자는 "~에 해당하다[當]."는 뜻으로,
정복의 대공복 상복은 8승으로 만들고 관은 10승으로 만드는데, 이것은 강
복을 한 소공복에서 상복을 10승으로 만든 것과 동일하다. 또 장례를 마치
게 되면 10승으로 된 상복과 11승으로 된 관을 받게 된다. 의복의 경우 대공
복은 9승이고 관은 11승이니, 정복인 소공복과 동일하다. 또 장례를 마치게
되면 이전에 쓰고 있던 관의 승수에 맞춰 새로운 상복을 받게 되는데, 새로

받은 상복은 11승이고 관은 12승이다. 초상에 있어서 관은 모두 소공복의 승수와 맞게 된다. 그렇기 때문에 문장이 상치된다고 말한 것이니, 이것은 관과 상복에 대한 문장이 상치된다는 뜻이다. 정현이 "강복을 하게 되면 대공복에 있어서는 상복은 7승이며, 정복에 해당하는 상복은 8승이며, 그때의 관은 둘 모두 10승으로 만든다. 의복의 경우 상복은 9승으로 만들고 그때의 관은 11승으로 만든다. 이러한 경우에도 모두 이전에 쓰고 있던 관의 승수에 맞춰 만든 새로운 상복을 받게 된다."라고 했는데, 정현이 이것을 언급한 것은 이미 문장을 서로 상치시키려고 했다는 풀이를 했으므로, 재차 문장이 서로 상치되는 일을 부연 설명하고자 해서이다. 만약 그렇다면 강복의 경우 이미 새로 상복을 받는 일이 없는데도 재차 설명을 한 것은 대공복의 정복은 강복을 했을 때의 관의 승수와 동일하다는 뜻을 드러내고자 했기 때문이다. 반드시 관의 승수와 동일하게 하는 것은 첫 번째 참최복으로부터 네 번째 자최복에 이르기까지 상복은 강복을 한 대공복의 관에 있어서 모두 상복과 비교해보면 세 등급의 차이가 있고, 정복인 대공복의 상복이 8승이고 관이 10승인데, 관과 강복을 한 대공복은 동일하게 두 등급의 차이가 있다. 만약 정복인 대공복의 관으로 강복과 동일하게 맞추지 않는다면, 관은 마땅히 11승이 되어야 한다. 의복인 대공복의 상복은 9승으로 되어 있으니, 관은 마땅히 12승이 되는데, 소공복과 시마복의 관과 상복이 동일하다면 강복을 한 소공복의 상복과 관은 마땅히 12승이 되어야 하고, 정복의 소공복 관과 상복은 동일하게 13승이 되어야 하며, 의복의 소공복은 관과 상복이 14승이 되어야 하며, 시마복의 관과 상복은 15승이 되어야 하고, 15승의 포는 조복을 만들 때 사용하는 15승의 포와 동일하니 길복과 구별이 없게 된다. 그렇기 때문에 성인은 정복인 대공복의 관으로 강복인 대공복과 동일하게 맞췄으므로, 시마복은 15승이 되지 않는다. 만약 그렇다면 정복인 대공복을 높이지 않고, 의복인 소공복을 14승으로 만들고 시마복의 15승에서 그 절반을 제한다면 어떻게 시마복이 될 수 있는가? 만약 의복인 소공복을 14승으로 한다면 의최와 동일하게 되니, 오복의 차등이 아니기 때문이다. 정현은 또한 "참최복의 경우 대공복 중 수위가 낮은 것으로 받게 되는데, 정복으로 받는 것은 수위가 무거운 것은 가볍게 하고 수위가 가벼운 것은 예에 따르게 하는 것이 성인의 의도이기 때문이다."라고 했는데, 성인의 뜻이란 수위가 무거운 경우 생명을 잃는 지경에 이르게 될까 염려했기 때문에 억눌러서 수위가 낮은 상복이나 의복을 받게 한 것이니, 6승으로 만든 자최복이 이러한 경우에 해당한다. 수위가 가벼운 것은 예에 따르게 한다는 말은 정복인 대공복은 8승으로 만들고 관은 10승으로 만드는데, 장례를 마치면 상복은 10승으로 되어 강복인 소공복으로 받는다. 의복인 대공복은 상복은 9승이고 관은 11승인데, 장례를 마치면 상복은 11승으로 하여 정복인 소공복을 받게 된다. 두 등급의 대공복에서 모두 의복인 소공복으로 받지 않는 것은 바로 예에 따르는 것이며, 성인이 누르고 드날리게 했던 뜻이 포함된 것이다. 정현이 "강복을 하여 소공복에 해당하는 경우 상복은 10승으로 만들고 정복에 해당하는 상복은 11승이며 의복에 해당하는 상복은 12승인데, 모두 갈(葛)로 된 것으로 만들거나 시마복에 해당하여 새로운 상복을 받는 일이 없다."라고 했는데, 정현이 갈로 된 것으로 만들며 새로운 상복을 받는 일이 없다고 한 것은 그 기록이 '소공시마장'에 나온다. 소공복의 경우 이전에 착용했던 상복에 따르며 오직 마로 된 것을 바꿔서 갈로 된 것을 착용하는 것만 다를 뿐이다. 강복의 경우 소공복 이하의 승수에 대해서는 「간전」편에 기록이 나온다. 그렇기 때문에 「간전」편에서는 "참최복은 3승이고, 자최복은 4승·5승·6승이고, 대공복은 7승·8승·9승이며, 소공복은 10승·11승·12승이고, 시마복은 15승에서 그 반을 제하니, 실에는 가공을 하지만 그것으로 짜낸 포에 가공을 하지 않기 때문에 시마복을 '시(緦)'라고 부른다. 이것은 애통함이 의복을 통해 드러나는 것이다."라고 했고, 정현의 주에서는 "이곳 기록은 자최복에 있어서 2등급이 많고, 대공복과 소공복에 있어서 1등급이 많은 것은 상복의 경우 받는 것을 위주로 하니, 이것은 의복의 차등을 매우 세밀하게 구분한 것이다."라고 한 것이다. 「간전」편에 대한 정현의 주에서는 이곳 문장과 비교를 하여 그 수치의 차등을 언급한 것이다. 정현이 "상복은 받는 것을 위주로 한다."라고 했는데, 이곳 문장에서 강복인 대공복·소공복·시마복에서 새로 받게 되는 상복을 언급하지 않은 것은 새로 받는 상복이 없기 때문이며, 또 정복과 의복을 언급하지 않은 것은 자최복 중 두 등급에 있어서 비록 새로 받게 되는 것이 있지만, 자최복과 참최복에서 새로 받게 되는 상복은 부모에 대한 것을 위주로 하기 때문에 언급하지 않은 것이다. 만약 그렇다면 이곳에서 10승과 11승의 소공복을 언급한 것은 대공복에서 받게 되는 상복을 위한 것이며, 소공복에서 새로 받게 되는 상복이 아니며, 「간전」편의 주에서 의복의 차등을 매우 세밀하게 나열했다고 했는데, 『예기』의 경문에서 총괄적으로 언급한 것에 따른 것이니, 이것은 의복의 차등을 매우 세밀하게 나열한 것이다. 그렇기 때문에 그 기록이 이곳 기록과 차이가 난 것이다.

• 제 8 절 •

상(喪)의 절차와 상복 Ⅰ

【667b】

斬衰三升, 旣虞卒哭, 受以成布六升, 冠七升. 爲母疏衰四升, 受
以成布七升, 冠八升. 去麻服葛, 葛帶三重. 期而小祥, 練冠縓緣,
要絰不除.

직역 斬衰는 三升이고, 旣히 虞하고 卒哭하면, 受하길 成布인 六升으로 하며,
冠은 七升이다. 母를 爲하여 疏衰에는 四升하고, 受하길 成布인 七升으로 하며,
冠은 八升이다. 麻를 去하고 葛을 服하니, 葛帶는 三重이다. 期하여 小祥하면, 練冠
하고 **縓緣**하며, 要絰은 不除한다.

의역 참최복(斬衰服)은 3승(升)의 포(布)로 만드는데, 우제(虞祭)와 졸곡(卒
哭)을 마치면 성포인 6승의 포로 만든 상복을 받으며, 관은 7승의 포로 만든다.
모친을 위해 소최(疏衰)[1]를 착용할 때에는 4승의 포로 만든 것을 착용하는데, 우제
와 졸곡을 마치면 성포인 7승의 포로 만든 상복을 받으며, 관은 8승의 포로 만든다.
장례를 치른 이후 마(麻)로 된 질(絰)을 제거하고 갈포로 만든 질(絰)을 착용하는
데, 남자의 경우 갈포로 만든 대(帶)는 3중으로 만든다. 1년이 지나서 소상(小祥)을
치르면 연관(練冠)을 착용하고 중의(中衣)에는 옷깃과 가선을 분홍색으로 만들며,
요질(要絰)은 제거하지 않는다.

集說 五服惟斬衰・齊衰・大功有受者, 葬後以冠之布升數爲衰服. 如斬
衰冠六升, 則葬後以六升布爲衰. 齊衰冠七升, 則葬後以七升布爲衰也. 謂之

---

1) 소최(疏衰)는 자최복(齊衰服)이다.

成布者, 三升以下之布, 龗疏之甚, 若未成然. 六升以下, 則漸精細, 與吉服之
布相近, 故稱成也. 去麻服葛者, 葬後男子去要之麻絰而繫葛絰, 婦人去首之
麻絰而著葛絰也. 葛帶三重, 謂男子也. 葬後以葛絰易要之麻絰, 差小於前, 四
股糾之, 積而相重, 則三重也. 蓋單糾爲一重, 兩股合爲一繩是二重, 二繩又合
爲一繩, 是三重也.

번역 오복(五服) 중 오직 참최복(斬衰服)·자최복(齊衰服)·대공복(大
功服)만이 다른 상복을 받게 되는데, 장례를 치른 이후 관에 사용된 포(布)
의 승(升)수에 따라서 상복을 만들기 때문이다. 예를 들어 참최복의 관은
6승으로 만드니, 장례를 치른 뒤에는 6승의 포로 상복을 만든다. 또 자최복
의 관은 7승으로 만드니, 장례를 치른 뒤에는 7승의 포로 상복을 만든다.
이것을 '성포(成布)'라고 부르는 것은 3승 이하의 포는 거칠고 성근 정도가
심하여 아직 완성되지 않은 것처럼 보인다. 6승 이하의 경우라면 보다 정밀
하고 가늘어서 길한 복장에 사용되는 포와 흡사하다. 그렇기 때문에 '성
(成)'자를 붙여서 부른다. "마(麻)를 제거하고 갈(葛)을 착용한다."는 말은
장례를 치른 이후 남자는 허리에 차고 있던 마(麻)로 만든 질(絰)을 제거하
고 갈포로 만든 질(絰)을 착용하며, 부인은 머리에 쓰고 있던 마로 만든
질을 제거하고 갈포로 만든 질을 착용한다. "갈포로 만든 대(帶)는 3중이
다."라고 했는데, 남자의 경우를 뜻한다. 장례를 치른 이후 갈포로 만든 질
로 허리에 차고 있던 마로 만든 질을 바꾸는데, 이전의 것보다 조금 작게
만들며 네 가닥으로 꼬아서 만드는데 겹겹이 겹친다면 3중이 된다. 한 가닥
을 꼬아서 만들면 1중이 되고, 두 가닥을 꼬아서 하나의 새끼줄로 만들면
2중이 되며, 두 개의 새끼줄을 재차 합쳐서 하나의 새끼줄을 만드는 것이
바로 3중이다.

集說 疏曰, "至小祥, 又以卒哭後冠受其衰, 而用練易其冠. 又以練爲中衣,
以緣爲領緣也." 要絰, 葛絰也. 緣緣, 見檀弓.

번역 공영달의 소에서는 "소상(小祥)에 이르면 또한 졸곡(卒哭)을 한

이후의 관에 따라 새로운 상복을 받고, 누인 천으로 만든 관으로 이전의
관을 바꾼다. 또 누인 천으로 중의(中衣)²⁾를 만드는데, 분홍색 천으로 옷깃
과 가선을 댄다."라고 했다. 요질(要絰)은 갈포로 만든 질을 뜻한다. '전연
(縓緣)'에 대한 설명은 『예기』「단궁(檀弓)」편에 나온다.³⁾

大全 或問, "成布." 朱子曰, "是稍緫成布, 初來未成布也." 問, "縓緣." 曰,
"縓, 今淺絳色. 小祥以縓爲緣. 一入謂之縓, 禮有四入之說, 亦是漸漸如深色
耳. 然古人亦不專把素色爲凶. 蓋古人常用皮弁, 皮弁純白, 自今言之, 則爲大
凶矣." 問, "布升數." 曰, "八十縷爲一升. 古尺一幅只闊二尺二寸, 算來斬衰
三升, 如今網一般. 又如漆布一般, 所以未爲成布也. 如深衣十五升布, 似如今
極細絹一般, 這處升數又曉未得. 古尺又短於今尺, 若盡一千二百縷, 須是一
幅闊不止二尺二寸, 所謂'布帛精麤不中數, 不粥於市', 又如何自要闊得? 這
處亦不可曉."

번역 어떤 자가 묻기를 "성포(成布)란 무엇을 뜻합니까?"라고 하자, 주
자는 "보다 가는 것으로 포(布)를 만든 것인데, 애초부터 길한 복장의 포처
럼 완성시킨 것은 아니다."라고 대답했다. 어떤 자가 묻기를 "전연(縓緣)이
란 무엇을 뜻합니까?"라고 하자, 주자는 "전(縓)이란 오늘날의 옅은 홍색을
뜻한다. 소상(小祥)을 치른 이후에는 옅은 홍색으로 가선을 만들어서 댔다.
한 번 염색한 것을 '연(縓)'이라고 부르는데, 예법에 따르면 네 차례 염색한
다는 주장이 있으니, 이것은 또한 점진적으로 짙은 색이 될 따름이다. 그러
므로 옛 사람들은 또한 전적으로 흰색을 흉한 것이라고 여기지 않았다. 옛

---

2) 중의(中衣)는 조복(朝服)이나 제복(祭服) 등의 예복(禮服) 안에 착용하는 옷
이다. '중의' 안에는 속옷 등을 착용하고, '중의' 겉에는 예복 등을 착용하므
로, 중간이라는 뜻에서 '중의'라고 부르는 것이다. 『예기』「교특생(郊特牲)」편
에는 "繡黼丹朱中衣."라는 기록이 있고, 이에 대한 공영달(孔穎達)의 소(疏)
에서는 "中衣, 謂以素爲冕服之裏衣."라고 풀이하였다.
3) 『예기』「단궁상(檀弓上)」【103d】에는 "練, 練衣, 黃裏, 縓緣."이라는 기록이
있는데, 이에 대한 진호(陳澔)의 『집설(集說)』에서는 "縓, 淺絳色. 緣, 謂中衣
領及袂之緣也."라고 풀이했다. 즉 "'전(縓)'이라는 것은 옅은 홍색의 옷감을 뜻
한다. '연(緣)'이라는 것은 중의의 옷깃과 소매의 끝단을 뜻한다."라는 뜻이다.

사람들은 항상 피변(皮弁)4)을 착용했는데, 피변은 순백색으로 오늘날로 말하자면 매우 흉한 것이 된다."라고 대답했다. 어떤 자가 묻기를 "포(布)의 승(升)수는 무엇입니까?"라고 하자, 주자는 "80가닥이 1승(升)이 된다. 고대의 척도에서 1폭은 단지 2척(尺) 2촌(寸)의 너비였으니, 계산을 해보면 참최복(斬衰服)은 3승이라고 했으므로, 오늘날의 그물과 비슷하다. 또 오늘날의 옻칠을 한 포와 비슷하니, 이것이 바로 아직 성포가 되지 못한 이유이다. 예를 들어 심의(深衣)5)는 15승의 포로 만드는데, 이것은 오늘날의 매우 가는 비단과 비슷하지만 여기에 사용된 승수는 알 수 없다. 고대의 척도는 또한 오늘날의 척도보다 짧았으니, 1,200가닥은 1폭으로 그 너비는 2척 2촌에 그치지 않고, '포와 비단 중에서, 곱고 거친 올의 수가 정해진 승(升)수에 맞지 않으면, 시장에서 팔아서는 안 된다.'6)라고 했으니, 또한 어떻게 그 폭을 맞출 수 있겠는가? 이러한 부분도 또한 알 수 없다."라고 대답했다.

大全 山陰陸氏曰: 凡喪有受有變有除. 凡受以大受小, 以多受寡, 故三升以六升受之, 四升以七升受之. 去麻易葛, 謂以麻易葛, 所謂變也. 練後緣緣, 祥先素縞, 大祥彌吉故也.

번역 산음육씨7)가 말하길, 무릇 상에는 받는 경우가 있고 바꾸는 경우

---

4) 피변(皮弁)은 고대에 사용되었던 관(冠)의 한 종류이다. 백색 사슴의 가죽으로 만든 모자이다. 한편 관(冠)에 따른 의복까지 포함한 의미로 사용되기도 한다. 『주례』「하관(夏官)・변사(弁師)」편에는 "王之皮弁, 會五采玉璂, 象邸, 玉笄."라는 기록이 있다.

5) 심의(深衣)는 일반적으로 상의와 하의가 서로 연결된 옷을 뜻한다. 제후, 대부(大夫), 사(士)들이 평상시 집안에 거처할 때 착용하던 복장이기도 하며, 서인(庶人)에게는 길복(吉服)에 해당하기도 한다. 순색에 채색을 가미하기도 했다.

6) 『예기』「왕제(王制)」【173d】: 用器不中度, 不粥於市. 兵車不中度, 不粥於市. <u>布帛</u>, <u>精麤不中數</u>, 幅廣狹不中量, <u>不粥於市</u>. 姦色, 亂正色, 不粥於市.

7) 산음육씨(山陰陸氏, A.D.1042~A.D.1102): =육농사(陸農師)・육전(陸佃). 북송(北宋) 때의 유학자이다. 자(字)는 농사(農師)이며, 호(號)는 도산(陶山)이다. 어려서 집안이 매우 가난했다고 전해지며, 왕안석(王安石)에게 수학하였으나 왕안석의 신법에 대해서는 반대하였다. 저서로는 『비아(埤雅)』, 『춘추

가 있으며 제거하는 경우가 있다. 받을 때에는 큰 것으로 작은 것을 받고, 많은 것으로 적은 것을 받는다. 그렇기 때문에 3승(升)으로 된 상복의 경우 6승으로 만든 상복을 받아서 갈아입는 것이고, 4승으로 된 상복의 경우 7승으로 만든 상복을 받아서 갈아입는 것이다. 마(麻)로 된 질(経)을 제거하고 갈포로 된 질로 바꾸는 것은 바로 마로써 갈로 된 것을 바꾸는 것이니 바로 바꾸는 경우에 해당한다. 연제(練祭)를 치른 이후에 분홍색의 가선을 대는데, 대상(大祥)에서 우선적으로 호관(縞冠)[8])에 소비(素紕)[9])를 다는 것은 대상은 보다 길한 시기로 넘어왔기 때문이다.

鄭注 葛帶三重, 謂男子也, 五分去一而四紏之. 帶旣變, 變[10])因爲飾也. 婦人葛経, 不葛帶. 舊說云: "三紏之, 練而帶去一股." 去一股則小於小功之経, 似非也.

번역 갈포로 만든 대(帶)가 3중이라는 말은 남자의 경우를 뜻하니, 이전의 것에서 5분의 1을 제거하여 네 가닥을 꼬아서 만든다. 대(帶)를 이미 바꾸었다면 바꾼 것에 따라서 장식을 하게 된다. 부인은 갈포로 만든 수질(首経)을 차지만 갈포로 만든 대는 차지 않는다. 옛 학설에서는 "세 가닥으로 꼬아서 만드는데, 연제(練祭)를 치르게 되면 대는 한 가닥을 제거한다."라고 했는데, 한 가닥을 줄이게 되면 소공복(小功服)에 착용하는 질보다도 작게 되니, 아마도 잘못된 주장인 것 같다.

釋文 爲母, 于僞反, 下注"爲後"同. 重, 直龍反, 注"三重"同. 緓, 七戀反.

후전(春秋後傳)』, 『도산집(陶山集)』 등이 있다.
8) 호관(縞冠)은 백색의 명주로 만든 관(冠)이다. 상제(祥祭)나 흉사(凶事) 때 착용했다.
9) 소비(素紕)는 관(冠)의 양쪽 측면 과 테두리 밑의 경계지점에 흰색의 명주로 가선을 댄 것을 뜻한다.
10) '대기변변(帶旣變變)'에 대하여, 『십삼경주소(十三經注疏)』 북경대 출판본에서는 "뒤에 나오는 『정의』의 기록에서는 이 기록을 인용하며, '대경기변(帶輕旣變)'으로 기록했다."라고 했다.

緣, 徐音掾, 悅絹反. 要, 一遙反. 紌, 居黝反, 下同. 股音古.

번역 '爲母'에서의 '爲'자는 '于(우)'자와 '僞(위)'자의 반절음이며, 아래 정현의 주에 나오는 '爲後'에서의 '爲'자도 그 음이 이와 같다. '重'자는 '直(직)'자와 '龍(룡)'자의 반절음이며, 정현의 주에 나오는 '三重'에서의 '重'자도 그 음이 이와 같다. '緶'자는 '七(칠)'자와 '戀(련)'자의 반절음이다. '緣'자의 서음(徐音)은 '掾'이니, '悅(열)'자와 '絹(견)'자의 반절음이다. '要'자는 '一(일)'자와 '遙(요)'자의 반절음이다. '紌'자는 '居(거)'자와 '黝(유)'자의 반절음이며, 아래문장에 나오는 글자도 그 음이 이와 같다. '股'자의 음은 '古(고)'이다.

孔疏 ●"斬衰三升"者, 此明父母之喪, 初死至練冠衰升數之變, 幷明練後除脫之差也.

번역 ●經文: "斬衰三升". ○이것은 부모의 상을 치를 때, 초상으로부터 연제(練祭)를 치르는 시기가 되어, 관과 상복의 승(升)수가 변화된다는 사실을 나타내고 있고, 아울러 연제를 치른 이후 제거하고 벗는 차이점도 나타내고 있다.

孔疏 ●"受以成布六升"者, 以言三升・四升・五升之布, 其縷旣麤疏, 未爲成布也. 六升以下其縷漸細, 與吉布相參, 故稱"成布"也.

번역 ●經文: "受以成布六升". ○3・4・5승으로 된 포(布)는 실의 가닥이 거칠고 성글어서 아직 완성된 포라고 할 수 없기 때문이다. 6승 이하의 포는 실의 가닥이 점점 가늘어지게 되니 길한 복장에 사용하는 포와 비슷해진다. 그렇기 때문에 '성포(成布)'라고 부른다.

孔疏 ●"葛帶三重"者, 謂男子也. 旣虞・卒哭受服之節, 要中之帶, 以葛代麻, 帶又差小於前, 以五分去一, 唯有四分見在. 三重, 謂作四股紌之, 積而相

重, 四股則三重. 未受服之前, 麻帶爲兩股相合也. 此直云"葛帶三重", 則首絰
雖葛, 不三重也, 猶兩股糾之也.

번역 ●經文: "葛帶三重". ○남자의 경우를 뜻한다. 우제(虞祭)와 졸곡
(卒哭)을 치른 이후 새로운 상복을 받는 절차에 있어서, 허리에 차고 있는
대(帶)는 갈포로 만든 것으로 마(麻)로 된 것을 대체하며, 대(帶) 또한 이전
의 것보다 조금 작으니, 5분의 1을 제거하여, 오직 그 이전 크기에서 5분의
4만 남게 된다. 3중이라는 것은 네 가닥을 꼬아서 만드는데 겹겹이 겹치게
되어, 네 가닥을 사용한다면 3중이 된다. 아직 새로운 상복을 받기 이전이
라면, 마로 된 대는 두 가닥을 꼬아서 서로 겹쳐서 만든다. 이곳에서는 단지
"갈포로 만든 대는 3중이다."라고 했으니, 수질(首絰)은 비록 갈포로 만든
것이지만 3중으로 만들지 않고, 여전히 두 가닥을 꼬아서 만든다.

孔疏 ●"期而小祥, 練冠縓緣"者, 父沒爲母, 與父同也. 至小祥, 又以卒哭
後冠受其衰, 而用練易其冠也. 又練爲中衣, 以縓爲領緣也.

번역 ●經文: "期而小祥, 練冠縓緣". ○부친이 이미 돌아가신 상태에서
모친의 상을 치르게 된다면 부친의 경우와 동일하게 치른다. 소상(小祥)에
이르면 또한 졸곡(卒哭)을 한 이후, 관에 따라 새로운 상복을 받고, 누인
천으로 만든 관으로 이전의 관을 바꾼다. 또 누인 천으로 중의(中衣)를 만
드는데, 분홍색 천으로 옷깃과 가선을 댄다.

孔疏 ◎注"葛帶"至"常也". ○正義曰: "葛帶三重, 謂男子也", 以經之直云
"葛帶三重", 不辨男女之異, 故明之云"謂男子也". 云"五分去一而四糾之"者,
以喪服傳云: "五服絰帶, 相差皆五分去一", 故知受服之時, 以葛代麻, 亦五分
去一. 旣五分去一, 唯有四分見在, 分爲四股而糾之, 故云"四糾之". 云"帶輕,
旣變, 因爲飾也"者, 男子重首而輕帶, 旣變麻用葛, 四股糾之以爲飾也. 則知
男子首絰, 婦人要帶, 不三重爲飾也. 云"婦人葛絰不葛帶"者, 按少儀云: "婦
人葛絰而麻帶." 又上檀弓云"婦人不葛帶", 謂齊・斬之婦人也. 故上虞禮曰:

"婦人旣練, 說首絰不說帶也." 注云: "不脫帶, 齊·斬婦人帶不變也." 婦人少
變而重帶, 帶, 下體之上也. 其大功以下, 婦人亦葛帶也, 故喪服大功章男女並
陳, 及其變服三月, 受以小功衰, 卽葛, 九月. 是男女共爲, 卽知大功婦人亦受
葛也. 云"舊說云: 三糾之, 練而帶去一股"者, 舊說云所至練之時, 又三分去一.
此旣葬, "葛帶三重", 去其一股, 以爲練之帶也. 云"去一股則小於小功之絰,
似非也"者, 斬衰旣葬, 與齊衰之麻同. 斬衰旣練, 與大功之麻同. 大功之帶, 卽
與小功首絰同. 所云"同"者, 皆五分去一. 今乃三分, 斬衰旣葬三重之葛帶, 去
其一股以爲練帶, 則是三年練帶小於小功首絰, 非五服之差次, 故云"似非也".

번역 ◎鄭注: "葛帶"~"常也". ○정현이 "갈포로 만든 대(帶)가 3중이라
는 말은 남자의 경우를 뜻한다."라고 했는데, 경문에서는 단지 "갈포로 만
든 대는 3중이다."라고만 말하여, 남자와 여자의 차이를 구분하지 않았다.
그렇기 때문에 그 사실을 명시하여 "남자의 경우를 뜻한다."라고 했다. 정
현이 "이전의 것에서 5분의 1을 제거하여 네 가닥을 꼬아서 만든다."라고
했는데, 『의례』「상복(喪服)」편의 전문에서는 "오복(五服)에 착용하는 질
(絰)과 대(帶)는 그 차이가 모두 이전의 것에서 5분의 1을 제거한다."[11]라
고 했기 때문에, 새로운 상복을 받아서 갈포로 만든 것으로 마(麻)로 된
것을 바꿀 때에도 5분의 1을 줄여서 만든다는 사실을 알 수 있다. 이미 5분
의 1을 제거한다고 했다면 나머지 5분의 4는 남아 있게 되는데, 그것을 나
눠서 네 가닥으로 만들고 그것을 꼬아서 만든다. 그렇기 때문에 "네 가닥을
꼬아서 만든다."라고 했다. 정현이 "대(帶)는 상대적으로 덜 중시 여기는
것인데, 이미 바꿨다면 이에 따라서 장식을 한다."라고 했는데, 남자의 경우
머리에 차고 있는 것을 중시하고 허리에 차고 있는 것을 상대적으로 덜
중시한다. 그런데 이미 마(麻)로 된 것을 바꿔서 갈포로 만든 것을 찼다면,
네 가닥을 꼬아서 장식으로 삼는 것이다. 따라서 남자가 차는 수질(首絰)과

---

11) 『의례』「상복(喪服)」 : 喪服. 斬衰裳, 苴絰·杖·絞帶, 冠繩纓, 菅屨者. 傳曰,
斬者何? 不緝也. 苴絰者, 麻之有蕡者也. 苴絰大搹, 左本在下, 去五分一以爲帶.
齊衰之絰, 斬衰之帶也, 去五分一以爲帶. 大功之絰, 齊衰之帶也, 去五分一以爲
帶. 小功之絰, 大功之帶也, 去五分一以爲帶. 緦麻之絰, 小功之帶也, 去五分一
以爲帶.

여자가 차는 요대(要帶)의 경우에는 3중으로 만들어서 장식을 하지 않는다
는 사실을 알 수 있다. 정현이 "부인은 갈포로 만든 수질(首絰)을 차지만
갈포로 만든 대는 차지 않는다."라고 했는데, 『예기』「소의(少儀)」편을 살펴
보면, "부인들은 졸곡(卒哭)을 한 이후에 갈포로 된 수질을 쓰고, 마로 된
요대를 찬다."12)라고 했고, 또 『예기』「단궁상(檀弓上)」편에서는 "부인은
갈포로 만든 대를 차지 않는다."13)라고 했는데, 자최복(齊衰服)과 참최복
(斬衰服)을 착용하는 부인들을 뜻한다. 그렇기 때문에 『의례』「사우례(士虞
禮)」편에서는 "부인들은 연제(練祭)를 끝내면 수질은 제거하지만 요대는
제거하지 않는다."14)라고 했고, 정현의 주에서는 "대를 제거하지 않는 것은
자최복과 참최복을 착용하는 부인들은 대를 바꾸지 않기 때문이다."라고
한 것이다. 부인은 복식의 변화를 적게 하며 허리에 차고 있는 것을 중시하
는데, 대(帶)는 하체 중에서도 위에 있기 때문이다. 대공복(大功服) 이하의
상에서는 부인들 또한 갈포로 만든 대를 찬다. 그렇기 때문에 「상복」편 '대
공장(大功章)'에서는 남자와 여자에 대해 모두 진술하며, 복장을 바꾸는 3
개월이 지나게 되면 소공복(小功服)의 포로 제작한 상복을 받고, 그런 뒤에
는 곧 갈포로 된 것을 차며 9개월까지 치른다고 했다.15) 이것은 남자와 여
자 모두 이처럼 한다는 사실을 나타내니, 이를 통해서 대공복을 착용하는
부인들 또한 갈포로 된 것을 받게 됨을 알 수 있다. 정현이 "옛 학설에서는
세 가닥으로 꼬아서 만드는데, 연제(練祭)를 치르게 되면 대는 한 가닥을
제거한다고 했다."라고 했는데, 옛 학설에서 말한 내용은 연제(練祭)를 치
르게 되면 또한 이전의 것에서 3분의 1을 제거한다는 뜻이다. 이곳의 내용
은 장례를 마친 상황인데, "갈포로 만든 대(帶)는 3중이다."라고 했으니, 한
가닥을 제거하여, 연제를 치른 뒤의 대로 만든 것이다. 정현이 "한 가닥을
줄이게 되면 소공복에 착용하는 질보다도 작게 되니, 아마도 잘못된 주장

---

12) 『예기』「소의(少儀)」【437c】: 葛絰而麻帶.
13) 『예기』「단궁상(檀弓上)」【101d】: 婦人不葛帶.
14) 『의례』「사우례(士虞禮)」: 婦人說首絰, 不說帶.
15) 『의례』「상복(喪服)」: 大功布衰裳, 牡麻絰纓, 布帶, 三月受以小功衰, 卽葛, 九
    月者, 傳曰, 大功布九升, 小功布十一升.

인 것 같다."라고 했는데, 참최복의 상에서 장례를 마친 경우는 자최복에
착용하는 마(麻)로 제작한 질과 동일하게 만든다. 참최복에서 연제를 치르
게 되면 대공복에 착용하는 마로 제작한 질과 동일하게 만든다. 대공복에
착용하는 대는 곧 소공복에 착용하는 수질(首絰)과 크기가 같다. 이른바
"같다[同]."라는 말은 모두 이전의 것에서 5분의 1만큼 크기를 줄인 것이다.
그런데 이곳에서 3등분이라고 했으니, 참최복에서 장례를 마친 뒤에 3중으
로 만드는 갈포로 만든 대에서 한 가닥을 제거하여 연제 이후의 대로 만든
다면, 삼년상에서 연제를 치른 이후 착용하는 대가 소공복에 착용하는 수
질보다 작게 된다. 따라서 오복에 있어서 질과 대의 순차적인 차등에 맞지
않는다. 그렇기 때문에 "아마도 잘못된 주장인 것 같다."라고 했다.

訓纂 葛洪曰: 小祥中衣, 黃爲裏. 緣, 爲領袖緣. 縓者, 紅之多黃者也.

번역 갈홍[16]이 말하길, 소상(小祥)을 치르고 중의(中衣)를 착용하는데,
황색으로 안감을 만든다. '연(緣)'은 옷깃과 소매의 가선을 뜻한다. '전(縓)'
자는 홍색 중에서도 황색이 많이 섞인 색깔을 뜻한다.

訓纂 崔凱曰: 祥者, 吉也. 故衰裳無負版及心前衰, 解領, 去首絰.

번역 최개가 말하길, '상(祥)'자는 길하다는 뜻이다. 그렇기 때문에 상복
에 있어서는 등과 가슴 쪽에 덧대는 마(麻)의 천이 없고, 옷깃을 풀며 수질
(首絰)을 제거한다.

集解 此下四節, 又申言父母之喪卒哭以後衣服變除之節也. 但言"爲母疏
衰四升", 然則爲母雖有三年·期之異, 而其服同也.

번역 이곳 이하의 네 문단은 재차 부모의 상에서 졸곡(卒哭)을 치른 이

---

16) 갈홍(葛洪, A.D.283~A.D.343?) : 동진(東晉) 때의 학자이다. 자(字)는 아천
(雅川)이고, 호(號)는 포박자(抱朴子)이다. 저서로는 『포박자(抱朴子)』 등이
있다.

후 의복을 바꾸거나 제거하는 절차를 설명하고 있다. 다만 "모친의 상을 치를 때 4승(升)으로 된 소최(疏衰)를 착용한다."고만 말했다면, 모친의 상을 치를 때에는 비록 삼년상이나 기년상(期年喪)의 차이점이 있더라도, 상복은 동일하다.

集解 張子謂"成布事布・事縷, 但未加灰練", 此似不然. 雜記曰, "朝服十五升去其半而緦, 加灰焉錫也." 喪服傳曰, "無事其縷, 有事其布, 曰錫", 則所謂"有事"者, 卽加灰練之耳. 三年之練冠, 始練大功布爲之, 然則齊衰之冠, 旣葬而練之, 大功小功始喪而練之矣. 練冠特練其布, 則喪冠之縷皆無事也. 緦衰有事其縷, 錫衰有事其布, 則小功以上之衰, 布縷皆無事也. 小功衰三等, 其冠衰之升數皆同, 而其冠則有事之, 則亦精於衰矣. 緦衰有事其縷, 則其冠布縷皆有事與.

번역 장자[17]는 "성포(成布)에는 포(布)에 공정을 한 것과 실에 공정을 한 것이 있지만, 아직까지 잿물에 담고 누이는 공정은 하지 않는다."라고 했는데, 아마도 그렇지 않은 것 같다. 『예기』「잡기(雜記)」편에서는 "조복(朝服)은 15승(升)의 포로 만드는데, 그 중 절반을 제거한 포로는 시마복(緦麻服)을 만들고, 또 여기에 잿물에 담그는 공정을 가미하면, 석최(錫衰)가된다."[18]라고 했고, 『의례』「상복(喪服)」편의 전문에서는 "실에 공정을 하지 않고 포에 공정을 하게 되면 석최라고 부른다."[19]라고 했으니, 이른바 "공정을 한다."라는 말은 잿물에 담가서 누이는 공정을 하는 것일 뿐이다. 삼년상에서 연관(練冠)을 착용하게 되어야 비로소 대공복(大功服)을 만드는데 사용되는 포를 누어서 상복을 만드니, 자최복(齊衰服)에서 착용하는 관에 있어서도 장례를 치르게 되면 누인 포로 만들고, 대공복과 소공복(小

---

17) 장재(張載, A.D.1020~A.D.1077) : =장자(張子)・장횡거(張橫渠). 북송(北宋) 때의 유학자이다. 북송오자(北宋五子) 중 한 사람으로 칭해진다. 자(字)는 자후(子厚)이다. 횡거진(橫渠鎭) 출신으로, 이곳에서 장기간 강학을 했기 때문에 횡거선생(橫渠先生)으로 일컬어지기도 한다.

18) 『예기』「잡기상(雜記上)」【499b】: 朝服十五升, 去其半而緦加灰, 錫也.

19) 『의례』「상복(喪服)」: 錫者十五升抽其半, <u>無事其縷, 有事其布, 曰錫</u>.

功服)의 상에서는 초상 때 포를 누여서 만든다. 연관이 단지 그 포를 누일 따름이라면, 상에서 쓰는 관의 실은 모두 공정을 하지 않는다. 시최(緦衰)[20]의 경우에는 실에 공정을 하게 되고, 석최의 경우에는 포에 공정을 하게 되니, 소공복 이상의 상복에서는 포와 실에 모두 공정을 하지 않는다. 소공복을 제작하는 포로 만든 상복은 세 등급이 있는데, 관과 상복의 승(升)수는 모두 동일하니, 관의 경우에 공정을 한다면 또한 상복보다 정밀하게 된다. 시최의 경우 실에 공정을 하게 된다면, 관에 사용하는 포와 실에는 모두 공정을 했을 것이다.

集解 練冠緣緣, 說見檀弓.

번역 연관(練冠)과 전연(緣緣)에 대한 설명은『예기』「단궁(檀弓)」편에 나온다.

참고 『예기』「잡기상(雜記上)」기록

경문-499b 朝服十五升, 去其半而緦加灰, 錫也.

번역 조복(朝服)은 15승(升)의 포로 만드는데, 그 중 절반을 제거한 포로는 시마복(緦麻服)을 만들고, 또 여기에 잿물에 담그는 공정을 가미하면, 석최(錫衰)가 된다.

鄭注 緦, 精麤與朝服同. 去其半, 則六百縷而疏也. 又無事其布, 不灰焉.

번역 시마복(緦麻服)을 만들 때 사용하는 천은 정밀하고 거친 정도가 조복(朝服)의 경우와 동일하다. 그 절반을 덜어내면 600가닥이 되어 성글

---

20) 시최(緦衰)는 석최(錫衰)와 비슷한 재질로 만든 옷으로, 일종의 상복(喪服)에 해당한다. 천자의 경우, 제후의 상(喪)에 착용했던 복장이다.

다. 또 포(布)에 대해서는 가공함이 없으니, 잿물에 담그지 않는다.

孔疏 ●"朝服"至"錫也". ○正義曰: 朝服精細, 全用十五升布爲之.

번역 ●經文: "朝服"~"錫也". ○조복(朝服)을 만들 때 사용하는 천은 정밀하고 가늘어서 모두 15승(升)의 포(布)를 이용해서 만든다.

孔疏 ●"去其半而緦"者, 緦麻於朝服十五升布之內, 抽去其半, 以七升半用爲緦麻服之衰服也. 鄭注喪服云"去其半而緦, 加絲", 是也.

번역 ●經文: "去其半而緦". ○시마복(緦麻服)은 조복(朝服)에 사용하는 15승(升)의 포(布)에서 절반을 줄이니, 7.5승의 포를 이용해서 시마복의 상복을 만든다. 『의례』「상복(喪服)」편에 대한 정현의 주에서 "그 반을 제거해서 시마복을 만들고 실을 더한다."라고 한 말이 바로 이것을 나타낸다.

孔疏 ●"加灰, 錫也"者, 取緦以爲布, 又加灰治之, 則曰錫, 言錫然滑易也.

번역 ●經文: "加灰, 錫也". ○시마복에 사용하는 천을 포(布)로 삼고, 또 잿물에 담가서 공정을 더한다면, '석(錫)'이라고 부르니, 가늘고 매끄럽다는 뜻이다.

孔疏 ◎注"又無事其布, 不灰焉". ○正義曰: 經云"去其半而緦", 始云"加灰"·"錫", 明此緦衰不加灰, 不治布故也.

번역 ◎鄭注: "又無事其布, 不灰焉". ○경문에서는 "그 절반을 줄여서 시마복(緦麻服)이 된다."라고 했는데, 비로소 "잿물을 더한다."라고 했고 "석(錫)이 된다."라고 했다. 이것은 시마복에 사용하는 천은 잿물에 담그지 않는다는 사실을 나타내니, 포(布) 자체를 다듬지 않기 때문이다.

訓纂 釋名: 錫, 易也. 治其麻, 使滑易也.

[번역] 『석명』에서 말하길, '석(錫)'자는 매끄럽다는 뜻이다. 마(麻)를 다듬어서 매끄럽게 만든 것이다.

[訓纂] 江氏永曰: 有事其縷, 無事其布, 曰緦, 喪服傳有明文. 弔服之緦衰, 亦卽用此緦布, 故司服注, "鄭司農云, 緦布十五升去其半, 有事其縷, 無事其布."

[번역] 강영이 말하길, 명주실에는 가공함이 있지만 포(布)에 가공함이 없는 것을 '시(緦)'라고 부르니, 『의례』「상복(喪服)」편의 전문(傳文)에 해당 기록이 있다.21) 조복(弔服)으로 사용되는 시최(緦衰) 또한 바로 이러한 시포(緦布)를 사용해서 만든다. 그렇기 때문에 『주례』「사복(司服)」편에 대한 정현의 주에서는 "정사농22)은 시포는 15승(升)에서 절반을 줄인 것이며, 명주실에는 가공을 하지만, 포(布)에는 가공함이 없다."23)라고 한 것이다.

[集解] 愚謂: 周禮司服"王爲三公六卿錫衰, 爲諸侯緦衰, 爲大夫士疑衰", 是錫衰重於緦衰也. 加灰, 謂用灰鍛治之也. 喪服記曰, "有事其縷, 無事其布, 曰緦", "有事其布, 無事其縷, 曰錫." 喪服記言"有事", 此云"加灰", 一也. 蓋朝服用吉布十五升, 布・縷皆有事者也. 緦衰用朝服縷數之半, 而成布之後, 不復加灰鍛治, 故曰"無事其布". 錫衰則成布之後, 加灰鍛治, 而其縷則不鍛治, 故曰"無事其縷". 無事其縷者, 哀在內也. 無事其布者, 哀在外也. 此緦衰・錫衰輕重之別也.

---

21) 『의례』「상복(喪服)」: 緦麻三月者, 傳曰, 緦者, 十五升抽其半, 有事其縷, 無事其布曰緦.

22) 정중(鄭衆, ?~A.D.83) : =정사농(鄭司農). 후한(後漢) 때의 경학자이다. 자(字)는 중사(仲師)이다. 부친은 정흥(鄭興)이다. 부친에게 『춘추좌씨전(春秋左氏傳)』의 학문을 전수받았다. 또한 그는 대사농(大司農) 등의 관직을 역임하였기 때문에, '정사농'이라고도 불렀다. 한편 정흥과 그의 학문은 정현(鄭玄)에게 많은 영향을 주었기 때문에, 후대에서는 정현을 후정(後鄭)이라고 불렀고, 정흥과 그를 선정(先鄭)이라고도 불렀다. 저서로는 『춘추조례(春秋條例)』, 『주례해고(周禮解詁)』 등을 지었다고 하지만, 현재는 전해지지 않았다.

23) 이 문장은 『주례』「춘관(春官)・사복(司服)」편의 "王爲三公六卿錫衰, 爲諸侯緦衰, 爲大夫士疑衰, 其首服皆弁絰."이라는 기록에 대한 정현의 주이다.

번역 내가 생각하기에, 『주례』「사복(司服)」편에서는 "천자는 삼공(三公)[24]·육경(六卿)[25]을 위해서 석최(錫衰)를 착용하고, 제후를 위해서 시최(緦衰)를 착용하며, 대부와 사를 위해서 의최(疑衰)[26]를 착용한다."[27]라고 했으니, 이것은 석최가 시최보다도 수위가 높다는 사실을 나타낸다. '가회(加灰)'는 잿물을 이용하여 불려서 가공한다는 뜻이다. 『의례』「상복(喪服)」편의 기문(記文)에서는 "그 실에 대해서는 가공함이 있지만 그 포(布)에 대해서 가공함이 없는 것을 '시(緦)'라고 부른다."라고 했고, "그 포(布)에 대해서 가공함이 있지만 그 실에 대해서 가공함이 없는 것을 '석(錫)'이

---

24) 삼공(三公)은 중앙정부의 가장 높은 관직자 3명을 합쳐서 부르는 말이다. '삼공'에 속한 관직명에 대해서는 각 시대별로 차이가 있다. 『사기(史記)』「은본기(殷本紀)」편에는 "以西伯昌, 九侯, 鄂侯, 爲三公."이라는 기록이 있다. 즉 은나라 때에는 서백(西伯)인 창(昌), 구후(九侯), 악후(鄂侯)들을 '삼공'으로 삼았다. 또한 주(周)나라 때에는 태사(太師), 태부(太傅), 태보(太保)를 '삼공'으로 삼았다. 『서』「주서(周書)·주관(周官)」편에는 "立太師·太傅·太保, 玆惟三公, 論道經邦, 燮理陰陽."이라는 기록이 있다. 한편 『한서(漢書)』「백관공경표서(百官公卿表序)」에 따르면 사마(司馬), 사도(司徒), 사공(司空)을 '삼공'으로 삼았다는 기록이 있다.
25) 육경(六卿)은 여섯 명의 경(卿)을 가리키는데, 주로 여섯 명의 주요 관직자들을 뜻한다. 각 시대마다 해당하는 관직명과 담당하는 영역에는 차이가 있었다. 『서』「하서(夏書)·감서(甘誓)」편에는 "大戰于甘, 乃召六卿."이라는 기록이 있고, 이에 대한 공안국(孔安國)의 전(傳)에서는 "天子六軍, 其將皆命卿."이라고 풀이했다. 즉 천자는 6개의 군(軍)을 소유하고 있는데, 각 군의 장수를 '경(卿)'으로 임명하였기 때문에, 이들 육군(六軍)의 수장을 '육경'이라고 부른다는 뜻이다. 이 기록에 따르면 하(夏)나라 때에는 육군의 장수를 '육경'으로 불렀다는 결론이 도출된다. 한편 『주례(周禮)』의 체제에 따르면, 주(周)나라에서는 여섯 개의 관부를 설치하였고, 이들 관부의 수장을 '경'으로 임명하였다. 따라서 천관(天官)의 총재(冢宰), 지관(地官)의 사도(司徒), 춘관(春官)의 종백(宗伯), 하관(夏官)의 사마(司馬), 추관(秋官)의 사구(司寇), 동관(冬官)의 사공(司空)이 '육경'에 해당한다. 『한서(漢書)·백관공경표상(百官公卿表上)」편에는 "夏殷亡聞焉, 周官則備矣. 天官冢宰, 地官司徒, 春官宗伯, 夏官司馬, 秋官司寇, 冬官司空, 是爲六卿, 各有徒屬職分, 用於百事."라는 기록이 있다.
26) 의최(疑衰)는 길복(吉服)에 가까운 복장으로, 일종의 상복(喪服)에 해당한다. 천자의 경우, 대부(大夫)나 사(士)의 상(喪)에 착용했던 복장이다.
27) 『주례』「춘관(春官)·사복(司服)」: <u>王爲三公六卿錫衰, 爲諸侯緦衰, 爲大夫士疑衰</u>, 其首服皆弁絰.

라고 부른다."28)라고 했다.「상복」편의 기문에서 "가공함이 있다."라고 하고, 이곳에서 "잿물을 더한다."라고 한 말은 동일한 뜻이다. 무릇 조복(朝服)에는 길복에 사용하는 15승(升)짜리 포(布)를 사용해서 만드는데, 포(布)와 실에 모두 가공함이 있는 것이다. 시최는 조복에 사용하는 실의 수에서 절반이 되는 것을 사용하는데, 포(布)로 만든 뒤에는 재차 잿물로 불려서 가공하지 않는다. 그렇기 때문에 "포에 대해 가공함이 없다."라고 했다. 석최의 경우 포로 만든 이후에 잿물로 불려서 가공을 하고, 실에 대해서는 불려서 가공하지 않는다. 그렇기 때문에 "실에 대해 가공함이 없다."라고 했다. 실에 대해 가공함이 없는 것은 애통함이 안에 있기 때문이다. 포에 대해 가공함이 없는 것은 애통함이 밖으로 나타나기 때문이다. 이러한 시최와 석최는 경중에 따른 구별이다.

참고　『의례』「상복(喪服)」기록

전문　傳曰: 錫者何也? 麻之有錫者也. 錫者, 十五升抽其半, 無事其縷, 有事其布, 曰錫.

번역　전문에서 말하길, '석(錫)'이란 무슨 뜻인가? 마 중에서도 매끄러운 것이다. '석(錫)'은 15승(升)에서 그 절반을 제거하되 실에는 가공을 하지 않고 포에는 가공을 하니, 이것을 '석(錫)'이라고 부른다.

鄭注　謂之錫者, 治其布, 使之滑易也. 錫者, 不治其縷, 哀在內也. 緦者不治其布, 哀在外. 君及卿大夫弔士, 雖當事, 皮錫衰而已. 士之相弔, 則如朋友服矣, 疑衰素裳, 凡婦人相弔, 吉笄無首, 素總.

번역　'석(錫)'이라고 부르는 이유는 포를 가공하여 매끄럽게 만들었기 때문이다. '석(錫)'은 실을 가공하지 않으니 애통함이 내면에 있기 때문이다.

---

28)『의례』「상복(喪服)」: 錫者十五升抽其半, <u>無事其縷, 有事其布曰錫</u>.

'시(緦)'는 포를 가공하지 않으니 애통함이 외면에 있기 때문이다. 군주·경·대부가 사를 조문할 때에는 비록 해당 절차에 임하더라도 피변에 석최를 착용할 따름이다. 사가 서로에 대해 조문을 하게 되면 벗에 대해 착용하는 복장과 동일하게 따르니, 의최에 흰색 하의를 착용하고, 부인들이 서로에게 조문을 할 때에는 길계에 머리장식이 없고 흰색의 총(總)으로 머리를 두른다.

賈疏 ◎注"謂之"至"素總". ○釋曰: 問者先問其名, 答云"麻之有錫者也", 答以名"錫"之意. 但言麻者, 以麻表布之縷也, 又云"錫者, 十五升抽其半"者, 以其縷之多少與緦同. 云"無事其縷, 有事其布"者, 事猶治也, 謂不治其縷, 治其布, 以哀在內故也. 緦則治縷, 不治布, 哀在外, 以其王爲三公六卿, 重於畿外諸侯故也. 鄭云謂之錫者, 治其布使之滑易, 以治解事, 以滑易解錫, 謂使錫錫然滑易也. 云"君及卿大夫弔士, 雖當事, 皮弁錫衰而已"者, 是士輕, 無服弁絰之禮, 有事無事皆皮弁衰而已, 見其不足之意也. 若然, 文王世子注: "諸侯爲異姓之士疑衰, 同姓之士緦衰." 今言士與大夫又同錫衰者, 此言與上喪禮注同, 亦是君於此士有師友之恩者也. 云"士之相弔, 則如朋友服矣"者, 朋友麻, 是朋友服也. 上注士弔服用疑衰素裳, 腰首服麻弔, 亦朋友服也. 云"凡婦人相弔, 吉笄無首, 素總"者, 上文命婦弔於大夫錫衰, 未解首服, 至此乃解之者, 婦人弔之首服無文, 故特傳釋錫衰後, 下近"婦人吉笄無首布總"乃解之. 必知用吉笄無首素總者, 下文女子子爲父母卒哭, 折吉笄之首, 布總, 此弔服用吉笄無首, 素總. 又男子冠, 婦人笄, 相對, 婦人喪服, 又笄總相對, 上注男子弔用素冠, 故知婦人弔亦吉笄無首, 素總也.

번역 ◎鄭注: "謂之"~"素總". ○질문을 한 자는 우선적으로 그 명칭을 물어보았기 때문에, 답변에서 "마 중에서도 매끄러운 것이다."라고 말한 것이니, 답변은 '석(錫)'자의 의미로 대답해준 것이다. 다만 마(麻)를 언급한 것은 마로 포의 실 가닥을 드러냈기 때문이다. 또 "'석(錫)'은 15승(升)에서 그 절반을 제거한다."라고 해라고 했는데, 실의 많고 적은 수준은 시마복과 동일하기 때문이다. "실에는 가공을 하지 않고 포에는 가공을 한다."라고 했는데, '사(事)'자는 "가공하다[治]."는 뜻으로, 실을 가공하지 않고 포를 가공한다는 의미이니, 애통함이 내면에 있기 때문이다. 시마복의 경우 실을 가공하고 포를 가공하지 않는데, 애통함이 외면에 있기 때문이며, 천자가 삼공이나 육경에 대해 착용하는 것은 천자의 수도 밖에 있는 제후보다 중시하기 때문이다. 정현은 "'석(錫)'이라고 부르는 이유는 포를 가공하여 매끄럽게 만들었기 때문이다."라고 했는데, 치(治)자로 사(事)자를 풀이하고 활이(滑易)로 석(錫)자를 풀이한 것이니, 매끄럽게 해서 부드럽게 만든다는 의미이다. 정현이 "군주·경·대부가 사를 조문할 때에는 비록 해당 절차에 임하더라도 피변에 석최를 착용할 따름이다."라고 했는데, 사는 신분이 낮아서 변질을 착용하는 예법이 없고, 해당 절차가 있거나 없거나 상관없이 모두 피변에 상복을 착용할 따름으로, 이것을 통해 충분하지 못하다는 뜻을 드러낸다. 만약 그렇다면『예기』「문왕세자(文王世子)」편에 대한 정현의 주에서는 "제후는 이성인 사에 대해서는 의최를 착용하고 동성인 사에 대해서는 시최를 착용한다."라고 했고, 지금 이곳에서는 사와 대부는 또한 동일하게 석최를 착용한다고 했다. 그 이유는 이곳에서 언급한 내용은『의례』「사상례(士喪禮)」편의 주와 동일하니, 이 또한 군주는 여기에서 말한 사에 대해서 스승이나 벗에 대한 은정이 있는 경우이다. 정현이 "사가 서로에 대해 조문을 하게 되면 벗에 대해 착용하는 복장과 동일하게 따른다."라고 했는데, 벗에 대해서는 마(麻)를 하니, 이것은 벗에 대한 복장에 해당한다. 앞의 주석에서 사가 조문을 할 때의 복장은 의최에 흰색 하의를 착용하고 요대와 수질은 모두 마로 된 것을 착용해서 조문을 한다고 했으니, 이 또한 벗에 대한 복장이다. 정현이 "부인들이 서로에게 조문을 할 때에는 길계에 머리장식이 없고 흰색의 총(總)으로 머리를 두른다."라고 했는데, 앞의 문장에서 명부(命婦)[29]는 대부에게 조문을 하며 석최를 착용한다고 했는데, 머리에 착용하는 것을 설명하지 않았다. 그런데 이곳 기록에서 그 설명을 한 것은 부인의 조문 복장 중 머리에 하는 장식에 대해서는 경문의 기록이 없기 때문에 특별히 전문의 석최에 대한 풀이 뒤에 "부인은 길계에

---

29) 명부(命婦)는 고대 봉호(封號)를 부여받은 여자들을 뜻한다. 궁중에 머물며 비(妃)나 빈(嬪)의 신분을 가진 여자들은 내명부(內命婦)라고 부르고, 신하의 처가 된 자들은 외명부(外命婦)라고 부른다.

머리장식이 없고 흰색의 총으로 머리를 두른다."는 말을 덧붙여서 풀이한 것이다. 길계에 머리장식이 없고 흰색의 총으로 머리를 두른다는 사실을 분명히 알 수 있는 이유는 아래문장에서 딸이 부모를 위해 졸곡을 하게 되면 길계의 머리장식을 꺾고, 포로 만든 총으로 머리를 묶는다고 했으니, 이곳에서 말한 조문하는 복장에서도 길계에 머리장식이 없고 흰색의 총으로 머리를 묶게 되는 것이다. 또 남자는 관을 쓰고 부인을 비녀를 꼽는 것은 상대적인 것이며, 부인의 상복에서는 또한 비녀와 총이 상대가 된다. 앞의 주에서 남자가 조문할 때 흰색의 관을 쓴다고 했기 때문에 부인이 조문을 할 때에는 길계에 머리장식이 없고 흰색의 총으로 머리를 묶는다는 사실을 알 수 있다.

그림 8-1 ■ 피변(皮弁)과 작변(爵弁)

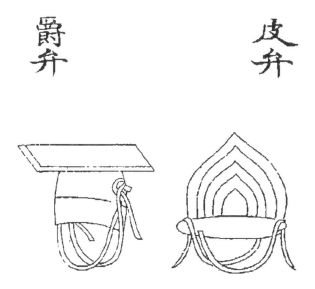

※ 출처: 『삼례도집주(三禮圖集注)』 3권

그림 8-2 ◼ 길계(吉笄)와 악계(惡笄)

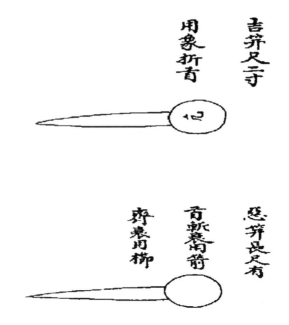

※ 출처: 『삼례도(三禮圖)』 3권

그림 8-3 ■ 쇄(縰)와 총(總)

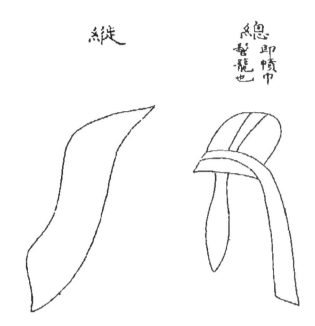

※ 출처: 『삼례도(三禮圖)』 2권

• 제9절 •

남자의 수질(首絰)과 여자의 요대(要帶)

【668a】

男子除乎首, 婦人除乎帶. 男子何爲除乎首也? 婦人何爲除乎帶也? 男子重首, 婦人重帶, 除服者先重者, 易服者易輕者.

직역 男子는 首를 除하고, 婦人은 帶를 除한다. 男子는 何히 首를 除함이 爲하오? 婦人은 何히 帶를 除함이 爲하오? 男子는 首를 重하고, 婦人은 帶를 重하니, 服을 除하는 者는 重者를 先하고, 服을 易하는 者는 輕者를 易한다.

의역 남자는 수질(首絰)을 제거하고 부인은 요대(要帶)를 제거한다. 남자는 어찌하여 수질을 제거하고 부인은 어찌하여 요대를 제거하는가? 남자는 머리에 차고 있는 것을 중시하고 부인은 허리에 차고 있는 것을 중시하기 때문이니, 상복을 제거하는 경우에는 중시 여기는 것을 먼저 제거하고, 상복을 바꾸는 경우에는 상대적으로 덜 중요하게 여기는 것을 먼저 바꾼다.

集說 小祥, 男子除首絰, 婦人除要帶, 此除先重也. 居重喪而遭輕喪, 男子則易要絰, 婦人則易首絰, 此易輕者也.

번역 소상(小祥)을 치르게 되면, 남자는 수질(首絰)을 제거하고 부인은 요대(要帶)를 제거하는데, 이것은 제거할 때 중요하게 여기는 것을 먼저 한다는 뜻이다. 수위가 무거운 상을 치르고 있는데 수위가 낮은 상을 당한 경우, 남자는 요대를 바꾸고 부인은 수질을 바꾸니, 이것은 상대적으로 덜 중요하게 여기는 것을 바꾸는 것이다.

鄭注 易服, 謂爲後喪所變也. 婦人重帶, 帶在下體之上, 婦人重之, 辟男子也. 其爲帶, 猶五分経去一耳.

번역 상복을 바꾼다는 것은 뒤에 발생한 상으로 인해 바꾸게 된다는 뜻이다. 부인은 허리에 차고 있는 것을 중시하니, 대(帶)는 하체 중에서도 위에 있고, 부인이 이것을 중시하는 것은 남자의 예법을 피하기 위해서이다. 대(帶)를 만들 때에는 여전히 질(経)의 크기에서 5분의 1을 줄여서 만들 따름이다.

釋文 去, 起呂反, 下同. 辟音避.

번역 '去'자는 '起(기)'자와 '呂(려)'자의 반절음이며, 아래문장에 나오는 글자도 모두 그 음이 이와 같다. '辟'자의 음은 '避(피)'이다.

孔疏 ◎云"易服, 謂爲後喪所變也"者, 以身先有前喪重, 今更遭後喪輕服, 欲變易前喪, 故云"爲後喪所變也". 云"其爲帶, 猶五分経去一耳"者, 以婦人斬衰不變帶, 以其重要故也. 婦人旣重其要, 恐要帶與首経麤細相似同, 故云其爲帶, 猶須五分首経去一分耳. 以首尊於要, 但婦人避男子而重要帶耳.

번역 ◎鄭注: "易服, 謂爲後喪所變也". ○몸에는 앞서 이전에 발생한 수위가 높은 것을 착용하고 있는데, 현재 이후에 발생한 수위가 낮은 상을 당하게 되어서, 이전 상의 복식을 바꾸고자 하기 때문에 "뒤에 발생한 상으로 인해 바꾸게 된다는 뜻이다."라고 말한 것이다. 정현이 "대(帶)를 만들 때에는 여전히 질(経)의 크기에서 5분의 1을 줄여서 만들 따름이다."라고 했는데, 부인이 참최복(斬衰服)을 착용할 때에는 대를 바꾸지 않으니, 허리에 차고 있는 것을 중요하게 여기기 때문이다. 부인이 이미 허리에 차고 있는 것을 중요하게 여긴다면, 요대(要帶)와 수질(首経)의 거칠고 정밀한 차이가 서로 비슷할 것이라는 오해를 할 수 있다. 그렇기 때문에 대를 만들 때에는 여전히 수질에서 5분의 1을 줄여서 만들 따름이라고 말한 것이다.

머리에 차고 있는 것은 허리에 차고 있는 것보다 존귀하지만, 부인의 경우 남자의 예법을 피하여 요대를 중요하게 여길 따름이다.

참고 『예기』「복문(服問)」 기록

경문-662a 三年之喪旣練矣, 有期之喪旣葬矣, 則帶其故葛帶, 経期之経, 服其功衰.

번역 부친의 삼년상에서 연제(練祭)를 마쳤는데, 모친의 기년상에서 장례를 마쳤다면, 부친의 상에서 차고 있던 갈포로 만든 허리띠를 두르고, 기년상에서 차는 질(経)을 두르며, 공최(功衰)를 착용한다.

鄭注 "帶其故葛帶"者, 三年旣練, 期旣葬, 差相似也. 経期之葛経, 三年旣練, 首経除矣. 爲父, 旣練, 衰七升; 母旣葬, 衰八升. 凡齊衰, 旣葬, 衰或八升, 或九升, 服其功衰, 服麤衰.

번역 "이전의 갈포로 만든 허리띠를 찬다."는 말은 삼년상에서 연제(練祭)를 치른 상태와 기년상에서 장례를 마친 상태는 그 층차가 유사하기 때문이다. 기년상의 갈포로 만든 질(経)을 두르는 것은 삼년상에서 연제를 치르면 수질을 제거하기 때문이다. 부친의 상을 치르며 연제를 마친 뒤에는 상복은 7승(升)으로 만들고, 모친의 상에서 장례를 마친 뒤에는 상복은 8승(升)으로 만든다. 자최복(齊衰服)의 상에서 장례를 마쳤다면, 상복은 8승(升)으로 하거나 9승(升)으로 만드는데, 공최(功衰)를 착용한다는 것은 추최(麤衰)[1]를 착용하는 것이다.

孔疏 ●"則帶其故葛帶"者, "故葛帶", 謂三年練葛帶也. 今期喪旣葬, 男子

---

1) 추최(麤衰)는 상복(喪服) 중에서 가장 수위가 높은 상복을 뜻한다. 가장 거친 마(麻)로 재단하여 만든다.

則應著葛帶, 與三年之葛帶麤細正同. 以父葛爲重, 故帶其故葛帶.

번역 ●經文: "則帶其故葛帶". ○'고갈대(故葛帶)'는 삼년상에서 연제(練祭) 때 착용하는 갈포로 만든 허리띠를 뜻한다. 현재 기년상에서 장례를 마쳤으므로, 남자라면 마땅히 갈대를 착용해야 하니, 갈대는 삼년상에서 착용하는 갈대와 거친 정도가 동일하다. 부친의 상을 치르며 착용하는 갈대를 중요하게 여기기 때문에 이전의 갈대를 착용한다.

孔疏 ●"経期之経"者, 謂三年練後, 首経旣除, 故経期之葛経. 若婦人練後, 麻帶除矣, 則経其故葛経, 帶期之麻帶, 以其婦人不葛帶故也.

번역 ●經文: "経期之経". ○삼년상에서 연제를 치른 이후 수질(首経)을 이미 제거했기 때문에, 기년상에 착용하는 갈포로 만든 질(経)을 착용한다. 부인의 경우 연제를 끝낸 이후 마로 만든 허리띠를 제거하면, 이전의 갈포로 만든 질(経)을 차고, 기년상의 마로 만든 허리띠를 차니, 부인은 갈포로 만든 허리띠를 차지 않기 때문이다.

孔疏 ●"服其功衰"者, 功衰, 謂服父之練之功衰也.

번역 ●經文: "服其功衰". ○'공최(功衰)'는 부친의 상에서 연제(練祭)를 치른 이후에 착용하는 공최를 입는다는 뜻이다.

孔疏 ◎注"帶其"至"麤衰". ○正義曰: "三年旣練, 期旣葬, 差相似也"者, 三年旣練, 要帶四寸百二十五分寸之七十六, 期之旣葬, 其帶亦然, 故云"差相似". 但父帶爲重, 故"帶其故葛帶"也. 云"経期之葛経, 三年旣練, 首経除矣"者, 以三年旣練, 男子除於首, 是男子首経除矣, 其首空, 故経期之葛経. 此文主於男子也. 若婦人則首経練之故葛経; 練後麻帶已除, 則要経期之麻帶也. 云"爲父旣練衰七升"者, 以閒傳稱"斬衰三升, 旣虞·卒哭, 受以成布六升", 則知旣練, 衰七升也. 云"母旣葬衰八升"者, 此言八升者誤, 當云"七升", 故閒傳云: "爲母疏衰四升, 受以成布七升." 是旣葬受時爲母衰七升也. 云"凡齊衰旣葬, 衰或八升, 或九升"者, 以父之旣練, 母之旣葬, 衰皆七升, 其齊衰仍有八升・九升, 故更言之. 八升者, 是正服齊衰, 或有九升者, 是義服齊衰也. 云"服其功衰, 服麤衰"者, 功, 卽麤也. 言齊衰旣有八升・九升服也, 其麤者謂七升, 父之衰也. 經不云"服其父衰", 而云"功衰"者, 經稱三年之衰, 則父爲長子・及父卒爲母, 皆是三年. 今期喪旣葬, 反服其服, 若言功衰, 總道三人, 故不得特言"服父衰"也. 母喪旣練, 雖衰八升, 與正服旣葬齊衰同, 以母服爲重, 亦服母之齊衰也. 皇氏云: "謂三年旣練之後, 初遭期喪." 今謂此經亦三年未練之前, 初有期喪未葬, 爲前三年之衰爲練祭, 至期旣葬, 乃帶其故葛帶, 経期之葛絰也. 必知其期喪未葬已前, 得爲三年練祭者, 雜記篇云: "三年之喪旣穎, 其練祥皆行." 彼謂後喪亦三年, 旣穎之後, 得行前三年之喪練祭, 則知後喪期年未穎之前, 得爲三年之喪而行練也. 熊氏云"爲母旣葬, 衰八升", 言父在爲母也. 今鄭注云"爲父旣練, 衰七升, 爲母旣葬, 衰八升"矣; 又經云"三年之喪旣練", 皆爲父卒爲母. 今熊氏云"父在爲母", 其義非也.

번역 ◎鄭注: "帶其"~"麤衰". ○정현이 "삼년상에서 연제(練祭)를 치른 상태와 기년상에서 장례를 마친 상태는 그 층차가 유사하기 때문이다."라고 했는데, 삼년상에서 연제를 마치면 요대(要帶)는 4와 125분의 76촌(寸)이며, 기년상에서 장례를 마친 뒤에 차는 허리띠 또한 그렇다. 그렇기 때문에 "그 층차가 유사하다."라고 했다. 다만 부친의 상에서 차는 허리띠가 중대하기 때문에 "이전에 차는 갈포로 만든 허리띠를 찬다."라고 했다. 정현이 "기년상의 갈포로 만든 질(絰)을 두르는 것은 삼년상에서 연제를 치르면 수질을 제거하기 때문이다."라고 했는데, 삼년상에서 연제를 치른 뒤에 남자는 머리에 두르고 있던 것을 제거하니, 이것은 남자가 수질을 제거한다는 뜻이며, 머리에는 두르고 있는 것이 없기 때문에 기년상에 두르는 갈포로 만든 수질을 두르는 것이다. 이곳의 문장은 남자의 경우를 위주로 언급한 것이다. 만약 부인의 경우라면 수질의 경우 연제를 치를 때 착용했던 이전의 갈포로 만든 질을 두르는데, 연제를 치른 뒤에는 마로 만든 허리띠는 이미 제거한 상태이니, 요질(要絰)은 기년상의 마로 만든 허리띠를 찬다.

정현이 "부친의 상을 치르며 연제를 마친 뒤에는 상복은 7승(升)으로 만든다."라고 했는데, 「간전」편에서는 "참최복은 3승(升)으로 하고, 우제(虞祭)와 졸곡(卒哭)을 마치면, 성포(成布) 6승(升)짜리를 받는다."라고 했으니, 연제를 치른 뒤의 상복은 7승이 됨을 알 수 있다. 정현이 "모친의 상에서 장례를 마친 뒤에는 상복은 8승으로 만든다."라고 했는데, 여기에서 8승이라고 한 말은 잘못 기록된 것이니, 마땅히 '칠승(七升)'이라고 해야 한다. 그렇기 때문에 「간전」편에서는 "모친에 대한 상복은 4승으로 하고, 성포 7승짜리를 받는다."라고 했으니, 이것은 장례를 마친 뒤에 모친의 상을 치를 때에는 7승의 상복을 받는다는 것을 나타낸다. 정현이 "자최복(齊衰服)의 상에서 장례를 마쳤다면, 상복은 8승으로 하거나 9승으로 만든다."라고 했는데, 부친에 대해서 연제를 치렀고 모친에 대해서 장례를 치렀으면, 상복은 모두 7승으로 하는데, 자최복의 경우 8승이나 9승으로 된 것도 있기 때문에 재차 언급한 것이다. 8승으로 된 것은 바로 정규 복장인 자최복에 해당하고, 9승으로 된 것도 있는 것은 의복(義服)으로 자최복을 착용하는 경우이다. 정현이 "공최(功衰)를 착용한다는 것은 추최(麤衰)를 착용하는 것이다."라고 했는데, '공(功)'자는 "거칠다[麤]."는 뜻이다. 즉 자최복에는 이미 8승과 9승으로 된 것이 있다고 했는데, 그 중에서도 거친 것은 7승으로 된 것을 뜻하니, 부친의 상에서 착용하는 상복을 의미한다. 경문에서는 "부친에 대한 상복을 착용한다."라고 말하지 않고 '공최(功衰)'라고 했는데, 경문에서 삼년상의 상복을 지칭했다면, 부친이 장자의 상을 치르고 또 부친이 돌아가신 이후 자식이 돌아가신 모친을 위해서 상을 치를 때에는 모두 삼년상으로 지낸다. 현재 기년상에서 장례를 마쳤는데, 다시 그 복장을 착용한다고 했으니, '공최(功衰)'라고 말한다면, 세 가지 경우를 총괄적으로 언급하게 된다. 그렇기 때문에 단지 "부친에 대한 상복을 착용한다."라고만 말하지 않은 것이다. 모친의 상에서 연제를 치른 뒤에는 비록 8승의 상복을 착용하여, 정규 복장 중 장례를 마친 뒤의 자최복과 동일하게 되지만, 모친의 상복을 중요하게 여기기 때문에, 또한 모친에 대한 자최복을 착용한다. 황간은 "삼년상에서 연제를 치른 이후 처음으로 기년상을 당한 경우를 뜻한다.”라고 했다. 그리고 이곳 경문은 또한 삼년상에서 아직 연제를 치르기 이전에 처음으로 기년상을 당했는데, 아직 장례를 치르기 이전을 뜻하므로, 이전에 발생한 삼년상에서 연제를 치르고 난 뒤에 기년상에서 장례를 치른 이후가 되어, 이전의 갈포로 만든 질(絰)을 두른다고 했다. 기년상에서 아직 장례를 치르기 이전에 삼년상의 연제를 치를 수 있음을 분명히 알 수 있는 것은 『예기』「잡기(雜記)」편에서 “삼년상이 겹쳤을 때 갈포로 만든 질(絰)로 허리에 차고 있던 마(麻)로 만든 질을 바꾸게 되면, 이전에 발생한 상에 대해서 소상(小祥)과 대상(大祥)의 제사를 모두 시행한다.”2)라고 했기 때문이다. 「잡기」편의 내용은 뒤에 발생한 상 또한 삼년상인 경우로, 갈포로 만든 질로 허리에 차고 있던 마(麻)로 만든 질을 바꾼 이후에는 이전에 발생한 삼년상의 연제를 시행할 수 있으니, 뒤에 발생한 기년상에서 아직 갈포로 만든 질로 허리에 차고 있던 마(麻)로 만든 질을 아직 바꾸지 않은 상황에서는 삼년상에서 연제를 치를 수 있음을 알 수 있다. 웅안생은 “모친의 상에서 장례를 마치게 되면 상복은 8승으로 한다.”라고 했는데, 이것은 부친이 생존해 계실 때 모친의 상을 치르는 경우를 뜻한다. 현재 정현의 주에서는 “부친의 상을 치르며 연제를 마친 뒤에는 상복은 7승으로 만들고, 모친의 상에서 장례를 마친 뒤에는 상복은 8승으로 만든다.”라고 했고, 또 경문에서는 “삼년상에서 연제를 치렀다.”라고 했는데, 이 모두는 부친이 이미 돌아가신 상태에서 모친의 상을 치르는 경우에 해당한다. 현재 웅안생이 “부친이 생존해 계실 때 모친의 상을 치르는 경우이다.”라고 한 말은 잘못된 주장이다.

訓纂 吳射慈曰: 謂三年旣練, 衰七升, 男子首絰, 婦人麻帶俱已除矣. 又遭期喪, 更制期衰裳, 絰帶悉麻. 期喪旣葬, 爲母練七升, 正服練八升, 義服練九升, 謂之功練. 男子帶練之葛, 絰期之麻, 謂旣葬之麻也, 其大四寸百二十五分寸之七十六也.

---

2) 『예기』「잡기하(雜記下)」【507c】: 如三年之喪, 則旣穎, 其練祥皆行.

번역 오나라 사자가 말하길, 삼년상에서 연제(練祭)를 치르면 상복은 7 승(升)으로 하고 남자의 수질(首絰)과 여자의 마(麻)로 된 허리띠는 모두 제거하게 된다. 그런데 재차 기년상을 당하여 다시 기년상의 상복을 제작 하니, 질(絰)과 대(帶)는 모두 마(麻)로 만든다. 기년상에서 장례를 치르게 되면 모친에 대한 상복은 7승으로 만들고, 정규 상복은 8승이며, 의복(義服) 은 9승인데, 이것을 '공최(功衰)'라고 부른다. 남자는 허리띠를 연제 때의 갈포로 만든 것으로 차고, 질(絰)은 기년상의 마(麻)로 만든 것으로 두르는 데, 이것은 장례를 마치고 착용하는 마(麻)라고 부르며, 그 크기는 4와 125 분의 76촌(寸)이다.

集解 愚謂: 三年既練而遭期喪, 固改服期喪之服矣. 至期喪既葬, 則又以 三年之練服爲重, 故於既虞卒哭, 而反服練服之冠衰要帶, 惟練無首経, 則絰 期喪之経也.

번역 내가 생각하기에, 삼년상에서 연제(練祭)를 치렀고 기년상을 당했 다면, 기년상에 착용하는 상복으로 복장을 고쳐야 한다. 기년상에서 장례를 치르게 되면, 재차 삼년상에서 연제를 치른 뒤의 복장이 중요하기 때문에, 우제(虞祭)와 졸곡(卒哭)을 끝냈을 때에는 다시 연제의 복장인 관·상복· 허리띠 등으로 갈아입고, 연제의 복장에는 수질(首絰)이 없으므로, 기년상 의 질(絰)을 두르게 된다.

集解 鄭氏云, "爲父既練, 衰七升, 母既練, 衰八升", 此言三年既練之衰也. "凡齊衰既葬, 衰或八升, 或九升", 此言期喪既葬之衰也. 而"母既練"誤爲"既 葬", 則似釋"期喪既葬"之文. 儀禮賈疏據之, 遂謂"父喪未除而母死, 止服期." <喪服齊衰三年章, "父卒則爲母", 賈疏"服問注云'爲母既葬, 衰八升', 亦據父 卒爲母, 與父在爲母同, 五升衰裳, 八升冠, 既葬, 以其冠爲之受衰八升. 是父 卒爲母, 未得伸三年之驗."> 又謂"父在爲母服齊期, 正服五升." 夫爲母之所 以服齊衰期者, 爲父在屈也, 父沒則得伸矣, 何以必待終父喪乎? 母喪本三年,

其齊衰期乃因父在而降也. 齊期正服五升, 則降服宜四升, 旣葬衰七升, 旣練
衰八升矣. 詳鄭氏之意, 上言父母三年旣練之服, 下言齊衰旣葬之服, 其旨甚
明. 若云"父在爲母旣葬, 衰八升", 則下文"齊衰旣葬, 衰八升"之內足以該之
矣, 又何必特出其文於上哉?

번역 정현은 "부친의 상을 치르며 연제를 마친 뒤에는 상복은 7승(升)
으로 만들고, 모친의 상에서 장례를 마친 뒤에는 상복은 8승(升)으로 만든
다."라고 했는데, 이것은 삼년상에서 연제(練祭)를 치른 뒤의 상복을 말한
것이다. 정현이 "자최복(齊衰服)의 상에서 장례를 마쳤다면, 상복은 8승으
로 하거나 9승으로 만든다."라고 했는데, 이것은 기년상에서 장례를 마친
뒤의 상복을 뜻한다. 그런데 "모친에 대해서 연제(練祭)를 치렀다."는 말을
"장례를 치렀다."라는 말로 잘못 기록하여, 마치 "기년상에서 장례를 마쳤
다."라는 문장을 풀이한 것처럼 보인 것이다. 『의례』에 대한 가공언의 소에
서도 이 문장을 제시하며, "부친의 상을 아직 끝내지 못했는데 모친이 돌아
가시면 기년복을 착용한다."라고 했다. <『의례』「상복(喪服)」편의 '자최삼
년'장에서는 "부친이 이미 돌아가신 상태에서 모친의 상을 치른다."[3]라고
했고, 가공언의 소에서는 "「복문」편의 주에서는 '모친의 상을 치르며 장례
를 마쳤다면 상복은 8승으로 한다.'라고 했으니, 이 또한 부친이 이미 돌아
가신 상태에서 모친의 상을 치르는 것이 부친이 생존해 계실 때 모친의
상을 치르는 경우와 같이, 5승의 상복을 입고, 8승으로 만든 관을 쓰며, 장
례를 마쳤다면 관에 따라서 상복은 8승으로 된 것을 받는다. 이것은 부친이
이미 돌아가신 상태에서 모친의 상을 치르는 경우로, 삼년상의 규정을 모
두 시행할 수 없다는 증거가 된다."라고 했다.> 또 "부친이 생존해 계실
때 모친의 상을 치르며 자최복으로 기년상을 치르면, 정규 상복은 5승이
다."라고 했는데, 모친의 상을 치르며 자최복으로 기년상을 치르는 것은
부친으로 인해 예법을 굽히기 때문이며, 부친이 오래전에 돌아가신 상태라
면 예법대로 삼년상을 치를 수 있는데, 어찌 부친의 상을 마칠 때까지 기다

---

3) 『의례』「상복(喪服)」: <u>父卒則爲母</u>. 繼母如母.

릴 필요가 있겠는가? 모친에 대한 상은 본래 삼년상으로 치르는데, 자최복
으로 기년상을 치르는 것은 부친이 생존해 계셔서 수위를 낮추기 때문이다.
자최복으로 기년상을 치를 때 정규 상복이 5승이 된다면, 수위를 낮춘 복장
은 마땅히 4승으로 해야 하며, 장례를 마치게 되면 상복은 7승이 되고, 연제
를 마치면 상복은 8승(升)이 된다. 정현의 주장을 상세히 살펴보면, 앞에서
는 부모의 삼년상에서 연제를 마쳤을 때의 상복을 설명했고, 뒤에서는 자
최복으로 기년상을 치를 때 장례를 마친 뒤의 상복을 설명했으니, 그 뜻이
매우 분명하다. 만약 "부친이 생존해 계실 때 모친의 장례를 치르며 장례를
마치게 되면 상복은 8승으로 한다."라고 말한다면, 아래문장에서 "자최복
의 상에서 장례를 마치면 상복은 8승으로 한다."라는 문장 내에서 충분히
풀이를 하고 있는데, 어찌 그 문장 앞에 이러한 주석을 제시할 필요가 있었
겠는가?

참고 『예기』「잡기하(雜記下)」 기록

경문-507c 如三年之喪, 則既穎, 其練祥皆行.

번역 만약 삼년상이 겹쳤을 때 갈(葛)로 만든 질(経)로 허리에 차고 있
던 마(麻)로 만든 질을 바꾸게 되면, 이전에 발생한 상에 대해서 소상(小祥)
과 대상(大祥)의 제사를 모두 시행한다.

鄭注 言今之喪既服穎, 乃爲前三年者變除而練・祥祭也. 此主謂先有父
母之服, 今又喪長子者. 其先有長子之服, 今又喪父母, 其禮亦然. 然則言未沒
喪者, 已練・祥矣. 穎, 草名, 無葛之鄕, 去麻則用穎.

번역 현재 상을 치르며 이미 경(穎)으로 된 것을 착용했다면, 이전에 발
생한 삼년상의 대상을 위해서 복장을 바꾸고 제거하여 소상(小祥)과 대상
(大祥)의 제사를 지낸다는 뜻이다. 이 내용은 먼저 부모의 상이 발생을 했

는데, 현재 재차 장자의 상을 당한 경우를 위주로 한 말이다. 먼저 장자에 대한 상복을 착용하고 있는데, 현재 또 부모의 상을 당하게 되었을 때에도 그 예법이 이와 같다. 그러므로 아직 상을 끝내지 못했다고 한 말은 이미 소상과 대상의 제사를 치른 것을 뜻한다. '경(穎)'은 풀이름이니, 갈(葛)이 생산되지 않는 지역에서는 마(麻)로 된 것을 제거하게 되면 경(穎)으로 만든 것을 사용한다.

孔疏 ●"如三年之喪, 則旣穎. 其練祥皆行"者, 此明前後俱遭三年之喪, 後喪旣受葛之後, 得爲前喪. 練・祥旣穎者, 謂後喪旣虞卒哭, 合以變麻爲葛, 無葛之鄕則用穎也. 後喪旣穎之後, 其前喪須練祭・祥祭皆擧行之.

번역 ●經文: "如三年之喪, 則旣穎. 其練祥皆行". ○이 내용은 앞뒤로 모두 삼년상을 당했는데, 뒤에 당한 상에서 이미 갈(葛)로 된 질(絰)을 받은 이후에는 전에 당한 상을 위해 제사를 치를 수 있다는 뜻을 나타내고 있다. "소상(小祥)・대상(大祥)을 치르고 이미 경(穎)을 했다."는 말은 뒤에 당한 상에서 이미 우제(虞祭)와 졸곡(卒哭)을 치른 뒤이므로, 마땅히 마(麻)로 된 질을 갈로 된 질로 바꿔야 하는데, 갈이 생산되지 않는 지역이라면 경(穎)을 사용한다는 뜻이다. 뒤에 당한 상에서 이미 경(穎)으로 된 질로 바꾼 뒤라면, 전에 당한 상에 대해서는 소상과 대상의 제사를 모두 치를 수 있다.

孔疏 ◎注"言今"至"用穎". ○正義曰: 云"此主謂先有父母之服, 今又喪長子"者, 以前文皆據先有父喪, 後有母喪. 此又先有父母之喪, 後有諸父・昆弟死者, 皆以重喪在前, 輕喪在後, 此亦類上文, 故云"先有父母之服, 今又喪長子". 云"其先有長子之服, 今又喪父母, 其禮亦然"者, 以經不云長子之喪, 而云"三年之喪, 旣穎", 明三年之文互包父母, 故知先有長子之喪, 旣穎也. 依禮, 父在不爲長子三年. 今云"先有長子之服, 今又喪父母"者, 庾氏及熊氏並云"有父者, 誤也, 當應云又喪母, 不得幷稱父也". 庾氏又云: "後喪旣穎, 又前喪練・祥皆行, 若後喪旣殯, 得爲前喪虞祔." 未知然否, 且依錄之. 云"未沒喪者, 已練祥矣"者, 以此經云"三年之喪, 旣穎", 不云"未沒喪", 則知旣穎與未沒喪者別也. 旣穎是旣虞受服之時, 明末沒喪是旣練之後稱, 言末沒, 是將沒之文, 故知練後也. 若先有父喪, 而後母死, 練·祥亦然, 以前文"父死, 爲母三年"也. 故喪服齊衰三年章云"父卒則爲母", 是也. 若先有母喪, 而後父卒, 母喪雖有期, 父喪旣穎, 母之練·祥亦皆行也.

번역 ◎鄭注: "言今"~"用穎". ○정현이 "이 내용은 먼저 부모의 상이 발생을 했는데, 현재 재차 장자의 상을 당한 경우를 위주로 한 말이다."라고 했는데, 앞 문장에서는 모두 먼저 부친의 상을 당하고 이후에 모친의 상을 당한 경우를 기준으로 말했는데, 이곳에서는 또한 먼저 부모의 상이 발생하고 이후에 백부 및 숙부와 형제들이 죽은 경우를 언급했으니, 이것은 모두 중대한 상이 먼저 발상하고 상대적으로 덜 중요한 상이 뒤에 발생한 것이니, 이곳의 문장 또한 앞 문장과 비슷한 부류가 된다. 그렇기 때문에 "먼저 부모에 대한 상복을 착용하고 있는데, 현재 재차 장자의 상을 당했다."라고 말한 것이다. 정현이 "먼저 장자에 대한 상복을 착용하고 있는데, 현재 또 부모의 상을 당하게 되었을 때에도 그 예법이 이와 같다."라고 했는데, 경문에서는 장자의 상에 대해서는 언급하지 않았지만, "삼년상에서 이미 경(穎)을 했다."라고 했으니, 이것은 삼년상이라는 문장이 부모에 대한 경우를 포괄한다는 사실을 나타낸다. 그렇기 때문에 우선적으로 장자의 상이 발생했고, 이미 경(穎)으로 된 질(絰)을 착용했다는 사실을 알 수 있다. 예법에 따르면 부친이 생존해 계실 때 장자를 위해서는 삼년상을 치르지 않는다. 현재 "먼저 장자에 대한 상복을 착용하고 있는데, 현재 또 부모에 대한 상을 당했다."라고 한 이유에 대해, 유울지 및 웅안생은 "'부(父)'자가 기록된 것은 잘못된 기록이다. 마땅히 '또한 모친의 상을 당했다.'라고 말해야 하니, 부친까지 함께 병렬해서 기록할 수 없다."라고 했다. 유씨는 또한 "뒤에 당한 상에 대해서 이미 경(穎)으로 된 질을 찼고, 또 이전 상에 대해서 소상(小祥)과 대상(大祥)을 모두 시행하며, 만약 뒤에 당한 상에서 이미 빈소를 차린 뒤라면, 전에 당한 상에 대해서 우제(虞祭)와 부제(祔祭)를 치를 수 있다."라고 했다. 과연 그러한지 아닌지는 잘 모르겠지만, 그 주장들에 따라 기록을 해둔다. 정현이 "아직 상을 끝내지 못했다고 한 말은

이미 소상과 대상의 제사를 치른 것을 뜻한다."라고 했는데, 이곳 경문에서
는 "삼년상에서 이미 경(穎)을 했다."라고 했고, "아직 상을 끝내지 못했
다."라고는 말하지 않았으니, 이미 경(穎)을 했다는 것과 상을 끝내지 못했
다는 것은 구별된다. 이미 경(穎)을 했다는 것은 우제를 치르고 새로운 상
복을 받게 되는 시기를 뜻하니, 아직 상을 끝내지 못했다는 것이 이미 소상
을 치른 이후에 대해 지칭하는 말임을 나타낸다. 즉 '미몰(未沒)'이라는 말
은 앞으로 끝내게 된다는 말이다. 그렇기 때문에 소상을 치른 이후임을 알
수 있다. 만약 먼저 부친의 상을 당하고 이후에 모친의 상을 당하게 되면,
소상과 대상 또한 이처럼 하니, 앞 문장에서 "부친이 돌아가셨는데, 모친에
대해 삼년상을 치른다."라고 했기 때문이다. 그러므로『의례』「상복(喪服)」
편 '자최삼년장(齊衰三年章)'에서는 "부친이 돌아가셨다면 모친을 위해서
착용한다."[4]라고 한 것이다. 만약 먼저 모친의 상이 발생했고, 이후에 부친
의 상이 발생했다면, 모친의 상에 대해서 비록 기년상을 치르지만, 부친의
상에서 이미 경(穎)으로 된 질을 착용했다면, 모친에 대한 소상과 대상 또
한 모두 시행하게 된다.

大全 山陰陸氏曰: 凡喪服皆麻, 練而葛, 蓋禫而後穎, 穎, 吉服也. 知然者,
穎黼衣錦尙絅, 知之也. 三年重服, 故雖當旣穎, 其練祥猶行. 鄭氏謂未沒喪
者, 已練祥矣. 郷當父母之喪, 未練祥也, 然則旣穎, 在禫之後明矣.

번역 산음육씨가 말하길, 무릇 상복은 모두 마(麻)로 만드는데, 소상(小
祥)을 치르게 되면 갈(葛)로 된 것으로 바꾸고, 아마도 담제(禫祭)를 치른
뒤에는 경(穎)으로 된 것으로 바꾸었을 것이니, 경(穎)으로 만든 것은 길복
(吉服)에 해당한다. 이러한 사실을 알 수 있는 이유는 수를 놓은 홑옷,[5]
비단 옷을 입고 홑옷을 덧입는다[6]고 했으므로, 이러한 사실을 알 수 있다.

---

4)『의례』「상복(喪服)」: 父卒則爲母. 繼母如母. 傳曰, 繼母何以如母? 繼母之配
　　父, 與因母同, 故孝子不敢殊也.
5)『의례』「사혼례(士昏禮)」: 女從者畢袗玄, 纚・笄・被穎黼, 在其後.
6)『중용』「33장」: 詩曰, "衣錦尙絅." 惡其文之著也. 故君子之道, 闇然而日章.

삼년상이 겹쳤기 때문에[7] 비록 마땅히 길복으로 갈아입어야 하지만, 소상과 대상(大祥)에 대해서는 여전히 시행하는 것이다. 정현은 아직 상을 끝내지 못한 것은 이미 소상과 대상의 제사를 치렀다는 뜻이라고 했다. 이전에 부모의 상을 당했는데, 아직 소상과 대상을 치르지 않았으므로, 길복으로 바꾸게 된다는 것은 담제를 치른 이후가 됨이 분명하다.

참고 『예기』「소의(少儀)」기록

경문-437c 葛絰而麻帶.

번역 부인들은 졸곡(卒哭)을 한 이후에 갈(葛)로 된 수질(首絰)을 쓰고, 마(麻)로 된 요대(要帶)를 찬다.

鄭注 謂旣虞・卒哭也. 帶, 所以自結束也. 婦人質, 少變, 於喪之帶, 有除而無變.

번역 우제(虞祭)와 졸곡(卒哭)을 치른 이후를 뜻한다. '대(帶)'는 스스로를 결속하는 도구이다. 부인은 질박하기 때문에 변화를 적게 하여, 상을 치를 때의 대(帶)에 있어서는 제거하는 경우는 있어도 바꾸는 경우는 없다.

孔疏 ●"葛絰而麻帶". ○正義曰: 此謂婦人旣虞・卒哭, 其絰以葛易麻, 故云"葛絰". 婦人尙質, 所貴在要, 帶有除無變, 終始是麻, 故云"麻帶也".

번역 ●經文: "葛絰而麻帶". ○이 내용은 다음과 같다. 부인이 우제(虞祭)와 졸곡(卒哭)을 끝낸 뒤, 질(絰)에 있어서 갈(葛)로 만든 것으로 마(麻)로 된 것을 바꾸기 때문에, "갈(葛)로 된 질(絰)을 쓴다."라고 말한 것이다.

---

7) 중복(重服)은 복상(服喪) 중에 상(喪)이 겹치는 일 등이 발생하여, 본래의 상복(喪服) 위에 다른 상복을 겹쳐 입는 일을 뜻한다.

그런데 부인은 질박함을 숭상하며 귀중하게 여기는 것은 허리에 있으니, 대(帶)에 있어서는 제거하는 경우는 있어도 바꾸는 경우는 없어서, 시종일관 마(麻)로 된 것을 차게 된다. 그렇기 때문에 "마(麻)로 된 대(帶)를 찬다."라고 말한 것이다.

참고 『예기』「단궁상(檀弓上)」 기록

경문-101d 婦人不葛帶.

번역 부인들은 갈로 엮은 대(帶)를 차지 않는다.

鄭注 婦人質, 不變重者, 至期除之, 卒哭變経而已.

번역 부인들은 질박하므로, 중요한 부위에 차는 것을 바꾸지 않는 것이며, 1년을 넘기게 되면 제거를 하고, 졸곡(卒哭)이 되면 질(経)을 바꿀 따름이다.

孔疏 ●"婦人不葛帶". ○正義曰: 此論齊斬婦人帶要経也. 葬後卒哭, 變麻易葛, 而婦人重要而質, 不變所重, 故不葛帶. 至期除之, 卒哭直變経而已. 大功以下輕, 至卒哭並變爲葛, 與男子同. 経, 首経也, 婦人輕首重要故也.

번역 ●經文: "婦人不葛帶". ○이곳 문단에서는 참최복(斬衰服)에 있어서 부인들이 차는 대(帶)와 요질(要経)에 대해 논의하고 있다. 장례(葬禮)를 치른 이후 졸곡(卒哭)을 하게 되면, 마(麻)로 된 것을 바꿔서, 갈(葛)로 된 것으로 착용하는데, 부인의 경우에는 허리를 중시하고 질박하므로, 중시하는 바에 대해서는 바꾸지 않는 것이다. 그렇기 때문에 갈(葛)로 된 대(帶)는 착용하지 않는 것이다. 1년이 지나게 되면 제거를 하게 되고, 졸곡(卒哭)을 지내고 나서는 단지 질(経)만 바꿀 따름이다. 대공복(大功服) 이하의 수

위가 낮은 상(喪)을 치르게 되면, 졸곡(卒哭) 때에 이르러, 모두 갈(葛)로
된 것으로 바꾸니, 남자의 경우와 동일한 것이다. '질(絰)'자는 수질(首絰)을
뜻하니, 부인들은 머리를 가볍게 여기고 허리를 중시하기 때문이다.

集解 敖氏繼公曰: 婦人, 指五服之親言也. 間傳云, "男子重首, 婦人重帶."
婦人質, 故於其所重者有除無變. 其三年者, 至小祥而除之; 齊衰期以至小功,
則皆終喪而除之; 其緦麻者, 卒哭旣退而除之.

번역 오계공이 말하길, '부인(婦人)'은 오복(五服)의 친족 관계에 있는
여인을 가리켜서 한 말이다. 「간전」편에서는 "남자는 머리를 중시하고, 부
인은 허리를 중시한다."라고 했다. 부인은 질박하기 때문에, 중시하는 것에
대해서 제거를 하는 경우는 있어도 바꾸는 경우는 없다. 삼년상을 치르는
경우라면, 소상(小祥) 때가 되어서야 제거를 하고, 자최복(齊衰服)을 입고
기년상(期年喪)을 치르는 경우로부터 소공복(小功服)을 착용하는 경우까
지는 모두 상(喪)을 끝내고서 제거를 한다. 시마복(緦麻服)을 착용하는 경
우라면, 졸곡(卒哭)을 하여 물러난 뒤에야 제거를 한다.

集解 思謂: 帶, 要絰也. 凡絰, 男子重首, 婦人重要. 喪至卒哭, 而變麻服葛,
男子首絰·要絰皆變之, 婦人則變首絰而要絰不變. 蓋婦人質, 於所重者有除
無變也. 五服皆然. 注疏惟據齊斬婦人言之, 非也. 此言"婦人不葛帶", 少儀云
"葛絰而麻帶", 士虞記婦人說首絰, 不說帶, 皆非專爲齊斬婦人言也. 婦人雖
不葛帶, 而其受服之絰, 大小與初喪之帶同, 卒哭之帶必去其故帶五分之一,
乃得與其絰爲大小之差也.

번역 내가 생각하기에, '대(帶)'자는 요질(要絰)을 뜻한다. 무릇 질(絰)
에 있어서, 남자는 머리에 쓰는 수질(首絰)을 중시하고, 부인은 허리에 차
는 요질(要絰)을 중시한다. 상(喪)을 치를 때 졸곡(卒哭)을 하게 되면, 마
(麻)로 제작한 것을 바꿔서, 갈(葛)로 만든 것을 착용하는데, 남자는 수질
(首絰)과 요질(要絰)을 모두 바꾸지만, 부인의 경우에는 수질(首絰)만 바꾸

고, 요질(要経)은 바꾸지 않는다. 그 이유는 부인은 질박하므로, 중시하는 대상에 대해서는 제거하는 일은 있어도 바꾸는 경우는 없기 때문이다. 오복(五服)을 착용하는 경우 모두 이처럼 한다. 그런데 정현의 주와 공영달의 소에서는 자최복(齊衰服)과 참최복(斬衰服)을 착용하는 부인에 대한 경우로만 언급을 하였으니, 이것은 잘못된 주장이다. 이곳 문장에서 "부인은 갈(葛)로 된 대(帶)를 차지 않는다."라고 하였는데,『예기』「소의(少儀)」편에서는 "갈(葛)로 된 질(経)을 쓰고 마(麻)로 된 대(帶)를 찬다."8)라고 하였고,『의례』「사우례(士虞禮)」편의 기문(記文)에서는 부인들에 대한 설명을 하며, 수질(首経)은 언급했지만, 대(帶)는 언급하지 않았으니, 이 모두는 전적으로 자최복(齊衰服)과 참최복(斬衰服)을 착용하는 부인에 대한 경우만을 언급한 것이 아니다. 부인들은 비록 갈(葛)로 된 대(帶)를 차지 않지만, 상복(喪服)을 착용할 때의 질(経)은 그 크기가 초상(初喪) 때 차는 대(帶)와 동일하고, 졸곡(卒哭)을 할 때 차는 대(帶)는 반드시 이전 대(帶)의 길이에서 5분의 1만큼을 줄인 것으로 차니, 이렇게 하면 곧 질(経)과 함께 그 크기에 차등을 둘 수 있게 된다.

참고 『의례』「사우례(士虞禮)」 기록

경문 婦人說首経, 不說帶.

번역 부인은 수질(首経)은 제거하지만 요대(要帶)는 제거하지 않는다.

鄭注 不說帶, 齊斬婦人帶不變也. 婦人少變而重帶, 帶, 下體之上也. 大功·小功者葛帶, 時亦不說者, 未可以輕文變於主婦之質. 至祔, 葛帶以卽位. 檀弓曰: "婦人不葛帶."

번역 요대를 제거하지 않는다는 말은 자최복(齊衰服)이나 참최복(斬衰

8)『예기』「소의(少儀)」【437c】: 葛経而麻帶.

服)을 착용하는 부인들은 요대를 바꾸지 않는다는 뜻이다. 부인들은 변화를 적게 주며 요대를 중시하는데, 요대는 하체 중에서도 위에 있기 때문이다. 대공복(大功服)과 소공복(小功服)을 착용하는 자들은 갈로 엮은 대를 차는데, 때에 따라 제거하지 않는 경우도 있는 것은 주부가 차고 있는 질박한 것에서 수위가 낮고 문식이 들어간 것으로 바꿀 수 없기 때문이다. 부제(祔祭)를 치르게 되면 갈로 엮은 대를 차고서 자신의 자리로 나아간다. 『예기』「단궁(檀弓)」편에서는 "부인은 갈로 엮은 대를 차지 않는다."라고 했다.

賈疏 ◎注"不說"至"葛帶". ○釋曰: 知"齊斬婦人帶不變也"者, 按喪服小記云"齊衰帶惡笄以終喪", 鄭云: "有除無變." 擧齊衰則斬衰帶不變可知. 齊斬帶不變, 則大功以下變可知. 云"婦人少變"者, 以其男子旣葬, 首絰腰帶俱變, 男子陽多變, 婦人旣葬, 直變首絰, 不變帶, 故云少變也. 云"而重帶, 帶, 下體之上也"者, 對男子陽, 重首, 在上體, 婦人陰, 重腰, 腰是下體, 以重下體, 故帶不變也. 云"大功小功者葛帶"者, 按大功章云: "布衰裳·牡麻経纓·布帶, 三月受以小功衰, 卽葛九月者." 又按小功章云: "布衰裳, 澡麻帶経五月者." 二者章内皆男女俱陳, 明大功·小功婦人皆葛帶可知. 云"時亦不說者, 未可以輕文變於主婦之質"者, 變是文, 不變是質, 不可以大功以下輕服之文變主婦重服之質, 故經直見主婦, 不見大功以下. 云"至祔, 葛帶以卽位"者, 此鄭解大功以下, 雖夕時未變麻服葛, 至祔日亦當葛帶卽位也. 知大功以下夕時未變麻服葛者, 以其與主婦同在廟門外, 主婦不變, 大功以下亦不變. 若然, 夕時不變, 夕後入室可以變, 故至祔日以葛帶卽位也. 引檀弓者, 亦證齊衰婦人不葛帶之事.

번역 ◎鄭注: "不說"~"葛帶". ○정현이 "자최복(齊衰服)이나 참최복(斬衰服)을 착용하는 부인들은 요대를 바꾸지 않는다."라고 했는데, 이 말이 사실임을 알 수 있는 이유는 『예기』「상복소기(喪服小記)」편을 살펴보면, "부인은 자최복을 입고 치르는 상에서, 조악한 비녀로 머리를 틀고, 중간에 복장방식을 바꾸지 않으며 이 상태로 상을 끝낸다."[9]라고 했고, 정현은 "제거하는 방법만 있고, 바꾸는 방법이 없다."라고 했다. 자최복의 경우를 기준

으로 한다면 참최복을 착용하는 경우 요대에 있어서도 바꾸지 않는다는
사실을 알 수 있다. 자최복과 참최복에서 요대를 바꾸지 않는다면, 대공복
으로부터 그 이하의 상복의 경우 요대를 바꾼다는 사실을 알 수 있다. 정현
이 "부인들은 변화를 적게 준다."라고 했는데, 남자는 장례를 끝내면 수질
과 요대를 모두 바꾸는데, 남자는 양(陽)에 해당하여 변화가 많기 때문이다.
반면 부인은 장례를 끝내면 단지 수질만 바꾸고 요대는 바꾸지 않는다. 그
렇기 때문에 "변화를 적게 준다."라고 했다. 정현이 "요대를 중시하는데,
요대는 하체 중에서도 위에 있기 때문이다."라고 했는데, 남자와 대비를
해보면 양(陽)에 해당하고 수질을 중시하며, 수질은 상체에 해당한다. 반면
부인은 음(陰)에 해당하고 요대를 중시하며, 요대는 하체에 해당한다. 하체
를 중시하기 때문에 요대를 바꾸지 않는 것이다. 정현이 "대공복(大功服)과
소공복(小功服)을 착용하는 자들은 갈로 엮은 대를 찬다."라고 했는데, 『의
례』「상복(喪服)」편의 '대공장(大功章)'을 살펴보면, "대공포로 만든 상의와
하의, 수컷 마로 만든 질(絰)과 영(纓), 포로 만든 대(帶)를 차는데, 3개월이
지나면 소공복의 상복을 받고, 갈로 엮은 질대(絰帶)를 두르고 9개월을 채
운다."[10]라고 했다. 또 '소공장(小功章)'을 살펴보면, "소공포로 만든 상의
와 하의, 세척한 마로 만든 질대를 두르고 5개월을 채운다."[11]라고 했다.
두 장에서는 모두 남녀에 대해 함께 진술했으니, 대공복과 소공복을 착용
하는 부인들 모두 갈로 엮은 요대를 찬다는 사실을 알 수 있다. 정현이 "때
에 따라 제거하지 않는 경우도 있는 것은 주부가 차고 있는 질박한 것에서
수위가 낮고 문식이 들어간 것으로 바꿀 수 없기 때문이다."라고 했는데,
바꾸는 것은 문식을 꾸미는 것이고, 바꾸지 않는 것은 질박함에 해당한다.
대공복 이하의 상복처럼 수위가 가벼운 상복은 문식을 드러내는데, 이것으
로 주부가 차고 있는 수위가 높은 상복의 질박함을 바꿀 수 없다. 그렇기
때문에 경문에서는 단지 주부만 드러내고, 대공복 이하의 상복을 착용하는

---

9) 『예기』「상복소기(喪服小記)」 【407b】 : 齊衰, 惡笄以終喪.
10) 『의례』「상복(喪服)」 : 大功布衰裳, 牡麻絰纓, 布帶, 三月受以小功衰, 卽葛, 九
月者.
11) 『의례』「상복(喪服)」 : 小功布衰裳, 澡麻帶·絰, 五月者.

부인들에 대해서는 나타내지 않았다. 정현이 "부제(祔祭)를 치르게 되면 갈로 엮은 대를 차고서 자신의 자리로 나아간다."라고 했는데, 이것은 정현이 대공복 이하의 상복을 착용하는 부인에 대해 풀이한 말이니, 비록 저녁 곡하는 때가 되었더라도 아직 마로 된 것으로 바꾸지 않고 갈로 엮은 대를 차고 있다면, 부제를 치르는 날에도 갈로 엮은 대를 차고 자신의 자리로 나아간다. 대공복 이하의 상복을 착용하는 부인들이 저녁 곡을 할 때 아직까지 마로 된 것으로 바꾸지 않고 갈로 엮은 대를 차고 있다는 사실을 알 수 있는 이유는 주부와 함께 묘문 밖에 있게 되는데, 주부는 복식을 바꾸지 않았으니, 대공복 이하의 상복을 착용하는 부인들 또한 바꾸지 않기 때문이다. 만약 이와 같다면, 저녁 곡을 할 때 복식을 바꾸지 않았으므로, 저녁 곡을 한 이후 방으로 들어가게 되면 복식을 바꿀 수 있게 된다. 그렇기 때문에 부제를 치르는 날 아침 갈로 엮은 대를 차고서 자신의 자리로 나아가는 것이다. 정현이 『예기』「단궁(檀弓)」편을 인용한 것 또한 자최복을 착용한 부인들은 갈로 엮은 대를 차지 않는다는 사실을 증명하기 위한 것이다.

참고 『예기』「복문(服問)」 기록

경문-662c 有大功之喪, 亦如之. 小功無變也.

번역 삼년상에서 연제(練祭)를 마쳤는데, 대공복의 상이 발생하여 그 상에서 장례를 마쳤다면 또한 이전의 갈포로 만든 허리띠를 두르고, 기년상에서 차는 질(絰)을 두른다. 소공복의 상이 뒤늦게 발생한 경우에는 상복에 변화가 없다.

鄭注 大功之麻, 變三年之練葛, 期既葬之葛帶, 小於練之葛帶, 又當有絰, 亦反服其故葛帶, 絰期之絰, 差之宜也. 此雖變麻服葛, 大小同耳, 亦服其功衰. 凡三年之喪既練, 始遭齊衰・大功之喪, 絰帶皆麻. 無所變於大功・齊衰之服, 不用輕累重也.

번역 대공복(大功服)에 착용하는 마(麻)로 만든 것으로 삼년상에서 연제(練祭)를 치르며 착용했던 갈포로 만든 것을 바꾸고, 기년상에서 장례를 마친 뒤에 차는 갈포로 만든 허리띠는 연제를 치르며 착용하는 갈포로 만든 허리띠보다 작고, 또 마땅히 질(絰)이 있어야 하니, 또한 이전에 차고 있던 갈포로 만든 허리띠를 다시 차고, 기년상의 질(絰)을 두르니, 층차의 마땅함이다. 이곳에서는 비록 마(麻)로 된 것을 바꿔서 갈포로 마든 것을 착용한다고 했는데, 크기는 같을 따름이며, 또한 공최(功衰)를 착용한다. 삼년상에서 연제를 마쳤는데, 그제야 자최복(齊衰服)이나 대공복을 착용하는 상을 당하면, 질(絰)과 허리띠는 모두 마(麻)로 된 것을 착용한다. 대공복이나 자최복의 복장에서 변화가 없는 것은 수위가 낮은 것으로 수위가 높은 것을 겹칠 수 없기 때문이다.

孔疏 ●"大功之喪"者, 爲大功喪旣葬以前, 經云"期之喪旣葬", 則此大功之喪亦旣葬. 不云"旣葬"者, 從上省文也.

번역 ●經文: "大功之喪". ○대공복의 상에서 장례를 치르기 이전에 대해, 경문에서는 "기년상에서 장례를 치렀다."라고 했으니, 이곳에서 말한 대공복의 상에서도 또한 장례를 치른 것이다. 그런데 "장례를 치렀다."라고 말하지 않은 것은 앞의 문장을 따라 이해할 수 있으므로 문장을 생략한 것이다.

孔疏 ●"亦如之"者, 言亦帶其故葛帶, 絰期之葛絰也, 故云"亦如之".

번역 ●經文: "亦如之". ○또한 이전에 차던 갈포로 만든 허리띠를 차고, 기년상의 갈로 만든 질(絰)을 두른다는 뜻이다. 그렇기 때문에 "또한 이처럼 한다."라고 했다.

孔疏 ◎注"大功"至"皆麻". ○正義曰: 言大功初死之麻, 變三年練後之葛, 首・要皆麻矣, 故間傳謂之"重麻"也. 云"期旣葬之葛帶"者, 謂大功旣葬, 葛

帶以次差之, 三寸有餘. 三年練之葛帶, 以次差之, 則四寸有餘. 大功旣葬葛
帶, 小於練之葛帶, 故反服練之故葛帶也. 又大功旣葬者, 首絰四寸有餘, 若要
服練之葛帶, 首服大功旣葬之葛絰, 旣麤細相似, 不得爲五分去一爲帶之差,
故首絰與期之絰, 五寸有餘, 進與期之旣葬同也, 故云“絰期之絰”, 是差次之
宜也. 此注亦主於男子矣. 其婦人之服, 於下間傳篇其釋也. 云“此雖變麻服葛,
大小同耳”者, 大功初喪服麻之時, 首絰五寸餘, 要帶四寸餘, 大功旣葬之後,
首絰應合四寸餘, 要帶本合三寸餘. 旣服練之要帶四寸餘, 則其首絰合五分加
一成五寸餘也. 是大功初死之麻, 齊衰旣葬之葛, 與初死之麻大小同, 故云“此
雖變麻服葛, 大小同耳”. 云“亦服其功衰”者, 亦上文也. “服其功衰”, 謂服父
之練衰也. 以大功初喪者, 衰七升・八升・九升, 旣葬之後, 則有十升, 然服父
七升也. 云“凡三年之喪, 旣練始遭齊衰・大功之喪, 絰帶皆麻”者, 間傳篇云
“斬衰旣練, 遭大功之喪, 旣重麻”, 則知斬衰旣練, 遭齊衰, 灼然重麻, 故云“絰
帶皆麻”也. 此熊氏・皇氏之説. 檢勘鄭意, 其義然也. 崔氏云: “此經大功之喪,
承前絰之下, 旣有三年之練, 又有期喪旣葬, 合大功旣葬之後, 故帶其練之故
葛帶, 絰期之葛絰. 於此經文其義得通, 然於間傳之文於義不合.” 按間傳“斬
衰旣虞・卒哭, 遭齊衰之喪”, 又云“旣練遭大功之喪”, 文各別, 則此經文“大
功”, 唯據三年練後, 不合期喪旣葬也. 注云“男子絰期之葛絰, 婦人帶期之葛
帶”, 其誤者爲期絰・期帶, 謂其大功之絰・大功之帶. 然於鄭注, 其義稍乖也.
當以熊・皇爲正也.

번역　◎鄭注: “大功”~“皆麻”. ○대공복(大功服)의 상에서 이제 막 죽었
을 때 착용하는 마(麻)로 만든 것으로, 삼년상에서 연제(練祭)를 치른 이후
에 착용하는 갈포로 만든 것을 바꾸니, 수질(首絰)과 요대(要帶)를 모두 마
(麻)로 된 것으로 한다는 뜻이다. 그렇기 때문에 「간전」편에서는 “마(麻)를
거듭한다.”라고 말한 것이다. 정현이 “기년상에서 장례를 마친 뒤에 차는
갈포로 만든 허리띠이다.”라고 했는데, 대공복의 상에서 장례를 치렀으면
갈포로 만든 허리띠로 차등을 두는데, 3촌(寸)보다 조금 크게 만든다. 삼년
상에서 연제를 치른 이후의 갈포로 만든 허리띠로 차등을 둔다면, 4촌(寸)
보다 조금 크게 만든다. 대공복의 상에서 장례를 치른 뒤의 갈포로 만든

허리띠는 삼년상에서 연제를 치른 이후의 갈포로 만든 허리띠보다 작다. 그렇기 때문에 되돌려 연제를 치른 이후에 착용했던 갈포로 만든 허리띠를 착용하는 것이다. 또 대공복의 상에서 장례를 치른 경우 수질은 4촌(寸)보다 조금 큰데, 허리에 연제를 치른 이후의 갈포로 만든 허리띠를 차게 된다면, 머리에는 대공복에서 장례를 치른 이후의 갈포로 만든 질(絰)을 두르니, 거칠고 고운 정도가 서로 비슷하여 5분의 1만큼의 크기를 줄여서 허리띠의 차등을 줄 수 없다. 그렇기 때문에 수질은 기년상의 질(絰)과 함께 5촌(寸)보다 조금 크니, 기년상에서 장례를 치른 뒤의 것과 동일하다. 그렇기 때문에 "기년상의 질(絰)을 찬다."라고 했으니, 이것은 차등의 마땅함에 해당한다. 이곳 주석 또한 남자에 대한 경우를 위주로 한다. 부인의 상복이라면 뒤의 「간전」편에서 모두 풀이하였다. 정현이 "이곳에서는 비록 마(麻)로 된 것을 바꿔서 갈포로 마든 것을 착용한다고 했는데, 크기는 같을 따름이다."라고 했는데, 대공복의 상에서 초상을 치르며 마(麻)로 된 것을 착용했을 때, 수질은 5촌(寸)보다 조금 크고, 요대는 4촌보다 조금 크며, 대공복의 상에서 장례를 마친 뒤에는 수질은 마땅히 4촌(寸)보다 조금 커야 하고, 요대는 본래 3촌(寸)보다 조금 크다. 4촌(寸)보다 조금 큰 요대인 연제를 치른 이후의 복식을 착용한다면, 수질은 5분의 1을 더하여 5촌보다 조금 크게 만든다. 이것은 대공복의 상에서 초상 때 마(麻)로 된 것을 착용하고, 자최복(齊衰服)에서 장례를 마친 이후의 갈포로 만든 것은 초상 때 마(麻)로 만든 것과 크기가 같다는 것을 뜻한다. 그렇기 때문에 "이곳에서는 비록 마(麻)로 된 것을 바꿔서 갈포로 마든 것을 착용한다고 했는데, 크기는 같을 따름이다."라고 했다. 정현이 "또한 공최(功衰)를 착용한다."라고 했는데, 이 또한 앞의 문장에 따라 알 수 있다. "공최를 착용한다."라는 말은 부친의 삼년상에서 연제를 치른 이후의 상복을 착용한다는 뜻이다. 대공복의 초상 때에는 상복은 7·8·9승으로 된 것이 있는데, 장례를 마친 이후라면 10승으로 된 것이 있지만, 부친을 위해 착용했던 7승으로 된 것을 입는다. 정현이 "삼년상에서 연제를 마쳤는데, 그제야 자최복이나 대공복을 착용하는 상을 당하면, 질(絰)과 허리띠는 모두 마(麻)로 된 것을 착용한다."

라고 했는데,「간전」편에서는 "참최복(斬衰服)의 상에서 연제를 치른 뒤에 대공복의 상을 당하면 마(麻)를 거듭한다."라고 했으니, 참최복에서 연제를 치른 이후 자최복의 상을 당하게 되면 분명히 마(麻)로 된 것을 거듭하게 됨을 알 수 있다. 그렇기 때문에 "질(絰)과 허리띠는 모두 마(麻)로 된 것을 착용한다."라고 말한 것이다. 이것은 웅안생과 황간의 주장이다. 정현의 풀이를 자세히 살펴보면, 그 의미가 이와 같다. 최영은[12]은 "이곳 경문에서 대공복의 상을 말한 것은 앞의 경문 뒤에 기록되어 있어서, 이미 삼년상에서 연제를 치른 것이고 또 기년상이 발생하여 장례를 치른 경우인데, 이것은 대공복의 상에서 장례를 치른 이후의 상황과 합치된다. 그렇기 때문에 연제를 치른 뒤에 착용했던 이전의 갈포로 만든 질을 두르고, 기년상의 갈포로 만든 질(絰)을 차는 것이다. 이 내용은 이곳 경문의 뜻과 통한다. 그러나「간전」편의 문장은 의미상 합치되지 않는다."라고 했다.「간전」편을 살펴보면, "참최복의 상에서 우제(虞祭)와 졸곡(卒哭)을 치렀는데 자최복의 상을 당했다."라고 했고, 또 "연제를 치른 이후 대공복의 상을 당했다."라고 하여, 문장을 각각 구별하였으니, 이곳 경문에서 '대공(大功)'이라고 한 말은 오직 삼년상에서 연제를 치른 이후의 경우에 부합되며, 기년상에서 장례를 치른 이후와는 부합되지 않는다. 정현의 주에서 "남자는 기년상의 갈포로 만든 질(絰)을 차고 여자는 기년상의 갈포로 만든 허리띠를 두른다."라고 했는데, 이것은 잘못 기록하여 기년상의 질(絰)과 기년상의 대(帶)라고 한 것이니, 대공복의 질(絰)과 대공복의 대(帶)를 뜻한다. 그러나 이것은 정현의 주석과는 의미에서 조금 차이가 난다. 따라서 마땅히 웅안생과 황간의 주장을 정론으로 삼아야 한다.

孔疏 ●"小功無變也", 謂凡常小功, 無變於大功以上之服. 言先有大功以上喪服, 今遭小功之喪, 無變於前服, 不以輕服減累於重也.

---

12) 최영은(崔靈恩, ?~?) : =최씨(崔氏). 남북조(南北朝) 때의 학자이다. 오경(五經)에 능통하였고, 다른 경전에도 두루 해박하였다고 전해진다. 『모시(毛詩)』, 『주례(周禮)』 등에 주석을 달았고, 『삼례의종(三禮義宗)』, 『좌씨경전의(左氏經傳義)』 등을 지었다.

[번역] ●經文: "小功無變也". ○일반적으로 소공복(小功服)의 상에서는 대공복(大功服) 이상의 상복에 대해 변화를 주지 않는다는 뜻이다. 즉 이전에 대공복 이상의 상복을 착용하고 있었는데 현재 소공복의 상을 당하였다면, 이전 복장에서 변화를 주지 않으니, 수위가 낮은 상복으로 수위가 높은 상복에 대해 경감하거나 겹치게 할 수 없기 때문이다.

[訓纂] 金氏榜曰: 記以"三年"與"期"・"大功"對言, 明三年內兼擧齊斬. 間傳, "斬衰之喪, 既虞卒哭, 遭齊衰之喪, 輕者包, 重者特." 彼以"齊"・"斬"對言, 與服問不同. 間傳所言, 後喪易服之節, 服問所言, 後喪反服之宜. 凡易服, 大功變既練, 齊衰變既虞卒哭. 此於既練言之者, 期既葬之葛帶大於爲母既葬之葛帶, 其衰粗於練之功衰, 此嫌不得反其故葛帶, 服之功衰也, 故以明之. 此三年既練之葛帶, 爲父爲母, 大小異數. 其期既葬者, 同経期之経; 大功既葬者, 同経大功之経. 不拘経帶五分去一之差者, 謂其練無首経, 故得経下服之経也. 鄭君以記言"経期之経", 因以三年屬父, 既葬屬母, 又謂大功既葬, 宜経期之経, 皆泥于喪服傳"五分去一以爲帶"之言, 遷就而爲之說.

[번역] 금방[13]이 말하길, 『예기』에서는 '삼년(三年)'과 '기(期)' 및 '대공(大功)'이라는 말을 대조해서 언급했으니, 이것은 삼년상 안에 자최복(齊衰服)과 참최복(斬衰服)을 포함해서 말한 것이다. 「간전」편에서는 "참최복의 상에서 우제(虞祭)와 졸곡(卒哭)을 치렀는데 자최복의 상을 당하면 수위가 낮은 것은 새것으로 헌것을 바꾸고 수위가 높은 것은 그것 하나로 한다."라고 했다. 「간전」편에서는 '자(齊)'자와 '참(斬)'자를 대조해서 언급했으니, 「복문」편의 기록과 동일하지 않다. 「간전」편에서 언급한 내용은 이후의 상에 대해서 복장을 바꾸는 규범을 뜻하고, 「복문」편에서 언급한 내용은 이후의 상에서 이전의 복장으로 갈아입어야 하는 마땅한 규정을 뜻한다. 무

---

13) 금방(金榜, A.D.1735~A.D.1801) : 청(淸)나라 때의 학자이다. 자(字)는 예중(蕊中)・보지(輔之)이다. 한림원수찬(翰林院修撰) 등을 지냈으며, 외조부(外祖父)가 죽자 복상(服喪)을 하고, 이후 두문불출하며 오로지 독서와 저술에만 전념하였다. 대진(戴震)과 동학(同學)했으며, 『예전(禮箋)』 등을 저술하였다.

릇 복장을 바꾸는 경우 대공복(大功服)의 상에서 연제(練祭)를 치른 이후
의 상복으로 바꾸고, 자최복의 상에서는 우제와 졸곡을 치른 이후의 상복
으로 바꾼다. 여기에서는 연제를 치른 이후에 대해 언급했는데, 기년상에서
장례를 치른 이후 갈포로 만든 허리띠는 모친의 상을 치르며 장례를 치른
이후에 착용하는 갈포로 만든 허리띠보다 크고, 상복은 연제를 치른 이후
의 공최(功衰)보다 거치니, 이러한 경우에는 이전의 갈포로 만든 허리띠로
갈아입거나 공최를 착용할 수 없다는 오해를 할 수 있기 때문에 그 사실을
명시한 것이다. 삼년상에서 연제를 치른 뒤에 착용하는 갈포로 만든 허리
띠는 부친의 상을 치르거나 모친의 상을 치를 때 크기에서는 차이가 있다.
기년상에서 장례를 치른 경우 동일하게 기년상의 질(経)을 차고, 대공복의
상에서 장례를 치른 경우 동일하게 대공복의 질(経)을 찬다. 이러한 경우
질(経)과 대(帶)의 크기는 5분의 1을 줄여서 만드는 차등에 구애받지 않는
데, 그 이유는 연제를 치른 이후에는 수질(首経)이 없기 때문에 수위가 낮
은 상복의 질(経)을 찰 수 있기 때문이다. 정현은 『예기』에서 "기년상의
질(経)을 찬다."라고 한 말로 인해, 이곳의 기록을 삼년상은 부친의 상에
해당시켰고, 장례를 치른 것은 모친의 상에 해당시켰다. 또 대공복의 상에
서 장례를 치른 뒤에는 마땅히 기년상의 질(経)을 차야 한다고 했는데, 이
모두는 『의례』「상복(喪服)」편의 전문에서 "수질에서 5분의 1을 줄인 크기
로 허리띠를 만든다."[14]라고 한 말에 구애되어, 이것을 끌어다가 이러한
설명을 만들어낸 것이다.

集解 思謂: 三年既練而遭大功之喪, 則改服大功之服. 雜記"有三年之練
冠, 則以大功之麻易之, 唯杖腰不易", 是也. 至大功既葬, 則亦帶其故葛帶, 経
期之経, 服其功衰. 一如三年既練遭期喪既葬之禮也.

번역 내가 생각하기에, 삼년상에서 연제(練祭)를 치렀는데 대공복(大功
服)의 상을 당한다면, 대공복의 상복으로 바꿔 입는다. 『예기』「잡기(雜記)」

---

14) 『의례』「상복(喪服)」: 苴経大搹, 左本在下, 去五分一以爲帶.

편에서 "삼년상을 치르고 있을 때 소상(小祥)을 치렀는데, 갑작스럽게 대공복에 해당하는 상이 발생한다면, 대공복에 착용하는 마(麻)로 만든 질(絰)로 소상 때 착용했던 갈(葛)로 만든 질(絰)을 바꾸지만, 지팡이와 신발만은 바꾸지 않는다."15)라고 한 말이 이러한 사실을 나타낸다. 대공복의 상에서 장례를 치르게 되면, 또한 이전에 찼던 갈포로 만든 허리띠를 두르고, 기년 상의 질(絰)을 차며, 공최(功衰)를 착용한다. 이 모두는 삼년상에서 연제를 치른 이후 기년상을 당하여 장례를 치른 이후의 예법과 동일하게 한다.

集解 愚謂: 斬衰旣虞卒哭遭齊衰則變服, 旣練遭大功則變服, 齊衰旣虞卒哭遭大功則變服. 若小功之喪値上喪, 虞練之後悉不得變之, 蓋大功以上謂之親, 小功以下謂之疏, 不以疏變親也.

번역 내가 생각하기에, 참최복(斬衰服)의 상에서 우제(虞祭)와 졸곡(卒哭)을 치렀는데, 자최복(齊衰服)의 상을 당하게 된다면 복장을 바꾸며, 연제를 치렀는데 대공복(大功服)의 상을 당하면 복장을 바꾸며, 자최복의 상에서 우제와 졸곡을 치렀는데, 대공복의 상을 당하면 복장을 바꾼다. 만약 소공복의 상이 그보다 수위가 높은 상과 겹쳤다면, 우제와 연제를 끝낸 이후에도 모두 복장을 바꾸지 않는다. 대공복 이상의 상복을 착용하는 친족은 친근한 관계이고, 소공복 이하의 상복을 착용하는 친족은 소원한 관계이니, 소원한 것을 가지고 친근한 것을 바꿀 수 없기 때문이다.

참고 『의례』「상복(喪服)」 기록

경문 苴絰者, 麻之有蕡者也. 苴絰大搹, 左本在下, 去五分一以爲帶. 齊衰之絰, 斬衰之帶也, 去五分一以爲帶. 大功之絰, 齊衰之帶也, 去五分一以爲帶. 小功之絰, 大功之帶也, 去五分一以爲帶. 緦麻之絰, 小功之帶也, 去五分

---

15) 『예기』「잡기상(雜記上)」【496a~b】: 有三年之練冠, 則以大功之麻易之, 唯杖屨不易.

一以爲帶.

번역 '저질(苴絰)'이란 마(麻) 중에서도 씨가 있는 것으로 엮은 것이다. 저질은 일반인이 손으로 움켜쥔 둘레로 9촌(寸)이며, 뿌리 부분을 좌측으로 돌려 밑으로 내려가도록 하고, 그 크기의 5분의 1을 줄여서 요대(要帶)를 만든다. 자최복(齊衰服) 수질(首絰)의 크기는 참최복(斬衰服)의 요대와 같고, 그 크기의 5분의 1을 줄여서 자최복의 요대를 만든다. 대공복(大功服) 수질의 크기는 자최복의 요대와 같고, 그 크기의 5분의 1을 줄여서 대공복의 요대를 만든다. 소공복(小功服) 수질의 크기는 대공복의 요대와 같고, 그 크기의 5분의 1을 줄여서 소공복의 요대를 만든다. 시마복(緦麻服) 수질의 크기는 소공복의 요대와 같고, 그 크기의 5분의 1을 줄여서 시마복의 요대를 만든다.

참고 『예기』「상복소기(喪服小記)」기록

경문-414a 絰殺五分而去一, 杖大如絰.

번역 수질(首絰)의 크기를 줄일 때에는 5등분 중 1만큼을 줄이고, 지팡이의 크기는 요질(要絰)의 크기와 동일하게 한다.

孔疏 ●"絰殺"至"如絰". ○正義曰: 此一節論杖大如要絰之義. "絰殺"者, 按喪服傳云: "苴絰大搹, 左本在下, 去五分一以爲帶." 是首尊而要卑, 卑宜小, 故五分而去一, 象服數有五也.

번역 ●經文: "絰殺"~"如絰". ○이곳 문단은 지팡이의 크기를 요질(要絰)의 크기와 동일하게 하는 뜻을 논의하고 있다. 경문의 "絰殺"에 대하여. 『의례』「상복(喪服)」편의 전문(傳文)을 살펴보면, "저질(苴絰)의 대격(大搹)은 뿌리를 좌측으로 하여 밑에 있고, 5분의 1을 줄여서 대(帶)로 한다."

라고 했는데, 이것은 머리는 존귀하고, 허리는 상대적으로 낮으며, 낮은 것에 대해서는 마땅히 작게 해야 하기 때문에, 5등분 중 1만큼을 줄이는 것이니, 상복의 종류에 다섯 가지가 있음을 상징한다.

集解 経, 五服之首経也. 五服之経, 重者大, 輕者小. 斬衰苴経, 大搹圍九寸, 五分去一, 以爲齊衰之経. 齊衰経大七寸五分寸之一, 五分去一, 以爲大功之経. 大功経大五寸二十五分寸之十九, 五分去一, 以爲小功之経. 小功経大四寸百二十五分寸之七十六, 五分去一, 以爲緦麻之経. 緦麻経大三寸六百二十五分寸之三百有六. 杖, 斬衰・齊衰之杖也. 杖大如経, 謂斬衰之苴杖, 齊衰之削杖, 各如其首経之大也.

번역 '질(経)'은 오복(五服)에 하는 수질(首経)이다. 오복에 하는 질(経)에 있어서, 수위가 높은 것은 그 크기가 크고, 수위가 낮은 것은 작다. 참최복에 하는 저질(苴経)의 경우, 대격(大搹)의 둘레는 9촌(寸)이며, 5분의 1을 줄여서, 자최복에 하는 질(経)로 삼는다. 자최복의 질(経)은 크기가 7과 5분의 1촌(寸)이며, 그 중 5분의 1을 줄여서, 대공복의 질(経)로 삼는다. 대공복의 질(経)은 크기가 5와 25분의 19촌(寸)이며, 그 중 5분의 1을 줄여서, 소공복의 질(経)로 삼는다. 소공복의 질(経)은 크기가 4와 125분의 76촌(寸)이며, 그 중 5분의 1을 줄여서, 시마복의 질(経)로 삼는다. 시마복의 질(経)크기는 3과 625분의 306촌(寸)이다. 지팡이는 참최복과 자최복에 사용하는 지팡이이다. 지팡이의 크기가 질(経)과 같다는 말은 참최복에 하는 저장(苴杖), 자최복에 하는 삭장(削杖)은 각각 해당 상복에 착용하는 수질(首経)의 크기와 같다는 뜻이다.

참고 『예기』「상복소기(喪服小記)」 기록

경문-415a~b 斬衰之葛與齊衰之麻同, 齊衰之葛與大功之麻同, 麻同, 皆兼服之.

번역 참최복의 상에서 졸곡을 치른 뒤 차는 갈(葛)로 만든 질(經)은 자최복의 상에서 초상 때 차는 마(麻)로 만든 질(經)과 크기가 같다. 자최복의 상에서 졸곡을 치른 뒤 차는 갈(葛)로 만든 질(經)은 대공복의 상에서 초상 때 차는 마(麻)로 만든 질(經)과 크기가 같다. 수위가 높은 상과 낮은 상이 겹쳤을 때, 여자의 경우에는 모두 마(麻)로 된 것을 차고, 남자의 경우에는 마(麻)와 갈(葛)로 만든 질(經)을 모두 착용한다.

鄭注 經之大俱七寸五分寸之一, 帶五寸二十五分寸之十九. 經之大俱五寸二十五分寸之十九, 帶四寸百二十五分寸之七十六. "皆"者, 皆上二事也. "兼服之", 謂服麻又服葛也. 男子則經上服之葛, 帶下服之麻, 婦人則經下服之麻同, 自帶其故帶也, 所謂"易服, 易輕者"也. "兼服"之文, 主于男子.

번역 참최복에 하는 갈(葛)로 만든 질(經)과 자최복에 하는 마(麻)로 만든 질(經)의 크기는 모두 7과 5분의 1촌(寸)이며, 그때 착용하는 대(帶)는 5와 25분의 19촌(寸)이다. 자최복에 하는 갈(葛)로 만든 질(經)과 대공복에 하는 마(麻)로 만든 질(經)의 크기는 모두 5와 25분의 19촌(寸)이고, 그때 착용하는 대(帶)는 4와 125분의 76촌(寸)이다. '개(皆)'라는 말은 앞의 두 가지 사안을 모두 포괄한다는 뜻이다. "겸하여 착용한다."는 말은 마(麻)로 된 것을 착용하고, 또 갈(葛)로 된 것을 착용한다는 뜻이다. 남자의 경우라면 질(經)은 상복에 착용하는 갈(葛)로 만든 질(經)을 차고, 대(帶)는 하복에 착용하는 마(麻)로 만든 대(帶)를 착용하며, 부인의 경우라면 질(經)은 하복에 착용하는 마(麻)로 만든 대(帶)와 동일하게 하니, 부인은 이전부터 차고 있던 대(帶)를 그대로 차기 때문이다. 이른바 "상복을 바꾸는 경우에는 덜 중요한 것을 바꾼다."[16]는 말에 해당한다. '겸복(兼服)'이라는 문장은 남자에 대한 경우를 위주로 한 말이다.

孔疏 ●"斬衰之葛與齊衰之麻同"者, 斬衰既虞, 受服之葛, 首經要帶, 與齊

---

16) 『예기』「상복소기」【414b】: 除喪者, 先重者. 易服者, 易輕者.

衰初喪麻絰帶同, 絰則俱七寸五分寸之一, 帶俱五寸二十五分寸之十九.

번역 ●經文: "斬衰之葛與齊衰之麻同". ○참최복의 상에서 이미 우제를 치러, 갈(葛)로 된 것을 받았는데, 수질(首絰)과 요대(要帶)의 경우, 자최복의 상에서 초상 때 마(麻)로 된 질(絰)과 대(帶)를 만들었던 것과 크기를 동일하게 하니, 질(絰)의 경우에는 모두 7과 5분의 1촌(寸)이며, 대(帶)의 경우에는 모두 5와 25분의 19촌(寸)이다.

孔疏 ●"齊衰之葛與大功之麻同"者, 齊衰變服之葛, 與大功初死之麻同, 絰俱五寸二十五分寸之十九, 帶俱四寸百二十五分寸之七十六.

번역 ●經文: "齊衰之葛與大功之麻同". ○자최복에서 복장을 바꿀 때 받은 갈(葛)로 만든 것은 대공복의 상에서 초상 때 착용하는 마(麻)로 만든 것과 크기가 동일하니, 질(絰)은 모두 5와 25분의 19촌(寸)이고, 대(帶)는 모두 4와 125분의 76촌(寸)이다.

孔疏 ●"麻同, 皆兼服之"者, 皆上斬衰·齊衰·大功麻·葛之事也. "兼服"謂服麻又服葛也. 斬衰旣虞, 遭齊衰新喪, 男子則要服齊衰之麻帶, 首服斬衰之葛絰, 婦人則首服齊衰之麻絰, 要仍服斬衰之麻帶, 婦人上下皆麻. 此云麻·葛兼服之, 謂男子也.

번역 ●經文: "麻同, 皆兼服之". ○앞에 나온 참최복·자최복·대공복의 상에서 마(麻)와 갈(葛)로 만든 것을 차는 사안을 모두 포괄한다는 뜻이다. "겸해서 착용한다."라는 말은 마(麻)로 된 것을 차고, 또 갈(葛)로 된 것을 찬다는 뜻이다. 참최복의 상에서 이미 우제를 끝냈는데, 자최복의 상을 새롭게 당하게 되면, 남자의 경우에는 허리에는 자최복에 하는 마(麻)로 만든 대(帶)를 차고, 머리에는 참최복에 하는 갈(葛)로 만든 질(絰)을 두르며, 부인의 경우에는 머리에 자최복에 하는 마(麻)로 만든 질(絰)을 두르고, 허리에는 참최복에 하는 마(麻)로 만든 대(帶)를 차니, 부인은 위아래가 모두 마(麻)로 된 것으로 한다. 여기에서 마(麻)와 갈(葛)로 된 것을 함께 착용한다고 한 말은 남자에 대한 경우를 뜻한다.

孔疏 ◎注"絰之"至"十九". ○正義曰: 知経帶大小如此者, 按喪服傳云: "苴絰大搹, 去五分一以爲帶. 齊衰之絰, 斬衰之帶也, 去五分一以爲帶. 大功之絰, 齊衰之帶也, 去五分一以爲帶." 喪服所云, 謂初喪麻之絰帶也, 至既虞變葛之時, 絰帶漸細, 降初喪一等. 斬衰葛絰帶, 與齊衰初死麻之絰帶同, 故云 "絰俱七寸五分寸之一". 所以然者, 就苴絰九寸之中五分去一, 以五分分之去一分, 故七寸五分寸之一. 其帶又五分去一, 又就葛絰七寸五分寸之一之中五分去一, 故帶五寸二十五分寸之十九也. 此卽齊衰初死之麻絰帶矣. 齊衰既虞, 變葛之時又漸細, 降初喪一等, 與大功初死麻絰帶同. 大功首絰, 與齊衰初死麻帶同, 俱五寸二十五分寸之十九也. 其帶五分首絰去一, 就五寸二十五分寸之十九之中去其一分, 故餘有四寸百二十五分寸之七十六也. 凡算之法, 皆以五乘母, 乘母既訖, 納子餘分, 以爲積數, 然後以寸法除之. 但其事繁碎, 故略擧大綱也.

번역 ◎鄭注: "絰之"~"十九". ○정현이 질(絰)과 대(帶)의 크기가 이와 같다는 사실을 알 수 있었던 이유는 『의례』「상복(喪服)」편의 전문(傳文)을 살펴보면, "저질(苴絰)의 대격(大搹)에서, 5분의 1을 줄여서 대(帶)로 삼는다. 자최복의 질(絰)은 참최복의 대(帶)이며, 5분의 1을 줄여서 대(帶)로 삼는다. 대공복의 질(絰)은 자최복의 대(帶)이며, 5분의 1을 줄여서 대(帶)로 삼는다."[17]라고 했기 때문이다. 「상복」편에서 말한 내용은 초상 때 차는 마(麻)로 된 질(絰)과 대(帶)는 우제를 치러서 갈(葛)로 된 것으로 바꾸는 시기가 되면, 질(絰)과 대(帶)의 크기는 점차 줄어들게 되니, 초상 때보다 한 등급을 낮춘다는 뜻이다. 참최복에 하는 갈(葛)로 만든 질(絰)과 대(帶)는 자최복의 상에서 초상에 차는 마(麻)로 만든 질(絰) 및 대(帶)의 크기와 동일하다. 그렇기 때문에 "질(絰)은 모두 7과 5분의 1촌(寸)이다."라고 말한

---

17) 『의례』「상복(喪服)」: 苴絰大搹, 左本在下, 去五分一以爲帶. 齊衰之絰, 斬衰之帶也, 去五分一以爲帶. 大功之絰, 齊衰之帶也, 去五分一以爲帶.

것이다. 이처럼 되는 이유는 저질(苴絰)의 크기인 9촌(寸)에서 5분의 1을
줄이니, 다섯 등분을 한 것 중 1등분을 줄이기 때문에, 7과 5분의 1촌(寸)이
된다. 그때 착용하는 대(帶) 또한 5분의 1을 줄이니, 또 갈(葛)로 만든 질
(絰)의 크기인 7과 5분의 1촌(寸) 중에서 5분의 1을 줄인다. 그렇기 때문에
대(帶)의 크기는 5와 25분의 19촌(寸)이 된다. 이것은 곧 자최복의 상에서
초상에 차는 마(麻)로 만든 질(絰)과 대(帶)의 크기가 된다. 자최복의 상에
서 우제를 치르고, 갈(葛)로 된 것으로 바꿀 때에는 보다 작아지게 되어,
초상보다 한 등급을 낮추니, 대공복의 상에서 초상 때 차는 마(麻)로 된
질(絰) 및 대(帶)의 크기와 동일하다. 대공복에 하는 수질(首絰)의 크기는
자최복의 상에서 초상 때 차는 마(麻)로 된 대(帶)의 크기와 동일하니, 모두
5와 25분의 19촌(寸)이 된다. 그때 착용하는 대(帶)는 수질의 크기에서 5분
의 1을 줄이니, 곧 5와 25분의 19촌(寸) 중에서 다섯 등분 중 한 등분을
줄이게 되어, 나머지 길이인 4와 125분의 76촌(寸)이 된다. 계산하는 방법
에 있어서 모두 5승모(乘母)의 방법을 적용하며, 승모의 방법이 끝나면, 나
머지 수들을 적수(積數)로 삼고, 그런 뒤에 촌법(寸法)으로 감한다. 다만
그 사안이 너무 번잡하기 때문에, 약술하여 대략적인 것만 제시한 것이다.

孔疏　◎注“皆者”至“男子”. ○正義曰: 二事謂斬衰葛與齊衰麻同, 齊衰葛
與大功麻同, 故云“皆上二事也”. 云“男子則絰上服之葛, 帶下服之麻”者, 以
前文云“易服者, 易輕者”. 間傳篇云: “男子重首”, 則要輕也. 是男子易要帶不
易首絰, 故云“則絰上服之葛, 帶下服之麻”也. 云“婦人則絰下服之麻同, 自帶
其故帶也”者, 以下服初死, 故服下服之麻, 故檀弓篇云“婦人不葛帶”, 是也.
前服受服之時不變葛, 仍服前麻帶, 故云“帶其故帶也”. 云“兼服之文, 主於男
子”者, 言婦人絰・帶俱麻, 今經云麻・葛兼服之, 故云“主於男子也”.

번역　◎鄭注: “皆者”~“男子”. ○두 사안은 참최복에 하는 갈(葛)로 만든
것과 자최복에 하는 마(麻)로 만든 것이 동일한 크기이며, 자최복에 하는
갈(葛)로 만든 것과 대공복에 하는 마(麻)로 만든 것이 동일한 크기임을
뜻한다. 그렇기 때문에 “위의 두 사안이 모두 이렇다.”라고 말한 것이다.

정현이 "남자의 경우라면 질(絰)은 상복에 착용하는 갈(葛)로 만든 질(絰)을 차고, 대(帶)는 하복에 착용하는 마(麻)로 만든 대(帶)를 착용한다."라고 했는데, 앞 문장에서는 "복식을 바꿀 때에는 수위가 낮은 것을 바꾼다."라고 했기 때문이다. 「간전」편에서는 "남자는 머리를 중시한다."라고 했으니, 허리는 상대적으로 경시된다. 이 말은 남자는 요대(要帶)를 바꾸지만, 수질(首絰)은 바꾸지 않는다는 사실을 뜻한다. 그렇기 때문에 "질(絰)은 상복에 착용하는 갈(葛)로 만든 질(絰)을 차고, 대(帶)는 하복에 착용하는 마(麻)로 만든 대(帶)를 착용한다."라고 말한 것이다. 정현이 "부인의 경우에는 질(絰)은 하복에 착용하는 마(麻)로 만든 대(帶)와 동일하게 하니, 부인은 이전부터 차고 있던 대(帶)를 그대로 차기 때문이다."라고 했는데, 하복에 착용하는 것은 초상 때 착용했던 것이기 때문에, 하복에 착용하는 마(麻)로 만든 것을 찬다. 그래서 『예기』「단궁(檀弓)」편에서는 "부인은 갈(葛)로 만든 대(帶)를 차지 않는다."[18]라고 한 것이다. 이전에 상복을 받았을 때 찼던 것을 갈(葛)로 만든 것으로 바꾸지 않으니, 곧 이전에 찼던 마(麻)로 만든 대(帶)를 두르고 있는 것이다. 그렇기 때문에 "이전부터 차고 있던 대(帶)를 그대로 차기 때문이다."라고 말한 것이다. 정현이 "'겸복(兼服)'이라는 문장은 남자에 대한 경우를 위주로 한 말이다."라고 했는데, 부인의 질(絰)과 대(帶)는 모두 마(麻)로 된 것인데, 현재 경문에서는 "마(麻)와 갈(葛)로 만든 것을 모두 착용한다."고 했기 때문에, "남자에 대한 경우를 위주로 한다."라고 말한 것이다.

訓纂 陸農師曰: 謂若斬衰卒哭, 男子變要絰以葛, 若又遭齊衰之喪, 則以齊衰之麻易葛帶, 其首絰猶是斬衰之麻; 女子更首絰以葛, 若又遭齊衰之喪, 則以齊衰之麻易葛絰, 其要絰猶是斬衰之麻. 是之謂兼服, 何也? 斬衰之葛, 與齊衰之麻同也. 下文放此, 故曰"兼服之", 服重者則易輕者也.

번역 육농사가 말하길, 예를 들어 참최복의 상에서 졸곡을 하여, 남자가

---

18) 『예기』「단궁상(檀弓上)」【101d】: 婦人不葛帶.

요질(要絰)을 갈(葛)로 된 것으로 바꿨는데, 만약 재차 자최복의 상을 당했다면, 자최복에 하는 마(麻)로 된 것으로 갈(葛)로 만든 대(帶)를 바꾸고, 수질(首絰)은 여전히 참최복에 하는 마(麻)로 된 것을 두르며, 여자는 수질(首絰)을 갈(葛)로 된 것으로 바꾸는데, 만약 재차 자최복의 상을 당했다면, 자최복에 하는 마(麻)로 된 것으로 갈(葛)로 된 질(絰)을 바꾸고, 요질(要絰)은 여전히 참최복에 하는 마(麻)로 된 것을 두른다는 뜻이다. 그런데 이것을 두고 '겸복(兼服)'이라고 부른 것은 어째서인가? 참최복에 하는 갈(葛)로 된 것은 자최복에 하는 마(麻)로 된 것과 크기가 같기 때문이다. 그 뒤의 문장 뜻도 이와 같다. 그렇기 때문에 "겸복한다."라고 말한 것이니, 수위가 높은 상복을 착용한 경우라면, 수위가 낮은 것을 바꾸는 것이다.

訓纂 江氏永曰: 前經"易服者, 易輕者", 注·疏男女首要皆有麻無葛, 正如陸氏之說. 至此經注則謂"服麻又服葛", 蓋誤解"兼服"之文耳. 兼服之者, 謂男子以後輕喪之麻帶, 易前重喪之葛帶, 女子以後輕喪之麻絰, 易前重喪之葛絰, 是以麻而兼葛. 兼之爲言包也, 亦卽間傳"輕者包"之意, 非謂服麻又服葛也. 鄭又誤解間傳"重者特", 謂男子之絰, 婦人之帶, 特其葛不變. 旣不變, 則仍麻矣, 乃以葛易之, 何謂不變乎? 蓋重者特謂男麻絰, 女麻帶, 特留之不易也. 若如鄭氏說, 則男子重首, 婦人重帶, 反以後輕喪而易麻爲葛, 不亦悖乎? 且此經注"婦人固自帶其故帶", "兼服之文, 主於男子", 而間傳注又謂"婦人之帶, 亦特其葛不變", 前後不牴牾乎?

번역 강영이 말하길, 앞의 경문에서는 "상복을 바꾸는 경우 수위가 낮은 것을 바꾼다."라고 했고, 정현의 주와 공영달의 소에서는 남녀는 수질과 요대에 대해서 모두 마(麻)로 된 것을 차며 갈(葛)로 된 것이 없다고 했으니, 육농사의 주장과 동일하다. 그런데 이곳 경문에 대한 주에서 "마(麻)로 된 것을 차고, 또 갈(葛)로 된 것을 찬다."라고 한 말은 아마도 '겸복(兼服)'이라는 문장을 잘못 해석한 것인 것 같다. "겸복한다."는 말은 남자는 이후에 당한 수위가 낮은 상에서 차는 마(麻)로 된 대(帶)로 이전에 당한 수위가 높은 상에서 차는 갈(葛)로 된 대(帶)를 바꾸고, 여자는 이후에 당한 수위가 낮은 상에서 차는 마(麻)로 된 질(絰)로 이전에 당한 수위가 높은 상에서 차는 갈(葛)로 된 질(絰)을 바꾼다는 뜻이니, 이것은 곧 마(麻)로써 갈(葛)을 포괄한다는 뜻이다. '겸(兼)'자는 "포괄한다[包]."는 뜻이니, 이것은 곧 「간전」편에서 말한 "수위가 낮은 것은 포괄한다."는 뜻에 해당하는 것이지, 마(麻)로 된 것을 착용하고 재차 갈(葛)로 된 것을 착용한다는 뜻이 아니다. 정현은 또한 「간전」편에서 말한 "수위가 높은 것은 특(特)으로 한다."는 말을 잘못 풀이하여, 남자의 질(絰)과 여자의 대(帶)는 갈(葛)로만 된 것을 차고 바꾸지 않는다고 했다. 이미 바꾸지 않는다고 했다면, 곧 마(麻)로 된 것이 되는데, 이후에 갈(葛)로 된 것으로 바꾸니, 어떻게 바꾸지 않는다고 할 수 있는가? 아마도 "수위가 높은 것은 특(特)한다."는 말은 남자의 경우 마(麻)로 된 질(絰)을 차고, 여자의 경우 마(麻)로 된 대(帶)를 차는데, 이것만은 홀로 남겨두고 바꾸지 않는다는 뜻인 것 같다. 정현의 주장대로 한다면, 남자는 머리를 중시하고, 여자는 허리를 중시하는데, 반대로 이후에 당한 수위가 낮은 상으로 인해 마(麻)로 된 것을 갈(葛)로 된 것으로 바꾼다면, 이 또한 어그러진 행위가 아니겠는가? 또 이곳 경문의 주에서는 "부인은 진실로 제 스스로 이전에 찼던 대(帶)를 찬다."라고 했고, "겸복이라는 문장은 남자를 위주로 말한 것이다."라고 했는데, 「간전」편에 대한 주에서는 또한 "부인의 대(帶)는 또한 그 갈(葛)로 된 것을 남겨두고 바꾸지 않는다."라고 했으니, 두 주석이 서로 위배되는 것이 아니겠는가?

集解 愚謂: 葛, 謂旣虞・卒哭受服之葛絰帶也. 麻, 謂始喪之麻絰帶也. 麻同皆兼服之者, 凡要帶必視其首絰五分而去一, 今此麻・葛之絰・帶同, 故兼服之, 而首絰與要帶仍得爲五分去一之差也.

번역 내가 생각하기에, '갈(葛)'은 우제를 치르고 졸곡을 한 뒤에 받게 되는 갈(葛)로 된 질(絰)과 대(帶)를 뜻한다. '마(麻)'는 처음 상을 치르며 차게 되는 마(麻)로 된 질(絰)과 대(帶)를 뜻한다. '마동개겸복지(麻同皆兼服之)'라는 말은 모든 요대(要帶)는 반드시 수질(首絰)의 크기에 견주어서 그 크기에서 5분의 1을 줄여서 만드는데, 현재 이곳에서 말한 마(麻)・갈

(葛)로 만든 질(絰)과 대(帶)는 그 크기가 동일하기 때문에, 함께 착용을 하니, 수질과 요대의 크기는 곧 5분의 1만큼 차등을 보이게 된다.

참고 『예기』「잡기상(雜記上)」 기록

경문-496a~b   有三年之練冠, 則以大功之麻易之, 唯杖屨不易.

번역   삼년상을 치르고 있을 때 소상(小祥)을 치렀는데, 갑작스럽게 대공복(大功服)에 해당하는 상이 발생한다면, 대공복에 착용하는 마(麻)로 만든 질(絰)로 소상 때 착용했던 갈(葛)로 만든 질(絰)을 바꾸지만, 지팡이와 신발만은 바꾸지 않는다.

鄭注   謂旣練而遭大功之喪者也, 練除首絰, 要絰葛, 又不如大功之麻重也. 言練冠・易麻, 互言之也. 唯杖・屨不易, 言其餘皆易也. 屨不易者, 練與大功俱用繩耳.

번역   이미 연제(練祭)를 치렀는데, 대공복(大功服)의 상을 당한 경우를 뜻한다. 연제를 치르게 되면 수질(首絰)을 제거하고, 요질(要絰)은 갈(葛)로 만든 것으로 차니, 또한 대공복에서 모두 마(麻)로 만든 것을 착용하는 것만 못하다. '연관(練冠)'이라고 말하고 "마(麻)로 된 것으로 바꾼다."는 말은 상호 호환이 되도록 나타낸 말이다. "오직 지팡이와 신발은 바꾸지 않는다."는 말은 그 나머지는 모두 바꾼다는 뜻이다. 신발을 바꾸지 않는 이유는 연제의 복장과 대공복을 착용할 때에는 모두 승구(繩屨)를 사용하기 때문이다.

孔疏   ●"有三"至"不易". ○正義曰: 此一經, 明先有三年練冠之節, 今遭大功之麻易之. 先師解此, 凡有三義. 按聖證論云: "范宣子之意, 以母喪旣練, 遭降服大功則易衰. 以母之旣練, 衰八升, 降服大功, 衰七升, 故得易之, 其餘則否. 賀瑒之意, 以三等大功, 皆得易三年練衰. 其三等大功, 衰雖七升·八升·九升之布, 有細於三年之練衰, 以其新喪之重, 故皆易之.” 皇氏云: “或不易.” 庾氏之說, 唯謂“降服大功, 衰得易三年之練, 其餘七升·八升·九升之大功, 則不得易三年之練”. 今依庾說. 此大功者, 時據降服大功也. 故下文云“而祔兄弟之殤”, 雖論小功之兄弟, 而云降服, 則知此大功之麻易, 據殤也.

번역 ●經文: “有三”~“不易”. ○이곳 경문은 이전에 삼년상을 치르며 연관(練冠)을 쓰는 규범을 지키고 있는데, 현재 대공복(大功服)의 상을 당해서 대공복에 차는 마(麻)로 만든 질(絰)로 바꾸는 사안을 나타내고 있다. 선대 학자들이 이 문장을 해석함에 있어서는 모두 세 가지 뜻이 있다. 『성증론』을 살펴보면, “범선자의 주장에 따르면, 모친의 상에서 이미 연제(練祭)를 치렀는데, 강복(降服)인 대공복의 상을 당하면 상복을 바꾸게 된다. 모친의 상에서 연제를 끝냈을 때에는 상복을 8승(升)의 포(布)로 만들게 되는데, 강복인 대공복의 상에서는 상복을 7승의 포(布)로 만들기 때문에 바꿀 수 있지만, 나머지는 그렇지 않다. 하창의 주장에 따르면, 세 등급의 대공복 복장으로는 모두 삼년상에서 연제를 치른 뒤에 착용하는 상복을 바꿀 수 있다. 세 등급의 대공복 복장에 있어서 상복에 비록 7승·8승·9승의 포(布)를 사용하여, 삼년상에서 연제를 치른 뒤 착용하는 상복보다 조밀한 점이 있지만, 새로 발생한 상을 중시여기기 때문에, 모두 바꿀 수 있다.”라고 했다. 황간은 “어떤 것은 바꾸지 않는다.”라고 했고, 유씨의 주장에 따르면 오직 “강복인 대공복의 경우에만 상복에 있어서 삼년상을 치르며 연제를 치른 뒤에 착용했던 상복을 바꿀 수 있으니, 나머지 7승·8승·9승의 포(布)로 만든 상복의 경우에는 삼년상을 치르며 연제를 치른 뒤의 복장을 바꿀 수 없다.”라고 했다. 현재는 유씨의 주장에 따른다. 이곳에서 '대공복(大功服)'이라고 말한 것은 특별히 강복으로 대공복을 착용하는 경우를 제시한 것이다. 그렇기 때문에 아래문장에서 “형제 중 요절한 자에게 합사한다.”[19]라고 말한 것이니, 이것이 비록 소공복(小功服)에 해당하는 형제의

---

19) 『예기』「잡기상(雜記上)」【496c】: 有父母之喪尙功衰, 而附兄弟之殤則練冠附, 於殤稱“陽童某甫”, 不名神也.

상을 논의한 것이지만, '강복(降服)'이라고 말했다면, 여기에서 "대공복에 착용하는 마(麻)로 바꾼다."고 한 말이 요절한 자에게 기준을 둔 내용임을 알 수 있다.

孔疏 ●"有三年之練冠"者, 謂遭三年之喪, 至練時之冠, 以首絰已除, 故特云冠.

번역 ●經文: "有三年之練冠". ○삼년상을 당하여, 연제를 치를 때 관(冠)을 쓰게 되면 수질(首絰)을 제거하기 때문에 특별히 '관(冠)'이라고 말한 것이다.

孔疏 ●"則以大功之麻易之"者, 初死者是降服大功, 則以此大功之麻, 易三年之練.

번역 ●經文: "則以大功之麻易之". ○이제 막 죽은 자가 강복(降服)으로 대공복(大功服)을 착용하는 경우에 해당한다면, 이 자에 대한 대공복의 마(麻)로 만든 질(絰)로 삼년상의 연제(練祭)를 치르며 차고 있던 질(絰)을 바꾼다.

孔疏 ●"唯杖・屨不易"者, 言大功無杖, 無可改易; 三年練, 與大功初喪同是繩屨, 故杖・屨不易.

번역 ●經文: "唯杖・屨不易". ○대공복(大功服)에는 지팡이가 없어서 바꾸는 이치가 없으며, 삼년상에서 연제(練祭)를 치를 때의 복장과 대공복의 초상 때의 복장에서는 모두 승구(繩屨)를 신는다. 그렇기 때문에 지팡이와 신발은 바꾸지 않는다는 뜻이다.

孔疏 ◎注"謂旣"至"繩耳". ○正義曰: 云"練除首絰"者, 閒傳文. 首絰旣除, 故著大功麻絰. 云"要絰葛, 又不如大功之麻重也"者, 斬衰旣練, 要絰與大功初死要絰虀細同. 斬衰是葛, 大功是麻, 故云"要絰葛, 又不如大功之麻重也".
云"言練冠·易麻, 互言之也"者, 麻謂絰帶. 大功言絰帶, 明三年練亦有絰帶;
三年練云冠, 明大功亦有冠, 是大功冠與絰帶易三年冠及絰帶, 故云"互言之".
云"唯杖·屨不易, 言其餘皆易也"者, 絰旣言冠言麻, 以明換易, 又云"杖·屨
不易", 則知衰亦在易中, 故言"其餘皆易", 謂冠也, 要帶也, 衰也, 言悉易也.
然練之首絰除矣, 無可易也; 又大功無杖, 亦無可易也, 而云"易"與"不易"者,
因其餘有易者連言之.

번역 ◎鄭注: "謂旣"~"繩耳". ○정현이 "연제(練祭)를 치르게 되면 수
질(首絰)을 제거한다."라고 했는데, 이것은 「간전」편의 문장이다. 수질을
이미 제거했기 때문에 대공복(大功服)에 하는 마(麻)로 만든 질(絰)을 찬
다. 정현이 "요질(要絰)은 갈(葛)로 만든 것으로 차니, 또한 대공복에서 모
두 마(麻)로 만든 것을 착용하는 것만 못하다."라고 했는데, 참최복(斬衰服)
의 상에서 이미 연제를 치렀으니, 요질(要絰)의 경우 대공복의 초상 때 차
는 요질과 거칠고 조밀한 정도가 동일하다. 그러나 참최복에서 연제를 치
르면 갈(葛)로 만든 것을 차고, 대공복에는 수위가 높은 마(麻)로 만든 것을
찬다. 그렇기 때문에 "요질은 갈(葛)로 만든 것으로 차니, 또한 대공복에서
모두 마(麻)로 만든 것을 착용하는 것만 못하다."라고 말한 것이다. 정현이
"'연관(練冠)'이라고 말하고, '마(麻)로 된 것으로 바꾼다.'는 말은 상호 호환
이 되도록 나타낸 말이다."라고 했는데, 마(麻)는 질(絰)과 대(帶)를 뜻한다.
대공복에 대해서 질(絰)과 대(帶)를 언급했으니, 이것은 삼년상을 치르며
연제를 치를 때의 복장에도 또한 질(絰)과 대(帶)가 있음을 나타내고, 삼년
상을 치르며 연제를 치를 때의 복장에 대해 '관(冠)'이라고 했으니, 이것은
대공복에도 또한 관(冠)이 있음을 나타내니, 대공복에 착용하는 관(冠)·질
(絰)·대(帶)로 삼년상을 치르며 연제를 치를 때 착용한 관(冠)·질(絰)·
대(帶)를 바꾸는 것이다. 그렇기 때문에 "상호 호환이 되도록 나타낸 말이
다."라고 말한 것이다. 정현이 "'오직 지팡이와 신발은 바꾸지 않는다.'는
말은 그 나머지는 모두 바꾼다는 뜻이다."라고 했는데, 경문에서는 이미
관(冠)과 마(麻)를 언급해서 바꾼다는 사실을 나타냈고, 또 "지팡이와 신발

은 바꾸지 않는다."라고 했으니, 상복의 경우에는 또한 바꾸는 대상에 포함됨을 알 수 있다. 그렇기 때문에 "그 나머지는 모두 바꾼다."라고 말한 것이니, 관(冠), 요질(要経), 상복들에 대해서 모두 바꾼다는 뜻을 나타낸다. 그러나 연제 때에는 수질(首経)을 제거하므로 바꿀 수가 없고, 또 대공복에는 지팡이가 없으니 이 또한 바꿀 수가 없다. 그러므로 "바꾼다."라고 말하거나 "바꾸지 않는다."라고 말한 것은 나머지 복장에서 바꾸는 것이 있는 것에 따라 뒤이어 바꾸지 않는 것을 언급한 것이다.

訓纂 趙氏良澍曰: 三年之喪旣練, 則久受之以葛帶矣. 而以大功之麻易之者, 以練除首経, 前喪之哀略殺, 故暫爲之變服, 迨後喪旣葬, 則反服其前喪之服也. 經文槩言"三年", 未嘗別之爲父爲母. 鄭注槩言"大功", 未嘗定之爲殤, 固不如賀氏之說, 謂三等大功皆得易之, 重新喪也.

번역 조량주[20]가 말하길, 삼년상에서 이미 연제(練祭)를 치렀다면, 그 이전에 갈(葛)로 된 대(帶)를 받게 된다. 대공복(大功服)에 차는 마(麻)로 된 것으로 바꾸는 것은 연제를 지내며 수질(首経)을 제거하니, 이전 상에 대한 애통한 마음이 줄어들었기 때문에, 잠시 이제 막 죽은 자를 위해서 복장을 바꾸는 것이며, 이제 막 죽은 자에 대해 장례를 치르게 되면, 다시 이전 상을 치를 때 입던 복장으로 바꾼다. 경문에서는 개괄적으로 '삼년(三年)'이라고 했고, 부친상이나 모친상을 구별하지 않았다. 정현의 주에서는 개괄적으로 '대공(大功)'이라고 했고, 이것을 요절한 경우로 확정하지 않았으니, 진실로 하씨의 주장과 같지는 않았을 것으로, 세 등급의 대공복 상에서는 모두 바꿀 수 있었으며, 그 이유는 새로 발생한 상에 대해서 중시했기 때문이다.

集解 愚謂: 父喪旣練, 衰七升; 母喪旣練, 衰八升. 大功初喪降服七升, 正服八升, 義服九升, 則是大功之服有輕於旣練之服者矣. 而悉得易三年之練衰

---

20) 조량주(趙良澍, ?~?) : 청(淸)나라 때의 학자이다. 저서로는 『독예기(讀禮記)』가 있다.

者, 蓋練爲三年之末, 而大功新喪爲重, 故得變前服, 不計其升數之多寡也. 服
間曰"小功不變喪之練冠", 則大功固變練冠矣. 三年之練冠, 或八升, 或九升,
而大功十升·十一升之冠得以變之, 則大功八升·九升之衰得變七升·八升
之練衰宜矣. 大功旣葬, 則反服三年之功衰, 因其故葛帶, 絰期之葛絰.

번역 　내가 생각하기에, 부친상에서 이미 연제(練祭)를 치렀다면 상복은
7승(升)의 포(布)로 만들고, 모친상에서 연제를 이미 치렀다면 상복은 8승
의 포로 만든다. 대공복(大功服)의 상에 있어서 초상 때 강복(降服)을 하는
경우는 7승의 포로 만들고, 정복(正服)을 하는 경우는 8승의 포로 만들며,
의복(義服)을 하는 경우는 9승의 포로 만드니, 이것은 대공복의 상복 중에
서 이미 연제를 끝내고 착용하는 상복보다 수위가 낮은 것이 있음을 나타낸
다. 그런데도 이 모두에 대해 삼년상에서 연제를 치른 뒤 착용하는 상복을
대체할 수 있는 것은 아마도 연제라는 것은 삼년상의 막바지가 되고, 대공복
의 상은 이제 막 상을 치르게 되어 중시하기 때문에, 이전에 착용했던 상복
을 바꾸며, 승(升)의 올수 차이를 따지지 않는 것이다. 『예기』「복문」편에서
는 "소공복(小功服)의 상에서는 상에 쓰는 연관(練冠)을 바꾸지 않는다."라
고 했으니, 대공복의 상에서는 진실로 연관을 바꾸는 것이다. 삼년상을 치
를 때 착용하는 연관은 8승으로 만들기도 하고 9승으로 만들기도 하는데,
대공복에 착용하는 관(冠)은 10승으로 만들거나 11승으로 만들며, 이것으
로 연관을 바꿀 수 있다면, 대공복에 착용하는 상복을 8승 또는 9승으로
만들더라도 7승 또는 8승으로 만든 연제 때의 상복을 바꿀 수 있는 것이
마땅하다. 대공복의 상에서 이미 장례를 치렀다면, 다시 삼년상을 치르며
착용했던 공최(功衰)를 입게 되고, 이전에 차고 있던 갈(葛)로 만든 대(帶)
에 따라서 기년복에 착용하는 갈(葛)로 만든 질(絰)을 두른다.

상(喪)의 절차와 상복 Ⅱ

【668a】

> 又期而大祥, 素縞麻衣. 中月而禫, 禫而纖, 無所不佩

직역 又히 期하여 大祥하면, 素縞하고 麻衣한다. 月을 中하여 禫하고, 禫하고서 纖하니, 不佩한 所가 無라.

의역 다시 1년이 지나서 대상(大祥)을 치르면 호관(縞冠)에 소비(素紕)를 단 것을 쓰고 마(麻)로 만든 심의(深衣)를 착용한다. 1개월의 간격을 두어 담제(禫祭)를 치르는데, 담제를 치르게 되면 섬관(纖冠)을 착용하니, 복장에 패용하지 못하는 것이 없다.

集說 疏曰: 二十五月大祥祭, 此日除脫, 則首服素冠, 以縞紕之, 身著朝服而祭. 祭畢而哀情未除, 更反服微凶之服, 首著縞冠, 以素紕之, 身著十五升麻深衣, 未有采緣, 故云素縞麻衣也. 大祥之後, 更間一月而爲禫祭, 禫祭之時, 玄冠朝服. 祭訖, 則首著纖冠, 身著素端黃裳. 以至吉祭, 平常所服之物, 無不佩也. 黑經白緯曰纖.

번역 공영달의 소에서 말하길, 25개월째에 대상(大祥)의 제사를 지내서 그 날에 상복을 제거하게 된다면, 머리에는 흰색의 관을 쓰고 흰색의 명주로 가선을 대며, 몸에는 조복(朝服)을 착용하고서 제사를 지낸다. 제사를 끝내더라도 애통한 정감이 아직 사라지지 않아서, 다시 미미하게 흉사를 나타내는 복장으로 갈아입으니, 머리에는 호관(縞冠)을 쓰고 흰색의 천으

로 가선을 두르며 몸에는 15승(升)의 마(麻)로 만든 심의(深衣)를 착용하는
데, 아직까지 채색된 가선을 두르지 않는다. 그렇기 때문에 "소호에 마의를
착용한다."라고 했다. 대상을 치른 이후 다시 1개월의 간격을 두면 담제(禫
祭)를 치르는데, 담제를 치르는 시기에는 현관에 조복을 착용한다. 제사가
끝나면 머리에는 섬관(纖冠)을 착용하고 몸에는 소단(素端)¹⁾에 황색의 하
의를 착용한다. 길제(吉祭)²⁾를 치러야 할 때가 되면 평상시에 착용하는 사
물에 대해서도 패용하지 못하는 것이 없게 된다. 흑색의 날실과 백색의 씨
실로 짠 것을 '섬(纖)'이라고 부른다.

鄭注 喪服小記曰"除成喪者, 其祭也, 朝服縞冠". 此素縞者, 玉藻所云: "縞
冠素紕, 旣祥之冠." 麻衣, 十五升布, 亦深衣也. 謂之"麻"者, 純用布, 無采飾
也. 大祥, 除衰杖. 黑經白緯曰"纖". 舊說: "纖冠者, 采纓也." 無所不佩, 紛帨
之屬, 如平常也. 纖, 或作"綅".

번역 『예기』「상복소기(喪服小記)」편에서는 "성인(成人)의 상을 끝낼
때, 그 제사에서는 조복(朝服)과 호관(縞冠)을 착용한다."³⁾라고 했다. 이
곳에서 '소호(素縞)'라고 했는데, 『예기』「옥조(玉藻)」편에서 말한 "호관에

---

1) 소단(素端)은 소복(素服)과 같은 말이다. 흰색으로 만든 상의와 하의를 뜻하
   며, 상(裳)자와 함께 기론될 때에는 흰색의 상의만을 뜻하기도 한다. 고대에
   제후·대부·사가 착용했던 일종의 제복(祭服)이다. 기근이나 재앙이 들었
   을 때 기원을 하기 위해 착용하는 복장이다.
2) 길제(吉祭)는 상례(喪禮)의 단계를 뜻한다. 우제(虞祭)를 지낸 뒤, 졸곡(卒哭)
   을 하며 제사를 지내게 되는데, 이 단계부터 지내는 제사를 '길제'라고 부른
   다. 상(喪)은 흉사(凶事)에 해당하는데, 그 이전까지는 슬픔에서 벗어나기 힘
   들기 때문에 흉제(凶祭) 또는 상제(喪祭)라고 부르며, 이 단계부터는 평상시
   처럼 길(吉)한 때로 접어들기 때문에 '길제'라고 부른다. 『예기』「단궁하(檀弓
   下)」편에는 "是月也, 以虞易奠, 卒哭曰成事. 是日也, 以吉祭易喪祭."라는 기록
   이 있다. 또 삼년상을 마치게 되면 신주(神主)를 종묘(宗廟)에 안치하고 길례
   (吉禮)에 따라 제사를 지내게 되는데, 이러한 제사를 '길제'라고 부른다. 또한
   평상시 정규적으로 지내는 제사를 '길제'라고도 부른다.
3) 『예기』「상복소기(喪服小記)」【422c】: 除殤之喪者, 其祭也必玄. 除成喪者, 其
   祭也朝服縞冠.

소비(素紕)를 단 것은 상제(祥祭)⁴⁾를 치른 뒤에 쓰는 관이다."⁵⁾라는 것에
해당한다. '마의(麻衣)'는 15승(升)의 포(布)로 만드니 또한 심의(深衣)에
해당한다. 이 복장에 '마(麻)'자를 붙여서 부르는 이유는 순전히 포만을
사용하며 채색의 장식이 없기 때문이다. 대상(大祥)을 치르게 되면 상복과
지팡이를 제거한다. 흑색의 날실과 백색의 씨실로 짠 것을 '섬(纖)'이라고
부른다. 옛 학설에서는 "섬관(纖冠)은 갓끈을 채색한 것이다."라고 했다.
"패용하지 못하는 것이 없다."라고 했는데, 허리에 차는 수건 등을 평상시
처럼 한다는 의미이다. '섬(纖)'자를 다른 판본에서는 '침(綅)'자로 기록하
기도 한다.

釋文 縞, 古老反, 又古報反, 注同. 纖, 息廉反, 注同. 朝, 直遙反. 紕, 婢支
反, 又音縪. 緯音謂. 紛, 芳云反. 帨, 始銳反. 綅, 徐息廉反, 又音侵.

번역 '縞'자는 '古(고)'자와 '老(로)'자의 반절음이며, 또한 '古(고)'자와
'報(보)'자의 반절음도 되고, 정현의 주에 나오는 글자도 그 음이 이와 같다.
'纖'자는 '息(식)'자와 '廉(렴)'자의 반절음이며, 정현의 주에 나오는 글자도
그 음이 이와 같다. '朝'자는 '直(직)'자와 '遙(요)'자의 반절음이다. '紕'자는
'婢(비)'자와 '支(지)'자의 반절음이며, 또한 그 음은 '縪(벽)'도 된다. '緯'자
의 음은 '謂(위)'이다. '紛'자는 '芳(방)'자와 '云(운)'자의 반절음이다. '帨'자
는 '始(시)'자와 '銳(예)'자의 반절음이다. '綅'자의 서음(徐音)은 '息(식)'자
와 '廉(렴)'자의 반절음이며, 또한 그 음은 '侵(침)'도 된다.

孔疏 ●"又期而大祥, 素縞麻衣"者, 謂二十五月大祥祭, 此日除脫, 則首服
素冠, 以縞紕之. 身著朝服而爲大祥之祭, 祭訖之後, 而哀情未除, 更反服微凶

---
4) 상제(祥祭)는 대상(大祥)과 소상(小祥) 때의 제사를 뜻한다. '소상'에서의 제
사는 부모가 죽은 지 만 1년 만에 지내는 제사이고, 대상(大祥)에서의 제사
는 만 2년 만에 지내는 제사이다. 또한 소상(小祥)은 연제(練祭)라고 부르므
로, '상제'를 대상(大祥)을 뜻하는 용어로도 사용한다.
5) 『예기』「옥조(玉藻)」【379a】: 縞冠玄武, 子姓之冠也. 縞冠素紕, 既祥之冠也.

之服, 首著縞冠, 以素紕之; 身著十五升麻深衣, 未有采緣, 故云"大祥素縞麻
衣"也.

번역 ●經文: "又期而大祥, 素縞麻衣". ○25개월째에 대상(大祥)의 제사
를 지내서 그 날에 상복을 제거하게 된다면, 머리에는 흰색의 관을 쓰고
흰색의 명주로 가선을 댄다. 몸에는 조복(朝服)을 착용하고서 대상의 제사
를 지내며, 제사를 끝낸 이후라도 애통한 정감이 아직 사라지지 않아서,
다시 미미하게 흉사를 나타내는 복장으로 갈아입으니, 머리에는 호관(縞
冠)을 쓰고 흰색의 천으로 가선을 두르며, 몸에는 15승(升)의 마(麻)로 만든
심의(深衣)를 착용하는데, 아직까지 채색된 가선을 두르지 않는다. 그렇기
때문에 "소호에 마의를 착용한다."라고 했다.

孔疏 ●"中月而禫"者, 中, 間也. 大祥之後, 更間一月而爲禫祭, 二十五月
大祥, 二十七月而禫.

번역 ●經文: "中月而禫". ○'중(中)'자는 "간격을 두다[間]."는 뜻이다.
대상(大祥)을 치른 이후 다시 1개월의 간격을 두고서 담제(禫祭)를 치르니,
25개월째에 대상을 치르고, 27개월째에 담제를 치른다.

孔疏 ●"禫而纖"者, 禫祭之時, 玄冠朝服. 禫祭旣訖, 而首著纖冠, 身著素
端黃裳, 以至吉祭.

번역 ●經文: "禫而纖". ○담제를 치르는 시기에는 현관(玄冠)6)에 조복
(朝服)을 착용한다. 담제가 끝나면 머리에는 섬관(纖冠)을 착용하고 몸에는
소단(素端)에 황색의 하의를 착용하니, 길제(吉祭)를 치르는 시기까지 지속
된다.

---

6) 현관(玄冠)은 흑색으로 된 관(冠)이다. 고대에는 조복(朝服)을 입을 때 착용
   을 하였다. 『의례』「사관례(士冠禮)」편에는 "主人玄冠朝服, 緇帶素韠."이라는
   기록이 있다.

孔疏 ●"無所不佩"者, 吉祭之時, 身尋常吉服, 平常所服之物無不佩也.

번역 ●經文: "無所不佩". ○길제(吉祭)를 치러야 할 때가 되면 몸에는 평상시의 길복(吉服)을 착용하게 되니, 평상시 착용하게 되는 사물 또한 패용하지 않는 것이 없게 된다.

孔疏 ◎云"喪服小記曰: 除成喪者, 其祭也, 朝服縞冠"者, 證當祥祭之時, 所著之服非是"素縞麻衣"也. 云"此素縞者, 玉藻所云縞冠素紕, 旣祥之冠"者, 引之者, 證此經"大祥素縞麻衣", 是大祥之後所服之服也. 云"麻衣, 十五升布深衣也"者, 按雜記篇云: 朝服十五升. 此大祥之祭旣著朝服, 則大祥之後, 麻衣麤細當與朝服同者, 故知"十五升布深衣也". 云"謂之麻者, 純用布, 無采飾也"者, 若有采飾, 則謂之"深衣", 深衣篇所云者是也. 若緣以素, 則曰"長衣", 聘禮"長衣", 是也. 若緣之以布, 則曰"麻衣", 此云"麻衣", 是也. 云"大祥除衰杖"者, 以下三年問篇云: "三年之喪, 二十五月而畢." 旣稱終畢, 是"除衰杖", 可知也. 云"黑經白緯曰纖"者, 戴德變除禮文矣. 云"舊說纖冠者, 采纓也"者, 以無正文, 故以舊說而言之. 云"無所不佩, 紛帨之屬, 如平常也"者, 此謂禫祭旣畢, 吉祭以後, 始得無所不佩. 若吉祭之前, 禫祭雖竟, 未得無所不佩, 以其禫後尙纖冠玄端黃裳, 故知吉祭以後始從吉也. 若吉祭在禫祭旣畢以後, 始從吉也. 若吉祭在禫月, 猶未純吉, 士虞記云: "是月也, 吉祭, 而猶未配." 注云"是月, 是禫月也. 當四時之祭月則祭, 而猶未以某妃配", 則禫之後, 月乃得復平常.

번역 ◎鄭注: "喪服小記曰: 除成喪者, 其祭也, 朝服縞冠". ○이것은 상제(祥祭)를 치르는 당시에 착용하는 복장은 바로 '소호(素縞)에 마의(麻衣)'라고 한 복장이 아님을 증명한 것이다. 정현이 "이곳에서 '소호(素縞)'라고 했는데, 『예기』「옥조(玉藻)」편에서 말한 호관에 소비(素紕)를 단 것은 상제를 치른 뒤에 쓰는 관이라는 것에 해당한다."라고 하여, 그 내용을 인용했는데, 이곳 경문에서 "대상을 치르면 소호에 마의를 착용한다."라고 한 말이 대상을 치른 이후에 착용하는 복장임을 증명하기 위한 것이다. 정현이

"'마의(麻衣)'는 15승(升)의 포(布)로 만든 심의(深衣)에 해당한다."라고 했는데, 『예기』「잡기(雜記)」편을 살펴보면, "조복(朝服)은 15승(升)의 포로 만든다."[7]라고 했다. 이곳에서는 대상의 제사 때 이미 조복을 착용한다고 했으니, 대상을 치른 이후에 착용하는 마의는 거칠고 고운 정도가 조복의 것과 동일하다. 그렇기 때문에 "15승의 포로 만든 심의에 해당한다."는 말이 사실임을 알 수 있다. 정현이 "이 복장에 '마(麻)'자를 붙여서 부르는 이유는 순전히 포만을 사용하며 채색의 장식이 없기 때문이다."라고 했는데, 채색의 장식이 있다면 '심의(深衣)'라고 부르니, 『예기』「심의(深衣)」편에서 말한 복장이 이것을 뜻한다. 만약 흰색으로 가선을 두른다면 '장의(長衣)'[8]라고 부르니, 『의례』「빙례(聘禮)」편에서 말한 '장의(長衣)'가 이것을 뜻한다.[9] 만약 포(布)로 가선을 두른다면 '마의(麻衣)'라고 부르니, 이곳에서 말한 '마의(麻衣)'가 이것을 뜻한다. 정현이 "대상(大祥)을 치르게 되면 상복과 지팡이를 제거한다."라고 했는데, 뒤에 나오는 『예기』「삼년문(三年問)」편에서는 "삼년상에서는 25개월이 지나서 끝낸다."[10]라고 하여 이미 끝냈다고 했으니, "상복과 지팡이를 제거한다."라고 한 말이 사실임을 알 수 있다. 정현이 "흑색의 날실과 백색의 씨실로 짠 것을 '섬(纖)'이라고 부른다."라고 했는데, 이것은 대덕[11]이 지은 『변제례』의 기록이다. 정현이 "옛

---

7) 『예기』「잡기상(雜記上)」【499b】: <u>朝服十五升</u>, 去其半而緦加灰, 錫也.

8) 장의(長衣)는 고대의 귀족들이 상중에 착용하는 순백색의 포로 된 옷이다. 『의례』「빙례(聘禮)」편에는 "遭喪將命於大夫, 主人長衣練冠以受."라는 기록이 있는데, 이에 대한 정현의 주에서는 "長衣, 純素布衣也."라고 풀이했다.

9) 『의례』「빙례(聘禮)」: 遭喪, 將命于大夫, 主人長衣・練冠以受.

10) 『예기』「삼년문(三年問)」【669d】: 三年之喪何也? 曰, "稱情而立文, 因以飾群, 別親疏貴賤之節, 而弗可損益也. 故曰無易之道也." 創鉅者其日久, 痛甚者其愈遲. 三年者, 稱情而立文, 所以爲至痛極也. 斬衰苴杖, 居倚廬, 食粥, 寢苫枕塊, 所以爲痛飾也. <u>三年之喪, 二十五月而畢</u>, 哀痛未盡, 思慕未忘, 然而服以是斷之者, 豈不送死有已, 復生有節也哉!

11) 대덕(戴德, ?~?): 전한(前漢) 때의 학자이다. 자(字)는 연군(延君)이다. 금문예학(今文禮學)인 대대학(大戴學)의 창시자로 일컬어진다. 조카 대성(戴聖), 경보(慶普) 등과 후창(后蒼)에게서 수학하여, 예(禮)를 익혔다. 선제(宣帝) 때에는 박사(博士)에 임명되기도 하였다. 그의 학문은 서량(徐良)과 유경(斿卿) 등에게 전수되었다. 『대대례기(大戴禮記)』를 편찬하였지만, 『소대례기(小戴

학설에서는 섬관(纖冠)은 갓끈을 채색한 것이라고 했다."라고 했는데, 경문의 기록이 없기 때문에 옛 학설을 통해 설명한 것이다. 정현이 "패용하지 못하는 것이 없다고 했는데, 허리에 차는 수건 등을 평상시처럼 한다는 의미이다."라고 했는데, 이 내용은 담제를 끝내고 길제를 치른 이후 비로소 패용하지 못할 것이 없게 된다는 뜻이다. 만약 길제를 치르기 이전이라면 담제를 비록 끝냈더라도 아직까지 평상시처럼 모두 패용할 수 있는 것이 아니니, 담제를 치른 이후에도 여전히 섬관과 현단 및 황색의 하의를 착용하기 때문에, 길제를 치른 이후에야 비로소 길례에 따르게 됨을 알 수 있다. 만약 길제가 담제를 마친 이후에 놓이게 된다면 그제야 길례에 따르게 된다. 만약 길제가 담제를 치르는 달에 놓이게 된다면 여전히 길례로만 따를 수 없으니,『의례』「사우례(士虞禮)」편의 기문에서 "그 달에 길제를 치르게 되면 여전히 배향을 하지 않는다."12)라고 했고, 정현의 주에서 "그 달은 담제를 치르는 달이다. 그 달이 사계절마다 지내야 하는 정규 제사의 달이 되어 제사를 지내게 된다면 여전히 아무개의 부인을 배향할 수 없다."라고 했으니, 담제를 치른 이후 그 달이 넘어가면 평상시의 예법처럼 따를 수 있다.

訓纂 通典: 宋庾蔚之, 謂昔賀循以爲夫服緣情而制, 故情降則服輕, 旣虞哀心有殺, 是故以細代麤, 以齊代斬耳. 若猶斬之, 則非所謂殺也. 若謂以斬齊命章, 便謂受猶斬者, 則疏衰之受復可得猶用疏布乎? 是知斬之名本生於始死之服, 以名其喪耳, 不謂終其日月皆不變也.

번역 『통전』13)에서 말하길, 송나라의 유울지14)는 예전 하순15)은 상복

『禮記)』에 비해 성행되지 못하였으며, 현재는 많은 부분이 없어지고, 단지 삼십여 편만이 남아 있다.
12)『의례』「사우례(士虞禮)」: 朞而小祥, 曰, "薦此常事." 又朞而大祥, 曰, "薦此祥事." 中月而禪. 是月也吉祭, 猶未配.
13)『통전(通典)』은 당(唐)나라 때의 학자인 두우(杜佑)가 저술한 책이다. 태고(太古) 때부터 당(唐)나라 때까지의 제도 변천을 기술하고 있다.
14) 유울지(庾蔚之, ?~?) : =유씨(庾氏). 남조(南朝) 때 송(宋)나라 학자이다. 저서로는 『예기약해(禮記略解)』,『예론초(禮論鈔)』,『상복(喪服)』,『상복세요(喪服世要)』,『상복요기주(喪服要記注)』 등을 남겼다.

은 정감에 따라서 제작한다고 여겼다. 그렇기 때문에 정감이 낮으면 상복의 수위도 낮은데, 우제(虞祭)를 치르게 되면 애통한 마음이 줄어들기 때문에 이러한 이유로 고운 천으로 만든 상복으로 거친 천으로 만든 상복을 바꾸니, 자최복(齊衰服)의 재질로 만든 상복으로 참최복(斬衰服)을 바꿀 따름이라고 했다. 만약 여전히 베인 것처럼 애통하게 여긴다면 줄어든다는 뜻에 해당하지 않는다. 만약 참최복의 '참(斬)'자나 자최복의 '자(齊)'자로 『의례』「상복(喪服)」편의 장(章) 이름을 지었는데, 다시 참최복을 받는다고 했다면, 소최(疏衰)의 싱에서 싱복을 다시 받을 때 성근 포로 만든 것을 사용할 수 있겠는가? 이것을 통해 '참(斬)'이라는 명칭이 본래부터 처음 돌아가셨을 때 착용하는 복장에서 비롯되어서, 이를 통해 그 상의 명칭을 정한 것일 뿐이며, 그 기간을 끝낼 때까지 상복 전체를 바꾸지 않는다는 뜻이 아님을 알 수 있다.

集解 愚謂: 素縞, 縞冠素紕也, 說見玉藻. 大祥之祭, 縞冠朝服, 既祭, 其冠不變, 而服麻衣以居, 麻衣用十五升吉布爲之, 而以線爲緣者也. 練中衣已用線緣, 然喪服之中衣皆用其衰之布爲之, 而其袂繼揜尺, 是以謂之長衣. 麻衣用吉布爲之, 而其袂不復繼揜尺, 故不曰長衣而曰麻衣也. 大祥既除喪, 則服之爲外服. 喪服記曰, "公子爲其母, 練冠麻, 麻衣線緣; 爲其妻, 線冠, 葛絰帶, 麻衣線緣. 皆既葬除之." 此其冠卽小祥之冠, 其衣卽大祥之衣也. 蓋公子爲其母及妻之服, 本有練有祥者也, 特以厭於君而不得伸, 故雖既葬而除, 而其服則練祥皆備, 所以明其本有此服, 而有爲而降也. 由彼推此, 則大祥麻衣之制, 灼然可見矣. 鄭乃謂"麻衣無釆飾", 非也.

번역 내가 생각하기에, '소호(素縞)'는 호관(縞冠)에 소비(素紕)를 한 것이니, 자세한 설명은 『예기』「옥조(玉藻)」편에 나온다. 대상(大祥)의 제사 때에는 호관에 조복(朝服)을 착용하고, 제사가 끝나면 관은 바꾸지 않지만 마의(麻衣)를 착용하고서 머물며, 마의는 길한 복장에 사용하는 15승(升)의

---

15) 하순(賀循, A.D.260~A.D.319) : 위진시대(魏晉時代) 때의 학자이다. 자(字)는 언선(彦先)이다.

포를 사용해서 만들며, 분홍색으로 가선을 댄 것이다. 연제(練祭)를 치를 때 중의(中衣)에 이미 분홍색의 가선을 댄다고 했는데, 상복에 착용하는 중의는 모두 상복에 들어가는 포를 이용해서 만들며, 소매를 1척(尺) 정도 가리도록 붙이니, 이러한 까닭으로 '장의(長衣)'라고 부른다. 마의를 만들 때 길한 복장에 사용하는 포를 이용해서 만들지만, 소매는 1척을 가리도록 덧붙이지 않는다. 그렇기 때문에 '장의(長衣)'라고 말하지 않고 '마의(麻衣)'라고 말한 것이다. 대상(大祥)을 치르고 상복을 제거하게 된다면, 이러한 복장을 착용하여 외투로 삼는다. 『의례』「상복(喪服)」편의 기문에서는 "공자(公子)가 자신의 모친의 상을 치르게 되면 연관(練冠)과 마(麻)로 된 질(絰)과 대(帶)를 차며, 마의에 분홍색의 가선을 댄다. 처의 상을 치르게 되면 분홍색의 관을 쓰고 갈포로 만든 질과 대를 차며 마의에 분홍색의 가선을 댄다. 둘 모두 장례를 치르면 제거한다."16)라고 했다. 여기에서 말한 관은 곧 소상(小祥) 때의 관이며, 옷은 대상(大祥) 때의 옷이다. 공자가 자신의 모친이나 처를 위해 상복을 착용할 때에는 본래 연제와 대상을 치르게 되는데, 단지 군주로 인해 염강(厭降)17)을 하게 되어 정감을 펼칠 수 없다. 그렇기 때문에 비록 장례를 마친 상태이지만 제거를 하는 것이고, 그 복장은 연제와 대상에 모두 갖추게 되니, 본래 이러한 상복을 착용해야 하지만 군주로 인해 낮추게 되었음을 나타내기 위해서이다. 「상복」편의 기록을 통해 이곳의 내용을 미루어보면, 대상을 치르고 마의를 착용하는 제도에 대해서는 분명히 확인할 수 있다. 정현은 "마의는 채색의 장식이 없다."라고 했는데, 잘못된 주장이다.

번역 愚謂: 自祥而禫, 自禫而卽吉, 其服有六. 祥祭縞冠朝服, 一也. 旣祭縞冠麻衣, 二也. 禫祭玄端綏冠, 三也. 禫訖綏冠深衣, 四也. 吉祭玄冠玄端, 五

16) 『의례』「상복(喪服)」: 記. 公子爲其母, 練冠, 麻, 麻衣縓緣. 爲其妻縓冠, 葛絰帶, 麻衣縓緣. 皆旣葬除之.
17) 염강(厭降)은 상례(喪禮)에 있어서, 돌아가신 모친을 위해 자식은 본래 삼년상(三年喪)을 치러야 하지만, 부친이 생존해 계신 경우라면, 수위를 낮춰서 기년상(期年喪)으로 치르는데, 이처럼 낮춰서 치르는 것을 '염강'이라고 부른다.

也. 祭後復常, 六也. 說詳雜記.

번역 내가 생각하기에, 대상(大祥)으로부터 담제(禪祭)를 치르고, 담제로부터 길제(吉祭)를 치를 때, 그 복장에 있어서는 여섯 가지가 있게 된다. 첫 번째는 대상의 제사 때 호관(縞冠)에 조복(朝服)을 착용하는 것이다. 두 번째는 제사를 마치고 호관에 마의(麻衣)를 착용하는 것이다. 세 번째는 담제 때 현단(玄端)[18]과 침관(綅冠: =纖冠)을 착용하는 것이다. 네 번째는 담제를 마치고 침관과 심의(深衣)를 착용하는 것이다. 다섯 번째는 길제를 치르며 현관(玄冠)과 현단을 착용하는 것이다. 여섯 번째는 제사를 마친 이후 일상복으로 갈아입는 것이다. 자세한 설명은 『예기』「잡기(雜記)」편에 나온다.

참고 『예기』「상복소기(喪服小記)」 기록

경문-422c 除殤之喪者, 其祭也必玄. 除成喪者, 其祭也朝服縞冠.

번역 요절한 자의 상을 끝낼 때, 그 제사에서는 반드시 현관과 현단복을 착용한다. 성인의 상을 끝낼 때, 그 제사에서는 조복과 호관을 착용한다.

---

18) 현단(玄端)은 고대의 예복(禮服) 중 하나이다. 흑색으로 만든 옷이다. 주로 제사 때 사용했으며, 천자 및 제후로부터 대부(大夫)와 사(士) 계급에 이르기까지 모두 이 복장을 착용할 수 있었다. '현단'은 상의와 하의 및 관(冠)까지 포함하는 용어이다. 한편 손이양(孫詒讓)의 주장에 따르면, '현단'은 의복에만 해당하는 용어이며, 관(冠)은 포함하지 않는다고 주장한다. 그리고 천자로부터 사 계급에 이르기까지 이 복장을 제복(齊服)으로 사용했다고 설명한다. 『주례』「춘관(春官)·사복(司服)」편에는 "其齊服有玄端素端."이라는 기록이 있는데, 손이양의 『정의(正義)』에서는 "玄端素端是服名, 非冠名, 蓋自天子下達至於士通用爲齊服, 而冠則尊卑所用互異."라고 풀이하였다. 그리고 '현단'은 천자가 평소 거처할 때 착용했던 복장을 가리키기도 한다. 『예기』「옥조(玉藻)」편에는 "卒食, 玄端而居."라는 기록이 있고, 이에 대한 정현의 주에서는 "天子服玄端燕居也."라고 풀이하였다.

鄭注 殤無變, 文不縟, 玄冠·玄端·黃裳而祭, 不朝服, 未純同也. 於成人爲釋禫之服. 成, 成人也. 縞冠, 未純吉祭服也. 旣祥祭, 乃素縞麻衣.

번역 요절한 자의 상에서는 복장을 변화시키지 않으니, 문채를 번다하게 내지 않으므로, 현관과 현단, 황색 하의를 착용하고 제사를 지내며, 조복을 사용하지 않는 것은 성인의 상과 완전히 동일하게 할 수 없기 때문이다. 이 복장은 성인의 상에 있어서 담제를 치르며 복장을 제거할 때의 복장에 해당한다. '성(成)'자는 성인을 뜻한다. 호관을 착용하는 것은 아직은 순전히 길한 제사 때의 복장처럼 할 수 없기 때문이다. 이미 대상의 제사를 치렀다면, 소호에 마의를 착용한다.

孔疏 ●"除殤之喪"者, 謂除長殤·中殤·下殤之喪. 其祭也必玄者, 其除喪祭服必玄冠·玄端·黃裳, 異於成人之喪也.

번역 ●經文: "除殤之喪". ○장상(長殤)·중상(中殤)·하상(下殤)에 해당하는 상을 끝내는 경우를 뜻한다. "그 제사에 반드시 현(玄)을 한다."는 말은 상을 끝내며 제사를 지낼 때, 반드시 현관·현단·황색 하의를 착용하여, 성인의 상과 차이를 둔다는 뜻이다.

孔疏 ◎注"殤無"至"之服". ○正義曰: "殤無變"者, 無虞·卒哭及練之變服, 所以然者, 文不縟. 本服旣重者, 意在於質, 不在繁縟. 若成人喪服初除, 著朝服, 禫祭始從玄端. 今除殤之喪, 卽從禫服, 是文不繁縟也. 故鄭注喪服云: "縟, 數也." "玄冠·玄端·黃裳而祭, 不朝服, 未純吉也"者, 以經云"必玄", 故知玄冠·玄端也. 知黃裳者, 若其素裳, 則與朝服純吉同, 故知黃裳也. 知不玄裳者, 以玄·黃相對之色, 故知釋禫之服. 若云"玄裳", 卽與上士吉服"玄端"同文, 非釋禫服也.

번역 ◎鄭注: "殤無"~"之服". ○정현이 "요절한 자의 상에서는 복장을 변화시키지 않는다."라고 했는데, 우제와 졸곡 및 소상을 치르며 상복을 변화시킴이 없다는 뜻으로, 이처럼 하는 이유는 문채를 번다하게 내지 않기 때문이다. 본래의 복장이 수위가 높은 상태라도, 그 의도는 질박함을 추구하는데 있고, 문채를 번다하게 내는데 있지 않다. 만약 성인의 상인 경우라면, 최초 착용했던 복장을 제거하고, 조복을 착용하며, 담제를 치르게 되면, 비로소 현단복을 착용한다. 현재는 요절한 자의 상을 끝내게 되어, 담제를 치를 때의 복장에 따르니, 이것은 문채를 번다하게 내고자 하지 않았기 때문이다. 그렇기 때문에 『의례』「상복(喪服)」편에 대한 정현의 주에서는 "'욕(縟)'자는 여럿[數]이다."[19]라고 말한 것이다. 정현이 "현관과 현단, 황색 하의를 착용하고 제사를 지내며, 조복을 사용하지 않는 것은 성인의 상과 완전히 동일하게 할 수 없기 때문이다."라고 했는데, 경문에서는 "반드시 현(玄)을 한다."라고 했기 때문에, 이것이 현관과 현단에 해당함을 알 수 있다. 황색 하의라는 사실을 알 수 있는 이유는 만약 흰색 하의를 착용한다면, 조복처럼 순전히 길한 때 착용하는 복장과 동일하게 된다. 그렇기 때문에 황색 하의가 됨을 알 수 있다. 그리고 현색 하의가 아니라는 사실을 알 수 있는 이유는 현색과 황색은 서로 대비가 되는 색깔이기 때문에, 담제를 치르며 상복을 벗을 때의 복장임을 알 수 있다. 만약 "현색 하의이다."라고 말한다면, 곧 상사(上士)가 길복으로 착용하는 현단과 그 형식이 동일하게 되니, 담제를 치르며 상복을 제거할 때의 복장이 아니다.

孔疏 ●"除成喪者, 其祭也朝服縞冠". ○成喪, 謂成人之喪. 其祥祭也, 衣朝服而縞冠, 所以朝服縞冠者, 未純吉也.

번역 ●經文: "除成喪者, 其祭也朝服縞冠". ○'성상(成喪)'은 성인의 상을 뜻한다. 그에 대한 대상의 제사 때에는 조복을 착용하고 호관을 쓰니, 조복에 호관을 쓰는 이유는 아직까지는 순전히 길한 때처럼 할 수 없기 때문이다.

---

19) 이 문장은 『의례』「상복(喪服)」편의 "傳曰, 何以大功也? 未成人也. …… 死則哭之, 未名則不哭也."라는 기록에 대한 정현의 주이다.

孔疏 ◎注“縞冠”至“服也”. ○正義曰: 大夫朝服而祭. 朝服者, 玄冠・緇衣・素裳, 是純吉之祭服也. 今用縞冠, 是未純吉之祭服也.

번역 ◎鄭注: “縞冠”~“服也”. ○대부는 조복을 입고서 제사를 지낸다. ‘조복(朝服)’이라는 것은 현관・치의・흰색 하의를 뜻하니, 이것은 순전히 길한 시기에 착용하는 제사 복장이다. 현재 호관을 사용하니, 이것은 순전히 길하지 않았을 때 제사를 치르며 착용하는 복장이다.

集解 陸氏佃曰: 言“必玄”, 則裳亦玄. 鄭氏謂“玄端・黃裳”, 非是. 據齊之以玄也, 以陰幽思也. 齊玄而養.

번역 육전이 말하길, ‘필현(必玄)’이라고 했다면, 하의 또한 현색으로 한다는 뜻이다. 정현은 “현단에 황색 하의를 입는다.”라고 했는데, 잘못된 주장이다. “재계를 하며 현관(玄冠)과 현의(玄衣)를 착용하는 것은 귀신들이 머무는 그윽하고 어두운 뜻에 따르면서도, 그것에 생각을 잠기게 하기 때문이다.”[20]라는 말과 “검은색으로 복장을 맞춰서 봉양을 한다.”[21]라고 한 말에 근거해보면 이러한 사실을 알 수 있다.

集解 愚謂: 陸氏之說, 是也. 凡言“玄”者, 皆謂冠及衣・裳俱玄者也. 玄冠・玄衣・玄裳, 此士吉祭之服也. 殤文不縟, 無變除之漸, 故服吉服以除其喪. 又鄭氏以玄冠・玄端・黃裳爲釋禪之服, 乃據變除禮而言, 然變除禮多, 不足據, 說見玉藻及間傳.

번역 내가 생각하기에, 육전의 주장이 옳다. 무릇 ‘현(玄)’이라고 말한 것들은 모두 관과 상의 및 하의를 모두 현색으로 맞춘 것을 뜻한다. 현관・현의・현상을 착용하는 것은 사(士)가 길제를 치를 때의 복장이 된다. 요

---

20) 『예기』「교특생(郊特牲)」【344c】: <u>齊之玄也, 以陰幽思也.</u> 故君子三日齊, 必見其所祭者.

21) 『예기』「문왕세자(文王世子)」【264b~c】: 朝夕之食上, 世子必在視寒暖之節. 食下, 問所膳羞, 必知所進, 以命膳宰, 然後退. 若內豎言疾, 則世子親<u>齊玄而養</u>.

절한 자에 대해서는 문식을 번다하게 내지 않으니, 상복을 바꾸며 제거할 때에도 점진적인 절차가 없다. 그렇기 때문에 길복을 착용하고서 그의 상을 끝낸다. 또 정현은 현관·현단·황상을 담제를 지내며 상복을 제거할 때의 복장으로 여겼는데, 이것은 곧 『변제례』에 근거해서 한 말이다. 그러나 『변제례』 대부분의 기록들은 근거로 삼기에 충분하지 못하니, 그에 대한 설명은 『예기』「옥조(玉藻)」편 및 「간전」편에 나온다.

集解 成喪, 成人之喪. 縞冠, 縞冠素紕也.

번역 '성상(成喪)'은 성인에 대한 상이다. '호관(縞冠)'은 호관에 소비(素紕)를 댄 것이다.

참고 『예기』「옥조(玉藻)」 기록

경문-379a 縞冠玄武, 子姓之冠也. 縞冠素紕, 旣祥之冠也.

번역 호관(縞冠)에 현무(玄武)를 단 것은 손자가 쓰는 관이다. 호관에 소비(素紕)를 단 것은 상제(祥祭)를 치른 뒤에 쓰는 관이다.

鄭注 謂父有喪服, 子爲之不純吉也. 武, 冠卷也. 古者冠·卷殊. 紕, 緣邊也. 紕, 讀如"埤益"之"埤". 旣祥之冠也, 已祥祭而服之也. 間傳曰: "大祥, 素縞麻衣."

번역 부친이 상복을 착용하고 있어서, 자식에게 있어서는 순전히 길(吉)한 것으로 따를 수 없다는 뜻이다. '무(武)'는 관의 테두리이다. 고대에는 관과 테두리가 각각 달랐다. '비(紕)'는 가선을 댄 것이다. '비(紕)'자는 '비익(埤益)'[22]이라고 할 때의 '비(埤)'자로 풀이한다. '기상지관(旣祥之冠)'

---

22) 『시』「패풍(邶風)·북문(北門)」 : 王事適我, 政事一埤益我. 我入自外, 室人交

이라고 했는데, 상제(祥祭)를 치른 뒤에 착용하는 것을 뜻한다. 「간전」편에서는 "대상(大祥)에는 소호(素縞)에 마의(麻衣)를 착용한다."라고 했다.

孔疏 ◎注"謂父"至"卷殊". ○正義曰: 姓, 生也. 孫是子之所生, 故云"子姓". 云"不純吉也"者, 武用玄, 玄是吉, 冠用縞, 縞是凶. 吉而雜凶, 故云"不純吉"也. 卷用玄而冠用縞, 冠·卷異色, 故云"古者冠·卷殊". 如鄭此言, 則漢時冠·卷共材.

번역 ◎鄭注: "謂父"~"卷殊". ○'성(姓)'자는 "낳다[生]."는 뜻이다. 손자는 자식이 낳은 아들이다. 그렇기 때문에 '자성(子姓)'이라고 말한 것이다. 정현이 "순전히 길(吉)하게만 할 수 없다."라고 했는데, 무(武)를 현색으로 했고, 현색은 길(吉)에 해당하며, 관(冠)은 생사를 사용했고, 생사는 흉(凶)에 해당한다. 길(吉)에 해당하지만, 흉(凶)한 것이 뒤섞여 있기 때문에, "순전히 길(吉)하게만 할 수 없다."라고 말한 것이다. 테두리에 현색을 사용하고, 관(冠)에 생사를 사용하여, 관과 테두리의 색깔을 달리 했다. 그렇기 때문에 "고대에는 관과 테두리가 각각 달랐다."라고 말한 것이다. 정현의 이러한 주장대로라면, 한나라 때에는 관과 테두리를 모두 같은 재료로 만들었던 것이다.

孔疏 ◎注"紕緣"至"麻衣". ○正義曰: "紕, 緣邊"者, 謂緣冠兩邊及冠卷之下畔, 其冠與卷身皆用縞, 但以素緣耳. 縞是生絹而近吉, 當祥祭之時, 身著朝服, 首著縞冠, 以其漸吉故也. 不言以素爲紕, 故喪服小記云: "除成喪者, 朝服縞冠." 注云: "縞冠, 未純吉祭服也." 雜記曰: "祥, 主人之除也. 於夕爲期朝服." 鄭云: "祭猶縞冠, 未純吉." 雜記又云: "旣祥, 雖不當縞者必縞." 鄭云: "縞, 祥祭之服." 據此兩經二注, 皆云祥祭縞冠. 若旣祥之後, 微申孝子哀情, 故加以素紕, 以素重於縞也. 故此文云: "旣祥之冠." 間傳曰: "大祥素縞麻衣." 檢勘經·注, 分明如此, 而皇氏以爲縞重素輕, 祥祭之時, 以素爲冠, 以縞爲紕,

編讁我. 已焉哉, 天實爲之, 謂之何哉.

紕得冠名, 故云“縞冠”; 祥祭之後, 以縞爲冠, 以素爲紕, 亦紕得冠名, 而云“素冠”. 文無所出, 不知有何憑據也.

번역 ◎鄭注: “紕緣”~“麻衣”. ○정현이 “‘비(紕)’는 가선을 댄 것이다.” 라고 했는데, 관의 양쪽 측면과 관의 테두리 밑 경계지점에 가선을 댄 것이 니, 그 관과 테두리 몸체는 모두 생사를 사용하여 만들지만, 명주로 가선을 댔을 따름이다. ‘호(縞)’는 생사이므로 길(吉)한 것에 가까우니, 상제(祥祭) 를 치르는 시기에, 몸에는 조복(朝服)을 걸치고, 머리에는 호관(縞冠)을 써 야 하는 것으로, 점차 길한 시기로 접어들기 때문이다. 그러나 이것은 ‘소 (素)’로 비(紕)를 만든다는 뜻이 아니다. 그렇기 때문에 『예기』「상복소기 (喪服小記)」편에서는 “성인(成人)에 대한 상례를 끝낸 자는 조복(朝服)에 호관(縞冠)을 착용한다.”라고 한 것이고, 정현의 주에서는 “호관(縞冠)은 순전히 길하지 않았을 때 착용하는 제복(祭服)이다.”라고 한 것이다. 그리 고 『예기』「잡기(雜記)」편에서는 “대상(大祥)은 상주(喪主)가 제상(除喪)을 하는 것이다. 따라서 그 전날 저녁에 기약을 하고, 조복(朝服)을 착용한다 .”[23]라고 했고, 정현의 주에서는 “제사를 지낼 때에는 여전히 호관(縞冠)을 착용하니, 아직 순전히 길한 상태가 되지 않았기 때문이다.”라고 했다. 「잡 기」편에서는 또한 “대상을 끝냈다면, 비록 호관(縞冠)이 적합하지 않더라 도 반드시 호관(縞冠)을 한다.”[24]라고 했고, 정현의 주에서는 “호관(縞冠) 은 상제(祥祭)를 지낼 때의 복식이다.”라고 했다. 이러한 두 경문의 내용과 그 주석에 근거해보면, 모두 상제(祥祭)를 치를 때에는 호관(縞冠)을 착용 한다고 했다. 만약 대상을 끝낸 이후라면, 효자의 애달픈 감정을 미약하게 펼칠 수 있기 때문에, 소비(素紕)를 덧댈 수 있는 것이니, 소(素)는 호(縞)보 다도 수위가 높은 복식이기 때문이다. 그래서 이곳 문장에서는 “대상을 끝 냈을 때 쓰는 관이다.”라고 말한 것이다. 「간전」편에서는 “대상 때에는 소 호(素縞)와 마의(麻衣)를 착용한다.”라고 했는데, 경문과 주석의 내용을 감

---

23) 『예기』「잡기하(雜記下)」【511a】: <u>祥, 主人之除也. 於夕爲期, 朝服</u>. 祥因其 故服.
24) 『예기』「잡기하(雜記下)」【511b】: 子游曰, “<u>旣祥, 雖不當縞者, 必縞然後反服</u>.”

수해보면, 분명히 이와 같았던 것인데, 황간은 호(縞)가 수위가 높은 복식이고 소(素)가 수위가 낮은 복식이라고 여겨서, 상제(祥祭)를 치를 때에는 소(素)로 관을 만들고, 호(縞)로 비(紕)를 만드는데, 비(紕)는 관을 뜻하는 명칭으로 사용할 수 있기 때문에, '호관(縞冠)'이라고 말했다고 주장했다. 그리고 상제(祥祭)를 치른 뒤에는 호(縞)로 관을 만들고, 소(素)로 비(紕)를 만드는데, 이때에도 또한 비(紕)는 관을 뜻하는 명칭으로 사용할 수 있기 때문에, '소관(素冠)'이라고 말했다고 주장했다. 그러나 그 문장은 도출될 수 있는 기록이 없으니, 어떤 것을 근거로 해서 이러한 주장을 했는지 알 수 없다.

訓纂 惠氏棟曰: 詩旣見素冠, 則皇氏之說有據, 合之祥祭縞冠, 其說益明.

번역 혜동25)이 말하길, 『시』에는 「소관(素冠)」이라는 편이 나타나고 있으니, 황간의 주장에는 근거로 삼은 것이 있는 것이고, 그 주장을 상제(祥祭)를 지내며 호관(縞冠)을 착용한다는 내용과 부합시키면, 황간이 주장했던 뜻이 더욱 분명해진다.

集解 愚謂: 用縞爲冠, 用玄爲武, 縞爲凶, 玄爲吉, 冠在上, 武在下, 以象父猶有喪, 而子已卽吉也. 姓, 生也. 孫乃子之所生, 冠此冠者, 自父言之則爲子, 自父所爲服者言之則爲孫, 故曰子姓之冠.

번역 내가 생각하기에, 호(縞)를 이용해서 관(冠)을 만들고, 현(玄)을 이용해서 무(武)를 만드는데, 호(縞)는 흉(凶)에 해당하고, 현(玄)은 길(吉)에 해당하며, 관은 위에 있고, 무(武)는 밑에 있으니, 이를 통해서 부친에게는 여전히 상이 있지만, 자식은 이미 길한 시기로 접어들었음을 나타내는 것

---

25) 혜동(惠棟, A.D.1697~A.D.1758) : 청(淸)나라 때의 학자이다. 자(字)는 송애(松崖)·정우(定宇)이다. 조부는 혜주척(惠周惕)이고, 부친은 혜사기(惠士奇)이다. 가학(家學)을 전승하여, 한대(漢代) 경학(經學)을 부흥시키는 데 주력하였다. 역학(易學)에도 조예가 깊었다. 『구경고의(九經古義)』 등의 저서가 있다.

이다. '성(姓)'자는 "낳다[生]."는 뜻이다. 손자는 자식이 낳은 아들이니, 이러한 관을 착용하는 자는 부친의 입장에서 말을 한다면, 자식이 되지만, 부친이 상복을 착용하게 된 그 대상을 기준으로 말을 하게 된다면, 손자가 된다. 그렇기 때문에 "손자가 착용하는 관이다."라고 말한 것이다.

集解 縞, 白色生絹. 素, 今之白色綾也. 紕, 緣也. 衣冠之制, 其用爲緣者, 必祝其爲衣冠者而加精美焉. 喪旣大祥, 除去喪冠, 則以縞爲冠, 以素爲紕, 素精於縞也. 此冠或以其冠名之, 則謂之縞冠, 小記"除成喪者朝服縞冠", 是也. 或以其紕名之, 則謂之素冠, 詩"庶見素冠兮", 是也. 或但謂之縞, 檀弓"祥而縞", 雜記"旣祥, 雖不當縞者必縞", 是也. 或兼謂之素縞, 間傳"大祥素縞麻衣", 是也. 其名雖異, 其實則一冠也.

번역 '호(縞)'는 백색의 생사이다. '소(素)'는 오늘날의 백색 비단[綾]에 해당한다. '비(紕)'는 가선을 뜻한다. 의복과 관(冠)을 만드는 제도에 있어서, 가선으로 만드는 것은 반드시 의복 및 관을 만들 때 사용하는 것보다 더욱 정미하고 아름다운 것으로 덧댄다. 상을 치를 때, 이미 대상(大祥)을 끝내게 되어, 상관(喪冠)[26]을 제거하게 된다면, 호(縞)로 관을 만들고, 소(素)로 비(紕)를 만들게 되니, 소(素)는 호(縞)보다도 정미한 것이다. 이러한 관에 대해 간혹 그 관에 기준을 두어 명칭을 부른다면, '호관(縞冠)'이라고 하는 경우가 있으니, 『예기』「상복소기(喪服小記)」편에서 "성인(成人)에 대한 상을 끝내는 자는 조복(朝服)에 호관(縞冠)을 착용한다."라고 한 말에 해당한다. 간혹 그 비(紕)를 기준으로 명칭을 부른다면, '소관(素冠)'이라고 하는 경우가 있으니, 『시』에서 "소관(素冠)을 쓴 그 이를 보고 싶구나."[27]라고 한 말에 해당한다. 혹은 단지 '호(縞)'라고만 부르는 경우가 있으니, 『예기』「단궁(檀弓)」편에서 "대상(大祥)을 치르고 호(縞)를 쓴다."[28]라고

---

26) 상관(喪冠)은 상복(喪服)을 착용할 때 쓰는 관(冠)이다. 상복은 수위에 따라 일반적으로 오복(五服)으로 나뉘게 되는데, '상관' 또한 각 상복의 종류에 따라 달라진다.
27) 『시』「회풍(檜風)·소관(素冠)」 : 庶見素冠兮, 棘人欒欒兮, 勞心慱慱兮.
28) 『예기』「단궁상(檀弓上)」【106c】 : 祥而縞, 是月禪, 徙月樂.

하며, 『예기』「잡기(雜記)」편에서 "대상을 끝냈다면, 비록 호관(縞冠)에는 적합하지 않더라도 반드시 호관(縞冠)을 한다."라고 한 말에 해당한다. 혹은 둘을 합쳐 '소호(素縞)'라고도 부르는 경우가 있으니, 「간전」편에서 "대상(大祥)에는 소호(素縞)에 마의(麻衣)를 착용한다."라고 한 말에 해당한다. 따라서 그 명칭에는 비록 차이가 있지만, 실제로는 동일한 관이다.

集解 先儒謂"祥日縞冠, 旣祥, 以哀情未忘, 更服微凶之服, 故縞冠素紕; 禪日玄冠黃裳, 旣禪, 亦以哀情未忘, 更服纖冠朝服." 見於此篇及小記・雜記・間傳諸篇之註疏者不一, 蓋本於戴德變除禮. 愚竊以爲不然. 縞薄而素厚, 縞惡而素美, 以天子諸侯素帶, 弟子縞帶觀之, 亦可見矣. 謂縞凶於素則可, 謂素凶於縞則非, 變除之禮, 以漸卽吉, 未有旣除而反服微凶之服者, 果爾, 則練祭練冠, 練後何以不別製他冠乎? 此云"縞冠素紕, 旣祥之冠", 雜記云"旣祥, 雖不當縞者必縞", 實一冠也. 縞冠素紕, 而或曰"縞冠", 或曰"素縞", 猶士練帶緇紕, 而或謂"練帶", 或謂"緇帶"耳, 未可因其名之不同而强生區別也. 然則大祥之素縞, 從祥日服之, 以至於禪而除者也, 禪之纖冠, 從禪日服之, 以至於吉祭而除者也, 又何疑焉?

번역 선대 유학자들은 "대상(大祥)을 치르는 날 호관(縞冠)을 착용하고, 대상을 끝내면, 슬픈 마음을 아직 잊을 수 없어서, 다시금 조금이나마 흉(凶)에 해당하는 복장을 착용한다. 그렇기 때문에 호관(縞冠)에 소비(素紕)를 다는 것이며, 담제(禪祭)를 치르는 날에는 현관(玄冠)에 황색 하의를 착용하고, 담제를 끝내면, 또한 애달픈 마음을 아직 잊을 수 없기 때문에, 다시금 섬관(纖冠)에 조복(朝服)을 착용한다."라고 했다. 그런데 이곳 「옥조」편과 『예기』「상복소기(喪服小記)」・「잡기(雜記)」・「간전」 등의 여러 편들에 나온 정현의 주와 공영달의 소는 그 내용이 일치하지 않으니, 아마도 대덕(戴德)의 『변제례』에 기준을 두고 있는 것 같다. 내가 생각하기에 실상은 그렇지 않다고 여겨진다. 호(縞)는 얇고 소(素)는 두터우며, 호(縞)는 조악하고 소(素)는 아름다우니, 천자와 제후의 소대(素帶) 및 제자들의 호대(縞帶)를 통해 살펴보아도 또한 이러한 사실을 확인할 수 있다. 따라서 호

(縞)가 소(素)보다 흉(凶)한 것이라고 한다면 옳지만, 소(素)가 호(縞)보다
흉(凶)하다고 한다면 잘못된 것이니, 상복을 바꾸고 제거하는 예법에 있어
서는 점진적으로 길한 때로 나아가게 되며, 이미 제거를 하였는데, 다시금
되돌려서 미약하게라도 흉에 해당하는 복장을 착용하는 일은 없다. 이와
같다면 연제(練祭)에는 연관(練冠)[29]을 쓰는데, 소상(小祥)을 치른 이후에
어찌 별도의 다른 관을 제작하지 않겠는가? 이곳에서는 "호관(縞冠)에 소비
(素紕)를 한 것은 대상(大祥)을 치른 뒤에 쓰는 관이다."라고 했고,「잡기」편
에서는 "대상을 끝냈다면, 비록 호관(縞冠)이 적합하지 않더라도 반드시 호
관(縞冠)을 한다."라고 했으니, 실제로는 동일한 관이다. 호관(縞冠)에 소비
(素紕)를 했다고 했는데, 어떤 경우에는 '호관(縞冠)'이라고 부른 것이고,
또 어떤 경우에는 소호(素縞)라고 부른 것이니, 사의 연대(練帶)와 치비(緇
紕)를 '연대(練帶)'라고 부르고, 또 어떤 경우에는 '치대(緇帶)'라고 부르는
경우와 같을 따름이며, 그 명칭이 다르다는 것에 따라서, 억지로 구분을
지을 수 없다. 그렇다면 대상을 치를 때의 소호(素縞)는 대상을 치르는 날
부터 착용을 하여, 담제(禫祭)를 지내게 되면, 제거를 하는 것이며, 담제
때 쓰는 섬관(纖冠)은 담제를 치를 때부터 착용하고 있다가 길제(吉祭)를
치르게 되면, 제거를 하는 것인데, 또한 어찌 의심할 것이 있겠는가?

참고 『의례』「상복(喪服)」기록

기문 公子爲其母, 練冠・麻, 麻衣縓緣; 爲其妻, 縓冠・葛絰帶・麻衣縓
緣. 皆旣葬除之.

번역 공자가 자신의 모친의 상을 치르게 되면 연관(練冠)과 마(麻)로 된
질(絰)과 대(帶)를 차며, 마의(麻衣)에 분홍색의 가선을 댄다. 처의 상을 치
르게 되면 분홍색의 관을 쓰고 갈포로 만든 질과 대를 차며 마의에 분홍색

---

29) 연관(練冠)은 상(喪) 중에 착용하는 관(冠)이다. 부모의 상 중에서 1주기에
　　지내는 제사 때 착용을 하였다.

의 가선을 댄다. 둘 모두 장례를 치르면 제거한다.

鄭注 公子, 君之庶子也. 其或爲母, 謂妾子也. 麻者, 緦麻之経帶也. 此麻衣者, 如小功布, 深衣, 爲不制衰裳變也. 詩云: "麻衣如雪." 縓, 淺絳也, 一染謂之縓. 練冠而麻衣縓緣, 三年練之受飾也. 檀弓曰: "練, 練衣黃裏・縓緣." 諸侯之妾子厭於父, 爲母不得伸, 權爲制此服, 不奪其恩也. 爲妻縓冠葛経帶, 妻輕.

번역 '공자(公子)'는 군주의 서자이다. 간혹 그의 모친을 위해서 상복을 착용한다고 한 것은 그가 첩의 자식인 경우를 뜻한다. '마(麻)'는 시마복(緦麻服)에 착용하는 수질(首経)과 요대(要帶)를 뜻한다. 여기에서 말한 마의(麻衣)는 소공복(小功服)에 들어가는 포로 만든 심의(深衣)로, 상복처럼 제작하지 않은 것이다. 『시』에서는 "마의가 눈처럼 하얗구나."30)라고 했다. '전(縓)'자는 옅은 분홍색으로, 한 차례 염색한 것을 '전(縓)'이라고 부른다. 연관을 쓰고 마의에 분홍색의 가선을 두르는 것은 삼년상에서 연제(練祭)를 치르고 난 뒤에 받는 복식이다. 『예기』「단궁(檀弓)」편에서는 "연제에서는 연의(練衣)를 착용하니, 연의는 황색의 옷감으로 중의(中衣)의 속단을 대고, 옅은 홍색의 옷감으로 옷깃과 소매의 끝단을 댄 것이다."31)라고 했다. 제후 첩의 자식은 부친으로 인해 염강을 해서 자기 생모에 대해서는 정감을 펼칠 수 없으니, 권도에 따라 이러한 복장을 제작해서 자식의 은정을 빼앗지 않는 것이다. 처를 위해서는 분홍색의 관을 쓰고 갈포로 만든 질과 대를 차니, 처에 대한 상은 상대적으로 수위가 낮기 때문이다.

賈疏 ◎注"公子"至"妻輕". ○釋曰: 云"練冠麻, 麻衣縓緣"者, 以練布爲冠, 麻者, 以麻爲経帶. 又云麻衣者, 謂白布深衣. 云縓緣者, 以繒爲縓色, 與深衣爲領緣. "爲其妻縓冠"者, 以布爲縓色, 爲冠. "葛経帶"者, 又以葛爲経帶. 云"麻衣縓緣"者, 與爲母同. 皆旣葬除之者, 與緦麻所除同也. 云"公子君之庶子也"者, 則君之適夫人第二已下, 及八妾子皆名庶子. 云"其或爲母, 謂妾子也"

---

30) 『시』「조풍(曹風)・부유(蜉蝣)」: 蜉蝣掘閱, <u>麻衣如雪</u>. 心之憂矣, 於我歸說.
31) 『예기』「단궁상(檀弓上)」【103d】: 練, 練衣, 黃裏, 縓緣.

者, 以其適夫人所生第二已下, 爲母自與正子同, 故知爲母妾子也. 云“麻者總麻之絰帶也”者, 以絰有二麻, 上麻爲首絰·腰絰, 知一麻而含二絰者, 斬衰云“苴絰”, 鄭云: “麻在首在要皆曰絰.” 故知此經亦然. 知如總之麻者, 以其此言麻, 總麻亦云麻, 又見司服“弔服環絰”, 鄭云: “大如總之絰.” 則此云子爲母, 雖在五服外, 絰亦當如總之絰, 故鄭以此麻兼總言之也. 云“此麻衣者, 如小功布深衣”, 知者, 按上之妾子, 父在爲母期, 大夫之妾子, 父在爲母大功, 則諸侯妾子, 父在小功, 是其差次, 故知此當小功布也. 云“爲不制衰裳變也”者, 此記不言衰, 明不制衰裳變者, 以其爲深衣, 不與喪服同, 故云“變”也. 詩云“麻衣如雪”者, 彼麻衣及禮記·檀弓云“子游麻衣”, 幷間傳云“大祥素縞麻衣”, 注皆云“十五升布”, 深衣與此小功布深衣異. 引之者, 證麻衣之名同, 取升數則異. 禮之通例, 麻衣與深衣制同, 但以布緣之則曰麻衣; 以采緣之則曰深衣; 以素緣之袖長在外, 則曰長衣; 又以采緣之袖長在衣內, 則曰中衣; 又以此爲異也, 皆以六幅破爲十二幅, 連衣裳則同也. 云“繰, 淺絳也”者, 對三入爲纁爲淺絳. 云“一染謂之縓”者, 爾雅文. 按彼云“一染謂之縓, 再染謂之赬, 三染謂之纁”也. 云“縓緣, 三年練之受飾也”, 知者, 引檀弓云“練衣黃裏縓緣”, 注云: “練中衣, 以黃爲內縓爲飾.” 爲中衣之飾, 據重服三年變服後爲中衣之飾也. 此公子爲母, 在五服外輕, 故將爲人初死, 深衣之飾, 輕重有異, 故不同也. 云“諸侯之妾子厭於父, 爲母不得申, 權爲制此服, 不奪其恩也”者, 諸侯尊, 絶期已下無服, 公子被厭, 不合爲母服. 不奪其母子之恩, 故五服外權爲制此服. 必服麻衣縓衣者, 麻衣大祥受服, 縓緣練之受飾, 雖被抑, 猶容有三年之哀故也. 云“爲妻縓冠葛絰帶, 妻輕”者, 以縓布爲冠, 對母用練冠, 以葛是葬後受服, 而爲絰帶, 對母用麻, 皆是爲妻輕故也.

번역 ◎鄭注: “公子”~“妻輕”. ○기문에서는 “연관(練冠)에 마로 만든 질(絰)을 두르고, 마의에 분홍색의 가선을 댄다.”라고 했는데, 연관은 누인 포로 관을 만든 것이고, 마(麻)는 마로 질과 대를 만든 것을 뜻한다. 또 ‘마의(麻衣)’라고 했는데, 백색의 포로 만든 심의를 뜻한다. ‘전연(縓緣)’이라는 것은 비단을 분홍색으로 물들여서 심의의 옷깃과 끝단을 만드는 것이다. 기문에서는 “자신의 처를 위해 분홍색의 관을 쓴다.”라고 했는데, 포를 분홍색으로 물들여서 관을 만든 것이다. '갈질대(葛経帶)' 또한 갈포로 질과 대를 만든 것이다. "마의에 분홍색의 가선을 댄다."라고 했는데, 이것은 모친에 대한 경우와 동일하다. 이 모두는 장례를 치르게 되면 제거하게 되는데, 시마복(緦麻服)을 제거하는 것과 동일하다. 정현이 "'공자(公子)'는 군주의 서자이다."라고 했는데, 군주의 정부인 다음 서열부터 8명의 첩에 이르기까지 그녀들이 낳은 자식들은 모두 '서자(庶子)'라고 부른다. 정현이 "간혹 그의 모친을 위해서 상복을 착용한다고 한 것은 그가 첩의 자식인 경우를 뜻한다."라고 했는데, 정부인이 낳은 자식들 중 장남을 제외한 나머지 아들들이 자신의 모친을 위해서 상을 치를 때에는 적장자와 동일하기 때문에, 여기에서 말한 상황이 첩의 아들에 대한 것임을 알 수 있다. 정현이 "'마(麻)'는 시마복(緦麻服)에 착용하는 수질(首経)과 요대(要帶)를 뜻한다."라고 했는데, 경문에 나오는 두 개의 '마(麻)'자에 있어서 앞의 마자는 수질과 요질을 뜻하는데, 한 개의 마자가 이러한 두 가지 질(経)을 포함한다는 사실을 알 수 있는 이유는『의례』'참최장'에서 '저질(苴経)'이라고 했고, 정현은 "마로 제작하여 머리에 쓰고 허리에 차는 것을 모두 '질(経)'이라고 부른다."라고 했다. 그렇기 때문에 이곳 경문에 나온 마자의 뜻 또한 그러함을 알 수 있다. 시마복의 마로 만든 질처럼 한다는 사실을 알 수 있는 이유는 여기에서는 '마(麻)'라고 했고, '시마복(緦麻服)'에서도 '마(麻)'라고 했기 때문이며, 또『주례』「사복(司服)」편에서는 "조복(弔服)에 환질을 두른다."라고 했고, 정현은 "그 크기는 시마복의 질(経)과 같다."라고 했으니, 이곳에서 자식이 자신의 생모를 위해 착용하는 상복이 비록 오복(五服)의 범주에 포함되지 않지만, 질(経)은 마땅히 시마복의 질처럼 만들어야 한다. 그렇기 때문에 정현은 이곳에 나온 마(麻)에 대해 시마복의 질까지도 포함시켜 말한 것이다. 정현이 "여기에서 말한 마의(麻衣)는 소공복(小功服)에 들어가는 포로 만든 심의(深衣)이다."라고 했는데, 이러한 사실을 알 수 있는 이유는 사의 첩 자식은 부친이 생존해 계실 때 자신의 생모를 위해서 기년상(期年喪)을 치르고, 대부의 첩 자식은 부친이 생존해 계실 때 자신의 생모를 위해서 대공복(大功服)을 착용하니, 제후 첩의 자식은 부친이 생존

해 계실 때 자신의 생모를 위해서 소공복(小功服)을 착용하는 것이 순차적
인 차등이다. 그러므로 여기에서 말한 의복이 소공복의 포로 만든 것임을
알 수 있다. 정현이 "상복처럼 제작하지 않는 것이다."라고 했는데, 이곳
기문에서는 상복에 대해 언급하지 않았으니, '부제최상변(不制衰裳變)'이
라는 말은 그것을 심의의 형태로 만들어서 상복과 동일하게 만들지 않은
것을 뜻한다. 그렇기 때문에 '변(變)'자를 덧붙여서 기록했다. 『시』에서는
"마의가 눈처럼 하얗구나."라고 했는데, 『시』에서 말하는 마의, 『예기』「단
궁(檀弓)」편에서 "자유가 마의를 입었다."32)라고 했을 때의 마의, 「간전」편
에서 "대상(大祥)을 치르면 호관(縞冠)에 소비(素紕)를 단 것을 쓰고 마의
를 착용한다."라고 했을 때의 마의에 대해, 정현의 주에서는 모두 "15승(升)
의 포로 만든다."라고 했으니, 본래의 심의는 여기에서 말한 소공복의 포로
만든 심의와는 다른 것이다. 이 기록을 인용한 것은 마의라는 명칭은 동일
하지만 천의 승(升) 수에 있어서 차이가 남을 증명하기 위해서이다. 예법에
있어서 통상적인 용례에 따르면 마의와 심의의 제작방법은 동일하다. 다만
포로 가선을 댄 것을 마의라고 부르고, 채색된 천으로 가선을 댄 것을 심의
라고 부르며, 흰색의 가선을 댄 소매가 길게 밖으로 나와 있는 것을 장의라
고 부르고, 채색된 가선의 소매가 길게 안쪽으로 들어가 있는 것을 중의라
고 부르니, 또한 이를 통해 차이를 두지만, 이 모두 6폭을 갈라 12폭으로
만들고 상의와 하의를 연결한다는 점에서는 동일하다. 정현이 "'전(縓)'자
는 옅은 분홍색이다."라고 했는데, 세 차례 염색을 한 '훈(纁)'과 대비해보면
옅은 분홍색이 된다. 정현이 "한 차례 염색한 것을 '전(縓)'이라고 부른다."
라고 했는데, 이것은 『이아』의 기록이다.33) 『이아』의 기록을 살펴보면, "한
차례 염색한 것을 '전(縓)'이라 부르고, 두 차례 염색한 것을 '정(赬)'이라
부르며, 세 차례 염색한 것을 '훈(纁)'이라 부른다."라고 했다. 정현이 "분홍
색의 가선을 두르는 것은 삼년상에서 연제(練祭)를 치르고 난 뒤에 받는

---

32) 『예기』「단궁상(檀弓上)」【89b】 : 司寇惠子之喪, 子游爲之麻衰, 牡麻絰. 文子
辭曰: "子辱與彌牟之弟游, 又辱爲之服, 敢辭." 子游曰: "禮也."
33) 『이아』「석기(釋器)」 : 一染謂之縓, 再染謂之赬, 三染謂之纁. 靑謂之葱. 黑謂
之黝. 斧謂之黼.

복식이다."라고 했는데, 이러한 사실을 알 수 있는 이유는 「단궁」편의 문장에서 "연의(練衣)를 착용하는데, 연의는 황색의 옷감으로 속단을 대고 분홍색의 가선을 댄다."라고 했고, 정현의 주에서는 "연중의(練中衣)를 입는데, 황색의 옷감으로 속감을 대고, 옅은 분홍색으로 장식을 한다."라고 했으니, 이것은 중의에 대한 장식이 되며, 이것은 수위가 높은 상복인 삼년복에서 복장을 바꾼 뒤에 착용하는 중의의 장식을 기준으로 한 말이다. 이곳에서는 공자가 자신의 생모를 위해 상복을 착용하는데, 상복이 오복의 규정 밖에 있어 수위가 매우 낮다. 그렇기 때문에 어떤 자가 이제 막 죽었을 때 심의에 하는 장식에 있어서도 경중에 따른 차이가 생겨 달라진 것이다. 정현이 "제후 첩의 자식은 부친으로 인해 염강을 해서 자기 생모에 대해서는 정감을 펼칠 수 없으니, 권도에 따라 이러한 복장을 제작해서 자식의 은정을 빼앗지 않는 것이다."라고 했는데, 제후는 존귀한 존재이므로, 기년복 이하의 관계는 끊어 상복이 없게 되는데, 공자는 염강을 하게 되어 모친에 대한 정규 상복을 착용할 수 없다. 그러나 모친과 자식의 은정을 빼앗을 수 없기 때문에 오복의 범위에서 벗어났지만 권도에 따라 이러한 복장을 제작한 것이다. 반드시 마의에 분홍색의 가선을 댄 복장을 착용하는 것은 마의는 대상을 치르고 난 뒤에 받는 복장이며, 분홍색의 가선은 연제를 치른 뒤에 받는 복식이므로, 비록 염강을 하게 되었지만 실제로 삼년상을 치를 때의 애통한 감정을 포용할 수 있게끔 했기 때문이다. 정현이 "처를 위해서는 분홍색의 관을 쓰고 갈포로 만든 질과 대를 차니, 처에 대한 상은 상대적으로 수위가 낮기 때문이다."라고 했는데, 분홍색의 포로 관을 만드는데, 이것은 모친을 위해 연관을 쓰는 것과 대비되며, 갈포로 만드는 것들은 장례를 치른 이후 받게 되는 복식으로, 이것으로 질과 대를 만드니, 모친을 위해 마로 질과 대를 만든 것과 대비된다. 이 모두는 처에 대한 상례가 상대적으로 낮기 때문이다.

참고 『예기』「잡기하(雜記下)」 기록

경문-511a 祥, 主人之除也, 於夕爲期, 朝服. 祥因其故服.

번역 대상(大祥)의 제사는 상주가 상복을 제거하는 절차이니, 대상의 제사를 치르기 전날 저녁에 제사를 지내겠다는 계획을 알리고, 조복(朝服)을 착용한다. 대상의 제사 때에는 그 전날 저녁에 입고 있었던 복장에 따라서 조복을 착용한다.

鄭注 爲期, 爲祭期也. 朝服以期, 至明日而祥祭, 亦朝服, 始卽吉, 正祭服也. 喪服小記曰"除成喪者, 其祭也, 朝服縞冠", 是也. 祭猶縞冠, 未純吉也. 旣祭, 乃服大祥素縞麻衣. 釋禫之禮云"玄衣黃裳", 則是禫祭, 玄冠矣. 黃裳者, 未大吉也. 旣祭, 乃服禫服朝服·綅冠. 踰月吉祭, 乃玄冠, 朝服. 旣祭, 玄端而居, 復平常也.

번역 '위기(爲期)'는 제사에 대해서 기약을 한다는 뜻이다. 조복(朝服)을 착용하고 기약을 하며, 그 다음날이 되어서 대상(大祥)의 제사를 지내며 또한 조복을 착용하니, 처음으로 길한 시기로 접어들어, 정규 제사의 복장을 착용하는 것이다. 『예기』「상복소기(喪服小記)」편에서는 "성인(成人)의 상을 끝낼 때, 그 제사에서는 조복과 호관(縞冠)을 착용한다."라고 했다. 제사를 치르며 여전히 호관을 착용하는 것은 아직까지 완전히 길한 시기가 되지 않았기 때문이다. 제사를 끝내면 곧 대상 이후 착용하는 소호(素縞)와 마의(麻衣)를 입는다. 「석담지례」편에서는 "현의(玄衣)에 황색 하의를 착용한다."라고 했는데, 이것은 담제(禫祭)를 치르며 현관(玄冠)을 착용한다는 사실을 나타낸다. 황색 하의를 착용하는 이유는 아직까지 크게 길한 시기가 되지 않았기 때문이다. 제사를 끝내고 담제 이후 착용하는 조복과 침관(綅冠)을 착용한다. 그 달을 건너서 길제를 치르게 되면 현관(玄冠)을 쓰고 조복을 착용한다. 제사를 끝내면 현단(玄端)을 착용하고 거처하니, 평상시의 복장으로 되돌리는 것이다.

孔疏 ●"祥, 主人之除也"者, 言祥謂祥祭之時, 主人除服之節.

[번역] ●經文: "祥, 主人之除也". ○'상(祥)'이라고 한 말은 대상(大祥)의 제사를 지내는 시기를 뜻하니, 주인이 상복을 제거하는 절차를 의미한다.

[孔疏] ●"於夕爲期"者, 謂於祥祭前夕, 豫告明日祥祭之期.

[번역] ●經文: "於夕爲期". ○대상(大祥)의 제사를 지내기 전날 저녁에 미리 다음날 대상의 제사를 지내겠다는 기약을 알린다는 뜻이다.

[孔疏] ●"朝服"者, 於此爲期之時, 主人著朝服, 謂緇衣素裳, 其冠則縞冠也.

[번역] ●經文: "朝服". ○이처럼 기약을 할 때 상주는 조복(朝服)을 착용하니, 치의(緇衣)에 흰색 하의를 착용하고, 관은 호관(縞冠)을 쓴다는 뜻이다.

[孔疏] ●"祥因其故服"者, 謂明旦祥之時, 主人因著其前夕故朝服也.

[번역] ●經文: "祥因其故服". ○다음날 아침 대상(大祥)을 치를 때, 상주는 그 전날 저녁에 착용했던 조복(朝服)에 따른다는 뜻이다.

[孔疏] ◎注"爲期"至"常也". ○正義曰: "始卽吉, 正祭服也"者, 以其往前居喪, 今將除服, 故云"始卽吉". 於練祭之時, 不著祭服. 於此祥時, 正著祭服, 故云"正祭服". 此朝服謂之正祭服者, 以諸侯卿大夫朝服而祭, 故少牢禮云"主人朝服", 是也. 按上雜記端衰·喪車皆無等, 則祥後幷禫服, 尊卑上下無別, 皆服此緇衣素裳也. 此據諸侯卿大夫言之, 故云"正祭服". 引喪服小記者, 證此經中"朝服", 是除成喪之服. 云"祭猶縞冠, 未純吉也"者, 以純吉朝服玄冠. 今著縞冠, 故云"未純吉". 云"旣祭, 乃服大祥素縞麻衣"者, 間傳文. 以祥祭奪情, 故朝服縞冠. 祥祭雖訖, 哀情未忘, 其服稍重, 故著縞冠素紕麻衣. 引釋禫之禮者, 是變除禮也. 其禮云玄衣黃裳, 旣著玄衣, 應著玄冠, 故云"則是禫祭, 玄冠"矣. 云"黃裳者, 未大吉也"者, 以大吉當玄衣素裳. 今用黃裳, 故云"未大吉". 云"旣祭, 乃服禫服朝服·綏冠"者, 亦變除禮文. 以祥祭之後乃著大祥素

縞麻衣, 故知禫祭之後亦著禫服·朝服·綏冠也. 云"踰月吉祭, 乃玄冠朝服"
者, 以少牢吉祭朝服故也. 若天子諸侯以下, 各依本官吉祭之服也. 云"旣祭,
玄端而居, 復平常也"者, 謂旣祭之後, 同平常無事之時故也. 從祥至吉, 凡服
有六. 祥祭, 朝服縞冠, 一也. 祥訖, 素縞麻衣, 二也. 禫祭, 玄冠黃裳, 三也.
禫訖, 朝服綏冠, 四也. 踰月吉祭, 玄冠朝服, 五也. 旣祭, 玄端而居, 六也.

번역 ◎鄭注: "爲期"~"常也". ○정현이 "처음으로 길한 시기로 접어들
어, 정규 제사의 복장을 착용하는 것이다."라고 했는데, 이전에는 상을 치르
고 있었고 현재 상복을 제거하려고 하기 때문에, "처음으로 길한 시기로
접어들었다."라고 말했다. 소상(小祥)의 제사를 치를 때에는 제사 복장을
착용하지 않는다. 이처럼 대상(大祥)의 제사를 치를 때 바로 제사 복장을
착용하기 때문에 "바로 제사 복장을 착용한다."라고 말했다. 여기에서 말한
'조복(朝服)'에 대해서 정규 제사의 복장이라고 한 이유는 제후에게 소속된
경과 대부는 조복을 착용하고 제사를 지내기 때문이다. 그래서 『의례』「소
뢰궤식례(少牢饋食禮)」편에서는 "주인은 조복을 착용한다."[34]라고 말한
것이다. 『예기』「잡기상(雜記上)」편을 살펴보면 단최(端衰)[35]와 상거(喪
車)[36]는 모두 귀천에 따른 차등이 없다고 했으니,[37] 대상을 치른 이후 담제
(禫祭)를 치를 때의 복장에 있어서 각 신분 및 상하 계층에 따른 차별이

34) 『의례』「소뢰궤식례(少牢饋食禮)」: 主人朝服, 西面于門東. 史朝服, 左執筮,
右抽上韇, 兼與筮執之, 東面受命于主人.
35) 단최(端衰)는 상복의 상의를 뜻하는데, 6촌(寸)으로 만든 상복을 가슴 앞에
달기 때문에, 그 상의를 또한 '최(衰)'라고 부른다. '단(端)'자는 장폭을 뜻한
다. 길한 시기에 착용하는 현단복(玄端服)의 경우, 몸통과 소매 부분의 너비
는 모두 2척(尺) 2촌(寸)의 것을 정폭으로 삼고, 상복의 상의 또한 이처럼 만
든다. 그런데 현재 상복 부분을 가슴 앞에 단 것을 사용하기 때문에, '단최
(端衰)'라고 부른 것이다.
36) 상거(喪車)는 악거(惡車)라고도 부른다. 장례(葬禮)를 치를 때 사용되는 수레
이다. 다만 시신의 관을 싣는 용도로 사용되는 것이 아니라, 그의 자식이 타
게 되는 수레이다. 『예기』「잡기상(雜記上)」편에는 "端衰·喪車皆無等."이라
는 기록이 있는데, 이에 대한 공영달(孔穎達)의 소(疏)에서는 "喪車者, 孝子
所乘惡車也."라고 풀이했다.
37) 『예기』「잡기상(雜記上)」【500a】: 祭稱"孝子"·"孝孫", 喪稱"哀子"·"哀孫".
端衰喪車皆無等.

없으므로, 모두 여기에서 말한 치의와 흰색의 하의를 착용하게 된다. 이 내용은 제후에게 소속된 경과 대부를 기준으로 말한 것이다. 그렇기 때문에 "정규 제사 복장이다."라고 말했다. 정현이 『예기』「상복소기」편의 내용을 인용했는데, 이것은 경문에 나오는 '조복(朝服)'이 성인(成人)의 상을 치르며 상복을 제거할 때 입는 옷임을 증명하기 위해서이다. 정현이 "제사를 치르며 여전히 호관(縞冠)을 착용하는 것은 아직까지 완전히 길한 시기가 되지 않았기 때문이다."라고 했는데, 순전히 길한 시기에 착용하는 조복에는 현관(玄冠)을 착용한다. 그런데 현재는 호관을 착용한다고 했다. 그렇기 때문에 "완전히 길한 시기가 되지 않았기 때문이다."라고 말한 것이다. 정현이 "제사를 끝내면 곧 대상 이후 착용하는 소호(素縞)와 마의(麻衣)를 입는다."라고 했는데, 이것은 「간전」편의 기록이다. 대상의 제사에서는 정감을 떨쳐내기 때문에 조복에 호관을 착용한다. 대상의 제사가 비록 끝났다고 하더라도 애통한 정감을 아직 잊을 수 없으니, 그 복장에 있어서도 조금 무겁게 된다. 그렇기 때문에 호관에 소비(素紕)를 하고 마의(麻衣)를 착용한다. 정현이 「석담지례」편의 기록을 인용했는데, 이것은 『변제례』의 기록이다. 그 예법에 대해서 현의(玄衣)와 황색 하의를 착용한다고 했는데, 이미 현의를 착용한다고 했다면, 마땅히 현관(玄冠)을 착용하게 된다. 그렇기 때문에 "이것은 담제(禫祭)를 치르며 현관을 착용한다는 사실을 나타낸다."라고 말한 것이다. 정현이 "황색 하의를 착용하는 이유는 아직까지 크게 길한 시기가 되지 않았기 때문이다."라고 했는데, 크게 길한 시기에는 마땅히 현의에 흰색의 하의를 착용하기 때문이다. 현재 황색의 하의를 착용하기 때문에, "아직까지 크게 길한 시기가 되지 않았기 때문이다."라고 말했다. 정현이 "제사를 끝내고 담제 이후 착용하는 조복과 침관(緇冠)을 착용한다."라고 했는데, 이 또한 『변제례』의 기록이다. 대상의 제사를 치른 이후라면 대상 이후 착용하는 소호(素縞)와 마의(麻衣)를 착용한다. 그렇기 때문에 담제를 치른 이후에도 또한 담제를 치른 이후의 복장인 조복과 침관을 착용한다는 사실을 알 수 있다. 정현이 "그 달을 건너서 길제를 치르게 되면 현관(玄冠)을 쓰고 조복을 착용한다."라고 했는데, 『의례』「소뢰궤

식례(少牢饋食禮)」편에서는 길제를 치르며 조복을 착용한다고 했기 때문
이다. 만약 천자와 제후로부터 그 이하의 계층이라면 각각 본래의 관직 등
급에 따라 길제에 착용하는 복장에 따른다. 정현이 "제사를 끝내면 현단(玄
端)을 착용하고 거처를 하니, 평상시의 복장으로 되돌리는 것이다."라고 했
는데, 제사를 끝낸 이후에는 평상시 특별한 일이 없을 때와 동일하기 때문
이다. 대상으로부터 길제를 치르는 시기까지는 착용하는 복장에 총 여섯
종류가 있다. 대상의 제사를 치를 때에는 조복에 호관을 착용하니, 이것이
첫 번째 복장이다. 대상의 제사를 끝내면 소호에 마의를 착용하니, 이것이
두 번째 복장이다. 담제를 치를 때에는 현관과 황색의 하의를 착용하니,
이것이 세 번째 복장이다. 담제를 끝내면 조복에 침관을 착용하니, 이것이
네 번째 복장이다. 그 달을 건너서 길제를 치르며 현관에 조복을 착용하니,
이것이 다섯 번째 복장이다. 제사를 끝내면 현단을 착용하고 거처하니, 이
것이 여섯 번째 복장이다.

集解 思謂: 凡祭皆前夕爲期, 特牲禮"請期曰羮飪", 是也. 吉時朝服玄
冠·緇布衣·素裳, 大祥朝服用朝服之衣·裳, 其冠則縞冠也. 士祭服玄端,
而祥·禫之祭乃服朝服者, 玄端, 純吉服也, 朝服素裳, 與喪服之色相似, 故祥
祭服之, 既祭則服麻衣以居, 其冠無變也. 間傳曰, "大祥素縞·麻衣", "禫而
纎". 祥祭縞冠·朝服, 則禫祭纎冠·玄端與. 大夫以上之祥祭, 其服蓋與此同,
其首服則用縞而如弁之制爲之與.

번역 내가 생각하기에, 무릇 제사를 지낼 때에는 모두 그 전날 저녁에
기약을 하니, 『의례』「특생궤식례(特牲饋食禮)」편에서 "기약을 하고 찾아
오기를 청하며, '고깃국과 고기를 익혀 두었습니다.'"[38]라고 한 말이 바로
이러한 사실을 나타낸다. 길한 시기에 조복(朝服)을 착용할 때에는 현관(玄
冠)과 치포(緇布)로 만든 상의 및 흰색의 하의를 착용하며, 대상(大祥)을
치르며 조복을 착용할 때에는 조복에 착용하는 상의와 하의를 사용하지만,

---
38) 『의례』「특생궤식례(特牲饋食禮)」: 請期, 曰"羮飪." 告事畢. 賓出, 主人拜送.

관은 호관(縞冠)을 착용한다. 사가 제사를 지낼 때에는 현단(玄端)을 착용하지만, 대상과 담제(禫祭)를 치를 때에는 조복을 착용한다. 그 이유는 현단은 순전히 길한 복장에 해당하며, 조복에 흰색의 하의를 착용하는 것은 상복의 색깔과 서로 비슷하기 때문에 대상의 제사에서는 그 복장을 착용하고, 제사가 끝나게 되면 마의(麻衣)를 착용하고 거처하며, 관(冠)에 있어서는 변화가 없다. 「간전」편에서는 "대상을 치르고 소호(素縞)에 마의를 착용한다."라고 했고, "담제를 치르고서 침(綅)을 한다."라고 했다. 대상의 제사에서 호관과 조복을 착용한다면, 담제를 치를 때에는 침관(綅冠)과 현단을 착용했을 것이다. 대부로부터 그 이상의 계층이 대상의 제사를 지내게 된다면, 그때의 복장은 아마도 이와 같았을 것이며, 머리에 착용하는 것은 흰색의 천을 사용하여 변(弁)을 만드는 제도에 따라 만들었을 것이다.

集解 愚謂: 註疏所言大祥後變除之服, 皆本於變除禮, 而變除禮實未足據也. 大祥素縞・麻衣, 此自祥祭服之, 以至於禫而除者也. 禫而玄端・綅冠, 此自禫祭服之, 以至於吉祭而除者也. <說詳玉藻.> 既禫則纖冠・深衣以居, 以既祥縞冠・麻衣推之可知也. 深衣者, 燕居之所常服也. 麻衣卽深衣, 但其緣異耳. 至吉祭玄冠・玄端. 特牲禮主人祭玄端, 除喪吉祭, 當用平時吉祭之服也. 既祭則朝玄端, 夕深衣, 復其常也.

번역 내가 생각하기에, 정현의 주와 공영달의 소에서는 대상(大祥)을 치른 이후 복장을 바꾸고 제거할 때에 대해서는 모두 「변제례」에 근거하고 있는데, 「변제례」는 진실로 근거로 삼기에는 부족한 기록이다. 대상을 치르고 소호(素縞)와 마의(麻衣)를 착용한다고 했는데, 이것은 대상의 제사로부터 이 복장을 착용하고, 담제를 치르게 되면 제거하는 것이다. 담제를 치르고서 현단(玄端)과 침관(綅冠)을 착용한다고 했는데, 이것은 담제로부터 이 복장을 착용하여, 길제를 치르게 되면 제거하는 것이다. <자세한 설명은 『예기』「옥조(玉藻)」편에 나온다.> 이미 담제를 치렀다면 섬관(纖冠)과 심의(深衣)를 착용하고 거처하니, 대상의 제사를 끝내고 호관(縞冠)과 마의를 착용한다는 사실을 통해 추론해보면 이러한 사실을 알 수 있다. '심의(深

衣)'라는 것은 한가롭게 거처할 때 일상적으로 착용하는 복장이다. '마의(麻衣)'라는 것은 곧 심의에 해당하지만, 가선에 차이가 있을 따름이다. 길제를 치르게 되면 현관과 현단을 착용한다. 『의례』「특생궤식례(特牲饋食禮)」편에서 주인은 제사를 지내며 현단복을 착용한다고 했는데, 상을 끝내고 길제를 치르게 되면, 마땅히 평상시 길제를 치를 때의 복장을 사용해야 한다. 제사를 끝냈다면 아침에는 현단을 착용하고 저녁에는 심의를 착용하니, 일상적인 경우로 되돌아가기 때문이다.

참고 『예기』「잡기하(雜記下)」 기록

경문-511b 子游曰, "旣祥, 雖不當縞者, 必縞然後反服."

번역 자유가 말하길, "대상(大祥)을 치른 이후 찾아온 조문객이 있다면, 비록 호관(縞冠)을 착용하는 때가 아니더라도, 반드시 호관을 착용한 뒤에 조문을 받는다. 그런 뒤에는 대상 이후 착용하는 소호(素縞)와 마의(麻衣)로 다시 갈아입는다."라고 했다.

鄭注 謂有以喪事贈賻來者, 雖不及時, 猶變服, 服祥祭之服以受之, 重其禮也. 其於此時始弔者, 則衛將軍文子之爲之是矣. 反服, 反素縞麻衣也.

번역 상사를 치르며 증(贈)[39]이나 봉(賻) 등을 가지고 찾아온 조문객이 있을 때, 비록 해당 시기에 도착하지 못했지만, 여전히 복장을 바꾸니, 대상(大祥)의 제사 때 착용하는 복장을 입고서 조문을 받는 것은 그 예법을 중시여기기 때문이라는 뜻이다. 이 시기에 처음으로 조문을 받는 경우라면, 위(衛)나라 장군이었던 문자에 대해 했던 행동처럼 해야 한다.[40] '반복(反

---

39) 증(贈)은 상사의 일을 돕도록 부의로 보내온 물건을 뜻한다. 죽은 자를 위해 보내온 물건으로, 외관(外棺) 안에 함께 부장하는 것을 뜻하기도 하며, 부의를 범칭하는 용어로도 사용된다.
40) 『예기』「단궁상(檀弓上)」【89d~90a】에는 "將軍文子之喪, 旣除喪而後越人來

服)'은 소호(素縞)와 마의(麻衣)로 다시 갈아입는다는 뜻이다.

孔疏 ●"子游"至"反服". ○正義曰: "旣祥", 謂大祥之後有人以喪事來弔者.

번역 ●經文: "子游"~"反服". ○'기상(旣祥)'은 대상(大祥)을 치른 이후 상사에 조문을 하기 위해 찾아온 자가 있는 경우를 뜻한다.

孔疏 ●"雖不當縞者", 謂來弔者旣晚, 不正當祥祭縞冠之時.

번역 ●經文: "雖不當縞者". ○찾아와 조문하는 자가 이미 늦게 도착한 것으로, 이 시기는 대상(大祥)의 제사 때 착용해야 하는 호관(縞冠)을 쓰는 시기에 해당하지 않는다는 뜻이다.

孔疏 ●"必縞, 然後反服"者, 主人必須反著此祥服縞冠受來弔者之禮, 然後反服大祥素縞麻衣之服.

번역 ●經文: "必縞, 然後反服". ○상주는 반드시 대상(大祥) 때 착용하는 호관(縞冠)으로 갈아입고서 조문을 받는 예법을 시행해야만 하고, 그런

弔, 主人深衣·練冠, 待於廟, 垂涕洟. 子游觀之, 曰: '將軍文氏之子, 其庶幾乎! 亡於禮者之禮也. 其動也中.'"이라는 기록이 있다. 즉 "장군(將軍)인 문자(文子)의 상(喪)에, 그의 아들은 이미 상(喪)을 끝냈는데, 그 이후에 월(越)나라 사람이 찾아와서 조문을 하였다. 그러자 문자의 아들은 심의(深衣)를 입고, 연관(練冠)을 착용하고서, 신주(神主)가 있는 묘(廟)에서 기다렸으며, 조문객이 오자 곡(哭)은 하지 않고 눈물만 흘렸다. 자유(子游)가 그 모습을 관찰하고 말하길, '장군인 문씨의 아들은 그 행동이 예법에 가깝구나! 본래 상(喪)을 끝낸 뒤에 조문을 받는 예(禮)의 규정이 없는데도, 이러한 상황에 처해서 적절한 예(禮)를 시행했으니, 그의 행동은 모두 절도에 맞는구나.'라고 했다."라는 뜻이다. 이에 대한 정현의 주에서는 "主人, 文子之子簡子瑕也. 深衣練冠, 凶服變也. 待于廟, 受弔不迎賓也. 中禮之變."이라고 풀이했다. 즉 "'주인(主人)'은 문자(文子)의 아들인 간자(簡子) 하(瑕)이다. 심의(深衣)와 연관(練冠)을 착용하는 것은 흉복(凶服)에 변화를 준 것이다. 묘(廟)에서 대기를 하며, 조문을 받았지만, 조문객을 맞이하지는 않았다. 자유(子游)가 칭찬한 이유는 예(禮) 중의 변례(變禮)에 맞았기 때문이다."라는 뜻이다.

뒤에는 다시 대상 이후 착용하는 소호(素縞)와 마의(麻衣)의 복장으로 갈아입어야 한다.

孔疏 ◎注“謂有”至“麻衣”. ○正義曰: 知此“以喪事贈賵來”者, 若其由未來, 今始弔者, 雖禫祭除喪之後, 猶練冠而受弔, 則衛將軍文子之子是也. 練重, 於此禫祭之前, 主人尙吉而受禮. 明此來者, 是於前先已來, 今重至, 故主人著縞冠, 輕於練冠也. 云“其於此時始弔者, 則衛將軍文子之爲之”者, 鄭云此者, 證其來雖在後, 其實事不同, 衛將軍文子之子是除喪服之後始來弔. 此據於先已來弔之, 後始來贈賵也. 云“反服, 反素縞麻衣”者, 鄭恐反服, 反吉服之服, 此謂禫祭之前, 故知反服素縞麻衣也.

번역 ◎鄭注: “謂有”~“麻衣”. ○정현이 “상사를 치르며 증(贈)이나 봉(賵) 등을 가지고 찾아온 조문객이 있기 때문이다.”라고 했는데, 이러한 사실을 알 수 있는 이유는 만약 그가 그 이전까지 찾아오지 않아서, 현재 처음으로 조문을 받는 경우라면, 비록 담제(禫祭)를 치르고서 상을 끝난 뒤라 하더라도, 여전히 연관(練冠)을 착용하고서 조문을 받으니, 위(衛)나라 장군이었던 문자의 자식이 행동했던 경우와 같다. 소상(小祥)은 중대한 절차이며, 담제를 치르기 이전이 되는데, 상주는 오히려 길복을 착용하고서 조문 받는 예법을 시행한다. 이것은 찾아온 자가 그 이전에 이미 왔었던 자임을 나타내며, 현재 거듭 찾아온 것이기 때문에 상주가 호관(縞冠)을 착용하는 것이니, 연관보다는 덜 중요한 복장이기 때문이다. 정현이 “이 시기에 처음으로 조문을 받는 경우라면, 위(衛)나라 장군이었던 문자에 대해 했던 행동처럼 해야 한다.”라고 했는데, 정현이 이처럼 말한 것은 찾아온 자가 비록 해당하는 시기보다 늦게 도착하여, 실제의 상황은 동일하지 않지만, 위나라 장군 문자의 자식은 상복을 제거한 이후에 처음으로 찾아와 조문을 받은 경우에 해당한다. 이곳의 내용은 그 이전에 이미 찾아와서 조문을 했고, 그 이후에 찾아와서 증(贈)이나 봉(賵)을 전달한 경우에 기준을 두고 있다. 정현이 “‘반복(反服)’은 소호(素縞)와 마의(麻衣)로 다시 갈아입는다는 뜻이다.”라고 했는데, 정현은 ‘반복(反服)’이라는 말이 길복의 복장으로 갈아입는다고 오해할 것을 염려했기 때문이니, 이 내용은 아직 담제를 치르기 이전에 해당한다. 그렇기 때문에 '반복(反服)'이라는 말이 소호와 마의로 갈아입는다는 뜻임을 알 수 있다.

集解　愚謂: 此謂親喪旣練而有大功以上之喪者也. 前言"有父之喪, 未沒喪而母死, 則其除父之喪也, 服其除服", 義與此同. 但前專言父喪將沒而遭母喪, 此廣言親喪將沒而遭他喪耳. 蓋三年之葛, 大功以上之麻, 皆得變之, 至大祥之祭, 則必還服重喪之縞, 所謂"服其除服"也.

번역　내가 생각하기에, 이 내용은 부모의 상에 대해서 이미 소상(小祥)을 치렀고, 이후 대공복(大功服)으로부터 그 이상의 관계에 있는 자가 죽은 경우에 해당한다. 앞에서는 "부친의 상을 치르고 있는데, 그 시기가 소상을 치렀지만 아직 대상(大祥)을 치르지 않은 시기이다. 그런데 이때 모친이 돌아가시게 되면, 부친에 대해 제상(除喪)을 할 때 제상 때의 복장을 착용한다."[41]라고 했으니, 그 의미가 이곳과 동일하다. 다만 앞에서는 전적으로 부친의 상을 끝내려고 하는데 모친의 상을 당한 경우만을 언급한 것이고, 이곳에서는 부모의 상에 대해서 끝내려고 하는데 다른 상을 당한 경우를 광범위하게 말한 것일 뿐이다. 무릇 삼년상에 차는 갈(葛)로 만든 질(絰)과 대공복으로부터 그 이상의 상복에 차는 마(麻)로 만든 질은 모두 바꿀 수 있고, 대상의 제사를 치르게 된다면, 반드시 복장을 되돌려 중대한 상에서 착용하는 호관(縞冠)을 착용해야 하니, 이것이 바로 "제상(除喪)을 할 때 제상 때의 복장을 착용한다."는 뜻이다.

참고　『예기』「단궁상(檀弓上)」 기록

경문-106c　祥而縞, 是月禫, 徙月樂.

---

41) 『예기』「잡기하」【507a】: <u>有父之喪, 如未沒喪而母死, 其除父之喪也, 服其除服</u>, 卒事, 反喪服.

번역 대상(大祥)을 치르고 호관(縞冠)을 쓰며, 그 달에 담제(禫祭)를 지내면, 그 달을 넘겨서는 음악을 연주하게 된다.

鄭注 縞冠, 素紕也. 言禫明月可以用樂.

번역 호관(縞冠)은 소비(素紕)를 단 관을 뜻한다. 담제(禫祭)를 지낸 다음 달에는 음악을 연주할 수 있다는 뜻이다.

孔疏 ●"祥而"至"月樂". ○正義曰: 祥, 大祥也. "縞", 謂縞冠, 大祥日著之, 故小記除成喪者, 其祭朝服縞冠是也.

번역 ●經文: "祥而"~"月樂". ○'상(祥)'자는 대상(大祥)을 뜻한다. '호(縞)'자는 호관(縞冠)을 뜻하니, 대상(大祥)을 치른 날 착용한다. 그렇기 때문에 『예기』「상복소기(喪服小記)」편에서는 성인(成人)에 대한 상(喪)을 끝냈을 때, 그 제사에서는 조복(朝服)과 호관(縞冠)을 착용하다고 했던 것이다.

孔疏 ●"是月禫, 徙月樂"者, 鄭志曰: "既禫徙月而樂作, 禮之正也. 孔子五日彈琴, 自省樂, 哀未忘耳. 踰月可以歌, 皆自身踰月所爲也. 此非當月所受樂名. 既禫, 始得備樂, 而在心猶未忘能歡, 徙月之樂極歡也. 哀殺有漸, 是以樂亦隨之也."

번역 ●經文: "是月禫, 徙月樂". ○『정지』[42]에서 말하길, "담제(禫祭)를 끝내고서 그 달을 남겨서 음악을 연주하는 것은 예(禮)에 따른 정당한 절차이다. 공자가 대상(大祥)을 끝내고, 5일이 지난 후에 금(琴)을 연주했던 것[43]은 제 스스로 악기의 상태를 살핀 것이니, 슬픔을 아직 잊을 수가 없었

---

42) 『정지(鄭志)』는 정현(鄭玄)과 그의 제자들이 오경(五經)에 대해서 문답을 주고받은 내용을 기록한 문헌이다. 『논어』의 형식에 의거하여, 정현의 제자들이 편찬하였다. 『후한서(後漢書)』「장조정열전(張曹鄭列傳)」편에는 "門人相與撰玄答諸弟子問五經, 依論語作鄭志八篇."라는 기록이 있다.

43) 『예기』「단궁상」【77c~d】: 孔子既祥, 五日彈琴而不成聲, 十日而成笙歌. 有

기 때문이다. 그 달을 남겨서 노래를 부를 수 있다는 것은 모두 제 자신이 그 달을 넘겨서 할 수 있다는 뜻이다. 이것은 그 달에 허용되는 악기를 살피는 뜻으로 쓴 말이 아니다. 담제를 끝내게 되면, 비로소 악기들을 준비해둘 수 있지만, 마음에는 여전히 슬픔을 잊고 즐거운 마음을 나타낼 수가 없으니, 그 달을 넘겨서 연주하는 음악은 즐거운 마음을 지극히 표현할 수 있게 된다. 애통함이 줄어드는 데에는 점진적인 과정이 필요하니, 이러한 까닭으로 음악 또한 그에 따르는 것이다."라고 했다.

集解 愚謂: 祥之日鼓素琴, 而尙未可歌也, 踰月而可以笙歌, 而尙未備縣也; 禫而縣, 而猶未作也, 踰月而金石之樂作矣. 此除喪作樂之漸也.

번역 내가 생각하기에, 대상(大祥)을 치르는 날 소금(素琴)을 연주하게 되지만,[44] 여전히 노래를 부를 수 없는 것이며, 그 달을 넘겨서는 생황을 연주하며 노래를 부를 수 있지만,[45] 여전히 악기들을 모두 갖추어서 준비해둘 수 없고, 담제를 지내고서 악기들을 준비해둘 수 있지만, 여전히 연주를 할 수 없는 것이며, 그 달을 넘기게 되면, 종(鍾)이나 석경 등의 악기를 연주할 수 있게 된다. 이것이 상을 끝내며, 점진적으로 음악을 연주하는 과정이다.

子, 蓋旣祥而絲屨·組纓.

44) 『예기』「상복사제(喪服四制)」【721b】: 三日而食, 三月而沐, 期而練, 毀不滅性, 不以死傷生也. 喪不過三年, 苴衰不補, 墳墓不培. 祥之日鼓素琴, 告民有終也, 以節制者也.

45) 『예기』「단궁상」【77c~d】: 孔子旣祥, 五日彈琴而不成聲, 十日而成笙歌. 有子, 蓋旣祥而絲屨·組纓.

그림 10-1 ◾ 현단복(玄端服)

※ 출처: 『삼례도집주(三禮圖集注)』 1권

상복과 역복(易服) · 겸복(兼服)

【668b】

易服者, 何爲易輕者也? 斬衰之喪, 旣虞卒哭, 遭齊衰之喪, 輕者
包, 重者特.

직역 服을 易하는 者는, 何히 輕者를 易함이 爲하오? 斬衰의 喪에서, 旣히 虞하고 卒哭한데, 齊衰의 喪을 遭하면, 輕者는 包하고, 重者는 特한다.

의역 상복을 바꾸는 경우, 어찌하여 상대적으로 덜 중요하게 여기는 것을 바꾸는가? 참최복(斬衰服)의 상에서 우제(虞祭)와 졸곡(卒哭)을 마쳤는데, 재차 자최복(齊衰服)의 상을 당하게 된다면, 상대적으로 덜 중요하게 여기는 것은 겹치고, 중요하게 여기는 것은 그것 하나로만 한다.

集說 鄭氏曰: 卑可以兩施, 而尊者不可貳.

번역 정현이 말하길, 미천하게 여기는 것에 대해서는 두 가지를 겹칠 수 있지만, 존귀하게 여기는 것에 대해서는 두 가지를 겹칠 수 없다.

集說 疏曰, "斬衰受服之時, 而遭齊衰初喪. 男子所輕要者, 得著齊衰要帶, 而兼包斬衰之帶. 婦人輕首, 得著齊衰首絰, 而包斬衰之絰, 故云輕者包也. 男子重首, 特留斬衰之絰; 婦人重要, 特留斬衰要帶, 是重者特也." 愚謂, 特者, 單獨而無所兼之義, 非謂特留也.

번역 공영달의 소에서는 "참최복(斬衰服)의 상에서 새로운 상복을 받

을 때, 이제 막 발생한 자최복(齊衰服)의 상을 당한 것이다. 남자는 허리
에 차는 것을 상대적으로 덜 중요하게 여기니 자최복에 차는 요대(要帶)
를 차서, 참최복에 차는 요대를 겹칠 수 있다. 부인은 머리에 차는 것을
상대적으로 덜 중요하게 여기니, 자최복에 차는 수질(首絰)을 차서 참최
복에 차는 수질을 겹칠 수 있다. 그렇기 때문에 '상대적으로 덜 중요하게
여기는 것은 겹친다.'라고 했다. 남자는 머리에 차는 것을 중요하게 여겨
서 단지 참최복에 차는 수질만 남겨두고, 부인은 허리에 차는 것을 중요하
게 여겨서 단지 참최복에 차는 요대만을 남겨두니, 이것은 중요하게 여기
는 것은 그것 하나로만 한다는 뜻이다."라고 했다. 내가 생각하기에, '특
(特)'이라는 말은 그것 하나만 하고 겹치는 것이 없다는 뜻으로, 하나만
남겨둔다는 뜻이 아니다.

大全 嚴陵方氏曰: 輕者, 謂男子之要帶, 婦人之首絰. 重者, 謂男子之首絰,
婦人之要帶. 以其輕則兩施之, 故曰包. 以其重則獨留焉, 故曰特.

번역 엄릉방씨가 말하길, 상대적으로 덜 중요하게 여기는 것은 남자가
차는 요대(要帶)와 부인이 차는 수질(首絰)을 뜻한다. 중요하게 여기는 것
은 남자가 차는 수질과 부인이 차는 요대를 뜻한다. 상대적으로 덜 중요하
게 여기므로 둘 모두 겹칠 수 있기 때문에 '포(包)'라고 했다. 중요하게 여기
므로 하나만 남겨두기 때문에 '특(特)'이라고 했다.

鄭注 因上說而問之. 說所以易輕者之義也. "旣虞·卒哭", 謂齊衰可易斬
服之節也. 輕者可施於卑, 服齊衰之麻, 以包斬衰之葛, 謂男子帶, 婦人絰也.
重者宜主於尊, 謂男子之絰, 婦人之帶, 特其葛不變之也. 此言"包"·"特"者,
明於卑可以兩施, 而尊者不可貳.

번역 앞의 설명에 따라서 질문을 한 것이다. 즉 상복의 수위가 낮은
것을 바꿀 수 있는 뜻을 풀이한 말이다. "우제(虞祭)와 졸곡(卒哭)을 마쳤
다."라고 했는데, 자최복(齊衰服)으로 참최복(斬衰服)을 바꿀 수 있는 절

차를 뜻한다. 상대적으로 덜 중요하게 여기는 것은 미천하게 여기는 것에
착용하니, 자최복의 마(麻)로 된 질(絰)을 착용하여, 참최복의 갈포로 만
든 질(絰)을 겹칠 수 있다는 것은 남자가 차는 요대(要帶)와 부인이 차는
수질(首絰)을 뜻한다. 중요하게 여기는 것은 마땅히 존귀하게 여기는 것
을 위주로 하니, 남자가 차는 수질과 부인이 차는 요대는 단지 갈포로
된 것만 차고 바꾸지 않는다는 뜻이다. 이곳에서 '포(包)'라고 말하고 '특
(特)'이라고 말한 것은 미천하게 여기는 것에 대해서는 두 가지를 겹칠
수 있지만, 존귀하게 여기는 것에 대해서는 두 가지를 겹칠 수 없다는
뜻을 나타낸 것이다.

孔疏 ●"易服者何爲易輕者也", 以前文云"易服者先易輕者", 故記者於此
經更自釋"易輕"之意, 故云"何爲易輕者也". 言有何所爲得易輕者, 故下文釋
云, 旣有前喪, 今又遭後喪, 得以後喪易換前喪輕者也.

번역 ●經文: "易服者何爲易輕者也". ○앞의 경문에서는 "상복을 바꾸
는 경우에는 상대적으로 덜 중요하게 여기는 것을 먼저 바꾼다."라고 했기
때문에, 『예기』를 기록한 자는 이곳 경문에서 재차 "상대적으로 덜 중요하
게 여기는 것을 바꾼다."라는 뜻을 스스로 풀이한 것이다. 그래서 "어찌하
여 상대적으로 덜 중요하게 여기는 것을 바꾸는가?"라고 말한 것이다. 즉
어떠한 이유로 상대적으로 덜 중요하게 여기는 것을 바꿀 수 있느냐는 의
미이니, 이러한 이유 때문에 아래문장에서는 그 상황을 풀이하여, 이미 앞
서 발생한 상을 치르고 있는데 현재 뒤에 발생한 상을 당하여, 뒤에 발생한
상에서 착용하는 것으로 앞서 발생한 상복의 복식 중 상대적으로 덜 중요
하게 여기는 것을 바꿀 수 있다고 풀이한 것이다.

孔疏 ●"斬衰之喪, 旣虞・卒哭"者, 謂士及庶人也, 故"卒哭"與"虞"並言
之矣. 若大夫以上, 則虞受服. 故喪服注云: "天子・諸侯・卿大夫旣虞, 士卒
哭, 而受服."

번역 ●經文: "斬衰之喪, 旣虞 · 卒哭". ○사와 서인 계층에게 통용되는 예법을 뜻한다. 그렇기 때문에 '졸곡(卒哭)'과 '우제(虞祭)'를 함께 언급한 것이다. 만약 대부 이상의 경우라면 우제를 치르며 새로운 상복을 받는다. 그렇기 때문에 『의례』「상복(喪服)」편의 주에서는 "천자 · 제후 · 경 · 대부는 우제를 끝내고, 사는 졸곡을 끝내고서 새로운 상복을 받는다."[1]라고 말한 것이다.

孔疏 ●"輕者包", 言斬衰受服之時而遭齊衰初喪, 男子所輕要者, 得著齊衰要帶, 而箂包斬衰之帶也. 若婦人輕首[2], 得著齊衰首経, 而包斬衰之経, 故云"輕者包"也.

번역 ●經文: "輕者包". ○참최복(斬衰服)의 상에서 새로운 상복을 받을 때, 이제 막 발생한 자최복(齊衰服)의 상을 당한 경우, 남자는 허리에 차는 것을 상대적으로 덜 중요하게 여기니 자최복에 차는 요대(要帶)를 차서, 참최복에 차는 요대를 겹칠 수 있다. 부인의 경우라면 머리에 차는 것을 상대적으로 덜 중요하게 여기니, 자최복에 차는 수질(首経)을 차서 참최복에 차는 수질을 겹칠 수 있다는 뜻이다. 그렇기 때문에 "상대적으로 덜 중요하게 여기는 것은 겹친다."라고 했다.

孔疏 ●"重者特"者, 男子重首, 特留斬衰之経; 婦人重要, 特留斬衰要帶, 是"重者特"也.

번역 ●經文: "重者特". ○남자는 머리에 차는 것을 중요하게 여겨서 단지 참최복(斬衰服)에 차는 수질(首経)만 남겨두고, 부인은 허리에 차는 것

---

1) 이 문장은 『의례』「상복(喪服)」편의 "大功布衰裳 · 牡麻経纓 · 布帶三月, 受以小功衰, 即葛九月者. 傳曰: 大功布, 九升. 小功布, 十一升."이라는 기록에 대한 정현의 주이다.
2) '수(首)'자에 대하여. 『십삼경주소(十三經注疏)』 북경대 출판본에서는 "'수'자는 본래 '자(者)'자로 기록되어 있었는데, 『예기훈찬(禮記訓纂)』의 기록에 근거하여 글자를 수정하였다."라고 했다.

을 중요하게 여겨서 단지 참최복에 차는 요대(要帶)만 남겨두니, 이것은 중요하게 여기는 것은 그것 하나로만 한다는 뜻이다.

孔疏 ◎注"說所"至"可貳". ○正義曰: 此言"包"・"特"者, 謂於此斬衰旣虞・卒哭, 遭齊衰之喪, 或云"包", 或云"特"者, 斬衰・齊衰旣是重服, 舉此言"包"・"特", 則知齊衰・大功亦"包"・"特"也. 卑, 謂男子卑要, 婦人卑首, 欲明卑者可以兩施. 兩施, 謂施於齊衰, 又得兼斬衰, 以其輕卑之故, 得可以兩施. 云"而尊者不可貳"者, 尊, 謂男子尊首, 婦人尊要, 故事尊正得尊於重服, 不可差貳兼服輕也.

번역 ◎鄭注: "說所"~"可貳". ○이곳에서 '포(包)'라고 말하고 '특(特)'이라고 말한 것은 참최복(斬衰服)의 상에서 우제(虞祭)와 졸곡(卒哭)을 마친 이후 자최복(齊衰服)의 상을 당했는데, 어떤 것은 '포(包)'로 한다고 했고 또 어떤 것은 '특(特)'으로 한다고 했다. 그 이유는 참최복과 자최복이 이미 겹쳐서 이곳에서는 '포(包)'와 '특(特)'을 제시했으니, 자최복과 대공복(大功服)의 상이 겹쳤을 때에도 또한 '포(包)'와 '특(特)'을 하게 됨을 알 수 있다. '비(卑)'라고 했는데, 남자는 요대(要帶)를 상대적으로 미천하게 여기고 부인은 수질(首経)을 상대적으로 미천하게 여긴다는 뜻으로, 미천한 것에 대해서는 둘 모두를 겹칠 수 있다는 뜻을 드러내고자 한 것이다. 두 가지를 겹친다는 말은 자최복의 상에서 차는 것을 두르고 또 참최복의 상에서 차는 것도 함께 겹치니, 상대적으로 덜 중요하게 여기고 미천하게 여기는 것이므로 둘 모두 겹칠 수 있다는 뜻이다. 정현이 "존귀하게 여기는 것에 대해서는 두 가지를 겹칠 수 없다."라고 했는데, '존(尊)'이라는 것은 남자는 수질을 존귀하게 여기고 부인은 요대를 존귀하게 여긴다는 뜻이다. 그렇기 때문에 존귀한 자를 섬길 때에는 중요하게 여기는 복식을 존귀하게 여길 수 있지만, 상대적으로 덜 중요하게 여기는 복식을 함께 착용하여 차이를 보일 수 없다.

訓纂 射慈曰: 斬縗旣葬, 縗裳六升, 男子経帶悉易以葛, 婦人易首経以葛,

要帶故麻也, 但就五分去一分, 殺小之耳. 仍遭母及伯叔昆弟齊衰之喪, 其爲
母更以四升布爲要帶之謂包, 言其包斬衰帶也. 絰, 斬衰之葛絰. 謂之重者, 主
於尊也. 婦人易首絰以麻, 亦謂之包. 帶斬衰之麻帶, 謂之特. 期喪旣葬, 服上
服六升之衰裳, 男子帶上服之葛帶, 婦人絰上服之葛絰也.

[번역] 사자3)가 말하길, 참최복(斬衰服)의 상에서 장례를 마쳤다면 상복
은 6승(升)의 포로 만들게 되며, 남자의 질(絰)과 대(帶)는 모두 갈포로 만
든 것으로 바꾸고, 부인의 경우 수질(首絰)은 갈포로 만든 것으로 바꾸지만
요대(要帶)는 이전에 차고 있던 마(麻)로 만든 것을 찬다. 다만 그 크기에
있어서는 5분의 1을 줄여서 조금 작게 만들 따름이다. 이것은 곧 모친 및
백부나 숙부 및 곤제 중 자최복의 상복을 착용해야 하는 상을 당한 경우인
데, 그의 모친을 위해 재차 4승으로 된 포로 요대를 만드니 이것을 '포(包)'
라고 부르는 것으로, 참최복에 착용하는 요대를 감싼다는 뜻이다. 질(絰)은
참최복에 착용하는 갈포로 만든 질을 뜻한다. 이것을 '중(重)'이라고 부르는
이유는 존귀한 자의 것을 위주로 하기 때문이다. 부인은 수질을 마로 된
것으로 바꾸니 또한 '포(包)'라고 부른다. 참최복에 착용하는 마로 만든 대
(帶)를 차게 되는데, 이것을 '특(特)'이라고 부른다. 기년상(期年喪)에서 장
례를 마치게 되면 이전에 착용했던 6승의 상복을 착용하여, 남자는 이전에
착용했던 갈포로 만든 요대를 두르고 부인은 이전에 차고 있던 갈포로 만
든 수질을 두른다.

[集解] 自此以下, 皆因上文易服之義而申之也.

[번역] 이곳 구문부터 그 이하의 내용은 모두 앞의 문장에서 복장을 바꾼
다고 했던 뜻에 따라 거듭 설명한 것이다.

[集解] 愚謂: 包, 謂以新包舊也. 特, 獨也, 謂獨主於重喪也. 婦人不葛帶, 鄭

---

3) 사자(射慈, A.D.205~A.D.253) : =사자(謝慈). 삼국시대(三國時代) 때 오(吳)
나라의 학자이다. 자(字)는 효종(孝宗)이다.

云特其葛, 據男子言之耳.

【번역】 내가 생각하기에, '포(包)'는 새로운 것으로 이전 것을 감싼다는 뜻이다. '특(特)'자는 홀로[獨]라는 뜻이니, 수위가 높은 상만을 위주로 한다는 의미이다. 부인은 갈포로 만든 요대(要帶)를 두르지 않으니, 정현이 "갈포로 만든 것만을 남겨둔다."라고 한 말은 남자의 경우를 위주로 설명한 것일 뿐이다.

【668c】

旣練, 遭大功之喪, 麻葛重.

【직역】 旣히 練한데, 大功의 喪을 遭하면, 麻와 葛을 重한다.

【의역】 참최복(斬衰服)의 상을 치르며 연제(練祭)를 마쳤는데, 대공복(大功服)의 상을 당하게 된다면 마(麻)와 갈포로 만든 질(絰)을 거듭 찬다.

【集說】 疏曰: 斬衰旣練, 男子惟有要帶, 婦人惟有首絰, 是單也. 今遭大功之喪, 男子首空著大功麻絰, 又以大功麻帶易練之葛帶; 婦人要空著大功麻帶, 又以大功麻絰易練之葛絰, 是重麻也. 至大功旣虞卒哭, 男子帶以練之故葛帶, 首著期之葛絰; 婦人絰其練之故葛絰, 著期之葛帶, 是重葛也.

【번역】 공영달의 소에서 말하길, 참최복(斬衰服)의 상에서 연제(練祭)를 마치면, 남자는 오직 요대(要帶)만 차고 부인은 오직 수질(首絰)만 차니 이것은 하나만 차는 것이다. 현재 대공복(大功服)의 상을 당했는데, 남자는 머리에 차고 있는 것이 없어서 대공복에 차는 마(麻)로 만든 수질을 차고, 또 대공복에 차는 마로 만든 요대로 연제를 치른 이후에 차는 갈포로 만든 요대를 바꾸며, 부인은 허리에 차고 있는 것이 없어서 대공복에 차는 마로

만든 요대를 차고, 또 대공복에 차는 마로 만든 수질로 연제를 치른 이후에
차는 갈포로 만든 수질을 바꾸니, 이것은 마로 만든 질(絰)을 거듭 차는
것이다. 대공복의 상에서 우제(虞祭)와 졸곡(卒哭)을 마치게 되면, 남자는
연제를 치른 이후에 찼던 이전의 갈포로 만든 요대를 차고, 머리에는 기년
상(期年喪)에 차는 갈포로 만든 수질을 차며, 부인은 연제를 치른 이후에
찼던 이전의 갈포로 만든 수질을 차고, 기년상에 차는 갈포로 만든 요대를
차니, 이것은 갈포로 만든 질을 거듭 차는 것이다.

集說 疏言期之葛絰, 期之葛帶, 謂麁細與期同, 其實是大功葛絰葛帶也.

번역 공영달의 소에서는 기년상(期年喪)의 갈포로 만든 수질(首絰)과
기년상의 갈포로 만든 요대(要帶)를 찬다고 했는데, 이것은 거칠고 고운
정도가 기년상에 착용하는 것과 동일하다는 뜻으로, 실제로는 대공복(大功
服)에 차는 갈포로 만든 수질과 요대를 차는 것이다.

集說 又按: 檀弓云, "婦人不葛帶"者, 謂斬衰齊衰服也. 喪服大功章, 男女
並陳, 有卽葛九月之文, 是大功婦人亦受葛也. 又士虞禮尸章註云, "婦人大功
小功者葛帶."

번역 또 살펴보니, 『예기』「단궁(檀弓)」편에서는 "부인은 갈포로 만든
요대(要帶)를 차지 않는다."라고 했는데, 이것은 참최복(斬衰服)과 자최복
(齊衰服)을 착용하는 경우이다. 『의례』「상복(喪服)」편의 '대공장(大功章)'
에서는 남자와 여자에 대해 모두 진술하며, 곧 갈포로 된 것을 차며 9개월
까지 치른다고 한 문장이 기록되어 있으니,4) 이것은 대공복(大功服)을 착
용하는 부인 또한 갈포로 만든 것을 받게 됨을 나타낸다. 또 『의례』「사우례
(士虞禮)」편의 '시장(尸章)'에 대한 주에서는 "부인 중 대공복과 소공복(小
功服)을 착용하는 자는 갈포로 만든 요대를 찬다."5)라고 했다.

---

4) 『의례』「상복(喪服)」: 大功布衰裳, 牡麻絰纓, 布帶, 三月受以小功衰, 卽葛, 九
月者, 傳曰, 大功布九升, 小功布十一升.

鄭注 此言大功可易斬服之節也. 斬衰已練, 男子除絰而帶獨存, 婦人除帶而絰獨存, 謂之單. 單, 獨也. 遭大功之喪, 男子有麻絰, 婦人有麻帶, 又皆易其輕者以麻, 謂之重麻. 旣虞・卒哭, 男子帶其故葛帶, 絰期之葛絰, 婦人絰其故葛絰, 帶期之葛帶, 謂之重葛.

번역 이 내용은 대공복(大功服)의 상을 당하여 참최복(斬衰服)의 복식을 바꿀 수 있는 절차를 나타내고 있다. 참최복의 상에서 연제(練祭)를 마치면 남자는 수질(首絰)을 제거하고 요대(要帶)만을 남겨두며, 부인은 요대를 제거하고 수질만을 남겨두니, 이것을 '단(單)'이라고 부른다. '단(單)'자는 홀로[獨]라는 뜻이다. 대공복의 상을 당하면 남자는 마(麻)로 된 수질을 차고 부인은 마로 된 요질을 차는데, 또한 모두 상대적으로 덜 중요하게 여기는 것을 마로 된 것으로 바꾸니, 이것을 '중마(重麻)'라고 부른다. 우제(虞祭)와 졸곡(卒哭)을 마치면 남자는 이전에 찼던 갈포로 만든 요대를 차고 기년상(期年喪)의 갈포로 만든 수질을 차며, 부인은 이전에 찼던 갈포로 만든 수질을 차고 기년상의 갈포로 만든 요대를 차니, 이것을 '중갈(重葛)'이라고 부른다.

釋文 重, 直龍反, 注及下"不言重"・"言重者"同.

번역 '重'자는 '直(직)'자와 '龍(룡)'자의 반절음이며, 정현의 주 및 아래 문장에서 '不言重'・'言重者'라고 할 때의 '重'자도 모두 그 음이 이와 같다.

孔疏 ●"旣練, 遭大功之喪, 麻葛兼"者, 斬衰旣練, 男子除首絰, 婦人除要絰, 男子唯有要帶, 婦人唯有首絰, 是其單也. 今遭大功之喪, 男子首空, 著大功麻絰, 婦人要空, 著大功麻帶. 男子又以大功麻帶易練之葛帶, 婦人又以大功麻絰易練之葛絰, 是重麻也. 至大功旣虞・卒哭, 男子帶以練之故葛帶, 首著期之葛絰, 婦人絰其練之故葛絰, 著期之葛帶, 是謂之"重葛"也.

---

5) 이 문장은 『의례』「사우례(士虞禮)」편의 "婦人說首絰, 不說帶."라는 기록에 대한 정현의 주이다.

[번역] ●經文: "旣練, 遭大功之喪, 麻葛兼". ○참최복(斬衰服)의 상에서 연제(練祭)를 마치면, 남자는 수질(首絰)을 제거하고 부인은 요질(要絰)을 제거하여, 남자는 오직 요대(要帶)만 차고 부인은 오직 수질만 차니, 이것은 하나만 차는 것이다. 현재 대공복(大功服)의 상을 당했는데, 남자는 머리에 차고 있는 것이 없어서 대공복에 차는 마(麻)로 만든 수질을 차고, 부인은 허리에 차고 있는 것이 없어서 대공복에 차는 마로 만든 요대를 찬다. 남자는 또한 대공복에 차는 마로 만든 수질로 연제를 치른 이후에 차는 갈포로 만든 질을 바꾸고, 부인은 또한 대공복에 차는 마로 만든 수질로 연제를 치른 이후에 차는 갈포로 만든 질을 바꾸니, 이것은 마로 만든 질(絰)을 거듭 차는 것이다. 대공복의 상에서 우제(虞祭)와 졸곡(卒哭)을 마치게 되면, 남자는 연제를 치른 이후에 찼던 이전의 갈포로 만든 요대를 차고, 머리에는 기년상(期年喪)에 차는 갈포로 만든 수질을 차며, 부인은 연제를 치른 이후에 찼던 이전의 갈포로 만든 수질을 차고, 기년상에 차는 갈포로 만든 요대를 차니, 이것을 "갈포로 만든 질을 거듭 찬다."라고 부른다.

[孔疏] ◎注"此言"至"之重葛". ○正義曰: 謂大功旣虞·卒哭之後, 大功葛帶輕於練之葛帶, 故男子反帶其練之故葛帶也. 云"絰期之葛絰"者, 以男子練時首絰旣除, 今經大功又旣葬, 其首則有絰大功之葛絰. 今云"期之葛絰", 以大功葛絰旣與練之葛帶麤細相似, 非上下之差, 故大功葛絰, 但麤細與期之絰同, 故云"絰期之葛絰". 但麤細與期同, 其實大功葛絰, 前於服問篇已釋也. 云"婦人絰其故葛絰, 帶期之葛帶"者, 大功旣葬之後, 大功首絰輕於練之葛絰, 故反服其練之故葛絰. 帶, 謂婦人練後要帶已除, 今大功已葬, 其要則帶大功葛帶也. 謂之"期葛帶"者, 麤細與期同, 其實是大功葛帶也.

[번역] ◎鄭注: "此言"~"之重葛". ○대공복(大功服)의 상에서 우제(虞祭)와 졸곡(卒哭)을 치른 이후를 뜻하는데, 대공복의 상에서 차는 갈포로 만든 요대(要帶)는 삼년상에서 연제(練祭)를 치른 뒤에 차는 갈포로 만든 요대보다 수위가 가볍다. 그렇기 때문에 남자는 다시 연제를 치른 뒤에 찼던 이전의

갈포로 만든 요대를 차는 것이다. 정현이 "기년상(期年喪)의 갈포로 만든 수질(首絰)을 찬다."라고 했는데, 남자는 연제를 치른 이후 수질을 이미 제거한 상태이다. 그런데 이곳 경문에서는 대공복의 상을 당했다고 했고 이미 장례를 마친 상황이니 머리에는 대공복의 갈포로 만든 질을 차게 된다. 현재 '기년상의 갈포로 만든 수질'이라고 했는데, 대공복에서 차는 갈포로 만든 수질은 이미 연제를 치른 이후 차는 갈포로 만든 요대와 거칠고 고운 정도가 유사하니, 차이를 나타내지 않는다. 그렇기 때문에 대공복에 차는 갈포로 만든 수질을 차게 되는데, 거칠고 고운 정도가 기년상에 차는 수질과 같기 때문에 "기년상의 갈포로 만든 수질을 찬다."라고 말한 것이다. 단지 거칠고 고운 정도가 기년상에 차는 것과 동일하다는 것이며, 실제로는 대공복에 차는 갈포로 만든 질을 뜻하니, 앞의 『예기』「복문(服問)」편에서 이미 설명하였다. 정현이 "부인은 이전에 찼던 갈포로 만든 수질을 차고 기년상의 갈포로 만든 요대를 찬다."라고 했는데, 대공복의 상에서 장례를 치른 이후 대공복에 차는 수질은 삼년상에서 연제를 치른 뒤에 차는 갈포로 만든 수질보다 수위가 낮다. 그렇기 때문에 다시 연제를 치른 이후에 차는 이전의 갈포로 만든 수질을 찬다. 요대의 경우 부인이 연제를 치른 이후 착용하는 요대는 이미 제거한 상태이고, 현재 대공복의 상에서 장례를 마쳤으니, 허리에는 대공복에 차는 갈포로 만든 요대를 찬다. 이것을 '기년상에 차는 갈포로 만든 요대'라고 부른 것은 거칠고 고운 정도가 기년상의 것과 동일하기 때문이니, 실제로는 대공복에 차는 갈포로 만든 요대를 뜻한다.

訓纂 射慈曰: 旣練, 男子有葛帶, 婦人有葛絰, 男子首絰·婦人麻帶俱已除矣. 又遭大功之喪, 更制衰裳, 絰帶皆麻, 謂之重麻. 大功旣葬, 還服練衰, 男帶練之葛帶, 絰期之葛絰, 婦人絰其練葛絰, 帶期之葛帶, 謂之重葛. 檀弓曰, "婦人不葛帶", 謂齊斬之婦人也. 今此帶期之葛帶者, 大功旣葬, 婦人得葛帶, 不服大功之葛帶而帶期之葛帶者, 斬衰旣練, 婦人除葛絰, 大五寸二十五分寸之十九, 若帶大功之葛帶, 裁大三寸六百二十五分寸之四百二十九, 非絰帶五分去一之差也, 故帶期之葛帶. 期之葛帶, 大四寸百二十五分寸之七十六, 與練首絰差之宜也. 男子不絰大功葛絰而絰期之葛絰者, 亦以非練帶之差也.

번역 사자가 말하길, 연제(練祭)를 마치면 남자는 갈포로 만든 요대(要帶)를 차고 부인은 갈포로 만든 수질(首絰)을 차는데, 남자의 수질과 부인의 마로 만든 요대는 모두 제거한 상태이다. 재차 대공복(大功服)의 상을 당하여 다시 상복을 제작함에 수질과 요대는 모두 마로 만든다. 그렇기 때문에 '중마(重麻)'라고 했다. 대공복의 상에서 장례를 마치면 다시 연제를 치른 이후의 상복으로 갈아입는데, 남자는 연제를 치른 이후의 갈포로 만든 요대를 차고 기년상(期年喪)의 갈포로 만든 수질을 차며, 부인은 연제를 치른 이후의 갈포로 만든 수질을 차고 기년상의 갈포로 만든 요대를 차니, 이것을 '중갈(重葛)'이라고 부른다. 『예기』「단궁(檀弓)」편에서는 "부인은 갈포로 만든 요대를 차지 않는다."라고 했는데, 이것은 자최복(齊衰服)과 참최복(斬衰服)의 상을 치르는 부인을 뜻한다. 현재 이곳에서는 기년상의 갈포로 만든 요대라고 했는데, 대공복의 상에서 장례를 마치면 부인은 갈포로 만든 요대를 찰 수 있지만 대공복에 차는 갈포로 만든 요대를 착용하는 것이 아니며 기년상의 갈포로 만든 요대를 차는 것은 참최복의 상에서 연제를 마치면 부인은 갈포로 만든 수질을 제거하는데, 요대의 경우 그 크기는 5와 25분의 19촌(寸)이니, 대공복에 착용하는 갈포로 만든 요대와 같아서, 그 크기를 3과 625분의 429촌으로 자르니 질(絰)과 대(帶)의 크기를 5등분하여 1만큼을 줄이는 차등에 해당하지 않는다. 그렇기 때문에 기년상의 갈포로 만든 요대를 차는 것이다. 기년상의 갈포로 만든 요대는 그 크기가 4와 125분의 76촌인데, 연제를 치른 이후 착용하는 수질과의 차등이 알맞다. 남자가 대공복에 차는 갈포로 만든 수질을 차지 않고 기년상의 갈포로 만든 질을 차는 것도 연제를 치른 이후에 차는 요대와의 차이가 마땅하지 않기 때문이다.

【669a】

齊衰之喪, 旣虞卒哭, 遭大功之喪, 麻葛兼服之

직역 齊衰의 喪에서, 旣히 虞와 卒哭한데, 大功의 喪을 遭하면, 麻와 葛을 兼히 服한다.

의역 자최복(齊衰服)의 상에서 우제(虞祭)와 졸곡(卒哭)을 마쳤는데, 대공복(大功服)의 상을 당한다면 마(麻)와 갈포로 만든 질(絰)을 함께 찬다.

集說 此據男子言之, 以大功麻帶易齊衰之葛帶, 而首猶服齊衰葛絰. 首有葛, 要有麻, 是麻葛兼服之也.

번역 이것은 남자에 대한 내용을 중심으로 말한 것이니, 대공복(大功服)에서 차는 마(麻)로 만든 요대(要帶)로 자최복(齊衰服)의 상에서 차고 있던 갈포로 만든 요대를 바꾸고, 머리에는 여전히 자최복의 상에서 차는 갈포로 만든 수질(首絰)을 찬다. 머리에는 갈포로 만든 수질을 차고 허리에는 마로 만든 요대를 차니, 이것은 마와 갈로 만든 질을 함께 착용한다는 뜻이다.

鄭注 此言大功可易齊衰期服之節也. 兼, 猶兩也. 不言"包"・"特"而兩言者, "包"・"特"著其義, "兼"者, 明有絰有帶耳. 不言"重"者, 三年之喪, 旣練, 或無絰, 或無帶. 言"重"者, 以明今皆有, 期以下固皆有矣. 兩者, 有麻・有葛耳. 葛者亦特其重, 麻者亦包其輕.

번역 이것은 대공복(大功服)의 상에서 차는 것으로 자최복(齊衰服)으로 기년상(期年喪)을 치를 때의 복식을 바꾸는 절차를 뜻한다. '겸(兼)'자는 둘[兩]을 뜻한다. '포(包)'나 '특(特)'이라고 말하지 않고 '둘[兩]'이라고 말한 것은 '포(包)'나 '특(特)'은 그 의미를 드러내는 것이고, '겸(兼)'은 수질(首

絰)을 차고 요대(要帶)를 찬다는 뜻을 드러낼 따름이다. '거듭[重]'이라고 말하지 않은 것은 삼년상에서 연제(練祭)를 마치면 어떤 경우에는 수질을 차지 않고 또 어떤 경우에는 요대를 차지 않기 때문이다. '거듭[重]'이라고 말하면 현재 모두 차고 있다는 뜻을 드러내니, 기년상으로부터 그 이하의 경우에는 진실로 모두 차게 된다. '둘[兩]'이라고 말한 것은 마로 된 질(絰)과 갈포로 만든 질이 있다는 뜻일 뿐이다. 갈포로 만든 것은 또한 중요하게 여기는 것 하나만 하는 것이며 마로 만든 것은 또한 상대적으로 덜 중요하게 여기는 것을 겹치는 것이다.

釋文 著, 張慮反.

번역 '著'자는 '張(장)'자와 '慮(려)'자의 반절음이다.

孔疏 ●"齊衰"至"服之". ○正義曰: 此明齊衰旣虞·卒哭, 遭大功之喪, 以後服易前服之義也.

번역 ●經文: "齊衰"~"服之". ○이곳 문장은 자최복(齊衰服)의 상에서 우제(虞祭)와 졸곡(卒哭)을 마쳤는데, 대공복(大功服)의 상을 당하여, 이후에 당한 상복의 복식으로 이전에 당한 상복의 복식을 바꾸는 뜻을 나타내고 있다.

孔疏 ●"麻·葛兼服之"者, 卽前文"輕者包, 重者特"之義. 今齊衰旣虞·卒哭, 遭大功之喪, 易換輕者, 男子則大功麻帶易齊衰之葛帶, 其首猶服齊衰葛絰, 是首有葛·要有麻, 故云"麻·葛兼服之". "兼服"之文, 據男子也. 婦人則首服大功之麻絰, 要服齊衰之麻帶, 上下俱麻, 不得云"麻·葛兼服之"也.

번역 ●經文: "麻·葛兼服之". ○앞의 경문에서 "상대적으로 덜 중요하게 여기는 것은 겹치고, 중요하게 여기는 것은 그것 하나로만 한다."라고 한 뜻에 해당한다. 현재 자최복(齊衰服)의 상에서 우제(虞祭)와 졸곡(卒哭)

을 마쳤는데, 대공복(大功服)의 상을 당하여, 상대적으로 덜 중요하게 여기는 것을 바꾸는 것이니, 남자의 경우라면 대공복에 차는 마로 만든 요대(要帶)로 자최복에 차는 갈포로 만든 요대를 바꾸고, 머리에는 여전히 자최복에 차는 갈포로 만든 수질(首絰)을 차니, 이것은 머리에는 갈포로 만든 수질이 있고 허리에는 마로 만든 요대가 있다는 것을 나타낸다. 그렇기 때문에 "마로 만든 질(絰)과 갈포로 만든 질을 함께 착용한다."라고 했다. "함께 착용한다."라는 말은 남자의 경우를 제시한 것이다. 부인의 경우라면 머리에는 대공복에 차는 마로 만든 수질을 차고, 허리에는 자최복에 차는 마로 만든 요대를 차니, 위아래 모두 마로 만든 질을 차므로, "마로 만든 질과 갈포로 만든 질을 함께 착용한다."라고 할 수 없다.

孔疏 ◎注"此言"至"其輕". ○正義曰: "包・特著其義, 兼者明有絰有帶耳"者, 以卑者可包尊, 須特著其尊卑之義, 故於斬衰重服言之. 兼者不取其義, 直云絰帶麻・葛兼有, 故於齊衰輕服言之. 於男子而論, 其實同也. 云"不言重者, 三年之喪旣練, 或無絰, 或無帶, 言重者, 以明今皆有"者, 鄭以喪遭大功之喪, 麻・葛重. 此文承"麻葛重"下, 所以不稱"麻葛重"者, 以三年之喪旣練之後, 男子除首絰, 是"或無絰"也. 婦人除要帶, 是"或無帶"也. 所以稱"重", 以於先旣單, 今首絰皆有, 故須稱"重". 云"期以下固皆有矣"者, 言男子首之與要, 固當皆有絰帶矣, 婦人亦然也. 旣不似旣練之單, 所以不得稱"重"也.

번역 ◎鄭注: "此言"~"其輕". ○정현이 "'포(包)'나 '특(特)'은 그 의미를 드러내는 것이고, '겸(兼)'은 수질(首絰)을 차고 요대(要帶)를 찬다는 뜻을 드러낼 따름이다."라고 했는데, 미천하게 여기는 것으로는 존귀하게 여기는 것을 겹칠 수 있는데, 이러한 경우에는 존귀하게 여기고 미천하게 여긴다는 뜻을 드러내야 한다. 그렇기 때문에 참최복(斬衰服)처럼 수위가 높은 상복의 경우로 언급했다. '겸(兼)'자는 그러한 의미를 취한 것이 아니니, 단지 수질과 요대의 경우 마와 갈포로 된 것을 함께 착용한다고 말한 것이다. 그렇기 때문에 자최복(齊衰服)처럼 상대적으로 수위가 낮은 상복의 경우로 언급했다. 남자의 경우로 논의를 한다면 실제로 이 내용과 동일하다. 정현이 "'거듭[重]'이라고 말하지 않은 것은 삼년상에서 연제(練祭)를 마치면 어떤 경우에는 수질을 차지 않고 또 어떤 경우에는 요대를 차지 않기 때문이다. '거듭[重]'이라고 말하면 현재 모두 차고 있다는 뜻을 드러낸다."라고 했는데, 정현은 이미 대공복(大功服)의 상을 당하여 마와 갈포로 만든 질을 거듭 찼다고 여겼다. 이 문장은 "마와 같이 거듭한다."라는 경문 뒤에 기록되어 있으니, "마와 갈이 거듭되었다."라고 기록하지 않은 이유로, 삼년상에서 연제(練祭)를 마친 뒤에 남자는 수질을 제거하니 이것은 "어떤 경우에는 수질을 차지 않는다."는 뜻이다. 또 부인은 요대를 제거하니 이것은 "어떤 경우에는 요대를 차지 않는다."는 뜻이다. '거듭[重]'이라고 말한 것은 앞서 이미 하나만 차고 있는데 현재 수질의 경우 모두 차고 있다. 그렇기 때문에 '거듭[重]'이라고 말해야만 한다. 정현이 "기년상으로부터 그 이하의 경우에는 진실로 모두 차게 된다."라고 했는데, 남자는 수질과 요대에 있어서 마땅히 모두 수질과 요대를 차고 있어야 하며, 부인 또한 이처럼 한다는 뜻이다. 이미 연제를 치른 이후에 하나만 차는 것처럼 하지 않으니, '거듭[重]'이라고 말하지 않은 이유이다.

訓纂 射慈曰: 齊衰之喪, 旣虞卒哭, 遭大功之喪, 麻葛兼服之. 齊衰旣葬, 爲母七升, 正服衰八升, 絰帶悉葛, 婦人首絰以葛, 要帶故麻也, 亦就五分去一, 殺小之耳. 又遭大功之喪, 更制大功之衰裳, 男子亦麻爲要帶, 絰期之葛絰, 婦人易首絰以麻, 帶期之葛帶. 大功旣葬, 亦服其功衰, 男子婦人悉反著期喪旣葬之絰帶也.

번역 사자가 말하길, 자최복(齊衰服)의 상에서 우제(虞祭)와 졸곡(卒哭)을 마쳤는데, 대공복(大功服)의 상을 당하면 마(麻)와 갈포로 만든 질(絰)을 함께 착용한다. 자최복의 상에서 장례를 마치면, 모친의 상에서는 7승의 포로 된 상복을 착용하고, 정복의 상복은 8승으로 만들며, 수질(首絰)과 요대(要帶)는 모두 갈포로 만드는데, 부인의 수질은 갈포로 된 것을 착용하고 요대는 이전의 마로 만든 것을 착용하니, 또한 5분의 1을 제거하여, 보다 작게 만들 따름이다. 또 대공복의 상을 당하여 재차 대공복의 상복을 제작하면 남자는 또한 마로 요대를 만들고 기년상(期年喪)의 갈포로 만든 수질을 차며, 부인은 수질을 마로 된 것으로 바꾸고 요대는 기년상의 갈포로 만든 요대를 찬다. 대공복의 상에서 장례를 마치면 또한 공최(功衰)[6]를 착용하는데, 남자와 부인은 모두 기년상에서 장례를 마친 뒤에 착용하는 수질과 요대를 다시 찬다.

訓纂 庾蔚之曰: 間傳所謂, 當是謂期殤之大功, 若是大功之殤, 記當明之. 期殤最在上, 所以不言期耳. 鄭謂期殤長·中己自大功, 不復指明殤服之異, 不於卒哭而變上服之葛, 又明下殤之麻雖不斷本, 以其幼賤, 亦不能變上服之葛. 間傳大明斬衰變受之節, 因備五服麻葛之分. 緦·小功之麻, 不變上服之葛, 已自別見, 故此雖連言而在兼服之例, 是以不復曲變. 若如鄭說, 謂大功親之殤者, 其如緦·小功之絰, 麻旣斷本, 又與三年之葛大小殊絶, 安得相變邪?

번역 유울지가 말하길, 「간전」편에서 말한 내용은 기년상(期年喪)의 관계인데 요절을 하여 대공복(大功服)을 착용한 경우이니, 만약 대공복의 관계인데 요절을 한 경우라면 『예기』에서는 그 사실을 기록해야만 한다. 기년상의 관계인데 요절을 한 경우라는 말이 전제가 되는데, 기년상을 언급하지 않았을 뿐이다. 정현은 기년상의 관계인데 장상(長殤)이나 중상(中殤)[7]을 하여 본인이 대공복을 착용한 것이라고 했는데, 재차 요절한 자에 대한 상복에서 나타나는 차이점을 지적하지 않았고, 졸곡(卒哭)을 치르는 때에 이전에 착용했던 갈포로 만든 질(絰)을 바꾼다고 하지 않았으며, 또 하상(下殤)[8]에 대해서 마로 된 질을 찰 때에는 비록 뿌리를 자르지 않지만, 그의 나이가 너무 어리고 미천하기 때문에 또한 이전의 복장에서 착용하고

---

6) 공최(功衰)는 상복(喪服)의 한 종류이다. 참최복(斬衰服)과 자최복(齊衰服)을 입고 치르는 상(喪)에서, 소상(小祥)을 지낸 이후에 착용하는 상복이다. 상복 재질의 거친 정도가 대공복(大功服)과 같기 때문에, '공최'라고 부르게 되었다.
7) 중상(中殤)은 12~15세 사이에 요절한 자를 뜻한다. 『의례』「상복(喪服)」편에 "十五至十二爲中殤."이라는 기록이 있다.
8) 하상(下殤)은 8~11세 사이에 요절한 자를 뜻한다. 『의례』「상복(喪服)」편에 "十一至八歲爲下殤."이라는 기록이 있다.

있던 갈포로 만든 질을 바꿀 수 없다고 했다. 「간전」편에서는 참최복(斬衰服)의 상에서 복장을 바꾸고 새로 받는 절차를 폭넓게 설명하고 있는데, 그로 인해 오복(五服)에서 마와 갈포로 만든 질의 구분을 함께 설명한 것이다. 시마복(緦麻服)과 소공복(小功服)에 차는 마로 만든 질로는 이전에 착용하고 있던 갈포로 만든 질을 바꿀 수 없으니, 이러한 사실은 그 자체로 뚜렷하게 구분되어 나타난다. 그렇기 때문에 이곳에서 비록 차례대로 설명을 하여 함께 착용하는 용례를 제시했지만, 재차 복식을 바꾸는 세부 사항까지는 말하지 않은 것이다. 만약 정현의 주장대로라면, 대공복을 착용해야 하는 친족이 요절한 경우, 시마복과 소공복에 차는 질에 있어서 마는 이미 뿌리를 자른 것이며, 또한 삼년상에 차는 갈포로 만든 질과 크게 차이를 보이는데, 어찌 서로 바꿀 수 있단 말인가?

【669a】

斬衰之葛, 與齊衰之麻同. 齊衰之葛, 與大功之麻同. 大功之葛, 與小功之麻同. 小功之葛, 與緦之麻同. 麻同則兼服之, 兼服之服重者則易輕者也.

직역 斬衰의 葛은 齊衰의 麻와 與하여 同하다. 齊衰의 葛은 大功의 麻와 與하여 同하다. 大功의 葛은 小功의 麻와 與하여 同하다. 小功의 葛은 緦의 麻와 與하여 同하다. 麻가 同이라면 兼히 服하며, 兼히 服함에 重者를 服하면 輕者를 易한다.

의역 참최복(斬衰服)의 상에 차는 갈포로 만든 질(絰)은 거칠고 고운 정도가 자최복(齊衰服)의 상에서 차는 마(麻)로 만든 질과 동일하다. 자최복의 상에서 차는 갈포로 만든 질은 거칠고 고운 정도가 대공복(大功服)의 상에서 차는 마로 만든 질과 동일하다. 대공복의 상에서 차는 갈포로 만든 질은 거칠고 고운 정도가 소공복(小功服)의 상에서 차는 마로 만든 질과 동일하다. 소공복의 상에서 차는 갈포로 만든 질은 거칠고 고운 정도가 시마복(緦麻服)의 상에서 차는 마로 만든 질과 동일하다. 마로 만든 질의 거칠고 고운 정도가 동일하다면 함께 착용하고, 함께 착용할 때 중요하게 여기는 것을 착용한다면, 상대적으로 덜 중요하게 여기는 것을 바꾼다.

集說 同者, 前喪旣葬之葛, 與後喪初死之麻, 麤細無異也. 兼服者, 服後麻, 兼服前葛也. 服重者, 卽上章重者特之說也. 易輕者, 卽輕者包是也. 服問篇云, "緦之麻, 不變小功之葛. 小功之麻, 不變大功之葛", 言成人之喪也. 此言大功以下同則兼服者, 是據大功之長殤中殤也.

번역 '동(同)'이라는 것은 이전 상에서 장례를 치른 뒤에 차는 갈포로 만든 질(絰)이 이후의 상에서 초상 때 차는 마(麻)로 만든 질과 거칠고 고운 정도에 차이가 없다는 뜻이다. "함께 착용한다."라는 말은 이후에 발생한 상의 마로 된 질을 착용하고, 이전에 발생한 상의 갈포로 만든 질도 함께 착용한다는 뜻이다. "중요하게 여기는 것을 착용한다."라는 말은 앞에서 "중요하게 여기는 것은 그것 하나로만 한다."라는 말에 해당한다. "상대적으로 덜 중요하게 여기는 것을 바꾼다."라는 말은 "상대적으로 덜 중요하게 여기는 것은 겹친다."는 뜻에 해당한다. 『예기』「복문(服問)」편에서는 "시마복(緦麻服)에 차는 마(麻)로 만든 질로는 소공복(小功服)에 착용하는 갈포로 만든 질을 바꾸지 않고, 소공복에 차는 마로 만든 질로는 대공복(大功服)에 차는 갈포로 만든 질을 바꾸지 않는다."[9]라고 했는데, 이것은 성인(成人)이 된 이후에 죽은 자의 상을 뜻한다. 이곳에서는 대공복 이하의 상에서 동일하다면 함께 착용한다고 했는데, 이것은 대공복을 착용해야 하는 친족이 장상(長殤)이나 중상(中殤)을 한 경우를 기준으로 말한 것이다.

集說 疏曰: 兼服之, 但施於男子, 不包婦人. 今言易輕者, 則是男子易於要, 婦人易於首也.

---

9) 『예기』「복문(服問)」【663a】: 小功不易喪之練冠, 如免, 則絰其緦·小功之絰, 因其初葛帶. 緦之麻不變小功之葛, 小功之麻不變大功之葛, 以有本爲稅.

번역 공영달의 소에서 말하길, 함께 착용한다는 것은 단지 남자에게만 적용되며, 여자의 경우는 포함하지 않는다. 이곳에서는 상대적으로 덜 중요하게 여기는 것을 바꾼다고 했으니, 남자의 경우에는 허리에 차고 있는 것을 바꾸고, 부인의 경우에는 머리에 차고 있는 것을 바꾼다.

大全 張子曰: 兼服之服重者, 則易輕者, 若斬衰旣練, 齊衰旣卒哭, 則首帶皆葛, 又有大功新喪之麻, 則與齊衰之首経, 麻葛兩施之. 兼服之名得諸此, 蓋旣不敢易斬衰之輕, 以斬葛大於大功之麻也. 又不敢易齊首之重, 輕者方敢易去, 則重者固當存, 故麻葛之経兩施於首. 若大功旣葬, 則服齊首之葛, 不服大功之葛, 所謂兼服之服重者, 則變輕者, 正謂此爾. 若齊衰未葛, 則大功之麻, 亦止於當免, 則経之而已. 如此則喪變雖多, 一用此制, 而前後禮大不相乖戾.

번역 장자가 말하길, 함께 착용할 때 중요하게 여기는 것을 착용한다면 상대적으로 덜 중요하게 여기는 것을 바꾼다고 했는데, 만약 참최복(斬衰服)의 상에서 연제(練祭)를 치르고 자최복(齊衰服)의 상에서 졸곡(卒哭)을 마쳤다면, 수질(首経)과 요대(要帶)는 모두 갈포로 된 것을 차는데, 재차 이제 막 발생한 대공복(大功服)의 마(麻)로 만든 질을 차게 된다면, 자최복에 차는 수질과 함께 마와 갈포로 된 질(経) 둘 모두 착용한다. 함께 착용한다는 말을 이러한 상황에서 쓸 수 있는 것은 상례 자체에서는 감히 참최복의 복식에서 상대적으로 덜 중요하게 여기는 것을 바꿀 수 없기 때문이니, 참최복에서 착용하는 갈포로 만든 질은 대공복에서 착용하는 마로 만든 질보다 중요하기 때문이다. 또 감히 자최복에서 중요하게 여기는 수질을 바꿀 수 없는데, 상대적으로 덜 중요하게 여기는 것이라면 바꾸거나 제거할 수 있으니, 중요하게 여기는 것은 진실로 남겨두어야만 한다. 그렇기 때문에 마와 갈포로 만든 질(経) 둘 모두 머리에 착용하게 된다. 만약 대공복(大功服)의 상에서 장례를 마쳤다면 자최복에 착용하는 갈포로 만든 수질을 차며, 대공복에 착용하는 갈포로 만든 수질은 착용하지 않으니, 이른바 "함께 착용할 때 중요하게 여기는 것을 착용한다면 상대적으로 덜 중요하게 여기는 것을 바꾼다."는 말이 바로 이러한 뜻을 나타낼 따름이다. 만약 자최복의 상에서 아직 갈포로 만든 질로 바꾸지 않았다면 대공복에 착용하는 마로 만든 질은 또한 문(免)¹⁰⁾을 하는 시기가 되어야만 질을 차게 될 따름이다. 이와 같다면 상례의 변수가 비록 다양하더라도 동일하게 이러한 제도에 따라서 이전과 이후에 발상한 상례에 대해 크게 어긋나지 않게 된다.

大全 臨川吳氏曰: 馬氏云, 間傳一篇, 言哀者六, 容體·聲音·言語, 內也, 飮食·居處·衣服, 外也. 澄謂, 內外哀情之發見, 雖皆初隆而漸殺, 然記者記前三事之在於身者, 但言哀之發於容體, 發於聲音, 發於言語, 而止不復言其久而漸殺之情. 記後三事之寓於物者, 則旣言哀之發於飮食, 發於居處, 發於衣服矣, 而又繼言其以漸改變之節於後, 蓋在身之漸殺者隱微, 寓物之改變者顯著也. 至若篇末衣服一條, 則言重服自始及末之改變, 再言前喪更遭後喪之改變, 比飮食居處之變, 又加詳焉, 蓋喪之表哀正主於衣服也, 故六哀之序衣服猶殿後者, 於其所重者而終也.

번역 임천오씨가 말하길, 마씨는 "「간전」편은 애통함에는 여섯 가지가 있으니, 용모·소리·말은 내적인 것에 해당하며, 음식·거처·의복은 외적인 것에 해당한다."고 했다. 내가 생각하기에, 내외에 따라 애통한 정감을 드러내는 것에 있어서 비록 모두 처음에는 융성하지만 점차 낮아지는데, 『예기』를 기록한 자는 앞의 세 가지 사안을 자신과 결부시켜 언급하며, 단지 애통함이 용모를 통해 나타나고 소리를 통해 나타나며 말을 통해 나타난다고만 하여, 재차 그것이 오래도록 지속되면 정감이 점진적으로 줄어든다는 사실을 언급하지 않았다. 그런데 뒤의 세 가지 사안은 다른 사물과 결부시켜 기록을 했으니, 애통함이 음식을 통해 나타나고 거처를 통해 나타나며 의복을 통해 나타난다고 했고, 뒤이어서 점진적으로 복장을 바꾸는 절차를 그 뒤에 설명했으니, 자신에게 있어서 점진적으로 줄어드는 것은 은미하지만 사물에 깃들어 바꾸는 것은 현저하게 드러나기 때문이다. 「간

10) 문(免)은 문포(免布)나 문복(免服)과 같은 뜻이다.

「전」편 끝의 한 조목에 있어서는 수위가 높은 상복에 있어서 초상으로부터 탈상에 이르기까지 복장을 바꾸는 것을 설명했고, 이전에 발생한 상이 있고 이후에 다른 상이 발생하여 상복을 바꾸는 것을 재차 설명하였는데, 이것은 음식과 거처의 변화에 비해 더욱 상세히 설명했다. 그 이유는 상에서 애통함이 나타나는 것은 바로 의복을 위주로 하기 때문이다. 그래서 여섯 가지 애통함이 드러나는 순서에 있어서 의복에 대한 것을 뒤에 기술한 것이니, 중요하게 여기는 것을 설명하며 기술을 끝낸 것이다.

鄭注 此竟言有上服, 既虞·卒哭, 遭下服之差也. 唯大功有變三年既練之服, 小功以下, 則於上皆無易焉. 此言"大功之葛, 與小功之麻同; 小功之葛, 與緦之麻同", 主爲大功之殤長·中言之. 服重者, 謂特之也. "則"者, 則男子與婦人也. 凡下服, 虞·卒哭, 男子反其故葛帶, 婦人反其故葛絰, 其上服除, 則固自受以下服之受矣.

번역 이곳에서는 앞에 발생한 상에서 우제(虞祭)와 졸곡(卒哭)을 치렀는데, 뒤에 발생한 상으로 인에 나타나는 차이를 설명하고 있다. 대공복(大功服)의 상에서만 삼년상에서 연제(練祭)를 치른 뒤의 복식을 바꾸니, 소공복(小功服) 이하의 경우라면 이전에 발생한 상에 대해서 모두 바꾸는 절차가 없다. 이곳에서 "대공복의 상에서 착용하는 갈포로 만든 질(絰)은 소공복의 상에서 착용하는 마로 만든 질과 동일하며, 소공복의 상에서 착용하는 갈포로 만든 질은 시마복(緦麻服)의 상에서 착용하는 마로 만든 질과 동일하다."라고 했는데, 대공복의 관계에 있는 친족이 장상(長殤)이나 중상(中殤)을 한 경우를 위주로 언급한 것이다. "중요하게 여기는 것을 착용한다."라는 말은 그것 하나만 착용한다는 뜻이다. '즉(則)'이라고 말한 것은 남자와 부인 모두 이처럼 한다는 뜻이다. 뒤에 발생한 상에서 우제(虞祭)와 졸곡(卒哭)을 치르면 남자는 이전에 차고 있던 갈포로 만든 요대(要帶)를 다시 차고, 부인은 이전에 차고 있던 갈포로 만든 수질(首絰)을 다시 차며, 이전의 상복을 제거하게 되면 진실로 뒤에 발생한 상복에서 바뀐 상복을 받게 된다.

釋文 爲, 于僞反. 長, 丁丈反.

번역 '爲'자는 '于(우)'자와 '僞(위)'자의 반절음이다. '長'자는 '丁(정)'자와 '丈(장)'자의 반절음이다.

孔疏 ●"斬衰"至"服之". ○正義曰: 此明五服葛之與麻麤細相同. 同者, 與後兼前服也.

번역 ●經文: "斬衰"~"服之". ○이곳 문장은 오복(五服)에서 갈포로 만든 질(絰)은 마로 만든 질과 거칠고 고운 정도가 서로 동일하다는 사실을 나타내고 있다. 같은 경우에는 뒤에 발생한 상복의 복식을 착용하며 이전의 발생한 상복의 복식도 함께 착용한다.

孔疏 ●"麻同則兼服之"者, 以後服之麻, 與前服之葛麤細同, 則得服後麻, 兼前服葛也. 按服問篇, 小功·緦不得變大功以上, 此小功之麻得變大功之葛, 緦之麻得變小功之葛, 謂成人大功之殤在長·中, 服問已釋也.

번역 ●經文: "麻同則兼服之". ○이후에 발생한 상에서 착용하는 마로 된 질(絰)이 이전에 발생한 상에서 차는 갈포로 만든 질과 거칠고 고운 정도가 동일하면, 이후에 발생한 마로 된 질을 착용하고, 이전에 발생한 상의 갈포로 만든 질도 함께 착용할 수 있다. 『예기』「복문(服問)」편을 살펴보면, 소공복(小功服)과 시마복(緦麻服)에서 차는 질로는 대공복(大功服) 이상의 상에서 차는 질을 바꿀 수 없다고 했는데, 이곳에서 소공복에 차는 마로 만든 질로 대공복에 차는 갈포로 만든 질을 바꿀 수 있고, 시마복에 차는 마로 만든 질로 소공복에 차는 갈포로 만든 질을 바꿀 수 있다고 한 것은 성인(成人)이 된 후 죽었을 때 대공복을 착용해야 하는 친족이 요절을 하여 장상(長殤)이나 중상(中殤)에 해당하는 경우를 뜻하니,「복문」편의 소에서 이미 풀이하였다.

孔疏 ●"兼服之服重"者, 則前文"重者特", 是也.

번역 ●經文: "兼服之服重". ○앞에서 "중요하게 여기는 것은 그것 하나로만 한다."라고 한 말에 해당한다.

孔疏 ●"則易輕者也", 謂男子婦人則易換輕者, 前文"輕者包", 是也.

번역 ●經文: "則易輕者也". ○남자와 부인은 상대적으로 덜 중요하게 여기는 것을 바꾸게 되니, 앞에서 "상대적으로 덜 중요하게 여기는 것은 겹친다."라고 한 말에 해당한다.

孔疏 ◎注"服重"至"受矣". ○正義曰: 云"則者, 則男子與婦人也"者, 以前文"麻·葛兼服之", 但施於男子, 不包婦人. 今此易輕者, 男子則易於要, 婦人則易於首, 男子婦人俱得易輕, 故云"則者, 則男子與婦人也". 云"凡下服, 虞·卒哭, 男子反其故葛帶, 婦人反其故葛経"者, 此明遭後服初喪, 男子婦人雖易前服之輕, 至後服既葬之後, 還須反服其前喪, 故云"男子反服其故葛帶, 婦人反服其故葛経". 但經文據其後喪初死, 得易前喪之輕, 注意明也. 後既易以滿, 還反服前喪輕服, 故文·注稍異也.

번역 ◎鄭注: "服重"~"受矣". ○정현이 "'즉(則)'이라고 말한 것은 남자와 부인 모두 이처럼 한다는 뜻이다."라고 했는데, 앞의 문장에서는 "마와 갈로 된 질(経)을 함께 착용한다."라고 했지만, 이것은 단지 남자에게만 적용되는 것이며, 여자에게는 적용되지 않는다. 이곳에서 상대적으로 덜 중요하게 여기는 것을 바꾼다고 했으니, 남자의 경우라면 요대(要帶)를 바꾸고 부인의 경우라면 수질(首経)을 바꾸는 것으로, 남자와 부인 모두 상대적으로 덜 중요하게 여기는 것을 바꿀 수 있다. 그렇기 때문에 "'즉(則)'이라고 말한 것은 남자와 부인 모두 이처럼 한다는 뜻이다."라고 말한 것이다. 정현이 "뒤에 발생한 상에서 우제(虞祭)와 졸곡(卒哭)을 치르면 남자는 이전에 차고 있던 갈포로 만든 요대를 다시 차고, 부인은 이전에 차고 있던 갈포로 만든 수질을 다시 찬다."라고 했는데, 이것은 뒤에 발생한 상에서 초상 때에는 남자와 부인이 비록 이전에 착용했던 상복의 복식 중 상대적으로 덜 중요하게 여기는 것을 바꾸게 되지만, 이후에 발생한 상에서 장례를 마친 뒤라면 다시 이전의 상에서 착용했던 복식으로 갈아입는다는 사실을 나타낸다. 그렇기 때문에 "남자는 이전에 차고 있던 갈포로 만든 요대를 다시 차고, 부인은 이전에 차고 있던 갈포로 만든 수질을 다시 찬다."라고 말한 것이다. 다만 경문에서는 이후에 발생한 상의 초상을 기준으로 이전 상에서 차고 있던 상복 중 상대적으로 덜 중요하게 여기는 복식을 바꿀 수 있다는 것을 기준으로 들고 있으므로, 정현의 주에서 명시를 한 것이다. 뒤에 발생한 상으로 인해 복식을 바꾼 것이 이미 그 기간을 채우게 되면, 다시 이전 상에서 착용했던 상대적으로 덜 중요하게 여기는 복식으로 갈아입는다. 그렇기 때문에 경문과 정현의 주에 다소 차이가 나타나는 것이다.

訓纂 射慈曰: 謂大功之親, 爲殤在小功緦麻者, 皆易練葛著麻絰帶, 以終喪之月數, 而反三年之葛, 謂若從父・昆弟・姪・庶孫之長殤・中殤在小功, 婦人爲夫叔父長殤在小功, 中殤在緦麻者也. 此殤麻亦斷本, 變三年之葛者, 正親之也. 下殤則不言, 賤也.

번역 사자가 말하길, 대공복(大功服)에 해당하는 친족이 요절을 하여 소공복(小功服)이나 시마복(緦麻服)을 착용하게 된 경우에는 모두 연제(練祭)를 치른 뒤의 갈포로 만든 질(絰)을 바꿔서 마로 만든 수질(首絰)과 요대(要帶)를 착용하여 상의 기간을 끝내고, 다시 삼년상에서 차고 있던 갈포로 만든 질로 바꾼다는 뜻이니, 종부・곤제・조카・서손 중 장상(長殤)이나 중상(中殤)을 하여 소공복을 착용한 경우이거나 부인이 남편의 숙부를 위해서 상복을 착용할 때 장상의 경우라면 소공복을 착용하고 중상의 경우라면 시마복을 착용하는 경우이다. 이러한 경우 요절한 자를 위해 착용하는 마로 만든 질은 뿌리를 자르게 되어 있는데, 삼년상에 착용하던 갈포로 만든 질을 바꿀 수 있는 것은 가까운 친족을 친근하게 여기는 도의에 해당한다. 하상(下殤)의 경우에 대해서는 언급하지 않았으니, 미천하기 때문이다.

集解 愚謂: 兼服之者, 謂兼輕重服之絰帶而服之也. 服重者, 謂爲重喪服 其重者, 謂男子首絰, 婦人要帶也. 易輕者, 謂以輕服易其輕者, 謂男子要帶, 婦人首絰也. 至輕喪旣虞卒哭, 則反服重喪; 至重喪旣除, 則又專服輕喪也. 鄭 氏註自"凡下服, 虞卒哭"以下, 皆以補記文之所未及, 疏謂"經註稍異", 非也.

번역 내가 생각하기에, "함께 착용한다."라는 말은 수위가 낮은 상과 높은 상의 상복 중 수질(首絰)과 요대(要帶)를 함께 착용한다는 뜻이다. "중요하게 여기는 것을 착용한다."는 말은 상복의 수위가 높은 것으로 인해 중요하게 여기는 것을 착용한다는 뜻이니, 남자의 수질과 부인의 요대를 뜻한다. "상대적으로 덜 중요하게 여기는 것을 바꾼다."는 말은 상복의 수위가 낮아서 덜 중요하게 여기는 것을 바꾸는 것으로, 남자의 요대와 부인의 수질을 뜻한다. 수위가 낮은 상에서 우제(虞祭)와 졸곡(卒哭)을 치르게 되면 다시 수위가 높은 상복으로 갈아입고, 수위가 높은 상에서 상복을 제거하게 되면 재차 수위가 낮은 상복만을 착용한다. 정현의 주에서 "뒤에 발생한 상에서 우제와 졸곡을 지냈다."라고 한 구문으로부터 그 이하의 내용은 모두 『예기』의 문장에서 언급하지 않은 사안을 보충해서 설명한 것인데, 공영달의 소에서는 "경문과 정현의 주가 다소 차이를 보인다."라고 했으니, 잘못된 주장이다.

참고 『예기』「복문(服問)」 기록

경문-663a 小功不易喪之練冠, 如免, 則絰其緦·小功之絰, 因其初葛帶. 緦之麻不變小功之葛, 小功之麻不變大功之葛, 以有本爲稅.

번역 상을 치르고 있는데 뒤늦게 소공복 이하의 상이 발생했을 때에는 이전 상에서 착용했던 연관을 바꾸지 않으며, 만약 문(免)을 하게 된다면, 수질은 시마복이나 소공복에 차는 질(絰)을 두르며, 허리띠는 이전 상에 차고 있던 갈포로 만든 허리띠를 찬다. 시마복에 차는 마(麻)로 만든 질로는 소공복에 착용하는 갈포로 만든 질을 바꾸지 않고, 소공복에 차는 마로 만든 질로는 대공복에 차는 갈포로 만든 질을 바꾸지 않으니, 뿌리가 있는 마(麻)로 만든 질을 바꾸는 기준으로 삼기 때문이다.

鄭注 稅亦變易也. 小功以下之麻, 雖與上葛同, 猶不變也. 此要其麻有本者乃變之耳. 雜記曰"有三年之練冠, 則以大功之麻易之, 唯杖屨不易"也.

번역 '태(稅)' 또한 바꾼다는 뜻이다. 소공복(小功服) 이하의 상에서 차는 마(麻)로 만든 질은 비록 앞서 말한 갈포로 만든 것과 동일하더라도 바꾸지 않는다. 허리의 경우 뿌리가 있는 마(麻)라면 바꿀 따름이다. 『예기』「잡기(雜記)」편에서는 "삼년상을 치르고 있을 때 소상(小祥)을 치렀는데, 갑작스럽게 대공복(大功服)에 해당하는 상이 발생한다면, 대공복에 착용하는 마(麻)로 만든 질(絰)로 소상 때 착용했던 갈(葛)로 만든 질(絰)을 바꾸지만, 지팡이와 신발만은 바꾸지 않는다."[11]라고 했다.

孔疏 ●"小功不易喪之練冠"者, 言小功以下之喪, 不合變易三年喪之練冠, 其期之練冠亦不得易也.

번역 ●經文: "小功不易喪之練冠". ○소공복(小功服) 이하의 상으로는 이전에 치르고 있던 삼년상의 연관(練冠)을 바꿀 수 없으니, 기년상의 연관 또한 바꿀 수 없다는 뜻이다.

孔疏 ●"如免, 則絰其緦・小功之絰"者, 謂如當緦・小功著免之節則首絰, 其緦與小功之絰, 所以爲後喪緦絰者, 以前喪練冠首絰已除故也. 上經云"小功不易", 明緦不易. 下經云"緦・小功之絰", 兼言"緦"者, 恐免絰不及緦故也. 前經已云"於免絰之", 此經又云"如免則絰"者, 前經但云"絰", 不云"練冠", 恐小功以下不得改前喪練冠, 故重言之也.

---

11) 『예기』「잡기상(雜記上)」【496a~b】: 有三年之練冠, 則以大功之麻易之, 唯杖屨不易.

번역 ●經文: "如免, 則絰其緦·小功之絰". ○만약 시마복(緦麻服)과 소공복(小功服)의 상에서 문(免)을 해야 하는 절차라면 수질(首絰)은 시마복과 소공복에 착용하는 질(絰)을 하니, 뒤에 발생한 시마복의 질을 착용하는 것은 이전 상에서 연관(練冠)을 하여 이미 수질을 제거한 상태이기 때문이다. 앞의 경문에서 "소공복으로는 바꾸지 않는다."라고 했으니, 시마복으로는 바꾸지 않는다는 사실을 나타낸다. 뒤의 경문에서 "시마복과 소공복의 질(絰)이다."라고 하여, 시마복까지도 함께 말한 것은 문(免)과 질(絰)을 하는 것이 시마복에는 해당하지 않는다고 오해할 수도 있기 때문이다. 앞의 경문에서 이미 "문(免)을 할 때 질(絰)을 찬다."라고 했고, 이곳 경문에서는 재차 "만약 문(免)을 하게 되면 질(絰)을 찬다."라고 했는데, 앞의 경문에서는 단지 '질(絰)'만을 말하고 '연관(練冠)'을 언급하지 않았다. 그 이유는 소공복 이하의 상에서는 이전 상의 연관을 바꿀 수 없다고 오해할 수도 있기 때문에 거듭 언급한 것이다.

孔疏 ●"因其初葛帶"者, 言小功以下之喪, 要中所著, 仍因其初喪練葛帶. 上文云"期喪既葬, 則帶練之故葛帶", 此小功以下之喪, 亦著練之初葛帶, 不云"故"而云"初"者, 以期初喪之時, 變練之葛帶爲麻. 期既葬之後, 還反服練之故葛帶, 故言"故"也. 謂其小功以下之喪, 不變練之葛帶, 故云"初葛帶"也.

번역 ●經文: "因其初葛帶". ○소공복 이하의 상에서 허리에 착용하는 것은 곧 초상의 연제(練祭)를 치른 이후 착용하는 갈포로 만든 허리띠라는 뜻이다. 앞의 문장에서는 "기년상에서 장례를 치렀다면, 허리띠는 연제를 치른 이후 착용하는 이전의 갈포로 만든 허리띠를 찬다."라고 했는데, 이곳에서는 소공복 이하의 상에서도 또한 연제를 치르게 된 처음의 갈포로 만든 허리띠를 찬다고 했다. 그런데 '이전[故]'이라고 말하지 않고 '처음[初]'이라고 말한 것은 기년상이 최초 발생했을 때, 연제를 치른 뒤의 갈포로 만든 허리띠를 마(麻)로 만든 것으로 바꾸었기 때문이다. 기년상에서 장례를 치른 이후라면 재차 연제를 치른 뒤에 착용하는 이전 갈포로 만든 허리띠를 착용한다. 그렇기 때문에 '고(故)'라고 기록했다. 즉 소공복 이하의 상에서는 연제를 치른 이후 착용하는 갈포로 만든 허리띠는 바꾸지 않는다. 그렇기 때문에 '처음 갈포로 만든 허리띠'라고 말한 것이다.

孔疏 ●"緦之麻不變小功之葛, 小功之麻不變大功之葛"者, 謂以輕喪之麻, 本服旣輕, 雖初喪之麻, 不變前重喪之葛也.

번역 ●經文: "緦之麻不變小功之葛, 小功之麻不變大功之葛". ○수위가 낮은 상의 마(麻)로 만든 질은 본래의 상복 자체가 수위가 낮으니, 초상의 마(麻)라 하더라도 이전 수위가 높은 상에서 착용하던 갈포로 만든 질(絰)을 바꾸지 않는다.

孔疏 ●"以有本爲稅"者, 稅, 謂變易也. 所以緦之麻不變小功者, 以其緦與小功麻絰旣無本, 不合稅變前喪, 唯大功以上麻絰有本者, 得稅變前喪也.

번역 ●經文: "以有本爲稅". ○'태(稅)'자는 바꾼다는 뜻이다. 시마복(緦麻服)에 착용하는 마(麻)로 만든 질(絰)로 소공복(小功服)의 질(絰)을 바꾸지 않는 것은 시마복과 소공복의 마(麻)로 만든 질은 이미 뿌리가 없는 것이니, 이전의 상에서 착용하던 복식을 바꿀 수 없고, 오직 대공복(大功服) 이상의 상에서 착용하는 뿌리가 있는 마(麻)로 만든 질만이 이전 상에서 착용하던 복식을 바꿀 수 있다.

孔疏 ◎注"稅亦"至"易也". ○正義曰: 云"稅亦變易"者, 以一經之內有變·有稅兩文, 故言"稅亦變易"也. 云"此要其麻有本者乃變上耳"者, "麻有本", 謂大功以上麻絰有本, 爲重下服, 乃變上服, 大功得變期, 期得變三年也. 云"雜記曰: 有三年之練冠, 則以大功之麻易之"者, 所以引此者, 欲明大功之麻, 非但得易期喪之葛, 亦得易三年練冠之葛也.

번역 ◎鄭注: "稅亦"~"易也". ○정현이 "'태(稅)' 또한 바꾼다는 뜻이다."라고 했는데, 하나의 경문 안에 '변(變)'과 '태(稅)'라는 두 글자가 기록되어 있기 때문에 "'태(稅)' 또한 바꾼다는 뜻이다."라고 했다. 정현이 "허리의 경우 뿌리가 있는 마(麻)라면 이전 것을 바꿀 따름이다."라고 했는데, "마(麻)에 뿌리가 있다."라는 말은 대공복(大功服) 이상의 상에서 착용하는 뿌리가 있는 마(麻)의 질(絰)을 뜻하니, 수위가 높지만 그보다 낮은 수위의 복장으로 곧 그보다 수위가 높은 복장을 바꾸게 된다. 즉 대공복으로 기년복을 바꿀 수 있고, 기년복으로 삼년복을 바꿀 수 있다는 뜻이다. 정현이 "『예기』「잡기(雜記)」편에서는 '삼년상을 치르고 있을 때 소상(小祥)을 치렀는데, 갑작스럽게 대공복(大功服)에 해당하는 상이 발생한다면, 대공복에 착용하는 마(麻)로 만든 질(絰)로 소상 때 착용했던 갈(葛)로 만든 질(絰)을 바꾼다.'"라고 했는데, 이 문장을 인용한 것은 대공복에서 착용하는 마(麻)로 만든 질(絰)로는 단지 기년상의 갈포로 만든 질만 바꿀 수 있는 것이 아니라, 삼년상에서 연관(練冠)을 착용했을 때의 갈포로 만든 질도 바꿀 수 있음을 나타내고자 한 것이다.

集解 小功不易喪之練冠者, 小功之冠輕於三年練冠故也. 因其初葛帶, 因練服之帶也. 雜記曰, "父母之喪, 雖功衰, 不弔", "如有服而將往哭之, 則服其服而往", 則三年旣練, 於哭小功緦麻之喪, 不惟絰其絰, 又當爲之變服矣, 其不變者惟葛帶耳. 旣哭, 則反其練服.

번역 소공복(小功服)의 상으로는 이전 상의 연관(練冠)을 바꾸지 않는다는 말은 소공복에 착용하는 관은 삼년상에서 착용하는 연관보다 수위가 낮기 때문이다. 처음의 갈포로 만든 허리띠에 따른다는 말은 연제(練祭)를 치른 이후의 복장에서 착용하는 허리띠를 찬다는 뜻이다. 『예기』「잡기(雜記)」편에서는 "부모의 상을 치를 때에는 비록 소상(小祥)을 끝내서 공최(功衰)로 갈아입은 상태라 하더라도 남의 상에 찾아가서 조문을 하지 않는다."라고 했고, "만약 자신과 상복관계에 있는 친족이 죽게 되어, 그에게 찾아가 곡을 하게 되면, 자신이 입고 있던 공최를 벗고, 해당하는 상복을 착용하고 찾아간다."라고 했으니,[12] 삼년상에서 연제를 치른다면 소공복(小功服)과 시마복(緦麻服)의 상에서 곡을 할 때 소공복과 시마복의 질(絰)을 찰뿐만 아니라 또한 그 상을 위해서 복장도 마땅히 바꿔야 하는데, 바꾸지 않는 것은 오직 갈포로 만든 허리띠일 따름이다. 곡을 끝냈다면 다시 연제를 치른 이후의 복장으로 갈아입는다.

---

12) 『예기』「잡기하(雜記下)」【513b~c】 : 三年之喪雖功衰不弔, 自諸侯達諸士, 如有服而將往哭之, 則服其服而往.

間傳 人名 및 用語 辭典

◎ 가공언(賈公彦, ?~?) : 당(唐)나라 때의 유학자이다. 정현(鄭玄)을 존숭하였다. 예학(禮學)에 조예가 깊었다. 『주례소(周禮疏)』, 『의례소(儀禮疏)』 등의 저서를 남겼으며, 이 저서들은 『십삼경주소(十三經注疏)』에 포함되었다.

◎ 가정본(嘉靖本) : 『가정본(嘉靖本)』에는 간행한 자의 정보가 기록되어 있지 않다. 『십삼경주소(十三經注疏)』의 판본이다. 20권으로 구성되어 있으며, 각 권의 뒤편에는 경문(經文)과 그에 따른 주(注)를 간략히 기록하고 있다. 단옥재(段玉裁)는 이 판본이 가정(嘉靖) 연간에 송본(宋本)을 모방하여 간행된 것이라고 여겼다.

◎ 갈홍(葛洪, A.D.283~A.D.343?) : 동진(東晉) 때의 학자이다. 자(字)는 아천(雅川)이고, 호(號)는 포박자(抱朴子)이다. 저서로는 『포박자(抱朴子)』 등이 있다.

◎ 감본(監本) : 『감본(監本)』은 명(明)나라 국자감(國子監)에서 간행한 『십삼경주소(十三經注疏)』의 판본이다.

◎ 강복(降服) : '강복'은 상(喪)의 수위를 본래의 등급보다 한 등급 낮추는 일에 해당한다. 예를 들어 자식은 부모에 대해 삼년상을 치러야 하지만, 다른 집의 양자로 간 경우라면 자신의 친부모에 대해 삼년상을 치르지 않고, 한 등급 낮춰서 1년만 치르게 된다. 이것은 상(喪)의 기간

에만 해당하는 것이 아니라, 상복(喪服) 및 상(喪)을 치르며 부수적으로 갖추게 되는 기물(器物)들에도 적용된다.

◎ 강영(江永, A.D.1681~A.D.1762) : 청(淸)나라 때의 경학자이다. 자(字)는 신수(愼修)이다.『십삼경주소(十三經注疏)』에 대한 연구를 했으며, 특히 삼례(三禮)에 대해 해박했다.

◎ 개성석경(開成石經) :『개성석경(開成石經)』은 당(唐)나라 만들어진 석경(石經)을 뜻한다. 돌에 경문(經文)을 새겼기 때문에, '석경'이라고 부른다. 당나라 때 만들어진 '석경'은 대화(大和) 7년(A.D.833)에 만들기 시작하여, 개성(開成) 2년(A.D.837)에 완성되었기 때문에, '개성석경'이라고도 부르는 것이다.

◎ 고문송판(考文宋板) :『고문송판(考文宋板)』은 일본 학자 산정정(山井鼎) 등이 출간한『칠경맹자고문보유(七經孟子考文補遺)』에 수록된『예기정의(禮記正義)』를 뜻한다. 산정정은『예기정의』를 수록할 때, 송(宋)나라 때의 판본을 저본으로 삼았다.

◎ 곡(斛) : '곡'은 곡(穀)이라고도 기록한다. '곡'은 곡식의 양을 재는 기구이자, 그 수량을 표시하는 단위였다. 지역 및 각 시대마다 다소 차이를 보이는데, 고대에는 10두(斗)가 1곡이었다.『의례』「빙례(聘禮)」편에는 "十斗曰斛."이라는 기록이 있다.

◎ 곡(穀) : =곡(斛)

◎ 공씨(孔氏) : =공영달(孔穎達)

◎ 공안국(孔安國, ?~?) : 전한(前漢) 때의 학자이다. 자(字)는 자국(子國)이다. 고문상서학(古文尙書學)의 개조(開祖)로 알려져 있다.『십삼경주소(十三經注疏)』의『상서정의(尙書正義)』에는 공안국의 전(傳)이 수록되어 있는데, 통상적으로 이 주석은 후대인들이 공안국의 이름에 가탁하여 붙인 문장으로 인식되고 있다.

◎ 공영달(孔穎達, A.D.574~A.D.648) : =공씨(孔氏). 당대(唐代)의 경학자이다. 자(字)는 중달(仲達)이고, 시호(諡號)는 헌공(憲公)이다.『오경정의(五經正義)』를 찬정(撰定)하는데 중심적인 역할을 했다.

◎ 공유사(公有司) : '공유사'는 사(士)가 맡았던 직책으로, 군주에게 특명을 받은 유사(有司)이다. '유사'는 실무 담당자를 뜻한다.

◎ 공최(功衰) : '공최'는 상복(喪服)의 한 종류이다. 참최복(斬衰服)과 자최복(齊衰服)을 입고 치르는 상(喪)에서, 소상(小祥)을 지낸 이후에 착

용하는 상복이다. 상복 재질의 거친 정도가 대공복(大功服)과 같기 때문에, ‘공최’라고 부르게 되었다.

◎ 관구(菅屨) : ‘관구’는 상중(喪中)에 신는 신발로, 골풀[菅]을 엮어서 만든 짚신이다.

◎ 괄발(括髮) : ‘괄발’은 상(喪)을 치를 때, 관(冠)을 벗고 머리를 마(麻)로 된 천으로 싸매는 것을 뜻한다.

◎ 교감기(校勘記) : 『교감기(校勘記)』는 완원(阮元)이 학자들을 모아서 편찬했던 『십삼경주소교감기(十三經註疏校勘記)』를 뜻한다.

◎ 교기(校記) : 『교기(校記)』는 손이양(孫詒讓)이 지은 『십삼경주소교기(十三經注疏校記)』를 뜻한다.

◎ 구부(九賦) : ‘구부’는 주(周)나라 때 거둬들인 아홉 종류의 세금을 뜻한다. 방중지부(邦中之賦), 사교지부(四郊之賦), 방전지부(邦甸之賦), 가삭지부(家削之賦), 방현지부(邦縣之賦), 방도지부(邦都之賦), 관시지부(關市之賦), 산택지부(山澤之賦), 폐여지부(幣餘之賦)를 뜻한다. 방중지부는 국성에 사는 백성들에게 거두는 세금이다. 사교지부는 국성으로부터 사방 100리(里) 이내에 살고 있는 백성들에게 거두는 세금이다. 방전지부는 국성으로부터 사방 100리(里)에서 200리(里) 사이에 살고 있는 백성들에게 거두는 세금이다. 가삭지부는 국성으로부터 사방 200리(里)에서 300리(里) 사이에 살고 있는 백성들에게 거두는 세금이다. 방현지부는 국성으로부터 사방 300리(里)에서 400리(里) 사이에 살고 있는 백성들에게 거두는 세금이다. 방도지부는 국성으로부터 사방 400리(里)에서 500리(里) 사이에 살고 있는 백성들에게 거두는 세금이다. 관시지부는 관문과 시장에서 거두는 세금이다. 산택지부는 산림과 하천에서 거두는 세금이다. 폐여지부는 공인에게서 거두는 세금이다. 『주례』「천관(天官)·대재(大宰)」편에는 ““以九賦斂財賄. 一曰邦中之賦, 二曰四郊之賦, 三曰邦甸之賦, 四曰家削之賦, 五曰邦縣之賦, 六曰邦都之賦, 七曰關市之賦, 八曰山澤之賦, 九曰幣餘之賦.”라는 기록이 있고, 이에 대한 정현의 주에서는 “邦中在城郭者, 四郊去國百里, 邦甸二百里, 家削三百里, 邦縣四百里, 邦都五百里, 此平民也. 關市·山澤謂占會百物, 幣餘謂占賣國中之斥幣, 皆未作當增賦者.”라고 풀이했다.

◎ 귀첩(貴妾) : ‘귀첩’은 처(妻)가 시집을 오면서 함께 데려왔던 일가붙이가 되는 여자와 자식의 첩(妾) 등을 지칭하는 말이다.

◎ 금방(金榜, A.D.1735~A.D.1801) : 청(淸)나라 때의 학자이다. 자(字)는 예중(蕊中)·보지(輔之)이다. 한림원수찬(翰林院修撰) 등을 지냈으며, 외조부(外祖父)가 죽자 복상(服喪)을 하고, 이후 두문불출하며 오로지 독서와 저술에만 전념하였다. 대진(戴震)과 동학(同學)했으며, 『예전(禮箋)』 등을 저술하였다.

◎ 기년상(期年喪) : '기년상'은 1년 동안 치르는 상을 뜻한다. 일반적으로 자최복(齊衰服)을 입고 치르는 상을 뜻한다. '기년(期年)'은 1년을 뜻하는데, '자최복'은 일반적으로 1년 동안 입게 되는 상복이기 때문이다.

◎ 길제(吉祭) : '길제'는 상례(喪禮)의 단계를 뜻한다. 우제(虞祭)를 지낸 뒤, 졸곡(卒哭)을 하며 제사를 지내게 되는데, 이 단계부터 지내는 제사를 '길제'라고 부른다. 상(喪)은 흉사(凶事)에 해당하는데, 그 이전까지는 슬픔에서 벗어나기 힘들기 때문에 흉제(凶祭) 또는 상제(喪祭)라고 부르며, 이 단계부터는 평상시처럼 길(吉)한 때로 접어들기 때문에 '길제'라고 부른다. 『예기』「단궁하(檀弓下)」편에는 "是月也, 以虞易奠, 卒哭曰成事. 是日也, 以吉祭易喪祭."라는 기록이 있다. 또 삼년상을 마치게 되면 신주(神主)를 종묘(宗廟)에 안치하고 길례(吉禮)에 따라 제사를 지내게 되는데, 이러한 제사를 '길제'라고 부른다. 또한 평상시 정규적으로 지내는 제사를 '길제'라고도 부른다.

ㄴ

◎ 낙(酪) : '낙'은 가축의 젖을 가공한 음식으로, 완전히 건조시켜 덩어리로 만들기도 하고 걸쭉하게 만들기도 한다.

◎ 남송석경(南宋石經) : 『남송석경(南宋石經)』은 송(宋)나라 고종(高宗) 때 돌에 새긴 『십삼경주소(十三經注疏)』의 판본이다. 그러나 『예기(禮記)』에 대해서는 「중용(中庸)」 1편만을 기록하고 있다.

◎ 남전여씨(藍田呂氏, A.D.1040~A.D.1092) : =여대림(呂大臨)·여씨(呂氏)·여여숙(呂與叔). 북송(北宋) 때의 학자이다. 이름은 대림(大臨)이고, 자(字)는 여숙(與叔)이며, 호(號)는 남전(藍田)이다. 장재(張載) 및 이정(二程)형제에게서 수학하였다. 저서로는 『남전문집(藍田文集)』 등이 있다.

◎ 내종(內宗) : '내종'에는 두 가지가 있다. 첫 번째는 『주례』에 나오는 천

자와 동성(同姓)인 여자 관리를 뜻하며, 군주와 동성인 여자들을 모두 '내종'이라고도 불렀다. 두 번째는 군주의 오속(五屬)에 속한 친족의 딸자식을 뜻한다.

ㄷ

◎ 단(袒) : '단'은 상중(喪中)에 남자들이 취하는 복장 방식이다. 상의 중 좌측 어깨 쪽을 드러내는 방법이다. 한편 일반적인 의례절차에서도 단 (袒)의 복장 방식을 취하는 경우가 있다.

◎ 단최(端衰) : '단최'는 상복의 상의를 뜻하는데, 6촌(寸)으로 만든 상복 을 가슴 앞에 달기 때문에, 그 상의를 또한 '최(衰)'라고 부른다. '단 (端)'자는 장폭을 뜻한다. 길한 시기에 착용하는 현단복(玄端服)의 경 우, 몸통과 소매 부분의 너비는 모두 2척(尺) 2촌(寸)의 것을 정폭으로 삼고, 상복의 상의 또한 이처럼 만든다. 그런데 현재 상복 부분을 가슴 앞에 단 것을 사용하기 때문에, '단최(端衰)'라고 부른 것이다.

◎ 담제(禫祭) : '담제'는 상복(喪服)을 벗을 때 지내는 제사이다.

◎ 당실(當室) : '당실'은 부친을 대신하여, 가사(家事)일을 돌본다는 뜻이 다. 고대에는 대부분 장자(長子)가 이 일을 담당해서, 적장자(嫡長子) 를 가리키기는 용어로도 사용하였다.

◎ 대공복(大功服) : '대공복'은 상복(喪服) 중 하나로, 오복(五服)에 속한다. 조밀한 삼베를 사용해서 만들지만, 소공복(小功服)에 비해서는 삼베의 재질이 거칠기 때문에, '대공복'이라고 부른다. 이 복장을 입게 되는 기간은 상황에 따라 차이가 생기지만, 일반적으로 9개월이다. 당형제 (堂兄弟) 및 미혼인 당자매(堂姊妹), 또는 혼인을 한 자매(姊妹) 등을 위해서 입는다.

◎ 대덕(戴德, ?~?) : 전한(前漢) 때의 학자이다. 자(字)는 연군(延君)이다. 금문예학(今文禮學)인 대대학(大戴學)의 창시자로 일컬어진다. 조카 대성(戴聖), 경보(慶普) 등과 후창(后蒼)에게서 수학하여, 예(禮)를 익 혔다. 선제(宣帝) 때에는 박사(博士)에 임명되기도 하였다. 그의 학문 은 서량(徐良)과 유경(斿卿) 등에게 전수되었다. 『대대례기(大戴禮記)』 를 편찬하였지만, 『소대례기(小戴禮記)』에 비해 성행되지 못하였으며, 현재는 많은 부분이 없어지고, 단지 삼십여 편만이 남아 있다.

◎ 대렴(大斂) : '대렴'은 상례(喪禮) 절차 중 하나이다. 소렴(小斂)을 끝낸 뒤에, 시신을 관에 안치하는 절차이다.

◎ 대상(大祥) : '대상'은 부모의 상(喪) 및 삼년상 등을 치를 때 그 대상이 죽은 후 만 2년 만에 탈상을 하며 지내는 제사이다.

◎ 대상(大喪) : '대상'은 천자(天子)·왕후(王后)·세자(世子) 등의 상(喪)을 가리킨다. 이들은 가장 존귀한 자들에 해당하기 때문에, 그들에 대한 상(喪) 또한 '대(大)'자를 붙여서, '대상'이라고 부르는 것이다. 『주례』「천관(天官)·재부(宰夫)」편에는 "大喪小喪, 掌小官之戒令, 帥執事而治之."라는 기록이 있는데, 이에 대한 정현의 주에서는 "大喪, 王·后·世子之喪也."라고 풀이했다. 한편 '대상'은 부모의 상(喪)을 가리키기도 한다. 부모는 자식의 입장에서 가장 중대한 대상에 해당하기 때문에, 부모의 상(喪)을 '대상'이라고 부르는 것이다. 『춘추공양전』「선공(宣公) 1년」편에는 "古者臣有大喪, 則君三年不呼其門."이라는 용례가 있다.

◎ 대축(大祝) : '대축'은 제사와 관련된 관직이다. 『예기』「곡례하(曲禮下)」편에는 "天子建天官, 先六大, 曰大宰, 大宗, 大史, 大祝, 大士, 大卜, 典司六典."이라고 하여, 대재(大宰)와 함께 천관(天官)에 소속된 관리로 기술되어 있다. 한편 『주례』「춘관종백(春官宗伯)」편에는 "大祝, 下大夫二人, 上士四人, 小祝, 中士八人, 下士十有六人, 府二人, 史四人, 胥四人, 徒四十人."이라고 하여, '대축'은 하대부(下大夫) 2명이 담당하고, 그 직속 휘하에는 상사(上士) 4명이 배속되어 있으며, '대축'을 돕는 소축(小祝) 관직에는 중사(中士) 4명이 담당하고, 그 휘하에는 하사(下士) 16명, 부(府) 2명, 사(史) 4명, 서(胥) 4명, 도(徒) 40명이 배속되어 있다고 기록되어 있다. 또 『주례』「춘관(春官)·대축(大祝)」편에는 "掌六祝之辭, 以事鬼神示, 祈福祥求永貞."이라고 하여, '대축'은 여섯 가지 축문에 관한 일을 담당하여, 이것으로써 귀신을 섬겨 복을 기원하는 일을 했다고 기록되어 있다.

◎ 두(斗) : '두'는 곡식 등의 양을 재는 기구이자, 그 수량을 표시하는 단위였다. 지역 및 각 시대마다 다소 차이를 보이는데, 고대에는 10승(升)이 1두였다.

◎ 두예(杜預, A.D.222~A.D.284) : =두원개(杜元凱). 서진(西晉) 때의 유학자이다. 경조(京兆) 두릉(杜陵) 출신이다. 자(字)는 원개(元凱)이다. 『춘추경전집해(春秋經典集解)』를 저술하였는데, 이 책은 현존하는 『춘추

(春秋)』의 주석서 중 가장 오래된 것이며, 『십삼경주소(十三經注疏)』
의 『춘추좌씨전정의(春秋左氏傳正義)』에도 채택되어 수록되었다.

◎ 두원개(杜元凱) : =두예(杜預)

◎ 마계장(馬季長) : =마융(馬融)

◎ 마씨(馬氏) : =마희맹(馬晞孟)

◎ 마언순(馬彦醇) : =마희맹(馬晞孟)

◎ 마융(馬融, A.D.79~A.D.166) : =마계장(馬季長). 후한대(後漢代)의 경학자
(經學者)이다. 자(字)는 계장(季長)이며, 마속(馬續)의 동생이다. 고문경학
(古文經學)을 연구하였으며, 『주역(周易)』, 『상서(尙書)』, 『모시(毛詩)』, 『논
어(論語)』, 『효경(孝經)』 등을 두루 주석하고, 『노자(老子)』, 『회남자(淮南
子)』 등도 주석하였지만 현재 전해지지 않는다.

◎ 마희맹(馬晞孟, ?~?) : =마씨(馬氏)・마언순(馬彦醇). 자(字)는 언순(彦
醇)이다. 『예기해(禮記解)』를 찬술했다.

◎ 맥두(貊頭) : '맥두'는 고대에 남자들이 머리를 묶을 때 사용하던 두건
이다.

◎ 명부(命婦) : '명부'는 고대 봉호(封號)를 부여받은 여자들을 뜻한다. 궁
중에 머물며 비(妃)나 빈(嬪)의 신분을 가진 여자들은 내명부(內命婦)
라고 부르고, 신하의 처가 된 자들은 외명부(外命婦)라고 부른다.

◎ 모본(毛本) : 『모본(毛本)』은 명(明)나라 말기 급고각(汲古閣)에서 간행
된 『십삼경주소(十三經注疏)』의 판본이다. 급고각은 모진(毛晉)이 지
은 장서각이었으므로, 이러한 명칭이 생겼다.

◎ 목록(目錄) : 『목록(目錄)』은 정현이 찬술했다고 전해지는 『삼례목록
(三禮目錄)』을 가리킨다. 『십삼경주소(十三經注疏)』에서 인용되고 있
지만, 이 책은 『수서(隋書)』가 편찬될 당시에 이미 일실되어 존재하지
않았다. 『수서』「경적지(經籍志)」편에는 "三禮目錄一卷, 鄭玄撰, 梁有
陶弘景注一卷, 亡."이라는 기록이 있다.

◎ 문(免) : '문'은 문포(免布)나 문복(免服)과 같은 뜻이다.

◎ 문복(免服) : '문복'은 상복(喪服)의 한 종류이다. 문(免)과 최질(衰絰)을
하는 것이며, 친상(親喪)을 처음 당했을 때 착용하는 복장이다.

◎ 문포(免布) : ‘문포’는 상(喪)을 당한 사람이 관(冠)을 벗고 흰 천 등으로 ‘머리를 묶는 것[括髮]’을 뜻한다.

◎ 민본(閩本) : 『민본(閩本)』은 명(明)나라 가정(嘉靖) 연간 때 이원양(李元陽)이 간행한 『십삼경주소(十三經注疏)』 판본이다. 한편 『칠경맹자고문보유(七經孟子考文補遺)』에서는 이 판본을 『가정본(嘉靖本)』으로 지칭하고 있다.

ㅂ

◎ 방각(方慤) : =엄릉방씨(嚴陵方氏)

◎ 방성부(方性夫) : =엄릉방씨(嚴陵方氏)

◎ 방씨(方氏) : =엄릉방씨(嚴陵方氏)

◎ 방포(方苞, A.D.1668~A.D.1749) : 청대(淸代)의 학자이다. 자(字)는 영고(靈皐)이고, 호(號)는 망계(望溪)이다. 송대(宋代)의 학문과 고문(古文)을 추종하였다.

◎ 백호통(白虎通) : 『백호통(白虎通)』은 후한(後漢) 때 편찬된 서적이다. 『백호통의(白虎通義)』라고도 부른다. 후한의 장제(章帝)가 학자들을 불러 모아서, 백호관(白虎觀)에서 토론을 시키고, 각 경전 해석의 차이점을 기록한 서적이다.

◎ 별록(別錄) : 『별록(別錄)』은 후한(後漢) 때 유향(劉向)이 찬(撰)했다고 전해지는 책이다. 현재는 일실되어 존재하지 않으며, 『한서(漢書)』「예문지(藝文志)」편을 통해서 대략적인 내용만을 추측해볼 수 있다.

◎ 봉(賵) : ‘봉’은 부의를 보낸다는 뜻이며, 또한 부의로 보내는 특정 물건을 가리키기도 하다. ‘봉’은 상사(喪事)에 사용될 수레나 말을 부의로 보내는 것이다. 『예기』「문왕세자(文王世子)」편에는 “族之相爲也, 宜弔不弔, 宜免不免, 有司罰之. 至于賵賻承含, 皆有正焉.”이라는 기록이 있는데, 이에 대한 진호(陳澔)의 『집설(集說)』에서는 “賵以車馬.”라고 풀이했다.

◎ 부제(祔祭) : ‘부제’는 ‘부(祔)’라고도 한다. 새로이 죽은 자가 있으면, 선조(先祖)에게 ‘부제’를 올리면서, 신주(神主)를 합사(合祀)하는 것을 말한다. 『주례』「춘관(春官)・대축(大祝)」편에는 “付練祥, 掌國事.”라는 기록이 있고, 이에 대한 정현의 주에서는 “付當爲祔. 祭於先王以祔後死

者.”라고 풀이하였다.

◎ 사건(邪巾) : '사건'은 부모가 이제 막 돌아가셨을 때 자식이 머리에 쓰게 되는 천을 뜻한다.

◎ 사자(射慈, A.D.205~A.D.253) : =사자(謝慈). 삼국시대(三國時代) 때 오(吳)나라의 학자이다. 자(字)는 효종(孝宗)이다.

◎ 사자(謝慈) : =사자(射慈)

◎ 산음육씨(山陰陸氏, A.D.1042~A.D.1102) : =육농사(陸農師)·육전(陸佃). 북송(北宋) 때의 유학자이다. 자(字)는 농사(農師)이며, 호(號)는 도산(陶山)이다. 어려서 집안이 매우 가난했다고 전해지며, 왕안석(王安石)에게 수학하였으나 왕안석의 신법에 대해서는 반대하였다. 저서로는 『비아(埤雅)』, 『춘추후전(春秋後傳)』, 『도산집(陶山集)』 등이 있다.

◎ 삼공(三公) : '삼공'은 중앙정부의 가장 높은 관직자 3명을 합쳐서 부르는 말이다. '삼공'에 속한 관직명에 대해서는 각 시대별로 차이가 있다. 『사기(史記)』「은본기(殷本紀)」편에는 “以西伯昌, 九侯, 鄂侯, 爲三公.”이라는 기록이 있다. 즉 은나라 때에는 서백(西伯)인 창(昌), 구후(九侯), 악후(鄂侯)들을 '삼공'으로 삼았다. 또한 주(周)나라 때에는 태사(太師), 태부(太傅), 태보(太保)를 '삼공'으로 삼았다. 『서』「주서(周書)·주관(周官)」편에는 “立太師·太傅·太保, 玆惟三公, 論道經邦, 燮理陰陽.”이라는 기록이 있다. 한편 『한서(漢書)』「백관공경표서(百官公卿表序)」에 따르면 사마(司馬), 사도(司徒), 사공(司空)을 '삼공'으로 삼았다는 기록이 있다.

◎ 상거(喪車) : '상거'는 악거(惡車)라고도 부른다. 장례(葬禮)를 치를 때 사용되는 수레이다. 다만 시신의 관을 싣는 용도로 사용되는 것이 아니라, 그의 자식이 타게 되는 수레이다. 『예기』「잡기상(雜記上)」편에는 “端衰·喪車皆無等.”이라는 기록이 있는데, 이에 대한 공영달(孔穎達)의 소(疏)에서는 “喪車者, 孝子所乘惡車也.”라고 풀이했다.

◎ 상관(喪冠) : '상관'은 상복(喪服)을 착용할 때 쓰는 관(冠)이다. 상복은 수위에 따라 일반적으로 오복(五服)으로 나뉘게 되는데, '상관' 또한 각 상복의 종류에 따라 달라진다.

◎ 상제(祥祭) : ‘상제’는 대상(大祥)과 소상(小祥) 때의 제사를 뜻한다. ‘소
상’에서의 제사는 부모가 죽은 지 만 1년 만에 지내는 제사이고, 대상
(大祥)에서의 제사는 만 2년 만에 지내는 제사이다. 또한 소상(小祥)은
연제(練祭)라고 부르므로, ‘상제’를 대상(大祥)을 뜻하는 용어로도 사
용한다.

◎ 상축(商祝) : ‘상축’은 상(商)나라 즉 은(殷)나라 때의 예법을 익혀서, 제
사를 돕는 자를 뜻한다. 『예기』「악기(樂記)」편에는 “商祝辨乎喪禮, 故
後主人.”이라는 기록이 있는데, 이에 대한 공영달(孔穎達)의 소(疏)에
서는 “商祝, 謂習商禮而爲祝者.”라고 풀이했다.

◎ 서모(庶母) : ‘서모’는 부친의 첩(妾)들을 뜻한다. 『의례』「사혼례(士昏
禮)」편에는 “庶母及門內施鞶, 申之以父母之命.”이라는 기록이 있는데,
이에 대한 정현의 주에서는 “庶母, 父之妾也.”라고 풀이했다. 한편 ‘서
모’는 부친의 첩들 중에서도 아들을 낳은 여자를 뜻하기도 한다. 『주
자전서(朱子全書)』「예이(禮二)」편에는 “庶母, 自謂父妾生子者.”라는
기록이 있다.

◎ 석(石) : ‘석’은 용량을 재는 단위이다. 지역 및 각 시대마다 다소 차이
를 보이는데, 고대에는 10두(斗)를 1석(石)으로 여겼다.

◎ 석경(石經) : 『석경(石經)』은 당(唐)나라 개성(開成) 2년(A.D.714)에 돌
에 새긴 『십삼경주소(十三經注疏)』의 판본이다. 당나라 국자학(國子
學)의 비석에 새겨졌다는 판본이 바로 이것을 가리킨다.

◎ 석명(釋名) : 『석명(釋名)』은 후한(後漢) 때의 학자인 유희(劉熙)가 지
은 서적이다. 오래된 훈고학 서적의 하나로 꼽힌다.

◎ 석최(錫衰) : ‘석최’는 가는 베로 만든 옷으로, 일종의 상복(喪服)에 해
당한다. 천자의 경우, 삼공(三公)이나 육경(六卿)의 상(喪)에 착용했던
복장이다.

◎ 설문(說文) : =설문해자(說文解字)

◎ 설문해자(說文解字) : 『설문해자(說文解字)』는 후한(後漢) 때의 학자인 허
신(許愼)이 찬(撰)했다고 전해지는 자서(字書)이다. 『설문(說文)』이라고
도 칭해진다. A.D.100년경에 완성되었다고 전해진다. 글자의 형태, 뜻,
음운(音韻)을 수록하고 있다.

◎ 성포(成布) : ‘성포’는 비교적 가늘고 부드러운 포(布)를 뜻한다. 상복의
경우 6승(升) 이하의 포는 길복(吉服)에 사용되는 포와 유사하기 때문

에, 이러한 상복에 사용되는 포를 '성포'라고 부른다.

◎ 세최(總衰) : '세최'는 5개월 동안 소공복(小功服)의 상을 치를 때 착용하는 상복을 뜻한다. 가늘고 성근 마(麻)의 포를 사용해서 만들기 때문에, '세최'라고 부른다.

◎ 소공복(小功服) : '소공복'은 상복(喪服) 중 하나로, 오복(五服)에 속한다. 조밀한 삼베를 사용해서 만들며, 대공복(大功服)에 비해서 삼베의 재질이 조밀하기 때문에, '소공복'이라고 부른다. 이 복장을 입게 되는 기간은 상황에 따라 차이가 생기지만, 일반적으로 5개월이 된다. 백숙(伯叔)의 조부모나 당백숙(堂伯叔)의 조부모, 혼인하지 않은 당(堂)의 자매(姊妹), 형제(兄弟)의 처 등을 위해서 입는다.

◎ 소관(素冠) : '소관'은 상사(喪事)나 흉사(凶事)의 일을 접했을 때 쓰게 되는 흰색 관(冠)이다.

◎ 소단(素端) : '소단'은 소복(素服)과 같은 말이다. 흰색으로 만든 상의와 하의를 뜻하며, 상(裳)자와 함께 기론될 때에는 흰색의 상의만을 뜻하기도 한다. 고대에 제후·대부·사가 착용했던 일종의 제복(祭服)이다. 기근이나 재앙이 들었을 때 기원을 하기 위해 착용하는 복장이다.

◎ 소렴(小斂) : '소렴'은 상례(喪禮) 절차 중 하나이다. 죽은 자의 시신을 목욕시키고, 의복을 착용시키며, 그 위에 이불 등으로 감싸는 절차를 뜻한다.

◎ 소비(素紕) : '소비'는 관(冠)의 양쪽 측면 과 테두리 밑의 경계지점에 흰색의 명주로 가선을 댄 것을 뜻한다.

◎ 소상(小祥) : '소상'은 본래 부모 및 군주의 상(喪)에서, 부모가 죽은 지 만 1년 만에 지내는 제사이다. 이 제사가 끝나면, 자식은 3년상을 지낼 때의 복장과 생활방식을 조금씩 덜어내게 된다. 또한 '소상'은 친족 및 타인의 상에서 1년이 지났을 때를 가리키기도 한다.

◎ 소최(疏衰) : '소최'는 자최복(齊衰服)이다.

◎ 수(銖) : '수'는 용량을 재는 단위이다. 24분의 1양(兩)이다.

◎ 습(襲) : '습'은 시신에 옷을 입히는 의식 절차이다. 한편 시신에 입히는 옷 자체도 '습'이라고 불렀다.

◎ 승(升) : '승'은 용량을 재는 단위이다. 지역 및 각 시대마다 다소 차이를 보이는데, 고대에는 10합(合)을 1승(升)으로 여겼고, 10승(升)을 1두(斗)로 여겼다. 『한서(漢書)』「율력지상(律曆志上)」편에는 "合龠爲合,

十合爲升."이라는 기록이 있다.

◎ 승(升) : '승'은 옷감과 관련된 단위이다. 고대에는 포(布) 80가닥[縷]을
1승(升)으로 여겼다.『의례』「상복(喪服)」편에서는 "冠六升, 外畢."이라
는 기록이 있는데, 이에 대한 정현의 주에서는 "布八十縷爲升."이라고
풀이했다.

◎ 시마복(總痲服) : '시마복'은 상복(喪服) 중 하나로, 오복(五服)에 속한
다. 가장 조밀한 삼베를 사용해서 만든다. 이 복장을 입게 되는 기간은
상황에 따라서 차이가 있지만, 일반적으로 3개월이 된다. 친족의 백숙
부모(伯叔父母)나 친족의 형제(兄弟)들 및 혼인하지 않은 친족의 자매
(姊妹) 등을 위해서 입는다.

◎ 시최(總衰) : '시최'는 석최(錫衰)와 비슷한 재질로 만든 옷으로, 일종의
상복(喪服)에 해당한다. 천자의 경우, 제후의 상(喪)에 착용했던 복장
이다.

◎ 심상(心喪) : '심상'은 죽음에 대해 애도함이 상을 치르는 것과 같지만,
실제적으로 상복을 입지 않는 것을 뜻한다. 주로 스승이 죽었을 때, 제
자들이 치르는 상을 가리킨다.『예기』「단궁상(檀弓上)」편에서는 "事師
無犯無隱, 左右就養無方, 服勤至死, 心喪三年."이라는 기록이 있고, 이
에 대한 정현의 주에서는 "心喪, 戚容如父而無服也."라고 풀이했다.

◎ 심의(深衣) : '심의'는 일반적으로 상의와 하의가 서로 연결된 옷을 뜻한
다. 제후, 대부(大夫), 사(士)들이 평상시 집안에 거처할 때 착용하던
복장이기도 하며, 서인(庶人)에게는 길복(吉服)에 해당하기도 한다. 순
색에 채색을 가미하기도 했다.

◎ 악본(岳本) :『악본(岳本)』은 송(頌)나라 악가(岳珂)가 간행한『십삼경
주소(十三經注疏)』의 판본이다.

◎ 악실(堊室) : '악실'은 상중(喪中)에 임시로 거처하던 가옥으로, 네 벽면
에 흰색의 회칠을 하였다.

◎ 약(龠) : '약'은 약(龠)이라고도 부른다. 용량을 재는 단위이다. 합(合)의
2분의 1을 1약(龠)이라고 한다. 한편 10약(龠)을 1합(合)이라고도 한다.

◎ 양(兩) : '양'은 용량을 재는 단위이다. 고대의 제도에서 24수(銖)는 1양

(兩)이 되고, 16양(兩)은 1근(斤)이 된다.

◎ 엄릉방씨(嚴陵方氏, ?~?) : =방각(方愨)·방씨(方氏)·방성부(方性夫). 송대 (宋代)의 유학자이다. 이름은 각(愨)이다. 자(字)는 성부(性夫)이다.『예기 집해(禮記集解)』를 지었고,『예기집설대전(禮記集說大全)』에는 그의 주 장이 많이 인용되고 있다.

◎ 여대림(呂大臨) : =남전여씨(藍田呂氏)

◎ 여릉호씨(盧陵胡氏) : =호전(胡銓)

◎ 여씨(呂氏) : =남전여씨(藍田呂氏)

◎ 여여숙(呂與叔) : =남전여씨(藍田呂氏)

◎ 연관(練冠) : ‘연관’은 상(喪) 중에 착용하는 관(冠)이다. 부모의 상 중에 서 1주기에 지내는 제사 때 착용을 하였다.

◎ 연제(練祭) : ‘연제’는 소상(小祥)을 뜻한다. 삼년상에서 1년째에 지내는 제사이다. 소상 때에는 연관(練冠)과 연의(練衣)를 착용하고 제사를 지내기 때문에 ‘연제’라고 부른다.

◎ 연침(燕寢) : ‘연침’은 본래 천자 및 제후들이 휴식을 취하던 장소를 가 리킨다. 천자에게는 6개의 침(寢)이 있었는데, 앞쪽에 있는 1개의 침은 정전(正寢)으로, 이것을 노침(路寢)이라고 부르며, 뒤쪽에 있는 다섯 개의 침을 통칭하여, ‘연침’이라고 부른다.『예기』「곡례하(曲禮下)」편 에는 “天子有后, 有夫人”이라는 기록이 있는데, 이에 대한 공영달(孔 穎達)의 소(疏)에서는 “周禮王有六寢, 一是正寢, 餘五寢在後, 通名燕 寢.”이라고 풀이하였다.

◎ 염(斂) : ‘염’은 시신에 옷을 입혀서 관에 안치하는 것을 뜻한다.

◎ 염강(厭降) : ‘염강’은 상례(喪禮)에 있어서, 돌아가신 모친을 위해 자식 은 본래 삼년상(三年喪)을 치러야 하지만, 부친이 생존해 계신 경우라 면, 수위를 낮춰서 기년상(期年喪)으로 치르는데, 이처럼 낮춰서 치르 는 것을 ‘염강’이라고 부른다.

◎ 예사(禮食) : ‘예사’는 본래 군주가 신하들에게 음식을 베풀며 예(禮)로 대접을 해주는 것으로, 일종의 연회이다.『의례』「공사대부례(公食大夫 禮)」에 기록된 의례 절차들이 ‘예사’에 해당한다.

◎ 오계공(敖繼公, ?~?) : 원(元)나라 때의 학자이다. 자(字)는 군선(君善)· 군수(君壽)이다. 이름이 계옹(繼翁)이었다고 하기도 한다. 저서로는『의 례집설(儀禮集說)』등이 있다.

◎ 오복(五服) : '오복'은 죽은 자와 친하고 소원한 관계에 따라 입게 되는 다섯 가지 상복(喪服)을 뜻한다. 참최복(斬衰服), 자최복(齊衰服), 대공복(大功服), 소공복(小功服), 시마복(緦麻服)을 가리킨다. 『예기』「학기(學記)」편에는 "師無當於五服, 五服弗得不親."이라는 기록이 있는데, 이에 대한 공영달(孔穎達)의 소(疏)에서는 "五服, 斬衰也, 齊衰也, 大功也, 小功也, 緦麻也."라고 풀이했다. 또한 '오복'에 있어서는 죽은 자와 가까운 관계일수록 중대한 상복을 입고, 복상(服喪) 기간도 늘어난다. 위의 '오복' 중 참최복이 가장 중대한 상복에 속하며, 그 다음은 자최복이고, 대공복, 소공복, 시마복 순으로 내려간다.

◎ 오유청(吳幼淸) : =오징(吳澄)

◎ 오징(吳澄, A.D.1249~A.D.1333) : =임천오씨(臨川吳氏)·오유청(吳幼淸)·초려오씨(草廬吳氏). 송원대(宋元代)의 유학자이다. 이름은 징(澄)이다. 자(字)는 유청(幼淸)이다. 저서로 『예기해(禮記解)』가 있다.

◎ 왕무횡(王懋竑, A.D.1668~A.D.1741) : 청(淸)나라 때의 경학자이다. 자(字)는 여중(予中)·여중(與中)이며, 호(號)는 백전(白田)이다.

◎ 왕숙(王肅, A.D.195~A.D.256) : =왕자옹(王子雍). 위진남북조(魏晉南北朝) 때의 위(魏)나라 경학자이다. 자(字)는 자옹(子雍)이다. 출신지는 동해(東海)이다. 부친 왕랑(王朗)으로부터 금문학(今文學)을 공부했으나, 고문학(古文學)의 고증적인 해석을 따랐다. 『상서(尚書)』, 『시경(詩經)』, 『좌전(左傳)』, 『논어(論語)』 및 삼례(三禮)에 대한 주석을 남겼다.

◎ 왕자옹(王子雍) : =왕숙(王肅)

◎ 외종(外宗) : '외종'에는 세 가지 뜻이 있다. 첫 번째는 『주례』에 나온 작위를 가진 여자 관리이며, 경이나 대부의 부인까지도 통괄적으로 외종이라고 부른다. 두 번째는 고모·자매의 딸자식, 외삼촌의 딸자식, 종모(從母)의 딸자식 등을 뜻한다. 세 번째는 외가 친족의 부인들을 뜻한다.

◎ 우제(虞祭) : '우제'는 장례(葬禮)를 치르고 난 뒤에 지내는 제사를 뜻한다.

◎ 웅씨(熊氏) : =웅안생(熊安生)

◎ 웅안생(熊安生, ?~A.D.578) : =웅씨(熊氏). 북조(北朝) 때의 경학자이다. 자(字)는 식지(植之)이다. 『주례(周禮)』, 『예기(禮記)』, 『효경(孝經)』 등

많은 전적에 의소(義疏)를 남겼지만, 모두 산일되어 남아 있지 않다. 현재 마국한(馬國翰)의 『옥함산방집일서(玉函山房輯佚書)』에 『예기웅씨의소(禮記熊氏義疏)』 4권이 남아 있다.

◎ 유씨(庾氏) : =유울지(庾蔚之)

◎ 유울지(庾蔚之, ?~?) : =유씨(庾氏). 남조(南朝) 때 송(宋)나라 학자이다. 저서로는 『예기약해(禮記略解)』, 『예론초(禮論鈔)』, 『상복(喪服)』, 『상복세요(喪服世要)』, 『상복요기주(喪服要記注)』 등을 남겼다.

◎ 육경(六卿) : '육경'은 여섯 명의 경(卿)을 가리키는데, 주로 여섯 명의 주요 관직자들을 뜻한다. 각 시대마다 해당하는 관직명과 담당하는 영역에는 차이가 있었다. 『서』「하서(夏書)·감서(甘誓)」편에는 "大戰于甘, 乃召六卿."이라는 기록이 있고, 이에 대한 공안국(孔安國)의 전(傳)에서는 "天子六軍, 其將皆命卿."이라고 풀이했다. 즉 천자는 6개의 군(軍)을 소유하고 있는데, 각 군의 장수를 '경(卿)'으로 임명하였기 때문에, 이들 육군(六軍)의 수장을 '육경'이라고 부른다는 뜻이다. 이 기록에 따르면 하(夏)나라 때에는 육군의 장수를 '육경'으로 불렀다는 결론이 도출된다. 한편 『주례(周禮)』의 체제에 따르면, 주(周)나라에서는 여섯 개의 관부를 설치하였고, 이들 관부의 수장을 '경'으로 임명하였다. 따라서 천관(天官)의 총재(冢宰), 지관(地官)의 사도(司徒), 춘관(春官)의 종백(宗伯), 하관(夏官)의 사마(司馬), 추관(秋官)의 사구(司寇), 동관(冬官)의 사공(司空)이 '육경'에 해당한다. 『한서(漢書)·백관공경표상(百官公卿表上)』편에는 "夏殷亡聞焉, 周官則備矣. 天官冢宰, 地官司徒, 春官宗伯, 夏官司馬, 秋官司寇, 冬官司空, 是爲六卿, 各有徒屬職分, 用於百事."라는 기록이 있다.

◎ 육농사(陸農師) : =산음육씨(山陰陸氏)

◎ 육덕명(陸德明, A.D.550~A.D.630) : =육원랑(陸元朗). 당대(唐代)의 경학자이다. 이름은 원랑(元朗)이고, 자(字)는 덕명(德明)이다. 훈고학에 뛰어났으며, 『경전석문(經典釋文)』 등을 남겼다.

◎ 육원랑(陸元朗) : =육덕명(陸德明)

◎ 육전(陸佃) : =산음육씨(山陰陸氏)

◎ 육전(六典) : '육전'은 치전(治典), 교전(敎典), 예전(禮典), 정전(政典), 형전(刑典), 사전(事典)을 뜻한다. 고대에 국가를 통치하던 여섯 방면의 법령을 가리킨다. 국가의 전반적인 통치, 교화, 예법, 전장제도(典

章制度), 형벌, 임무수행에 대한 법이다. 『주례』「천관(天官)・대재(大宰)」편에는 "大宰之職, 掌建邦之六典, 以佐王治邦國. 一曰治典, 以經邦國, 以治官府, 以紀萬民. 二曰敎典, 以安邦國, 以敎官府, 以擾萬民. 三曰禮典, 以和邦國, 以統百官, 以諧萬民. 四曰政典, 以平邦國, 以正百官, 以均萬民. 五曰刑典, 以詰邦國, 以刑百官, 以糾萬民. 六曰事典, 以富邦國, 以任百官, 以生萬民."이라는 기록이 있다.

◎ 의려(倚廬) : '의려'는 상중(喪中)에 머물게 되는 임시 거처지이다. '의려'는 또한 '의(倚)', '여(廬)', '악실(堊室)', '사려(舍廬)' 등으로 부르기도 하지만, '악실'과 대비해서 보다 수위가 높은 임시숙소를 뜻하기도 한다. 중문(中門) 밖 동쪽 담장 아래에 나무를 기대어 만든다.

◎ 의복(義服) : '의복'은 본래 친속관계가 성립되지 않아서, 상복(喪服)을 착용해야만 하는 관계가 아닌데도, 도리에 따라 상복을 착용하는 것을 말한다.

◎ 의최(疑衰) : '의최'는 길복(吉服)에 가까운 복장으로, 일종의 상복(喪服)에 해당한다. 천자의 경우, 대부(大夫)나 사(士)의 상(喪)에 착용했던 복장이다.

◎ 일(溢) : '일'은 한 손에 담을 수 있는 양을 뜻한다. 『소이아(小爾雅)』「광량(廣量)」편에는 "一手之盛謂之溢."이라는 기록이 있다. 24분의 1승(升)이라고도 한다.

◎ 임천오씨(臨川吳氏) : =오징(吳澄)

ㅈ

◎ 자모(慈母) : '자모'는 모친을 뜻하기도 하지만, 고대에는 자신을 양육시켜준 서모(庶母)를 뜻하는 용어로 사용하기도 했다.

◎ 자최복(齊衰服) : '자최복'은 상복(喪服) 중 하나로, 오복(五服)에 속한다. 거친 삼베를 사용해서 만들며, 자른 부위를 꿰매어 가지런하게 정리하기 때문에, '자최복'이라고 부른다. 이 복장을 입게 되는 기간에도 여러 종류가 있는데, 3년 동안 입는 경우는 죽은 계모(繼母)나 자모(慈母)를 위한 경우이고, 1년 동안 입는 경우는 손자가 죽은 조부모를 위해 입는 경우와 남편이 죽은 아내를 입는 경우 등이다. 그리고 1년 동안 '자최복'을 입는 경우, 그 기간을 자최기(齊衰期)라고도 부른다. 또

5개월 동안 입는 경우는 죽은 증조부나 증조모를 위한 경우이며, 3개월 동안 입는 경우는 죽은 고조부나 고조모를 위한 경우 등이다.

◎ 장락진씨(長樂陳氏) : =진상도(陳祥道)

◎ 장상(長殤) : '장상'은 16~19세 사이에 요절한 자를 뜻한다. 『의례』「상복(喪服)」편에 “年十九至十六爲長殤.”이라는 기록이 있다.

◎ 장의(長衣) : '장의'는 고대의 귀족들이 상중에 착용하는 순백색의 포로 된 옷이다. 『의례』「빙례(聘禮)」편에는 “遭喪將命於大夫, 主人長衣練冠以受.”라는 기록이 있는데, 이에 대한 정현의 주에서는 “長衣, 純素布衣也.”라고 풀이했다.

◎ 장자(張子) : =장재(張載)

◎ 장재(張載, A.D.1020~A.D.1077) : =장자(張子)・장횡거(張橫渠). 북송(北宋) 때의 유학자이다. 북송오자(北宋五子) 중 한 사람으로 칭해진다. 자(字)는 자후(子厚)이다. 횡거진(橫渠鎭) 출신으로, 이곳에서 장기간 강학을 했기 때문에 횡거선생(橫渠先生)으로 일컬어지기도 한다.

◎ 장횡거(張橫渠) : =장재(張載)

◎ 저장(苴杖) : '저장'은 부친의 상(喪)을 치를 때 사용하는 지팡이로, 대나무로 만든 지팡이를 뜻한다.

◎ 저질(苴絰) : '저질'은 상(喪)을 치를 때 차는 것으로, 암삼[苴麻]으로 만든 수질(首絰)과 요대(要帶)를 뜻한다. 대(帶)와 함께 기록될 때에는 수질만 뜻하기도 한다.

◎ 전제(奠祭) : '전제'는 죽은 자 및 귀신들에게 음식을 헌상하는 제사이다. 상례(喪禮)를 치를 때, 빈소를 차리고 나면, 매일 아침과 저녁에 음식을 바치며 제사를 지내게 되는데, '전제'는 주로 이러한 제사를 뜻한다.

◎ 정강성(鄭康成) : =정현(鄭玄)

◎ 정사농(鄭司農) : =정중(鄭衆)

◎ 정씨(鄭氏) : =정현(鄭玄)

◎ 정의(正義) : 『정의(正義)』는 『예기정의(禮記正義)』 또는 『예기주소(禮記注疏)』를 뜻한다. 당(唐)나라 때에는 태종(太宗)이 공영달(孔穎達) 등을 시켜서 『오경정의(五經正義)』를 편찬하였는데, 이때 『예기정의』에는 정현(鄭玄)의 주(注)와 공영달의 소(疏)가 수록되었다. 송대(宋代)에는 『오경정의』와 다른 경전(經典)에 대한 주석서를 포함한 『십삼경주소(十三經注疏)』가 편찬되어, 『예기주소』라는 명칭이 되었다.

◎ 정중(鄭衆, ?~A.D.83) : =정사농(鄭司農). 후한(後漢) 때의 경학자이다. 자(字)는 중사(仲師)이다. 부친은 정흥(鄭興)이다. 부친에게『춘추좌씨전(春秋左氏傳)』의 학문을 전수받았다. 또한 그는 대사농(大司農) 등의 관직을 역임하였기 때문에, '정사농'이라고도 불렀다. 한편 정흥과 그의 학문은 정현(鄭玄)에게 많은 영향을 주었기 때문에, 후대에서는 정현을 후정(後鄭)이라고 불렀고, 정흥과 그를 선정(先鄭)이라고도 불렀다. 저서로는『춘추조례(春秋條例)』,『주례해고(周禮解詁)』등을 지었다고 하지만, 현재는 전해지지 않았다.

◎ 정지(鄭志) :『정지(鄭志)』는 정현(鄭玄)과 그의 제자들이 오경(五經)에 대해서 문답을 주고받은 내용을 기록한 문헌이다.『논어』의 형식에 의거하여, 정현의 제자들이 편찬하였다.『후한서(後漢書)』「장조정열전(張曹鄭列傳)」편에는 "門人相與撰玄荅諸弟子問五經, 依論語作鄭志八篇."라는 기록이 있다.

◎ 정침(正寢) : '정침'은 노침(路寢)과 같은 말이다. 또한 정전(正殿)이라고도 불렀다. 군주가 정무를 처리하던 장소이다. 천자에게는 6개의 침(寢)이 있었는데, 가장 앞쪽에 있는 1개의 침이 바로 정침(正寢)이 되고, 나머지는 5개의 침은 연침(燕寢)이 된다. 또한 군주의 부인이 사용하는 정침을 뜻하기도 한다. 또한 군주 이하의 계층에게 있어서는 공적인 업무를 처리하거나 일을 할 때 사용하는 공간을 뜻하기도 한다.

◎ 정현(鄭玄, A.D.127~A.D.200) : =정강성(鄭康成)·정씨(鄭氏). 한대(漢代)의 유학자이다. 자(字)는 강성(康成)이다.『주역(周易)』,『상서(尚書)』,『모시(毛詩)』,『주례(周禮)』,『의례(儀禮)』,『예기(禮記)』,『논어(論語)』,『효경(孝經)』등에 주석을 하였다.

◎ 조량주(趙良澍, ?~?) : 청(淸)나라 때의 학자이다. 저서로는『독예기(讀禮記)』가 있다.

◎ 조복(朝服) : '조복'은 군주와 신하가 조회를 열 때 착용하는 복장을 뜻한다. 중요한 의식을 치를 때 착용하는 예복(禮服)을 가리키기도 한다.

◎ 졸곡(卒哭) : '졸곡'은 우제(虞祭)를 지낸 뒤에 지내는 제사이다. 이 제사를 지내게 되면, 수시로 곡(哭)하던 것을 멈추고, 아침과 저녁때에만 한 번씩 곡을 하게 된다. 그렇기 때문에 '졸곡'이라고 부르게 된 것이다.

◎ 중문(中門) : '중문'은 내(內)와 외(外) 사이에 있는 문을 뜻한다. 궁(宮)에 있어서는 혼문(閽門)을 뜻하기도 한다. 또 천자(天子)의 궁성(宮城)

에는 다섯 개의 문이 있었다고 전해지는데, 가장 밖에 있는 문부터 순
차적으로 나열해보면, 고문(皐門), 치문(雉門), 고문(庫門), 응문(應
門), 노문(路門)이다. 이러한 다섯 개의 문들 중 노문(路門)은 가장 안
쪽에 있으므로, 내문(內門)로 여기고, 고문(皐門)은 가장 밖에 있으므
로, 외문(外門)으로 여긴다. 따라서 나머지 치문(雉門), 고문(庫門), 응
문(應門)은 내외(內外)의 사이에 있으므로, 이 세 개의 문을 '중문'으로
여기기도 한다. 『주례』「천관(天官)·혼인(閽人)」편에는 "掌守王宮之中
門之禁."이라는 기록이 있는데, 이에 대한 손이양(孫詒讓)의 『정의(正
義)』에서는 "此中門實不專屬雉門. 當兼庫·雉·應三門言之. 蓋五門以
路門爲內門, 皐門爲外門, 餘三門處內外之間, 故通謂之中門."이라고 풀
이했다. 한편 정중앙에 있는 문을 '중문'이라고도 부른다.

◎ 중복(重服) : '중복'은 복상(服喪) 중에 상(喪)이 겹치는 일 등이 발생하
여, 본래의 상복(喪服) 위에 다른 상복을 겹쳐 입는 일을 뜻한다.

◎ 중상(中殤) : '중상'은 12~15세 사이에 요절한 자를 뜻한다. 『의례』「상
복(喪服)」편에 "十五至十二爲中殤."이라는 기록이 있다.

◎ 중의(中衣) : '중의'는 조복(朝服)이나 제복(祭服) 등의 예복(禮服) 안에
착용하는 옷이다. '중의' 안에는 속옷 등을 착용하고, '중의' 겉에는 예
복 등을 착용하므로, 중간이라는 뜻에서 '중의'라고 부르는 것이다. 『예
기』「교특생(郊特牲)」편에는 "繡黼丹朱中衣."라는 기록이 있고, 이에 대
한 공영달(孔穎達)의 소(疏)에서는 "中衣, 謂以素爲冕服之裏衣."라고
풀이하였다.

◎ 증(贈) : '증'은 상사의 일을 돕도록 부의로 보내온 물건을 뜻한다. 죽은
자를 위해 보내온 물건으로, 외관(外棺) 안에 함께 부장하는 것을 뜻
하기도 하며, 부의를 범칭하는 용어로도 사용된다.

◎ 진상도(陳祥道, A.D.1159~A.D.1223) : =장락진씨(長樂陳氏)·진씨(陳氏)·
진용지(陳用之). 북송대(北宋代)의 유학자이다. 자(字)는 용지(用之)이다.
장락(長樂) 지역 출신으로, 1067년에 과거에 급제하여 태상박사(太常
博士) 등을 지냈다. 왕안석(王安石)의 제자로, 그의 학문을 전파하는데
공헌하였다. 저서에는 『예서(禮書)』, 『논어전해(論語全解)』 등이 있다.

◎ 진씨(陳氏) : =진상도(陳祥道)

◎ 진용지(陳用之) : =진상도(陳祥道)

◎ 참(參) : ‘참’은 용량을 재는 단위이다. 10분의 1수(銖)이다.

◎ 참최복(斬衰服) : ‘참최복’은 상복(喪服) 중 하나로, 오복(五服)에 속한다. 상복 중에서도 가장 수위가 높은 상복이다. 거친 삼베를 사용해서 만들며, 자른 부위를 꿰매지 않기 때문에 참최(斬衰)라고 부른다. 이 복장을 입게 되는 기간은 일반적으로 3년에 해당하며, 죽은 부모를 위해 입거나, 처 또는 첩이 죽은 남편을 위해 입는다.

◎ 초려오씨(草盧吳氏) : =오징(吳澄)

◎ 총재(冢宰) : ‘총재’는 대재(大宰)와 같은 말이다. ‘대재’는 태재(太宰)라고도 부른다. ‘대재’는 은(殷)나라 때 설치된 관직이라고 전해지며, 주(周)나라에서는 ‘총재’라고도 불렀다. 『주례(周禮)』의 체제상으로는 천관(天官)의 수장이며, 경(卿) 1명이 담당했다. 『주례』의 체제상으로는 가장 높은 관직이다. 따라서 ‘대재’가 담당했던 일은 국정 전반에 대한 것이었다.

◎ 최씨(崔氏) : =최영은(崔靈恩)

◎ 최영은(崔靈恩, ?~?) : =최씨(崔氏). 남북조(南北朝) 때의 학자이다. 오경(五經)에 능통하였고, 다른 경전에도 두루 해박하였다고 전해진다. 『모시(毛詩)』, 『주례(周禮)』 등에 주석을 달았고, 『삼례의종(三禮義宗)』, 『좌씨경전의(左氏經傳義)』 등을 지었다.

◎ 추최(麤衰) : ‘추최’는 상복(喪服) 중에서 가장 수위가 높은 상복을 뜻한다. 가장 거친 마(麻)로 재단하여 만든다.

◎ 통전(通典) : 『통전(通典)』은 당(唐)나라 때의 학자인 두우(杜佑)가 저술한 책이다. 태고(太古) 때부터 당(唐)나라 때까지의 제도 변천을 기술하고 있다.

ㅍ

◎ 팔음(八音) : '팔음'은 여덟 가지의 악기들을 뜻한다. 여덟 종류의 악기에는 8종류의 서로 다른 재질이 사용되기 때문에, 붙여진 이름이다. 여기에서 여덟 가지 재질이란 통상적으로 쇠[金], 돌[石], 실[絲], 대나무[竹], 박[匏], 흙[土], 가죽[革], 나무[木]를 가리킨다. 『서』「우서(虞書)·순전(舜典)」편에는 "三載, 四海遏密八音."이란 기록이 있는데, 이에 대한 공안국(孔安國)의 전(傳)에서는 "八音, 金石絲竹匏土革木."이라고 풀이하였다. 또한 여덟 가지 재질에 따른 악기에 대해서 설명하자면, 금(金)에는 종(鐘)과 박(鎛)이 있고, 석(石)에는 경(磬)이 있으며, 토(土)에는 훈(塤)이 있고, 혁(革)에는 고(鼓)와 도(鼗)가 있으며, 사(絲)에는 금(琴)과 슬(瑟)이 있고, 목(木)에는 축(祝)과 어(敔)가 있으며, 포(匏)에는 생(笙)이 있고, 죽(竹)에는 관(管)과 소(簫)가 있다. 『주례』「춘관(春官)·대사(大師)」편에는 "皆播之以八音, 金石土革絲木匏竹."이라는 기록이 있는데, 이에 대한 정현의 주에서는 "金, 鐘鎛也. 石, 磬也. 土, 塤也. 革, 鼓鼗也. 絲, 琴瑟也. 木, 祝敔也. 匏, 笙也. 竹, 管簫也."라고 풀이하였다.

◎ 피변(皮弁) : '피변'은 고대에 사용되었던 관(冠)의 한 종류이다. 백색 사슴의 가죽으로 만든 모자이다. 한편 관(冠)에 따른 의복까지 포함한 의미로 사용되기도 한다. 『주례』「하관(夏官)·변사(弁師)」편에는 "王之皮弁, 會五采玉璂, 象邸, 玉笄."라는 기록이 있다.

ㅎ

◎ 하상(下殤) : '하상'은 8~11세 사이에 요절한 자를 뜻한다. 『의례』「상복(喪服)」편에 "十一至八歲爲下殤."이라는 기록이 있다.

◎ 하순(賀循, A.D.260~A.D.319) : 위진시대(魏晉時代) 때의 학자이다. 자(字)는 언선(彦先)이다.

◎ 합(合) : '합'은 용량을 재는 단위이다. 10분의 1승(升)이다. 『손자산경(孫子算經)』에서는 "十抄爲一勺, 十勺爲一合, 十合爲一升."이라고 했다. 즉 10초(抄)는 1작(勺)이 되고, 10작(勺)은 1합(合)이 되며, 10합(合)은 1승(升)이 된다는 뜻이다. 또 유향(劉向)의 『설원(說苑)』「변물

(辨物)」편에서는 "千二百黍爲一龠, 十龠爲一合, 十合爲一升."이라고 했다. 즉 서(黍) 1,250개의 알갱이는 1약(龠)이 되고, 10약(龠)은 1합(合)이 되며, 10합(合)은 1승(升)이 된다는 뜻이다.

◎ 현관(玄冠) : '현관'은 흑색으로 된 관(冠)이다. 고대에는 조복(朝服)을 입을 때 착용을 하였다. 『의례』「사관례(士冠禮)」편에는 "主人玄冠朝服, 緇帶素韠."이라는 기록이 있다.

◎ 현단(玄端) : '현단'은 고대의 예복(禮服) 중 하나이다. 흑색으로 만든 옷이다. 주로 제사 때 사용했으며, 천자 및 제후로부터 대부(大夫)와 사(士) 계급에 이르기까지 모두 이 복장을 착용할 수 있었다. '현단'은 상의와 하의 및 관(冠)까지 포함하는 용어이다. 한편 손이양(孫詒讓)의 주장에 따르면, '현단'은 의복에만 해당하는 용어이며, 관(冠)은 포함하지 않는다고 주장한다. 그리고 천자로부터 사 계급에 이르기까지 이 복장을 제복(齊服)으로 사용했다고 설명한다. 『주례』「춘관(春官)・사복(司服)」편에는 "其齊服有玄端素端."이라는 기록이 있는데, 손이양의 『정의(正義)』에서는 "玄端素端是服名, 非冠名, 蓋自天子下達至於士通用爲齊服, 而冠則尊卑所用互異."라고 풀이하였다. 그리고 '현단'은 천자가 평소 거처할 때 착용했던 복장을 가리키기도 한다. 『예기』「옥조(玉藻)」편에는 "卒食, 玄端而居."라는 기록이 있고, 이에 대한 정현의 주에서는 "天子服玄端燕居也."라고 풀이하였다.

◎ 혜동(惠棟, A.D.1697~A.D.1758) : 청(淸)나라 때의 학자이다. 자(字)는 송애(松崖)・정우(定宇)이다. 조부는 혜주척(惠周惕)이고, 부친은 혜사기(惠士奇)이다. 가학(家學)을 전승하여, 한대(漢代) 경학(經學)을 부흥시키는 데 주력하였다. 역학(易學)에도 조예가 깊었다. 『구경고의(九經古義)』 등의 저서가 있다.

◎ 호관(縞冠) : '호관'은 백색의 명주로 만든 관(冠)이다. 상제(祥祭)나 흉사(凶事) 때 착용했다.

◎ 호방형(胡邦衡) : =호전(胡銓)

◎ 호전(胡銓, A.D.1102~A.D.1180) : =여릉호씨(廬陵胡氏)・호방형(胡邦衡). 남송(南宋) 때의 정치가이자 문학가이다. 자(字)는 방형(邦衡)이고, 호(號)는 담암(澹庵)이다. 충신으로 명성이 높았다.

◎ 황간(皇侃, A.D.488~A.D.545) : =황씨(皇氏). 남조(南朝) 때 양(梁)나라의 경학자이다. 『주례(周禮)』, 『의례(儀禮)』, 『예기(禮記)』 등에 해박

하여, 『상복문구의소(喪服文句義疏)』, 『예기의소(禮記義疏)』, 『예기강소(禮記講疏)』 등을 지었지만, 현재는 전해지지 않는다. 그 일부가 마국한(馬國翰)의 『옥함산방집일서(玉函山房輯佚書)』에 수록되어 있다.

◎ 황씨(皇氏) : =황간(皇侃)

◎ 흉복(凶服) : '흉복'은 상복(喪服)과 같은 말이다. 상(喪)을 당한 것은 흉사(凶事)에 해당하므로, 상을 치르며 입는 복장을 '흉복'이라고도 부르는 것이다. 『논어』 「향당(鄕黨)」편에는 "凶服者式之."라는 기록이 있고, 이에 대한 하안(何晏)의 『집해(集解)』에서는 공안국(孔安國)의 주장을 인용하여, "凶服, 送死之衣物."이라고 풀이했다.

번역 참고문헌

- 『禮記』, 서울 : 保景文化社, 초판 1984 (5판 1995) / 저본으로 삼은 책이다.
- 『禮記正義』 1~4(전4권, 『十三經注疏 整理本』 12~15), 北京 : 北京大學出版社, 초판 2000 / 저본으로 삼은 책이다.
- 朱彬 撰, 『禮記訓纂』 上·下(전2권), 北京 : 中華書局, 초판 1996 (2쇄 1998) / 저본으로 삼은 책이다.
- 孫希旦 撰, 『禮記集解』 上·中·下(전3권), 北京 : 中華書局, 초판 1989 (4쇄 2007) / 저본으로 삼은 책이다.
- 服部宇之吉 評點, 『禮記』, 東京 : 富山房, 초판 1913 (증보판 1984) / 鄭玄 注 번역에 대해 참고했던 서적이다.
- 竹内照夫 著, 『禮記』 上·中·下(전3권), 東京 : 明治書院, 초판 1975 (3판 1979) / 經文에 대한 이해에 참고했던 서적이다.
- 市原亨吉 외 2명 著, 『禮記』 上·中·下(전3권), 東京 : 集英社, 초판 1976 (3쇄 1982) / 經文에 대한 이해에 참고했던 서적이다.
- 陳澔 注, 『禮記集說』, 北京 : 中國書店, 초판 1994 / 『集說』에 대한 번역에 참고했던 서적이다.
- 王文錦 譯解, 『禮記譯解』 上·下(전2권), 北京 : 中華書局, 초판 2001 (4쇄 2007) / 經文 및 주석 번역에 참고했던 서적이다.
- 錢玄·錢興奇 編著, 『三禮辭典』, 南京 : 江蘇古籍出版社, 초판 1998 / 용어 및 器物 등에 대해 참고했던 서적이다.
- 張撝之 外 主編, 『中國歷代人名大辭典』 上·下권(전2권), 上海 : 上海古籍出版社, 초판 1999 / 인명에 대해 참고했던 서적이다.
- 呂宗力 主編, 『中國歷代官制大辭典』, 北京 : 北京出版社, 초판 1994 (2쇄 1995) / 관직명에 대해 참고했던 서적이다.
- 中國歷史大辭典編纂委員會 編纂, 『中國歷史大辭典』 上·下(전2권), 上海 : 上海辭書出版社, 초판 2000 / 용어 및 인명에 대해 참고했던 서적이다.
- 羅竹風 主編, 『漢語大詞典』 1~12(전12권), 上海 : 漢語大詞典出版社, 초판 1988 (4쇄 1995) / 용어에 대해 참고했던 서적이다.

* 王思義 編集, 『三才圖會』 上·中·下(전3권), 上海 : 上海古籍出版社, 초판 1988 (4쇄 2005) / 器物 등에 대해 참고했던 서적이다.
* 聶崇義 撰, 『三禮圖集注』 (四庫全書 129책) / 器物 등에 대해 참고했던 서적이다.
* 劉績 撰, 『三禮圖』 (四庫全書 129책) / 器物 등에 대해 참고했던 서적이다.

역자 **정병섭(鄭秉燮)**

- 1979년 출생
- 2002년 성균관대학교 유교철학과 졸업
- 2004년 성균관대학교 대학원 유학과 석사
- 2013년 성균관대학교 대학원 유학과 철학박사
- 현재『역주 예기집설대전』완역을 위해 번역중이며,
  이후『의례』,『주례』,『대대례기』시리즈 번역과
  한국유학자들의 예학 관련 저작들의 번역을 계획 중이다.

예기집설대전 목록

譯註

禮記集說大全 間傳

編　陳澔(元)
附　正義・訓纂・集解

초판 인쇄　2016년 10월 10일
초판 발행　2016년 10월 20일

역　　자｜정병섭
펴 낸 이｜하운근
펴 낸 곳｜學古房

주　　소｜경기도 고양시 덕양구 통일로 140 삼송테크노밸리 A동 B224
전　　화｜(02)353-9908　편집부(02)356-9903
팩　　스｜(02)6959-8234
홈페이지｜http://hakgobang.co.kr/
전자우편｜hakgobang@naver.com, hakgobang@chol.com
등록번호｜제311-1994-000001호

ISBN　　978-89-6071-616-2　94150
　　　　978-89-6071-267-6　(세트)

값 : 27,000원

이 도서의 국립중앙도서관 출판예정도서목록(CIP)은 서지정보유통지원시스템 홈페이지
(http://seoji.nl.go.kr)와 국가자료공동목록시스템(http://www.nl.go.kr/kolisnet)에서 이용
하실 수 있습니다. (CIP제어번호 : CIP2016023972)

※ 파본은 교환해 드립니다.